Les Africaines

Catherine Coquery-Vidrovitch

Les Africaines

Histoire des femmes d'Afrique subsaharienne du XIXᵉ au XXᵉ siècle

Avant-propos et postface inédits de l'auteure

La Découverte / Poche
9 *bis*, rue Abel-Hovelacque
75013 Paris

Cet ouvrage a été précédemment publié en 1994 aux Éditions Desjonquères.

Si vous désirez être tenu régulièrement informé de nos parutions, il vous suffit de vous abonner gratuitement à notre lettre d'information bimensuelle par courriel, à partir de notre site **www.editionsladecouverte.fr**, où vous retrouverez l'ensemble de notre catalogue.

ISBN 978-2-7071-7545-8

À deux amies historiennes, pionnières dans ce domaine, Nathalie Zemon Davis et Marcia Wright,

À mes enfants, filles et garçon,
Natacha, Marina, Sarah et Julien,

Car pour les nouvelles génération l'histoire des femmes fait partie de l'histoire du monde.

AVANT-PROPOS À L'ÉDITION DE 2013

L'énergie peu commune des Africaines

Dans les années 2010, la situation des femmes en Afrique, leur place dans la société et leur rôle dans la subsistance – et, plus généralement, dans la vie économique, politique et culturelle – sont, depuis une ou deux générations au moins, en pleine mutation. Globalement, leur vie reste très dure, surtout lorsque des guerres ou des conflits apparaissent et souvent s'enlisent ou ressurgissent, ce qui demeure le cas dans plusieurs pays (Somalie, Soudan, RDC, Nigéria, Mali, Niger…), tandis que d'autres, plus ou moins revenus à la paix civile, peinent à recoudre les plaies toujours ouvertes d'un passé lourd des pires horreurs (Rwanda, Burundi, Congo-Brazzaville, Côte-d'Ivoire, Guinée, Libéria, Sierra Léone, Mozambique, Érythrée, Angola...). Les femmes comptent toujours parmi les premières victimes des violences politiques et militaires, sous la forme hélas privilégiée des viols ; les viols de guerre ont toujours existé, mais ils paraissent avoir pris des formes quasi systématiques depuis les années 1990.

Les violences urbaines ordinaires n'échappent pas non plus au viol, qui tendrait à se banaliser (ou plutôt auquel on est de plus en plus attentif) dans des grandes villes comme Johannesburg ou Dar es Salam. On a aussi mis en lumière l'importance de l'épidémie de sida chez les femmes, notamment dans les pays où celles-ci demeurent les plus inféodées aux héritages patriarcaux de sociétés globalement restées très machistes. Enfin, peut-être encore plus que les hommes, les femmes ont subi de plein fouet les effets négatifs de la mondialisation sur les conditions sociales, à la suite des programmes d'« ajustement structurel » imposés depuis les années 1980, qui ont renchéri le coût de la vie et lourdement aggravé la désorganisation des services sanitaires et scolaires. Le secteur majeur de la subsistance au quotidien (alimentation et logement), qui reste dévolu à la plupart des Africaines, à la ville comme à la campagne, a été l'un des premiers à s'en trouver affectés.

Mais tout n'est pas négatif, loin de là. Globalement, quel que soit leur statut social, paysannes ou citadines, misérables ou bourgeoises, les Africaines ont acquis une visibilité qui jusqu'alors leur avait manqué. Elles apparaissent de plus en plus comme des actrices majeures sinon du développement – encore que beaucoup jugent leur rôle essentiel dans ce domaine –, du moins de la vie politique et culturelle. Analphabètes ou non, les femmes se sont mises à revendiquer la maîtrise de leur corps, notamment au niveau de la planification des naissances. Les filles vont désormais presque partout autant à l'école que les garçons. En 2005, une femme est devenue pour la première fois présidente d'un État africain (Ellen Johnson-Sirleaf au Libéria) ; et on ne compte plus les femmes députés, ministres, hauts fonctionnaires, femmes d'affaires, artistes, etc. Bref, les rapports de genre évoluent de façon rapide en Afrique à l'aube du XXIe siècle.

Les raisons et les modalités de cette évolution ont une longue histoire. C'est ce qu'entend expliquer cet ouvrage, initialement publié en 1994, qui s'arrête à un moment crucial, au début des années 1990, marquées, en Afrique comme ailleurs, par un tournant politique et social majeur lié à la conjoncture mondiale nouvelle née de la chute du mur de Berlin (novembre 1989). La « décennie de la femme » proclamée par l'Unesco venait de s'achever (1975-1985). Ce bilan historique n'a pas perdu de son utilité, car une synthèse de ce genre, destinée à un public qui n'est pas nécessairement spécialiste, n'existe toujours pas à ce jour. S'y ajoute le fait que le livre a été écrit à un moment où la littérature de langue anglaise (sur laquelle il est surtout fondé) était en pleine effervescence sur la question. Non que d'autres études n'aient pas paru ultérieurement – j'en donne un bref aperçu dans la postface à cette nouvelle édition. Mais les travaux anglophones n'ont souvent fait ensuite que développer des thèmes dorénavant déjà plus ou moins explorés. En revanche, la littérature historique française, quasi inexistante au moment où paraissait la première édition de cet ouvrage, sinon sous une forme ethnographique, a depuis lors pris son envol.

C'est effectivement à partir des années 1990 que l'approche du *genre* se développe en France (mais pas assez sur l'Afrique). La recherche historique passe alors de l'histoire des femmes à celle de la place comparée des femmes et des hommes dans la société, face à la culture, à l'éducation, à la loi et à la justice, au mariage... S'agissant de l'Afrique, l'idée d'une « bourgeoisie » (ou « élite ») féminine apparaît à l'état d'ébauche. C'est également la forme que prend l'analyse économique : les femmes ne sont plus observées seulement en tant que telles, mais aussi comme parties prenantes de la société active, y compris en ce qui concerne les actions de « développement ».

Dresser la fresque historique sur deux siècles des processus qui ont conduit à ces bouleversements contemporains permet de comprendre la profondeur historique des mutations sociales de la condition féminine en Afrique : compte tenu de ce passé, modifier les rapports de genre a exigé – et continue d'exiger – des Africaines une énergie peu commune. On ne peut comprendre leurs combats et leurs avancées actuelles sans appréhender les héritages et le poids de l'histoire qui ont pesé – et continuent encore souvent de peser – sur elles.

INTRODUCTION

Les femmes d'Afrique noire ont eu, et continuent d'avoir, sous des formes qui ont varié au cours du temps, la vie dure. En un siècle à peine, leur condition a connu d'extraordinaires mutations. Cette condition n'est pas unique, d'ailleurs, car, dans ce sous-continent immense, la variété des organisations sociales ne l'est pas moins : les modes de vie anciens et nouveaux s'y côtoient et s'y sont mêlés chaque fois de façon différente, donc originale[1].

Etre femme, certes, est un facteur commun. Mais si l'on naît fille, on n'en devient pas moins paysanne ou citadine, intellectuelle ou ouvrière, mère comblée voire surchargée, ou femme indépendante, célibataire ou divorcée. Ces conditions n'ont pas été vécues en Afrique comme dans les sociétés occidentales.

Les femmes d'Afrique ont au moins un point commun : elles n'ont pas le temps. Elles ont probablement beaucoup moins de temps que les hommes. Elles ont toujours travaillé davantage qu'eux, ce qui ne signifie pas qu'ils ne faisaient rien, cette idée fausse est trop répandue. Elles travaillent aujourd'hui différemment, mais toujours autant, sauf exception. Elles étaient, elles restent tellement accablées de tâches de toutes sortes qu'elles n'ont guère eu, entre autres, le loisir de s'apitoyer ni même de s'interroger sur leur sort. L'image qu'elles ont d'elles-mêmes est donc encore floue. L'image qu'en ont les Africains, qui, comme tous les hommes du monde, aiment regarder les femmes, est d'autant plus déformante qu'elle a été de longue date pervertie par d'autres regards et surtout le regard occidental ; ce fut aussi un regard

1. Les notes infra-paginales donnent une référence abrégée [auteur, titre et date] des ouvrages rassembles dans la bibliographie en fin de volume. Celle-ci ne comprend pas nécessairement tous les titres cités au cours de l'ouvrage. Pour faciliter la lecture, nous avons adopté pour les noms africains une transcription internationale simplifiée. Les noms de peuples gardent leur majuscule même s'ils sont employés en guise d'adjectif (ex. : *une femme Tonga* mis pour *du groupe Tonga*).

d'hommes, puisque sauf exception ce sont d'abord eux qui sont arrivés là-bas depuis les temps les plus reculés. L'image des femmes africaines est donc, plus qu'ailleurs, bourrée de stéréotypes : de la terre mère féconde et généreuse à la jeune beauté paresseuse et débauchée... Cette image-là ne m'intéresse pas.

L'objet de cet ouvrage, c'est d'abord de comprendre pourquoi les Africaines n'ont pas eu le loisir, ni parfois le droit de se regarder elles-mêmes : ce temps qui leur est si chichement compté, qu'en ont-elles fait, qu'en font-elles encore aujourd'hui, et quelle envie ont-elles d'en faire ? C'est à travers leur vie et leur action que j'ai appris à connaître ces femmes. Elles ont été, elles demeurent nourricières. Quel fut donc leur travail dans ces sociétés mobiles ou sédentaires, pastorales ou agricoles ? Quelles sont leurs activités d'aujourd'hui, à la campagne comme à la ville ? Comment ont-elles été armées pour ce faire ? De la naissance à la mort, en passant par l'acte quasi obligatoire du mariage et surtout, jusqu'à ces toutes dernières années, de la mise au monde d'enfants les plus nombreux possibles, comment ont-elles été formées, qu'ont-elles appris, comment ont-elles changé, que demandent-elles enfin ? Car aujourd'hui elles commencent, comme toutes les femmes du monde, à faire entendre leur voix. Elles ne parlent cependant pas d'un même ton, et pour cette raison les hommes, souvent, ne l'entendent pas encore.

Je ne cherche pas dans cet ouvrage à décrire la vie des femmes « en soi » : cela n'existe pas. Comme ailleurs, les femmes d'Afrique ne représentent que la moitié de l'humanité. Mais elles participent à toutes les activités, à tous les événements, elles *font partie* de la société. Ce qu'il importe de comprendre, c'est le rôle et la fonction qu'elles y ont joués, comme partenaires et comme partie prenante de l'ensemble de la collectivité. L'histoire des femmes est donc un thème transversal s'il en est, et c'est ainsi qu'il faut le prendre dans ce livre. Bien sûr, par commodité, supposant le reste connu ou, en tout cas, mieux connu, je ne parle ici, très souvent, que des femmes ; car des femmes africaines, jusqu'à la décennie de la femme célébrée par les Nations-Unies de 1975 à 1985, on n'avait presque jamais parlé, surtout en langue française, où le masculin pris pour le tout peut être trompeur. Ainsi, qui a vraiment l'idée, sinon quelques spécialistes, d'imaginer, lorsqu'on parle des « paysans africains » ou des « esclaves africains » ... qu'il s'est agi, le plus souvent, de femmes ? Quant au thème des « enfants », aujourd'hui d'actualité, il recouvre pour moitié des fillettes...[2] Plus qu'une histoire des femmes, c'est donc un point de vue qui est ici privilégié : l'histoire du comment et du pourquoi de la société vue à partir des femmes.

A vouloir saisir l'ensemble du sous-continent, comme je l'ai déjà tenté pour l'histoire des villes africaines, on s'expose aux risques d'une généralisation abusive. Je m'en suis déjà expliquée ailleurs et n'y reviendrai pas[3], sinon pour souligner que l'important tient non aux ressemblances mais aux innombrables variantes de la condition féminine dans des sociétés à la fois comparables et différentes. On dispose jusqu'à présent de nombreuses études de cas (de langue anglaise surtout). Elles ont souvent la fâcheuse habitude, partant d'un exemple circonscrit dans l'espace et le temps, de conclure à « la » femme africaine. L'histoire comparative, seule, permet de saisir que la réalité est toujours plus complexe. Ainsi, quand on confronte les situations, on ne peut plus affirmer péremptoirement que la colonisation a provoqué la détérioration du niveau de vie, ou l'amélioration de l'émancipation des femmes : les multiples facettes d'une réalité historique et sociale changeante sont là pour nuancer le jugement.

C'est tout ce domaine que j'ai souhaité explorer dans cet ouvrage, sans prétendre pour autant à l'exhaustivité : il faudrait, on s'en doute, plusieurs volumes pour ce faire. J'ai donc choisi de privilégier quelques thèmes significatifs pour y saisir les mutations de la condition féminine, à la campagne, à la ville, de la veille de la colonisation à nos jours : les tâches quotidiennes, l'école, les migrations du travail, les activités économiques, le mariage, le divorce et la sexualité, l'action politique, l'éveil créatif. Il y en aurait d'autres, assurément, à commencer par une histoire des images et des représentations féminines. Mais il faut attendre encore pour la tenter.

2. Un psycho-pédagogue d'origine guinéenne récemment interviewé sur la circoncision la décrivait comme le rite d'initiation où l'enfant quitte sa mère pour « entrer dans le monde des hommes ». Il n'est venu ni à l'interrogé ni à l'interrogateur d'aborder, dans ce reportage consacré « aux enfants », la question de l'initiation des filles... La confusion aurait été moindre en langue anglaise où *circumcision* désigne à la fois circoncision et excision (*L'Evénement du Jeudi*, n° 472,1993). Voir aussi J.-Cl. Muller, « Les deux fois circoncis et les presque excisées », *Cahiers d'Etudes africaines*, XXXIII (4), n° 132, 1993, pp. 531-544.

3. Cf. introduction de *Afrique noire, Permanences et ruptures* (2° édition révisée, L'Harmattan, 1992), et de *Histoire des villes d'Afrique noire des origines à la colonisation* (Albin Michel, 1993).

Pour l'instant, hormis quelques militantes, de trop rares historiennes et plusieurs superbes romancières, les femmes africaines n'ont guère pris la parole, sinon par le truchement d'anthropologues très souvent étrangers.

LE PROBLÈME DES SOURCES

La condition féminine aux époques anciennes est mal connue et a prêté à des généralisations en partie abusives, faute de documentation. La vie quotidienne des femmes, dans l'histoire africaine comme ailleurs, n'a intéressé ni les observateurs extérieurs ni la tradition. Les sources écrites, plus nombreuses qu'on ne le soupçonne d'ordinaire, ont été dans leur quasi totalité étrangères : arabes depuis le Xe siècle, européennes depuis la fin du XVe siècle. Elles ont émané, pendant des siècles, d'hommes : des marchands, des explorateurs, des hommes politiques. Venus de sociétés à prédominance masculine, ils se sont préoccupés d'affaires d'hommes. Les femmes y apparaissent fort peu ou sous des rôles stéréotypés : princesses et « mères » de chefs, ou au contraire esclaves ou concubines.

Les voyageurs ont surtout fréquenté les milieux dirigeants, et n'ont guère regardé les femmes sinon pour les utiliser[4]. Les plus curieux furent encore les missionnaires, même si leur regard critique cherche surtout à stigmatiser des attitudes païennes à leurs yeux (nudité des seins, liberté sexuelle souvent exagérée, polygamie, etc.). Les colonisateurs, quelle que soit leur nationalité, étaient pour la plupart imbus de l'héritage victorien de leur époque. Pour eux le monde du travail était masculin. Sauf exception ils n'ont même pas perçu à quel point le travail physique était en Afrique dévolu aux femmes. Quant à l'opinion générale, elle était caricaturale : il n'est que de consulter certains ouvrages satiriques sur ce thème[5].

Il y eut au moins un ouvrage féministe sur la question à l'aube du XXe siècle[6]. Mais il fallut attendre les années 1930 pour voir

4. Rares sont les observations consacrées aux femmes, par exemple : *Les Abyssiniennes et les femmes du Soudan oriental d'après les relations de Bruce, Browne, etc.*, Turin, Jean Zay, 1876.

5. Cf. Louis Sonolet, *Le parfum de la dame noire. Physiologie humoristique de l'amour africain*, Paris, c. 1911.

6. Clara Cahill Park, *Native women in Africa : their hard lot in the march of*

naître un changement, au moment où apparaît l'attention portée sur la santé des femmes et des enfants : sait-on, par exemple, que la médecine coloniale qui, comme le reste, s'adressait prioritairement aux travailleurs recrutés par l'administration, ne s'est préoccupée qu'après la Deuxième Guerre mondiale de la rougeole, à peine diagnostiquée avant guerre sous prétexte qu'elle n'était pas discernable sur des peaux noires... alors qu'elle faisait des ravages dans la population infantile[7] ?

Les traditions orales sont parfois plus éloquentes. Elles ont retenu le souvenir de quelques héroïnes : la reine Amina des Hausa de Zaria au XVIe siècle, Béatrice du Congo au XVIIIe siècle, la prêtresse Nongqause en Afrique australe au XIXe siècle... La transmission par les femmes, dite matrilinéarité, fut un fait social fort répandu et parfois glorifié. Les travaux d'anthropologie historique étudient la vie des femmes dans certaines sociétés à différentes époques. Car ce que l'on qualifie un peu vite et de façon globale d'« ère précoloniale » s'étend sur presque deux millénaires, et couvre une surface considérable et contrastée (du désert à la forêt dense). Toute généralisation à cette échelle ne peut donc être qu'abusive.

Parmi les gens de condition libre, la tradition fut mieux conservée par les hommes, en particulier par les griots professionnels d'Afrique de l'ouest chargés de chanter la généalogie et les louanges des notables auxquels ils étaient attachés. Ils furent rarement de sexe féminin. Mais cet *a priori* provient peut-être surtout du fait que le rôle des femmes dans la transmission de la mémoire collective a été sous-estimé par les chercheurs influencés par le poids de l'idéologie masculine, aussi bien dans les sociétés qu'ils étudiaient que dans la leur[8]. Un rôle important fut dévolu à certaines « reines-mères » ou à des femmes âgées. Ainsi chez les Yoruba du Nigeria qui transmettaient les *oriki*, textes à la fois littéraires et historiques[9]. Au Dahomey, « les traditions les plus secrètes se transmettaient par les femmes dont

progress, Boston, 1904, rééd. par la *Massassuchetts Commission for International Justice*.

7. Archives du service de santé, thèse en cours de Bérangère Jeannès, Université Paris-7.

8. Quelques-uns font exception, cf. Mamadou Diawara, « Femmes, servitude et histoire : les traditions orales... dans le royaume de Jaara du XVe au milieu du XIXe siècle », *History in Africa*, n° 16, 1989, pp. 71-96.

9. Karin Barber, « Oriki. History and criticism », ronéo. Centre of West African Studies, University of Birmingham, 1987, p. 5.

quelques-unes étaient les vraies historiennes » du pays[10]. Il y eut aussi des érudites Ndenye en Côte d'Ivoire, mais dans l'ensemble les femmes furent les « handicapées » du savoir historique interne[11].

Les plus à même de transgresser cette infériorité étaient les femmes esclaves, parce les hommes, simples géniteurs plus aisément vendus, étaient souvent éloignés de leurs rejetons. Les femmes au contraire, plus stables, vivaient et effectuaient avec leurs filles les travaux domestiques. Diawara a noté la transmission de différentes formes de chants, souvent plus ouverts que les œuvres d'hommes ou de femmes libres[12]. Un travail énorme attend historiennes et anthropologues femmes, car ce qui reste encore de cette culture ne peut être bien rapporté qu'à des personnes du même sexe... Mais, quel que soit l'intérêt de cette littérature, elle demeure peu explicite sur la condition féminine. Comme les hommes, les femmes transmettent en effet la tradition dominante, c'est-à-dire celle de la prééminence masculine. Plus révélatrices sont les histoires de vie autrefois collectées par les missionnaires ou aujourd'hui recueillies auprès de femmes nées avec le siècle, dont il faut décrypter la résonance enquêtrice/enquêtée[13]...

L'explosion récente d'une historiographie féministe de langue anglaise, d'origine surtout américaine, a multiplié la publication d'études de cas sous des titres déclinés presque à l'infini : « les femmes et... » (le travail, les classes sociales, la ville, le patriarcat, le pouvoir, l'État, le développement, etc.)[14]. Pour le reste, des études de qualité continuent de négliger la question du rapport des sexes à propos, par exemple, de la création d'églises noires ou des phénomènes de conversions[15]. Le présent ouvrage aura quelques faiblesses, voire des silences : c'est que l'ensemble de la question est encore loin d'être exploré.

10. M. Palau-Marty, *Le roi-Dieu du Bénin,* Paris, Berger-Levrault, 1964, p. 139.

11. Claude-Hélène Perrot, *Les Ani-Ndenye et le pouvoir aux XVIIIe et XIXe siècles,* Paris, Editions de la Sorbonne, 1982.

12. *Op. cit.*

13. Kirk Hoppe. Whose life is it, anyway ? : Issues of représentation in life narrative texts of African women. *International Journal of African Historical Studies*; 1993, 26(3) : 623-626.

14. Cf. Bibliographie : *Women and...*

15. Cf. Terence O. Ranger, « Religious movements and politics in Sub-Saharan Africa », *African Studies Review,* 1989. Claude Tardits est l'un des premiers anthropologues à s'être précocement intéressé à la question, notam-

L'objectif est de préciser ce que pouvait être, à la veille de la colonisation, non pas la vie des femmes, mais les traits majeurs de différenciation entre hommes et femmes en ces zones variées. Aux non spécialistes, ce premier chapitre paraîtra peut-être ingrat dans sa concision, dans la mesure où il résume à l'extrême les acquis de nombreux efforts d'anthropologie historique : mais il était nécessaire, pour évaluer les changements ultérieurs, de déterminer le point de départ. C'est l'objet de la première partie dans son ensemble. Au XXe siècle, les sources sont plus éloquentes, et suggèrent comment le sort et la fonction des femmes se sont modifiés, parfois lentement, parfois au contraire brutalement, avec les prémisses puis les traumatismes de la « modernité » coloniale et postcoloniale.

Il s'est avéré non significatif de distinguer la période coloniale de celle qui suivit l'indépendance : les influences et métissages culturels ont accéléré leur emprise dès le début de la domination européenne, et la décolonisation proprement dite n'a pas exercé d'effet particulier sur la condition féminine. C'est plus récemment, depuis le début des années 1980, que les femmes ont amorcé une mutation qui s'annonce radicale sous l'impact conjugué des années de crise et de l'expansion des media. Les thèmes sont abordés dans leur continuité séculaire, mais en mettant l'accent sur le déplacement progressif du centre de gravité des sociétés de la campagne vers la ville : chaque fois sont recherchés les motivations, mais aussi les rythmes différents d'une évolution similaire mais non synchrone d'un point à l'autre du continent. Le fil chronologique est donc variable, puisqu'il dépend à la fois de la personnalité des peuples, des influences subies et des réactions contrastées qu'elles ont suscitées.

Il faut aussi nuancer, selon le milieu social, les rapports entre sexes, les espaces et les époques, l'affirmation usuelle selon laquelle la situation des femmes se serait plutôt détériorée au cours du XX[ee] siècle. Ainsi, est-il nécessairement vérifié que dans les campagnes les femmes ont été partout cantonnées à la subsistance, tandis que les hommes sont intervenus de façon privilégiée dans les cultures d'exportation ? La place des jeunes femmes indépendantes a été fortement sous-estimée dans les mouvements migratoires nés au

---

ment in *Les nouvelles générations africaines entre leurs traditions et l'Occident*, Paris-La Haye, Mouton, 1958.

début du siècle. Très tôt les femmes sont intervenues dans les villes par leur travail (commerce, marchés, service domestique, prostitution engendrée par des collectivités d'hommes...), par leur esprit d'entreprise parfois spécifique (commerce interrégional de gros, commerce de pagnes ou de poisson séché) et par leur influence sociale et politique (évolution des régimes matrimoniaux et de la propriété, mouvements de résistance, etc.).

Tout ceci aboutit, qu'on le veuille ou non, à une « prise de conscience » qui se révèle de différentes façons. Elle va de l'exploration de la liberté individuelle — fait récent en Afrique, surtout chez les femmes — avec ses dérives possibles de la femme « indépendante » à la femme « libre », jusqu'à la découverte d'une expression créative où la femme prend enfin le droit et le temps de s'exprimer par elle-même : la littérature écrite, création d'importation relativement neuve, apparaît comme un terrain d'élection de cette originalité féminine retrouvée.

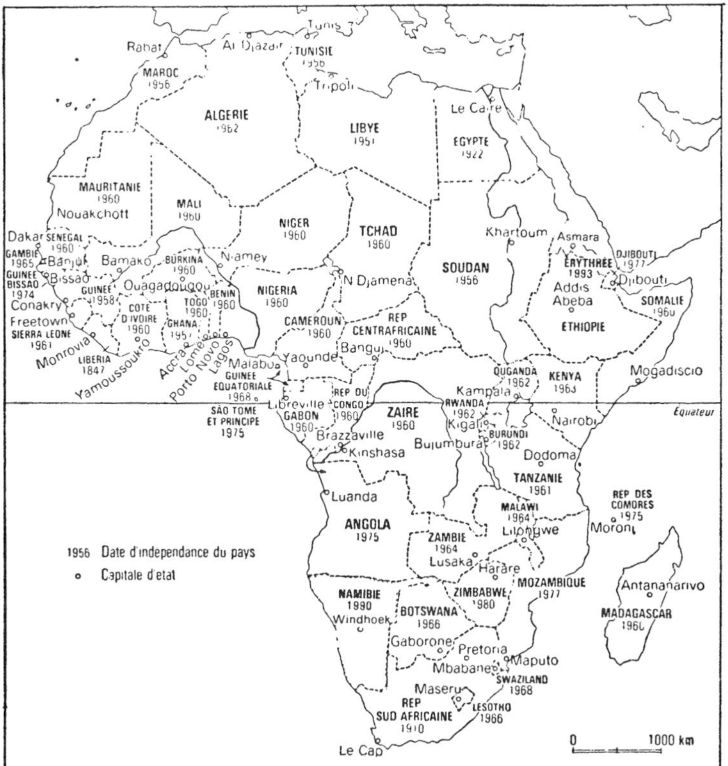

L'AFRIQUE POLITIQUE CONTEMPORAINE (1994)

PREMIÈRE PARTIE

FEMMES DU XIXe SIÈCLE

LA DÉCOLONISATION TOPONYMIQUE	
Nom colonial	Nom contemporain
PAYS	
Gold Coast	Ghana
Oubangui-Chari	Rép. centrafricaine
Soudan français + Sénégal	Mali
Ruanda	Rwanda
Urundi	Burundi
Nyasaland	Malawi
Rhodésie du Nord	Zambie
Bechuanaland	Botswana
Basutoland	Lesotho
Sud-ouest Africain	Namibie
Fernando-Po + Rio Muni	Guinée équatoriale
Congo belge	Zaïre
Guinée portugaise	Guinée-Bissau
Dahomey	Rép. Pop. du Bénin
Sahara occidental	RASD
T. fr. Afars et Issas	Rép. de Djibouti
Rhodésie du Sud	Zimbabwe
Haute-Volta	Burkina-Faso
Guinée française	Guinée Conakry
VILLES	
Fort-Lamy	Djamena
Leopoldville	Kinshasa
Elisabethville	Lubumbashi
Stanleyville	Kisangani
Coquilatville	Mbandaka
Bathurst	Banjoul
Salisbury	Harare
Lourenço-Marquès	Maputo
Tananarive	An-Tananarivo

Source : Hélène d'Almeida-Topor, *L'Afrique au XXe siècle*, Paris, Colin, 1993, p. 228.

I

LES PAYSANNES

Pendant des siècles, la famille fut à la fois foyer de production, de consommation et de résidence. Non la famille restreinte dite « nucléaire » que nous connaissons aujourd'hui (le père, la mère et les enfants, voire les grands-parents et, à la limite, quelques cousins proches), mais un ensemble large qui renvoie, en langage ethnologique classique à la française, au « lignage ». Le lignage est le groupe d'individus qui se reconnaissent comme descendants d'un ancêtre commun *connu* : en pays de transmission orale du savoir, le lignage peut être extrêmement étendu. On remonte dans le temps avec une précision raisonnable jusqu'à la cinquième, voire la neuvième ou dixième génération, ce qui implique un nombre considérable de collatéraux dans une série nombreuse de branches ou « segments » du même lignage. Mais ce terme de lignage est trompeur : il insiste exagérément sur la filiation biologique, alors que la famille dite « élargie » avait intégré, au fil des générations, un nombre élevé d'« alliés sociaux » dont les descendants faisaient à leur tour partie de la famille : enfants et adolescents confiés en gage, adoptions (beaucoup plus fréquentes que dans nos sociétés modernes aux législations précises), esclaves, dépendants, etc.

FEMMES, FAMILLE ET MAISONNÉE

Pour comprendre la place des femmes dans les sociétés africaines anciennes il faut d'abord, tout naturellement, regarder leur place dans la famille ainsi définie. Or le continent africain, en raison de ses vastes étendues et de la multiplicité de ses groupements historico-socio-culturels (que le vocabulaire ethnographique a qualifiés du nom d'*ethnies*) comporte une gamme variée de types d'organisation de communautés familiales. Il n'y a pas de modèle unique qui décrive « la famille africaine » et, moins encore, « la place de la femme » dans ladite famille. Néanmoins, on peut discerner quelques tendances majeures, mâtinées de diversités régionales.

Jusque vers le milieu du XXe siècle, la très grande majorité des Africains furent des ruraux, si l'on excepte la colonisation précoce de l'Afrique du Sud, avec ses manifestations urbaines et ses agglomérations minières. Ils se répartissaient entre éleveurs, agriculteurs, et quelques noyaux relativement isolés de chasseurs-cueilleurs comme les Pygmées de la forêt équatoriale ou les Bushmen du désert du Kalahari. Une division nette mais non figée du travail existait entre hommes et femmes. En gros, les hommes assumaient la guerre et le commerce de longue distance, contribuaient au défrichement des terres, se livraient à la chasse, géraient les affaires politiques. Les femmes assuraient le suivi de l'agriculture, les tâches domestiques telles que l'approvisionnement en eau ou en bois de chauffe, le jardinage de proximité, et le petit commerce de subsistance et de voisinage. En même temps elles assumaient entièrement l'ensemble des tâches liées à la reproduction, avec un taux de fécondité proche du maximum biologique : soit, en moyenne, un enfant tous les trois ans[1].

Le rôle dans la transmission des biens et du pouvoir était inégal entre hommes et femmes. La grande coupure reposait sur l'opposition entre patrilinéarité et matrilinéarité, avec d'ailleurs de nombreuses variantes locales, selon que la résidence du couple était fixée dans la famille du mari (patrilocale) — cas le plus fréquent —, ou de la femme (matrilocale). Les usages matrilinéaires assuraient à la femme une situation plus enviable, puisque la transmission se faisait alors non pas de père en fils, mais de l'oncle au fils de la sœur (dit neveu utérin). Cela ne donnait pas à la femme d'autre pouvoir que de *transmettre* ce pouvoir aux mâles de la famille ; néanmoins ce privilège de « mère de chef » a pu jouer un rôle important.

La polygamie était très répandue, liée à n'en pas douter à l'importance double du rôle de la femme, à la fois productrice et reproductrice. Cette place de la femme, glorifiée, comme dans toutes les sociétés agraires, parce que symbole et réalité de la fécondité, était un des piliers du mariage. A la différence de la société

1. Cela équivaut à un taux de natalité de l'ordre de 50‰ (50 naissances par an pour mille habitants).

chinoise ancienne, la naissance des filles, bien que moins honorable que celle des garçons, était appréciée ; elle était pour la famille d'accueil une source de richesse, car promesse de travail et garantie d'enfants à venir, soit pour la famille même (en cas de matrilocalité), soit pour la future famille d'accueil (en cas de virilocalité). La femme avait donc une valeur sociale, qui se transforma ultérieurement, avec l'introduction de la monétarisation, en valeur marchande. C'était déjà auparavant, dans tous les cas, une valeur politique, à condition de l'utiliser de façon judicieuse. La femme se trouvait dès lors, dans la société, utilisée, donc objectivée.

A la polygamie populaire, qui concernait un nombre limité d'épouses, deux à dix au plus ne serait-ce qu'en raison de leur prix, s'oppose la grande polygamie des chefs, instrument politique de domination. Le souverain Ganda, en Afrique centrale, possédait, dit-on, plusieurs centaines, voire plusieurs milliers d'épouses ; Mutesa, au XIXe siècle, en aurait eu 3 ou 400. Tout lignage aspirant à une charge politique avait intérêt à donner quelques-unes de ses filles au roi. Celui qui désirait une faveur ou, au contraire, avait à se faire pardonner une offense offrait une ou deux filles. Une fois par an, en outre, le roi envoyait ses agents ramasser dans chaque province des suivantes pour ses femmes, et gardait pour lui le meilleur du lot. Il en choisissait également parmi les captives de guerre, et parmi ses plus belles esclaves. Il rassembla ainsi une élite féminine de *Bakembuga,* qui étaient l'expression concrète de son pouvoir.[2] Il pouvait en donner à son tour à ses chefs, utilisant les femmes comme autant de gages dans la hiérarchie politique. Sur le plateau nigérian, vers 1832-1833, le chef des Igala en aurait eu 2 000. Plus près de nous, au début du XXe siècle, le roi Njoya des Bamoum (Cameroun) en possédait 1200, dont au moins 120 ont été précisément identifiées : il laissa à sa mort, au début des années 1930, 163 enfants vivants sur les 350 qu'il aurait eus[3]. Enfin, au milieu du XXe siècle, entre 1950 et 1960, le souverain des Kuba, au Zaïre, possédait encore 600 épouses[4]... Ces femmes de l'aristocratie n'étaient

2. Nakanyike B. Musisi, « Women elite polygyny and Buganda state formation », *Signs,* vol. 16, n° 4, 1991, pp. 777-779.

3. Claude Tardits, « Aimer, manger et danser. Propos sur la grande polygynie », J. C. Barbier ed., *Femmes du Cameroun,* Paris, 1985, pp. 119-131.

4. Jan Vansina, *The children of Woot,* The University of Wisconsin Press, 1978, p. 106.

plus, pour ces grands chefs, une force de travail. Parfois investies d'une fonction administrative ou militaire mais, le plus souvent, regroupées dans un espace spécial, elles avaient à conduire les réjouissances royales et tout au plus à surveiller une armada de serviteurs et d'esclaves qui assuraient l'ensemble de la subsistance du palais et du roi. Cette catégorie était, on s'en doute, exceptionnelle.

LA VIE QUOTIDIENNE

L'Afrique est trop grande, et l'organisation des sociétés trop variée pour définir avec précision les tâches de « la » femme africaine. Comme dans toutes les sociétés, la suprématie masculine y était à la fois une donnée idéologique et effective, la sphère publique, réputée la plus prestigieuse, étant réservée aux hommes ; le domaine des femmes était celui de la vie domestique au sens large : non seulement la maison, comme en Occident, mais plus généralement la subsistance de la *maisonnée* (*household* en anglais) celle-ci constituant l'unité de base de production et de consommation. En Afrique orientale et australe à l'habitat très dispersé, c'était la fraction de maisonnée constituée par une femme et sa progéniture, voire ses dépendants et ses esclaves ; le mari y venait périodiquement et tour à tour rendre ses hommages à chacune de ses épouses. Ce pouvait être, à l'opposé, un ensemble de maisonnées regroupées en villages, ordinairement petits en Afrique forestière (de l'ordre de quelques dizaines à quelques centaines d'habitants), plus gros en Afrique occidentale où ils pouvaient dépasser le millier. Dans l'un ou l'autre cas, chacune des épouses, autonome en partie, avec ses greniers, sa cuisine et parfois ses têtes de bétail propres, gérait ses champs. Elle restait cependant inféodée au chef de famille, responsable de l'ensemble de l'exploitation.

Dans la forêt comme en savane, au sein d'un État comme dans une structure politique éclatée, chez les agriculteurs comme chez les éleveurs, le travail des paysannes était organisé de façon analogue. Il faut bien davantage parler de paysannes que de paysans. Les régions où le travail des champs est effectué majoritairement par les hommes sont assez rares, et localisées surtout en Afrique de l'Ouest ; il en a sans doute toujours été ainsi. L'usage masculin usuel de la houe pour la production vivrière n'existait que dans la zone sahélienne, en bordure méridionale du Sahara : par exemple chez les Songhai du Mali ou chez les Hausa, là où les femmes n'ont le droit de sortir qu'à la nuit ou sont parfois cloîtrées selon une coutume, surtout urbaine, dont on attribue l'introduction au sultan de Kano en 1485, mais qui s'est affirmée avec la progression ultérieure de l'islam. C'était également le cas chez les Yoruba du sud-ouest du Nigéria. En revanche chez leurs voisins du sud-est, les Ibo, les femmes allaient aux champs[5]. Chez les Fon du Bénin, le travail de la terre, sans être interdit, est mal considéré pour la femme parce qu'elle se consacre, outre le jardinage, aux activités de commerce et d'artisanat (notamment de teinture à l'indigo), et jadis au portage lié à ses activités marchandes. Partout ailleurs, même si les travaux des champs étaient mixtes comme sur le plateau Tonga (Zambie méridionale actuelle)[6], la houe était généralement réservée aux femmes. Les hommes maniaient pour l'abattage des arbres la hache, et parfois un autre instrument comme le *nton*, sorte de pelle à très long manche[7] des Beti du Cameroun forestier. Faut-il en conclure que c'est l'usage de la houe qui faisait de l'agriculture une affaire de femmes, l'introduction de la charrue (comme en Afrique du Nord ou en Asie) impliquant quasi-automatiquement l'intervention des hommes[8] ? Le passage des hommes au travail agricole fut plutôt en Afrique noire une conséquence tardive de la « modernisation ». Le travail mécanisé et qualifié fut monopolisé par les hommes parce qu'il demandait un minimum de capital, tandis qu'aux femmes ne restait que le travail à la main qui requérait leur savoir-faire millénaire.

La division sexuelle du travail n'en était pas moins la règle. En pays Kikuyu par exemple (Kenya actuel), comme dans la plus

5. Autour d'Onitsha et dans le pays Ika ce sont les hommes qui cultivaient ; mais ailleurs seul l'igname etait cultive par les hommes Nina Mba, *Nigerian Women mobilized*, 1982, pp. 29-30.

6. Marcia Wright, « Technology, marriage and women's work in the history of maize-growers in Mazabuka, Zambia : a reconnaissance », *Journal of Southern African Studies*, vol. 10, n° 1, oct. 1983, pp. 55-69.

7. Jane I. Guyer, « Female farming and the evolution of food production patterns among the Beti of South-Central Cameroon », *Africa*, vol. 50, n° 4, 1980, pp. 341-355, et P. Laburthe-Tolra, *Minlaaba*, Paris, Champion, 1977.

8. Ester Boserup, *The conditions of agricultural growth*, Chicago, 1965, et *Women's role in economic development*, New York, 1970, trad. française *La femme face au développement économique*, 1983. Il faut d'ailleurs nuancer. La houe est un terme générique qui designe au moins cinq formes differentes d'outils agricoles.

grande partie de l'Afrique centrale et orientale, sur les vastes plateaux herbeux d'altitude, les gens vivaient au XIXe siècle d'une économie agro-pastorale où femmes et fillettes étaient chargées des cultures et de la préparation des aliments. Les hommes et leurs garçons veillaient d'abord sur les troupeaux de chèvres et de moutons, et secondairement de gros bétail ; mais, sauf exception, ce sont les femmes, comme en pays Nuer (Soudan actuel) ou chez les Fulbe[9] de l'ouest africain, qui traient les vaches et préparent le beurre.

Les hommes avaient la charge de la guerre, d'ailleurs souvent liée à l'agriculture ; en effet les très longues jachères exigées par des sols pauvres (quinze ou vingt ans sinon davantage) imposaient une agriculture semi-itinérante et donc la conquête périodique de nouvelles terres sur les voisins. Comme partout, certains travaux agricoles étaient assurés par les hommes en raison de la force physique exigée : c'était le cas du gros défrichage, l'abattage d'un seul arbre pouvant requérir de deux hommes une journée de travail continu. D'autres travaux étaient effectués en commun par l'ensemble des hommes et des femmes, rassemblés ou non selon des liens de parenté, par exemple la préparation des terrains après défrichage, et parfois même les premières semailles. Les hommes, avec l'aide éventuelle de leurs femmes, étaient chargés de quelques cultures spécialisées, comme celles des patates douces, de la canne à sucre ou des bananes chez les Kikuyu, d'une partie des ignames et des pastèques[10] chez les Beti, des ignames aussi chez les Baule de Côte d'Ivoire, de l'arachide au Sénégal. Ils assumaient la construction des rigoles, les travaux de drainage et l'aménagement des pistes et des ponts.

Au Kénya les Masaï, comme les autres éleveurs, se réservaient la garde et le commerce du bétail mais leurs femmes assumaient la traite : « le pastoralisme est supérieur à l'agriculture comme l'homme est supérieur à la femme », dit un proverbe Luo (Kenya occidental)[11]. Aux femmes d'assumer le reste des tâches : semis des céréales et des haricots, travail quotidien à la houe, récoltes, transport et stockage des provisions, traite des vaches et entretien des

9. Au singulier : Peul.

10. La graine de pastèque permettait de produire une huile de bonne qualité, d'où sa valeur marchande.

11. Margaret Jean Hay, « Kenya : Luo Women and economic change during the colonial period », E. Etienne and E. Leacock eds, *Women and colonization*, 1983, pp. 110-124.

petits animaux, pilage du mil et préparation de la farine de manioc et de la bière de mil[12]. Aux femmes encore revenaient le lavage du linge de toute la maisonnée, et les corvées quotidiennes de l'approvisionnement en eau et en bois de chauffe pour la cuisine. Mais l'eau était souvent située au fond d'un ravin et le bois dans la brousse où il fallait aller le ramasser, aidées par les enfants, garçonnets compris, mais jamais par les hommes. Le spectacle est resté familier. Partout où les adductions d'eau n'existent pas encore, c'est-à-dire dans la plupart des campagnes, il s'agit au mieux aujourd'hui d'aller à la fontaine ; des cohortes de femmes et d'enfants le long des routes assument encore ces approvisionnements quotidiens de base. Rien n'interdit de penser qu'il s'agit de tâches féminines millénaires, même si, comme nous le verrons, le travail rural des femmes eut tendance à s'alourdir avec la colonisation. Seul répit relatif dans ces activités : la saison sèche qui allégeait les tâches agricoles. C'était le temps des réjouissances, des mariages, des fêtes agraires, des relations sociales entre villages ou entre familles ; mais, là encore, ce sont les femmes qui assumaient l'ensemble des préparatifs.

DES BÊTES DE SOMME : L'EXEMPLE TSWANA A LA FIN DU XIXe SIECLE

En comparant, presque aux deux extrémités de l'Afrique, des sociétés pastorales aux structures sociales fort différentes, les Kikuyu (matrilinéaires) du Kénya et les Tswana (patrilinéaires) d'Afrique australe[13], on est frappé par l'analogie de la condition féminine soumise aux mêmes contraintes écologiques dominées par les aléas de la pluviométrie. L'irrégularité des pluies est plus accentuée encore en pays Tswana qui reçoit moins de 400 mm. d'eau par an, moyenne bien peu significative puisque les cycles alternant sécheresses répétitives et bonnes saisons s'allongent sur une quin-

12. Carolyn M. Clark, « Land and food, women and power, in 19th century Kikuyu », *Africa*, vol. 50, n° 4, 1980, pp. 357-367.

13. Les Tswana ont été décrits par les missionnaires dès la première moitié du XIXe siècle, puisque la pénétration européenne fut nettement antérieure dans l'intérieur de l'Afrique australe. *Cf.* Margaret Kinsman, « The subordination of Southern Tswana women, ca. 1800-1840 », *Journal of Southern African Studies*, vol. 10, n° 1, 1983, pp. 39-54, fondée sur des sources missionnaires de cette époque.

zaine d'années. Cette vulnérabilité obligeait à prévoir des moyens complémentaires de survie partagés entre l'élevage et la culture de céréales (à base de maïs pour les Kikuyu, de sorgho pour les Tswana) ou encore de plantes résistant à la sécheresse, comme les pois-chiches et les potirons. A cette alimentation s'ajoutait le produit de la chasse par les hommes et de la cueillette par les femmes. En cas de sécheresse prolongée, la cueillette pouvait devenir le seul recours contre la famine absolue, comme en 1820 et en 1834 en pays Tswana.

La condition des femmes y apparaît celle de bêtes de somme. La stricte obédience patrilinéaire de la société Tswana accentua ce caractère aux limites du possible. L'organisation politique était éclatée en très gros villages. Ceux-ci pouvaient atteindre jusqu'à cinq ou dix mille résidents ; mais chaque quartier (ou *ward*) composait à lui seul un microcosme rassemblant plusieurs ensembles lignagers regroupés chaque fois autour d'un chef commun. Chaque quartier était à son tour subdivisé en maisonnées qui organisaient autour du chef de famille, au sein du même enclos, des unités de subsistance pouvant se réduire, à la base, à une épouse et ses enfants à charge. Celle-ci était soumise à la fois à son mari, et à sa propre mère qui n'habitait jamais bien loin et stockait la part de récolte qui revenait en principe à chacune de ses filles. Elle en disposait à leur place. La jeune femme n'avait donc, à double titre, aucun droit de regard personnel sur les fruits de son travail, si ce n'est parfois les deux ou trois têtes de bétail que son père lui avait données au moment de son mariage. Elle n'avait aucun espoir de voir fructifier son avoir, n'ayant rien d'autre à offrir que les denrées périssables de sa cueillette quotidienne.

Les femmes avaient d'elles-mêmes une image négative. Celle-ci cumulait le refus de leur reconnaissance comme individu, une existence tout entière consacrée à l'économie domestique, et le dressage, dès leurs premières années, à l'humilité qui leur faisait accepter comme normale une idéologie exclusivement fondée sur le travail. Les hommes, de leur côté, étaient impliqués dans des réseaux complexes de dépendance entre lignages et au sein de leur propre famille, mais ils avaient deux échappatoires : la possibilité d'accumuler des richesses en bétail et en terres en leur nom propre, et celle de faire fructifier ce capital à travers des échanges. Ils tannaient eux-mêmes des peaux et les échangeaient contre du cuivre, la seconde source de richesse après les troupeaux. Les bijoux de cuivre n'étaient donnés aux femmes que parcimonieusement : ils servaient avant tout de monnaie lors des échanges matrimoniaux effectués à l'avantage des chefs de lignage et non de leurs épouses.

Le quartier constituait l'unité de production effective, chacune des maisonnées pouvant faire, en cas de besoin, appel au travail de l'ensemble de ses voisines. Les troupeaux, par exemple, étaient confiés collectivement à la garde des jeunes garçons, et les femmes organisaient en équipes une grande partie de leur travail à la houe, les semailles, les moissons, etc. Cela contribuait d'ailleurs à dissoudre leur responsabilité individuelle sur le produit de la récolte dont la répartition, comme celle des terres, relevait, à chaque niveau et selon son importance, du chef de famille, de la lignée, du lignage, ou de l'ensemble du village. Le titre du chef, tel qu'il fut traduit en 1827 par un missionnaire, était « chef de la ville et du territoire environnant »[14]. Les femmes étaient donc officiellement exclues de tout pouvoir ; leur présence était d'ailleurs interdite dans la cour de l'enclos réservée aux palabres des hommes. Tout au plus pouvaient-elles les interpeller de loin, du seuil de leur porte ou des abords de la place. C'est dire le peu de cas que l'on faisait de leur parole.

Les femmes travaillaient, en temps, plus que les hommes. Malgré l'irrégularité de la saison des pluies (au mieux : d'octobre à mai-juin), la totalité des travaux d'agriculture, y compris la protection des moissons contre l'agression des rapaces ou autres animaux, retenait les femmes aux champs environ huit mois sur douze, du lever du soleil jusqu'à trois ou quatre heures de l'après-midi ; ensuite elles s'activaient autour de la maison. Contrairement à d'autres régions, elles avaient en plus la charge de la construction et de la réfection des cases et des greniers. Poterie, tissage et autres activités occupaient le reste du temps et elles devaient en outre prendre soin des enfants.

Les missionnaires insistent sur leurs pratiques d'extrême économie et de privation, qui les faisaient toujours passer, depuis leur plus jeune âge, derrière les hommes et les garçons, particulièrement en cas de disette. Les témoins ont pu accentuer certains traits qui choquaient profondément leur idéal de la femme au foyer mais

14. « *Owner of the town and the country adjoining* », Thomas Hodgson cité par M. Kinsman, *op. cit.*. p. 42 [le terme de « *owner* (propriétaire) » était une mauvaise traduction connotée d'eurocentrisme].

les récits sont suffisamment convergents pour être convaincants. Dès l'âge de cinq ou six ans, tandis que les garçons commençaient à parcourir les pâturages avec le bétail et à jouer avec leurs premières armes, les fillettes travaillaient avec leur mère, si bien qu'entre dix et douze ans elles étaient pratiquement considérées comme capables de se suffire à elles-mêmes.

A cette enfance rude s'ajoutait l'apprentissage de la docilité et de la soumission à l'homme. Aucune sanction sociale ne limitait pour un père ou un mari le droit de battre les femmes qui dépendaient de lui. Le moment décisif était celui de l'initiation. Elle consistait essentiellement à vérifier la virginité des filles ; des relations féminines hors mariage étaient jugées maléfiques, susceptibles d'empêcher les pluies, et exigeaient des rites de purification. La formation visait à enseigner à la fille son rôle de femme, c'est-à-dire d'épouse et de mère. Le premier acte consistait à la déflorer à l'aide d'un tubercule en forme de phallus (chez les Makonde du nord du Mozambique, on utilisait un phallus en terre cuite) ; la fille était instruite de son rôle sexuel par une femme âgée, veuve de préférence, puis violemment fouettée pour lui donner une idée des douleurs de l'enfantement. Tout cela était suffisamment traumatisant pour parvenir à l'apprentissage de la passivité et à une idéalisation de la subordination. La fillette était confiée, pendant le premier mois de la cérémonie, à une famille pauvre qui devait la traiter comme une servante de basse caste, quotidiennement astreinte au portage de l'eau et du bois, et battue à son retour. L'épisode se terminait néanmoins par une cérémonie publique, où les filles injuriaient les hommes, les accusant de paresser, de refuser de travailler pour leur propre famille : cela leur permettait, *a contrario*, de glorifier leur propre rôle de bêtes de labeur. Cette apologie de la servitude était confirmée au cours du second mois ; les fillettes revêtaient des gilets tissés d'herbes humides qui, en durcissant, leur écorchaient la peau ; un missionnaire va jusqu'à préciser que la dernière épreuve consistait à faire saisir par l'impétrante un morceau de fer brûlant afin de démontrer que « ses mains étaient prêtes au travail le plus dur »[15].

15. Robert Moffat, *Missionary labours and scenes in Southern Africa*, Londres, John Snow, 1843, p. 250. Mais les successeurs de ce missionnaire ont précisé qu'il avait quand même « légèrement exagéré », M. Kinsman, *op. cit.*, p. 49.

Les missionnaires ont probablement noirci le tableau. Il n'en reste pas moins que ce climat féminin d'obéissance passive, poussé à son paroxysme chez les Tswana, ne valait guère mieux chez d'autres peuples, en particulier chez les Yao ou les Shona d'Afrique orientale où les mœurs sexuelles faisaient de la femme un objet à la fois soumis et dressé au plaisir de l'homme[16]. Une conclusion s'impose : en dépit de nombreuses variantes, le sort des paysannes africaines n'était guère enviable.

C'est vraisemblablement pour cette raison que, dans la vie rurale, les femmes acceptaient volontiers la polygamie qui permettait d'organiser et de répartir le travail entre co-épouses. Leur fardeau fut-il, avant la colonisation, plus lourd ou moins oppressant que par la suite ? Malgré le nombre élevé d'études de cas, il est difficile de se faire là-dessus une opinion claire, compte tenu du peu d'informations directes venues des temps anciens. Les traditions abordent peu ce sujet et risquent d'enjoliver le souvenir d'« avant les Blancs » ; les récits de voyageurs, d'ailleurs peu diserts sur les campagnes à l'époque précoloniale, n'en apprennent guère plus. Les renseignements les plus précis, entachés néanmoins de multiples préjugés sur le rôle dévolu aux femmes, viennent des premiers missionnaires ou des militaires coloniaux arrivés à la veille ou au début de la pénétration européenne, à un moment où l'accélération des mutations était déjà amorcée.

SEXE ET HIÉRARCHIE DES TACHES

Le lot des femmes rurales a toujours été dur, et leurs tâches multiples. Les différences portent sur la place de la femme dans la société et peut-être aussi sur son degré d'autonomie par rapport aux hommes, encore que toutes les nuances soient possibles selon les lieux et les cultures envisagées.

Quelles que soient la zone climatique et végétale ou l'idéologie dominante, animiste ou musulmane, on retrouve à peu près partout de grands traits similaires de culture rurale. La clé de l'organisation sociale agricole était la division des tâches par sexe : aux hommes les travaux de force, la guerre, la construction et la réfection (sauf en pays Tswana) de la maison et des greniers — dont la

16. Cf. *Ethnologie régionale*, I. *Afrique, Océanie*, La Pléiade, 1972.

nécessité s'imposait à chaque saison des pluies —, la chasse et la pêche, la politique (mais chez les Bété de Côte d'Ivoire, la pêche était une activité de subsistance réservée aux femmes)[17] ; aux femmes la subsistance et les enfants. Les femmes avaient de nombreuses obligations, mais aussi quelques prérogatives et une certaine autonomie ; la plupart du temps elles travaillaient, mangeaient, se distrayaient ensemble, dans une vie souvent associative. Femmes et jeunes enfants vivaient dans un monde séparé de celui des hommes, qui s'activaient et mangeaient de leur côté les repas préparés par les femmes.

La division des sexes n'était pas seulement visible dans la répartition des tâches, mais dans des critères d'évaluation, internes à chaque groupe, et différents entre eux. La valeur et le statut d'une femme dépendaient d'abord de sa fécondité, mais aussi de son esprit coopératif et d'initiative, et de sa force de travail ; celle d'un homme s'affirmait par son courage voire son agressivité, son art de la parole ou ses prouesses physiques. La différence majeure était que les hommes légiféraient pour l'ensemble du groupe, tandis que les femmes n'avaient de pouvoir que sur elles-mêmes. Les dialogues entre hommes et femmes étaient rares. La polygamie, fréquente, ne les encourageait guère. La vie commune se réduisait le plus souvent à la nuit passée ensemble. L'idéologie de la supériorité masculine existait partout, y compris dans les sociétés matrilinéaires où la transmission du lignage et des biens se faisait *par* les femmes mais non *pour* elles : la lignée se transmettait de l'oncle au neveu utérin (le fils de la sœur du père — frère et sœur de même mère en milieu polygame). Compte tenu du nombre élevé d'enfants des deux sexes, dont une partie arrivait à l'âge adulte à chaque génération, cela donnait lieu à des relations familiales et à des problèmes d'héritage extrêmement complexes et imbriqués, qui reliaient entre eux de très nombreux lignages. Il en résulta nombre de guerres picrocholines dont l'issue était souvent l'établissement de nouvelles relations réciproques et complémentaires, sous forme de prise ou mise en gage d'enfants et de mariages compensatoires.

Dans la vie quotidienne, les convictions et les usages matrilinéaires ne modifiaient guère les tâches féminines ordinaires ; tout

17. Jean-Pierre Dozon, *La société Bété, Côte d'Ivoire,* Paris, ORSTOM-Karthala, 1985, p. 153-155.

au plus permettaient-ils d'affirmer un certain équilibre entre les sexes dans la répartition des responsabilités au sein de la famille ; ils étaient favorables à une plus forte hiérarchisation au sein de la communauté féminine. Les femmes âgées, la mère du mari en particulier, acquéraient une autorité particulière due à leur fonction de transmission, rigidifiée par la ménopause qui les excluait désormais du cycle de la reproduction. Elles exerçaient leur pouvoir sur leurs brus, sur leurs co-épouses plus jeunes et bien entendu sur les femmes-esclaves qui pouvaient d'ailleurs être des co-épouses. Le résultat est évident : les vieilles femmes reproduisaient, à l'intérieur de leur communauté, les rapports hiérarchiques qui régentaient de façon plus générale les relations entre les maîtres du lignage ou « aînés » et leurs divers dépendants : « cadets », femmes, esclaves. Elles organisaient et contrôlaient le travail fourni essentiellement par les plus jeunes et les servantes : travail fait *à leur place* et non *pour* elles, mais pour le chef du lignage. Cette organisation se répétait à tous les niveaux, depuis celui du noyau familial de base jusqu'à celui de l'exploitation d'État.

Dans les sociétés hiérarchisées où au système de parenté se superposait une organisation étatique incluant une aristocratie, les choses étaient plus complexes : le rôle économique des femmes variait en fonction de la position sociale de leur mari. Certaines femmes nobles ne travaillaient que peu ou pas du tout : ainsi, chez les Bamum du Cameroun, les Allemands, au début du siècle, firent-ils des représentations au sultan Njoya pour l'inciter à utiliser ses épouses : le souverain leur fit alors exécuter des tissages qui approvisionnèrent la boutique qu'il avait fait ouvrir, et ses femmes continuèrent de dépendre matériellement de lui[18].

Les femmes « nobles » avaient surtout pour tâche, comme les vieilles femmes dans les sociétés purement lignagères, de superviser le travail de leurs dépendantes et de leurs esclaves. En Afrique centrale, dans les sociétés aristocratiques du Ruanda et du Burundi, où l'on distinguait une classe dirigeante Tutsi d'éleveurs dominant une basse catégorie de Hutu cultivateurs, les femmes nobles Tutsi se contentaient de surveiller le travail des Hutu. Les épouses Hutu s'épuisaient aux tâches agricoles de subsistance, tandis que le labeur de leur mari, alternativement dans leurs champs et à la guerre, était monopolisé par l'aristocratie. Le mâle Hutu, malgré sa

18. Claude Tardits, « Aimer, manger et danser », *op. cit.*

position misérable, n'en restait pas moins un patriarche dans sa propre famille où la femme devait s'agenouiller pour lui offrir la bière[19].

Un autre exemple, celui de l'État de Garenganze organisé à la fin du XIXe siècle dans la région du Katanga (aujourd'hui Shaba, dans le Zaïre méridional) par un trafiquant négrier Nyamwezi, Msiri, constitue un cas-limite. Msiri avait fait de sa capitale, Bunkeya, le centre de ses activités. Son Etat était constitué de plusieurs groupes autonomes auprès desquels résidaient ses représentants personnels : ses épouses et d'autres membres de sa famille des deux sexes. Leur présence était justifiée par la conclusion de mariages diplomatiques, soit entre lui-même et diverses femmes nobles des provinces, soit entre des princesses de sa famille et des chefs subordonnés locaux, Yeke ou Swahili. Les femmes qui lui apportaient leur loyauté et leur efficacité devenaient des sortes de puissants fonctionnaires. L'économie de l'État reposait en effet (outre les revenus du commerce de l'ivoire et des esclaves) sur un tribut en biens vivriers, perçu après la récolte, qui permettait d'assurer la subsistance des guerriers et des caravaniers, en particulier au moment de leur séjour dans la capitale. Celle-ci était composée d'un ensemble de 42 villages regroupant environ 25 000 habitants. Les « femmes » de Msiri y dirigeaient un vaste complexe périurbain, dont le souverain leur cédait le contrôle. Il était fait de grandes fermes peuplées en majeure partie de femmes-esclaves qui constituaient la main d'œuvre principale ; elles étaient assistées seulement lors des périodes critiques du cycle agricole par des équipes masculines directement supervisées par des hommes (sans doute parce que ceux-ci ne pouvaient être commandés par une femme...). La population permanente de la capitale était ainsi majoritairement féminine ; les fréquentes allées et venues des caravanes et des expéditions militaires y offraient de nombreuses opportunités sexuelles, et un témoin insiste sur l'ampleur de la polygamie et sur la fréquence des divorces, ce qui implique une relative émancipation des femmes dominantes de la place[20].

19. Ethel M. Albert, « Femmes du Burundi », Denise Paulme éd., *Femmes d'Afrique noire,* 1970.

20. F. S. Arnot, *Garnenganze, or seven years' pioneer mission work in Central Africa,* Londres, 1889, p. 194. Marcia Wright, « Autobiographies, histoires de vie et biographies de femmes... », *Cahiers d'Etudes Africaines,* 1988. Les femmes de Msiri n'étaient pas seulement les citadines les plus nombreuses et

Le système de Msiri ne faisait qu'utiliser, en les amplifiant, les pratiques de la maisonnée de base. Du bas en haut de la hiérarchie sociale, la subsistance était assurée par les femmes du groupe, les plus dépendantes étant celles qui travaillaient le plus. Plus le groupe était restreint, plus le nombre des femmes astreintes au travail était élevé. Seules les sociétés aristocratiques pouvaient se permettre d'accentuer la hiérarchie entre femmes, non seulement en fonction de leur âge, mais de leur statut social. Les princesses de la famille du chef, les femmes de la cour, quand il en existait une, faisaient travailler les autres. Mais elles demeuraient une toute petite minorité.

DE LA PRODUCTION À LA REPRODUCTION : LE RÔLE DU MARIAGE

Le fondement de ces sociétés de subsistance dont les surplus étaient médiocres ou inexistants, et toujours menacés par les aléas d'une pluviométrie irrégulière (sauf en zone forestière équatoriale), restait la production de vivres. Assurée en règle générale par les femmes de la famille, cette production dépendait de leur nombre. Un individu, homme ou femme, peut cultiver à la houe un maximum de 2,5 ha par an. Plus de femmes signifie donc plus de terres cultivées. D'où la valeur intrinsèque de la femme, prisée à la fois comme instrument de production et de reproduction — plus de femmes signifiant plus d'enfants et donc un lignage plus fort ; les filles deviendraient à leur tour productrices ; les garçons par leur mariage attireraient des épouses qui accroîtraient le cercle et l'impact social du groupe en démultipliant la force de production.

Les femmes étaient simultanément employées et méprisées comme instruments de production, mais appréciées, voire glorifiées comme instruments de reproduction[21]. On dit aujourd'hui qu'elles se définissent par « trois S » : Silence, Sacrifice et Service. Les périphrases qui les désignent au Bénin pourraient se traduire par :

---

les plus actives. Les grandes caravanes, dont les expéditions jusqu'à la côte pouvaient durer plusieurs mois, en comptaient assurément beaucoup ; les femmes esclaves portaient, les épouses et les autres servaient à tout : la cuisine, le campement et le sexe.

21. Voir, entre autres, Claude Meillassoux, *Femmes, greniers et capitaux*, Paris, 1975, et *L'esclavage dans les sociétés précoloniales*, Paris, 1985.

« palissade d'un autre », ou « cheval de la belle-famille ». L'homme riche n'était pas celui qui avait accumulé des biens ou de la terre : la terre, don sacré des dieux, étant inaliénable, seuls comptaient les droits à son exploitation et non à sa « propriété » *stricto sensu*. Ce concept était d'ailleurs sans signification dans les sociétés africaines anciennes pour lesquelles, sauf exception, la terre ne manquait pas. Accumuler les biens de production ne signifiait pas non plus grand-chose : ceux-ci se réduisaient peu ou prou à la houe, et presque tout le monde pouvait en posséder une. L'important était la capacité de travailler la terre, c'est-à-dire de posséder des bras pour ce faire : les femmes et les enfants qu'elles garantissaient constituaient la vraie richesse, de même que le gros bétail, dans les sociétés pastorales : la possession en était d'ordinaire réservée aux hommes, à qui il permettait d'acquérir des épouses par le jeu des compensations matrimoniales. Ainsi, plus on possédait de bétail, plus on pouvait obtenir de femmes, donc d'enfants, et plus on était riche.

Dans des sociétés le plus souvent patrilocales (c'est-à-dire où les épouses allaient vivre dans la famille de leur mari même en régime matrilinéaire), on conçoit l'importance de la « compensation matrimoniale », souvent mais improprement appelée « dot ». Dans les sociétés occidentales, la dot désigne l'apport fait lors du mariage par la famille de la fiancée ; dans les sociétés africaines au contraire, l'usage voulait — et est resté enraciné socialement bien que transformé, dénaturé, et parfois interdit par les gouvernements récents — que ce soit la famille de l'époux qui apportât compensation à celle de la femme, puisque le groupe maternel allait perdre, par son départ, cette double richesse de travail et d'enfants. C'était bien de compensation qu'il s'agissait, soulignée en pays Wolof par le fait que les biens reçus étaient aussitôt utilisés à procurer une épouse à l'un des frères de la fille cédée, c'est-à-dire à la remplacer[22].

Ce processus complexe du mariage a été décrit dans les sociétés les plus diverses. Dans ces sociétés rurales, l'usage de la monnaie, très peu développé, était réservé aux échanges interrégionaux ou internationaux dits « commerce à longue distance », contrôlés par les chefs et les souverains. Sur place, c'étaient les alliances matrimoniales qui commandaient les équilibres économiques et sociaux, voire politiques du monde paysan. Les accords étaient conclus par

22. Abdoulaye-Bara Diop, *La famille sénégalaise*, 1985, p. 112.

les responsables du groupe — les aînés, les chefs de famille et de lignage — entre familles dont l'alliance était recherchée, ou bien dont certaines étaient redevables ou dépendantes d'autres. L'époux versait des biens, utilitaires ou prestigieux : têtes de bétail, bracelets de cuivre, pagnes... Que les têtes de bétail aient été si souvent présentes dans ces accords est significatif : la famille qui donnait la femme pouvait s'enrichir autant que celle qui la recevait.

Le futur époux, habituellement un homme jeune, ne possédait pas lui-même de quoi se doter ; il dépendait pour ce faire de son chef de lignage. Il arrivait parfois que l'essentiel de son apport fût en travail, surtout en Afrique centro-australe ou en zone forestière, comme dans le pays Ibo au sud-est du Nigéria actuel. Le jeune homme allait dans sa future famille par alliance participer à divers travaux, qui constituaient partie ou totalité de sa dette. Il pouvait parfois être réduit en état de quasi servage par sa future belle-mère[23].

Quant à la femme, on lui demandait d'abord et surtout d'être une bonne génitrice. Certes, dans le Sahel occidental, la jeune fille-mère était couverte d'opprobre, voire chassée du village[24]. En revanche dans certaines sociétés, comme dans l'Ogooué maritime (Gabon), la jeune fille devait faire la preuve de sa fécondité en tombant enceinte avant d'être épousée. Si l'enfant était mâle, la famille du futur époux le prenait en charge et attendait l'arrivée d'une fille pour entériner le mariage par le versement de la dot. La promise avait alors seulement démontré sa « bonne qualité »[25]. Ce comportement prouve, à tout le moins, que la naissance d'une fille, gage de la transmission de la force de travail, si elle n'était pas glorifiée n'était pas non plus déshonorante. Il est arrivé encore il y a peu, à un père de famille de la bourgeoisie d'Accra qui venait d'avoir des jumelles, de se voir féliciter par des parents : « Te voilà riche, maintenant ! »[26].

Si l'épouse quittait, pour une raison ou une autre, le domicile conjugal pour retourner dans sa propre famille, celle-ci devait resti-

23. Marcia Wright, « Technology, marriage... », *op. cit.*

24. Cf. sur ce thème le film sénégalais *Hyennes* de Djibril Diop Mambéty (1992).

25. Enquête personnelle.

26. Ce n'est pas toujours le cas. Dans d'autres sociétés, au contraire, la naissance de jumeaux est considérée comme maléfique, et l'on en sacrifiait au moins un.

tuer les dons reçus : le contrat était rompu et la famille récupérait — pour souvent l'utiliser à une autre alliance — la force représentée par la femme. Les épouses, surtout en pays matrilinéaire où elles étaient mieux protégées, n'hésitaient pas à revenir, ne serait-ce que de façon passagère, dans leur famille. Celle-ci en serait quitte pour les renégocier[27]. Le mari, au contraire, renvoyait rarement sa femme ; si l'initiative venait de lui, il y avait fort à parier qu'il ne récupérerait rien de ce qui avait été versé. Il pouvait en revanche se plaindre à sa belle-famille des services de son épouse, s'il s'estimait trompé sur la marchandise, et obtenir une intervention pour la remettre au pas.

Il existe quelques cas limites. Ils ont fait la joie des ethnologues : ainsi les populations, restreintes mais variées, du haut plateau nigérian qui pratiquent un échange systématique des femmes. Cette habitude était si éloignée de nos conventions occidentales que les premiers observateurs britanniques, très choqués, n'y ont vu qu'absence de décence, de moralité et du sens des convenances. Pour eux ces peuples constituaient :

> « pour ainsi dire un cul-de-sac culturel, caractérisé par une série de traits archaïques allant d'une nudité complete fort répandue [l'horreur pour des puritains !] à des pratiques matrimoniales absolument uniques »[28].

Il s'agissait en fait d'un échange codé fort complexe ; la femme, impérativement vierge pour son premier mariage, devait ensuite en contracter plusieurs, à condition de ne résider que chez un seul mari à la fois. Quant au mari, il était tenu d'offrir sa femme à ses frères et aux maris de ses sœurs, en échange de quoi il profitait à

27. Chez les Akan du Ghana, où la résidence était matrilocale (c'est-à-dire située dans la branche maternelle), la chose était d'autant plus simple que la femme continuait souvent d'habiter chez sa parentèle maternelle : elle ne se rendait chez son mari que pour la nuit. Christine Oppong, *Middle class African marriage*, 1974, p.32-33.

28. Murdock (1959) cité par Jean-Claude Muller, *Du bon usage du sexe et du mariage*, 1983, pp. 13-14. L'évocation qui suit concerne, il faut le souligner, des populations limitées (il s'agit de groupes fragmentés, allant selon les cas d'un millier d'individus pour le plus petit à 150 000 pour le plus grand, les autres comportant en moyenne 12 à 18 000 personnes). Ce sont des gens qui ont cultivé leur différence face à une succession d'envahisseurs puissants, découlant en particulier des *jihads* (guerres saintes) du siècle dernier. Pour la commodité de l'exposé, on a ramassé de façon synthétique des traits qui, en réalité, connaissent des variantes de groupe à groupe.

son tour des femmes de ses frères. De tels mariages, cela va sans dire, comportaient compensation versée à la famille de l'épouse. Il était parfois prévu que la femme nouât des relations privilégiées avec un amant — lui-même marié, la notion de célibat étant inexistante —, à condition que celui-ci, accepté par le mari, lui ait versé des compensations rituelles. L'amant devait protection à la femme, davantage que le mari. La répartition des enfants était savamment dosée ; ils revenaient généralement au premier mari, qui pouvait les recéder au père moyennant paiement. Par le jeu des compensations versées le système au demeurant coûtait cher. Plus l'homme était riche, plus il pouvait s'y livrer. Il s'assurait ainsi une clientèle, l'amant et ses femmes devenaient ses dépendants, de même que les autres maris de ses épouses et les frères de celles-ci. Sans aller aussi loin, beaucoup de sociétés d'Afrique centrale considéraient la femme comme un bien que le mari pouvait, par courtoisie, offrir, pour l'honorer, à un hôte de passage — frère de sang ou allié lignager. Cette pratique existait au Buganda mais elle n'empêchait pas d'exiger que la jeune épousée fût vierge à son premier mariage[29] !

Le mariage était donc à la fois une affaire économique, sociale et politique, dont les tractations relevaient des « aînés », seuls à détenir le pouvoir de négociation et le contrôle des richesses du groupe. Ce n'était toutefois pas, à proprement parler, un acte de marché (pas plus en tous cas que ne l'était naguère la dot en Occident), d'autant que le versement pouvait représenter une valeur plus symbolique que réelle. Nous verrons cependant que la femme était vraiment, dans ces échanges, un bien à exploiter. Le mariage, engagement à la fois social et politique, ne versa dans le mercantilisme intégral qu'avec l'essor de l'économie de marché[30].

29. Melvin L. Perlman, « The changing status and role of women in Toro (Western Uganda) », *Cahiers d'Etudes Africaines*, vol. VI (4), n° 24, 1966, p. 565.

30. Cf. l'exposé théorique de cette question, à partir de la société Gouro de Côte d'Ivoire, par Claude Meillassoux, « Essai d'interprétation du phénomène économique dans les sociétés traditionnelles d'auto-subsistance », *Cahiers d'Etudes Africaines*, n° 4, 1960, pp. 38-67. On reviendra sur la question du mariage à propos de son évolution récente dans les derniers chapitres.

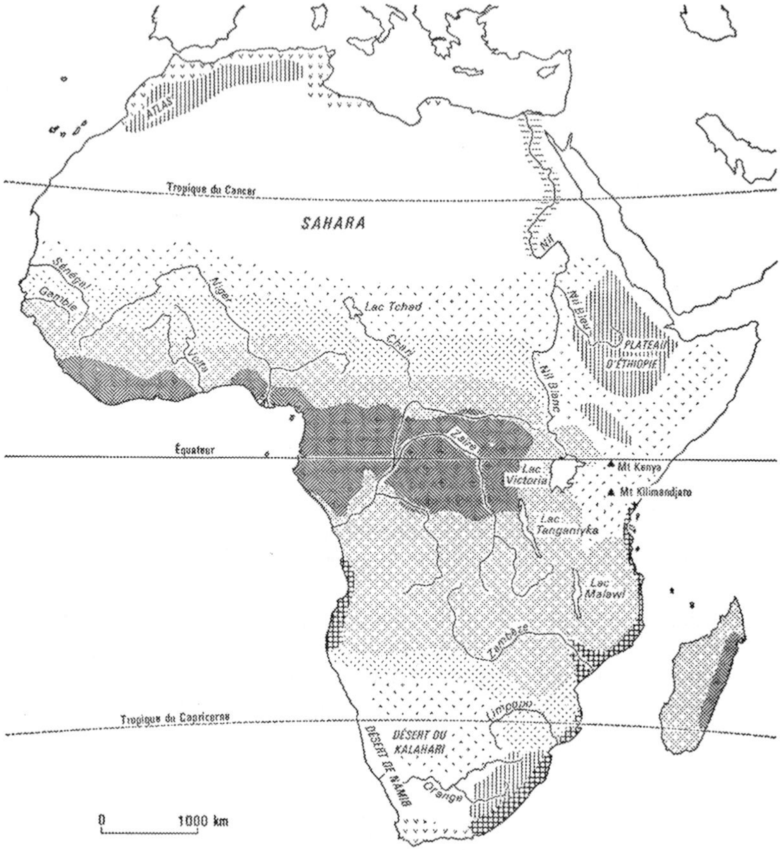

LES GRANDES ZONES DE VÉGÉTATION NATURELLE

- Forêt équatoriale
- Savane humide arborée
- Savane herbeuse intertropicale
- Sahel et savane à épineux
- Désert et semi-désert
- Hauts plateaux tempérés
- Zone de climat méditerranéen
- Zone irriguée
- Forêts côtières et mangroves sub-équatoriales, et climat de mousson

AFRIQUE OCCIDENTALE **Localisation des populations, des régions et des villes citées**

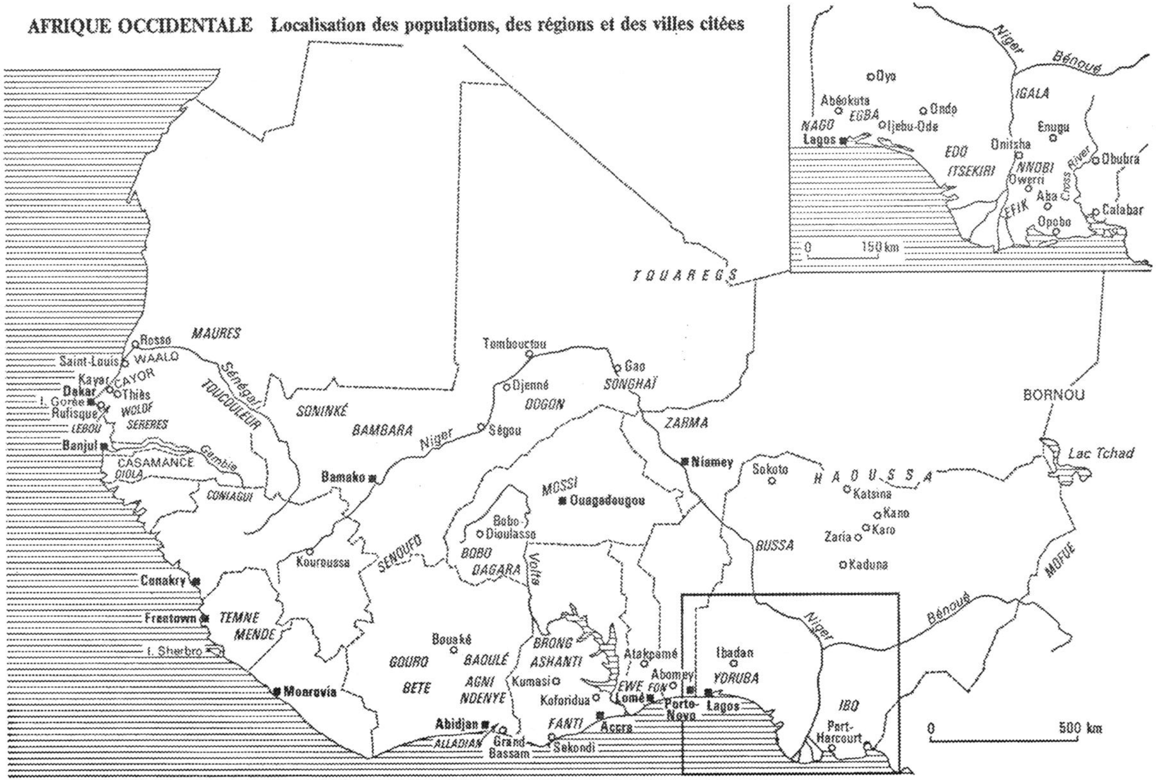

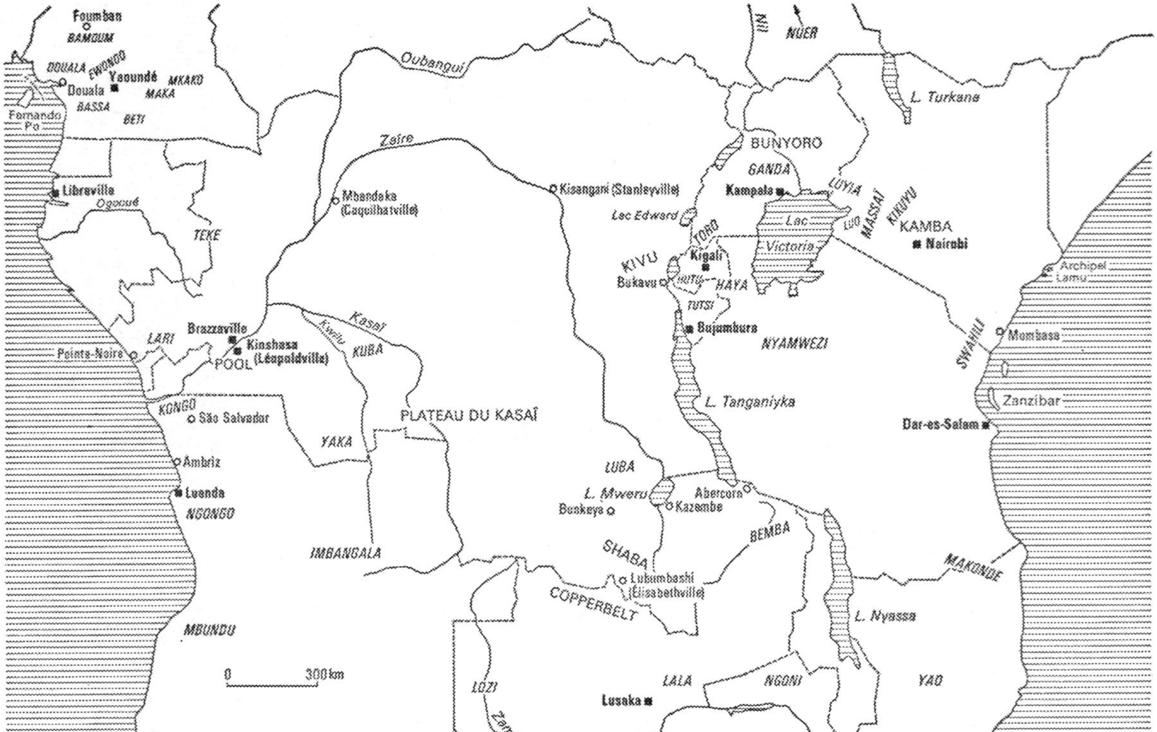

AFRIQUE CENTRALE ET ORIENTALE
Localisation des populations, des régions et des villes citées

AFRIQUE AUSTRALE Localisation des populations, des régions et des villes citées

II

LES FEMMES ESCLAVES

Ce schéma matrimonial valait avec les femmes de statut libre, que la société fût endogamique (entre gens de même appartenance lignagère ou clanique) ou non. Mais certaines sociétés pratiquaient, en même temps, la prise ou l'achat d'esclaves pour mariage.

ESCLAVES, MARIAGE ET HIÉRARCHIE SOCIALE

La question a été remarquablement étudiée, entre autres, dans les anciennes sociétés lignagères méridionales de la Côte-d'Ivoire actuelle. Il s'agissait de groupes de dimension limitée (Ani, Gouro, Alladian, etc.), allant de quelques milliers à quelques dizaines de milliers d'individus, habitant la forêt ou ses lisières immédiates, ou bien dispersés le long des lagunes côtières en communautés de pêcheurs. Ces populations restreintes souffraient, au moins depuis le XIXe siècle (on ne fait que le subodorer auparavant), de problèmes démographiques réels, en raison d'un taux de mortalité élevé qui rendait de génération en génération la survie du groupe aléatoire, et plus encore sa capacité productive. La mémoire généalogique des lignages dominants révèle que la succession fit à plusieurs reprises problème faute de survivants de la lignée. Aller chercher ailleurs, par combat ou par achat, des femmes esclaves, présentait un double intérêt : d'une part celui d'augmenter les capacités de reproduction, espoir souvent vain, on va le voir ; d'autre part, et encore davantage en régime matrilinéaire mais patrilocal, de renforcer — face à ses concurrents — le lignage du mari, puisque les enfants d'une femme esclave ne suivaient pas les règles usuelles mais appartenaient d'office et définitivement à la famille du père. Quant à la mère esclave, à la différence d'une femme libre, elle n'avait le droit ni de rompre l'union ni d'avoir des relations extra-maritales. Des usages similaires ont parfois survécu longtemps dans de petites sociétés lignagères comme au Nigéria central (bassin de la rivière Cross) où, encore dans les années 1930, et peut-être alors plus qu'autrefois, des pratiques d'enlèvements d'enfants et d'achat d'esclaves étaient signalées chez les Obubra, sous la forme usuelle de mariages précoces ; la fiction de la compensation matrimoniale permettait d'échapper à la poursuite pour achat d'esclave : en 1944, le prix d'une fille était d'environ £30 (contre £25 pour un garçon) ; les enfants provenaient de familles nombreuses et pauvres des districts voisins ; la coutume était encouragée par les autorités traditionnelles qui y voyaient un moyen de combattre d'une part une diminution de la population locale accrue par les migrations du travail, et d'autre part l'instabilité des mariages contractés avec une femme de statut libre en régime matrilinéaire[1]. A noter néanmoins que d'autres sociétés forestières esclavagistes, comme les Ibo du Nigéria, avaient au contraire interdit les mariages entre hommes libres et esclaves[2] : probablement parce que la démographie dynamique de ce groupe permettait de ne pas recourir à ces expédients.

Quant aux sociétés aristocratiques du Sahel, elles étaient hostiles aux « mariages mixtes » : l'esclave y était tout au plus concubine. Qui plus est, la capacité reproductrice des esclaves y était manifestement plus faible que celle des femmes libres, parce que le statut servile s'y opposait à double titre ; sur le plan matériel, la réalité familiale était déniée aux esclaves traitées en objets, ce qui n'incitait guère les femmes à procréer. Infanticides ou abandons d'enfants étaient plus fréquents qu'ailleurs dans ce milieu[3]. Ce n'est donc pas tant leurs potentialités reproductives que leurs capacités de production qui faisaient rechercher les femmes-esclaves.

La plupart — épouses ou non — ont joué dans les campagnes un rôle considérable. L'usage de mettre en gage un enfant de la

1. Benedict B.B. Naanen, « Itinerant Gold Mines ; Prostitution in the Cross River Basin of Nigeria, 1930-1950 », *African Studies Review,* vol. 34, n° 2, 1991, p. 71.

2. Gloria Thomas-Emeagwili, « Class formation in pre-colonial Nigeria », History department, Ahmadu Bello University, Zaria, c. 1985, à par. in Toyin Falola et J. Ihonvbere (eds), *Class, state and society in Nigeria.*

3. Claude Meillassoux, *Anthropologie de l'esclavage. op. cit.,* met sérieusement en doute, sur exemples quantifiés précis, l'apport démographique des femmes esclaves.

famille pour éteindre une dette ou réparer un quelconque manquement aux usages était partout une pratique usuelle ; les fillettes étaient particulièrement visées, parce qu'elles occupaient une fonction subordonnée dans le lignage d'origine qui souffrait donc moins de s'en défaire, et parce qu'elles représentaient pour la famille d'accueil une promesse de travail supérieure. La non récupération par la famille de la fillette faisait d'elle, à terme, la source d'une lignée de dépendants ou d'esclaves auprès de son nouveau protecteur.

L'Afrique de l'Ouest islamisée, hautement hiérarchisée, connut plusieurs catégories de femmes esclaves : ainsi, en pays Soninke (Mali actuel), on distinguait les femmes-serviteurs de la couronne des simples esclaves. Les premières, relativement intégrées aux familles prééminentes, pouvaient connaître certains privilèges, davantage utilisées aux travaux domestiques de filage, garde des enfants, corvées d'eau, etc., ou même conteuses professionnelles. De même que dans les émirats du Nigéria du nord, c'étaient pratiquement les seules qui pouvaient bénéficier de l'affranchissement, c'est-à-dire de la récupération de toutes les prérogatives sociales et politiques d'un être libre, accordé d'ordinaire aux concubines qui avaient donné des enfants au maître. Mais cette tache indélébile d'origine était rarement oubliée, et gardée plus ou moins comme un secret jusqu'à nos jours : un homme libre n'envisage encore qu'avec répulsion le mariage de sa fille avec un esclave, de quelque condition soit-il, alors que l'inverse soulève moins d'objections. Quant au mariage d'une femme libre avec un esclave, il était rare mais pas interdit : Baba de Karo, née en 1890 dans les émirats du nord Nigéria, indique même qu'en ce cas les enfants naissaient libres « parce qu'ils avaient sucé le lait d'une femme libre »[4].

Les femmes étaient plutôt moins vendues, offertes en cadeau ou tuées que les hommes, pour deux raisons : leur valeur en travail et leur rôle nécessaire dans la reproduction du « cheptel » servile. Mais, même si la femme esclave était confiée à un esclave mâle, elle n'était pas à proprement parler mariée, puisque l'homme n'avait aucun droit de paternité sur sa progéniture sauf s'il avait les moyens de racheter l'épouse et ses enfants, ce qui était rare car le tarif était lourd : il représentait la quasi totalité de la production agricole de toutes les personnes actives des deux sexes de sa

4. Mary Smith (éd.), *Baba de Karo*, Plon, 1969, p. 16.

famille. Sinon, comme pour le bétail, le croît des femelles appartenait aux propriétaires de ces dernières. Les enfants d'esclaves, en pays Senoufo, étaient en principe inaliénables. Ils étaient circoncis vers 12-13 ans aux frais du maître et devenaient esclaves privilégiés (ou *worono*), parfois étroitement associés à la famille. : « *komo-yugo ni kawadi si i* » : l'esclave homme est un étalon[5], et les enfants « suivaient le côté du lait »[6].

Le maître ou ses dépendants avaient la possibilité d'entretenir avec les femmes esclaves un rapport sexuel. De même le jeune homme libre, que l'on confiait à un esclave privilégié pour apprendre à travailler, faisait en même temps son apprentissage sexuel avec les filles ou les épouses de son hôte qui, s'il venait à le surprendre avec l'une d'entre elles, n'avait le droit que de le frapper symboliquement du poing[7]. Enfin, la perpétuation du statut d'une femme esclave de génération en génération était fréquente, mais variable suivant les sociétés ; en particulier, le souvenir en était plus durable dans les sociétés matrilinéaires — où la femme transmettait son statut à ses filles — que dans les patrilinéaires, justement parce que dans celles-ci c'est de l'homme (libre) qui achetait son épouse (esclave) que dépendait la filiation.

Dans ces sociétés, les jeunes femmes libres de bonne famille ont vécu entourées d'esclaves ; tel le décrit encore Baba de Karo, dont la mère était une épouse cloîtrée, et qui fut elle-même élevée par une nounou esclave. Chacun des hommes de sa famille possédait au moins une vingtaine d'esclaves et, pour acheter une femme, il fallait la payer de deux mâles.

Les femmes esclaves étaient en Afrique plus nombreuses que les hommes, même si l'idée que la traite atlantique y était pour quelque chose doit être maniée avec précaution ; en effet, l'assertion communément répandue que le marché atlantique était surtout consommateur de mâles est sujette à révision : une étude récente semblerait démontrer que le nombre relatif des hommes et des femmes (*sex ratio*) était plus équilibré qu'on ne le présumait jusqu'à présent, parce que le travail sur les plantations américaines, surtout dans sa première phase, ne faisait guère de différence entre

5. Cité par Claude Meillassoux, « Etat et conditions des esclaves à Gumbu (Mali) », *Journal of African History*, vol. XIV, n° 3, 1973, p. 434.

6. *Baba de Karo, Ibid.*

7. *Ibid.*

les sexes[8]. Toujours est-il que même dans les zones où le travail agricole relevait surtout des hommes, comme en pays Hausa, les familles les plus riches pouvaient posséder plusieurs centaines d'esclaves, massivement utilisés aux champs quel que soit leur sexe.

VIES DE FEMMES EN AFRIQUE CENTRALE

L'Afrique centrale et centro-méridionale surtout fut, au XIXe siècle, le foyer d'une expansion sans précédent de la traite négrière vers l'océan Indien contre une demande croissante d'armes à feu et de produits manufacturés d'origine occidentale. Ces marchandises étaient importées par l'intermédiaire de négociants arabes et Swahili islamisés. L'insécurité due aux razzias d'esclaves y fut encore plus grande que celle, réelle, qui sévissait au sahel, où Baba de Karo décrit comment les pillards s'attaquaient de préférence aux femmes et aux fillettes, pour lesquelles le mari spolié devait le cas échéant, quand il les retrouvait, payer de fortes rançons : dans le cas cité, 400 000 cauris pour la femme, 400 000 pour chacun des trois enfants, 400 000 pour l'enfant à naître. Baba ne précise pas le prix payé pour les dix esclaves enlevés en même temps, ni si même ils furent récupérés...[9]

En proie à une traite intense, le pays devint aussi le champ d'une intensification du travail des esclaves à usage interne — même si le fait existait sans doute déjà auparavant —, et de la quête d'épouses esclaves. C'était, en particulier, le cas en pays Bemba (confins actuels de la Tanzanie et du Zaïre méridional) : l'idéologie matrilinéaire et la faiblesse des compensations matrimoniales contribuent à expliquer l'absence relative de sanctions structurelles pour prévenir la mobilité conjugale des femmes de statut libre ; la réticence des premiers juges coloniaux de la région à approuver l'émancipation des femmes dont les « libertés excessives » devaient être restreintes est à cet égard instructive :

8. David Eltis et Stanley L. Engerman, « Was the slave trade dominated by men ? », *Journal of Interdisciplinary History*, T. XXIII, n° 2, 1992, pp. 237-257, et « Fluctuations in sex and age ratios in the transatlantic slave trade, 1663-1864 », *Economic History Review*, sous presse.

9. Le cauri était un petit coquillage qui servait de monnaie. A l'époque indiquée, 400 000 cauris revenaient à environ £ 10.

« Dernièrement le chef Mporokoso, après avoir visité ses villages, m'a dit que les femmes du pays devenaient de plus en plus indisciplinées et que le résultat en était une évidente baisse de la natalité. Il faut rappeler le caractère de la femme Wemba [...] toujours particulièrement indépendant — plus ou moins celui d'une mégère — et, comme les « anciens » sont les premiers à le reconnaître, enclin à l'infidélité »[10].

L'utilisation des esclaves comme épouses était donc, en principe, une garantie de stabilité puisqu'elles ne pouvaient pas être réclamées, n'ayant pas donné lieu à compensation matrimoniale. Mais les incertitudes de leur statut qui les faisaient vendre en cas de besoin — et les occasions étaient fréquentes en ces temps de traite intensive — put transformer ces femmes en véritables outils de travail ambulant, payant chaque fois leurs protecteurs au prix fort : tel le relate le récit de la vie de Bwanika, qui fut vendue et épousée dix fois entre 1886 et 1911 ... Ses tribulations se déroulent en trois phases, la première sous le règne de Msiri, grand trafiquant d'esclaves qui mourut en 1891, la deuxième dans une période de turbulences et d'insécurité où la protection masculine apparaît comme une impérieuse nécessité, et la troisième auprès de la mission religieuse qui l'a recueillie. Elle était née vers le début des années 1870 en pays Luba, où elle fut vendue par son père — polygame à douze épouses. Celui-ci avait été astreint, selon l'usage, à payer le prix de trois esclaves à sa belle-famille en compensation de la mort de son épouse, et afin d'obtenir en échange le droit d'épouser une sœur cadette de celle-ci pour garantir l'héritage. Comme il ne trouva que deux esclaves, il vendit l'une de ses filles en guise de troisième... Il avait promis de venir la récupérer mais ne put trouver la somme nécessaire. Revendue pour un paquet de poudre à canon, elle passa de mains en mains à plusieurs reprises car encore trop jeune pour servir d'épouse (et pour travailler aux champs), avant d'aboutir dans la capitale Bunkeya, comme femme d'un trafiquant d'esclaves qui la garda pour lui, car elle était apparemment fort belle. La mort de Msiri désorganisa l'empire et ruina la ville. Le vieux maître de Bwanika se réfugia à Kazembe dont le chef, Mukoka, jeta son dévolu sur elle mais, à la suite de la compétition entre les deux hommes, finit par s'en débarrasser en la vendant à une bande de négriers de la côte ouest ; Bwanika réussit à s'échap-

10. Marshall, « Notes on the Bamba » (1910), Marshall Papers, Livingstone Museum, cité par M. Wright, *op. cit.*

per, fut à nouveau protégée par un homme qui la prit pour femme et qui travaillait comme maçon des missionnaires en train de s'installer au bord du lac Mweru, mais qui, une fois parvenu en territoire britannique, négocia sous le manteau sa vente à des commerçants arabes, cette fois-ci, vers la côte est... Echappée à nouveau, Bwanika trouva refuge auprès d'un ancien fonctionnaire de Msiri, un converti passé au service de la Mission qui obtint son rachat contre le paiement d'un fusil ; dès lors, prise en main par les missionnaires et devenue la femme de confiance de l'épouse de l'un d'entre eux, elle n'eut de cesse de racheter sa liberté ; elle la gagna par ses activités de petit commerce en poterie et en élevage de poulets qui fournirent l'argent nécessaire au rachat du fusil. Le missionnaire nota dès lors le changement dans la relation du couple : en qualité de femme libre, elle allait désormais aux champs aux côtés de son mari et non derrière lui, et mangeait en même temps que lui :

> « Ils s'asseyaient et parlaient ensemble sous la véranda de leur maison et, parlant de l'autre à des étrangers, ils utilisaient un ton de déférence et de respect qui manquait autrefois »[11].

Bref, Bwanika, qui semble avoir été une femme dotée d'une belle énergie et d'une intelligence remarquable, tout en ayant souffert de son état plus que de raison pendant une vingtaine d'années, immergée dans son milieu et adhérant à ses usages, ne se reconnut — et ne fut reconnue — comme libre que par la conquête personnelle de son rachat. La situation apparaît comme fréquente à cette époque et dans la région, d'après les assez nombreux témoignages des missionnaires et officiers de police ou de justice britanniques présents au tournant du siècle : le cas le plus perturbant fut sans doute celui de cette femme qui n'eut de cesse de faire admettre aux autorités britanniques qu'elle payât elle-même un rachat que personne ne lui réclamait... Cas d'ailleurs exceptionnel, car ce qui ressort des quelques récits de femmes esclaves recueillis à l'époque par les missionnaires, c'est à quel point, malgré la turbulence des événements de la période, les réseaux de voisinage et de parenté se transmettaient leurs informations sur les femmes ; ainsi dans le

11. Dugald Campbell, *Ten times a slave put freed at last. The thrilling story of Bwanika, a central African heroin,* Glasgow, 1916, cité par Marcia Wright, *op. cit.*

couloir de terres qui s'étend du lac Nyassa au lac Tanganyika (Afrique centro-orientale) on voit comment elles finissaient par être récupérées par leur milieu d'origine malgré les ruptures dans leur vie provoquées par ventes, enlèvements et fuites, parfois sur plus de cent kilomètres : parce qu'elles étaient échangées au moins autant que vaches, ivoire ou fusils, elles représentaient une valeur réelle que bien peu étaient près de laisser échapper.

Narwimba, Chisi et Meli sont ainsi trois femmes qui ont été enlevées jeunes à leur milieu familial, et qui ont connu une série de maîtres et de maris avant d'aboutir à la mission. Elles n'en ont pas moins toujours été retrouvées par leur premier protecteur, chez qui elles sont parfois allées terminer leurs jours, volontaires d'ailleurs, tant elles ressentaient la nécessité de rester intégrées à leur milieu d'origine où elles retrouvaient les tâches agricoles et domestiques qui avaient toujours été leur lot. Elles se soumettaient en définitive, malgré leur énergie pour lutter contre l'adversité, avec un conformisme social non dépourvu de fatalisme. A cette époque troublée, les hommes jeunes et déracinés pouvaient trouver des solutions ; de nouvelles opportunités de travail auprès du monde de la colonisation s'ouvraient à eux ; tout simplement, ils subissaient moins la pression du groupe parce qu'ils avaient le pouvoir de fonder de nouveaux lignages, même inférieurs. Pareil sort en revanche ne pouvait échoir aux femmes. Esclaves ou non, elles appartenaient toujours à quelqu'un : à leur lignage, à celui de leur époux ou de leur maître.

Le fait est particulièrement patent pour Narwimba, née au milieu du XIXe siècle d'une famille de chefs : sa qualité aristocratique ne lui permit guère d'échapper au lot commun des femmes de sa région. Elle eut sans aucun doute une existence extrêmement contrastée. Elle commença sa vie de façon normale, comme fille de chef, et fut régulièrement mariée à un homme auquel elle donna six enfants dont un seul survécut. Devenue veuve mais encore jeune, elle revint au neveu de son mari, Mirambo, qui allait être appelé, dans les décennies suivantes, à devenir un des principaux chefs razzieurs de la région. Narwimba eut à nouveau six enfants (dont deux vécurent) puis, comme elle vieillissait (elle allait avoir quarante ans), il s'en désintéressa ; elle fit partie du butin razzié par un chef voisin qui chercha sans succès à la vendre ; après plusieurs péripéties, passant de mains en mains elle finit par être rendue à Mirambo mais sans ses enfants qui restèrent en esclavage. Son statut de vieille femme négligée devenant de plus en plus fragile, elle ne put marier sa fille qu'à un esclave, et obtint à grand peine que sa petite-fille ne fût à son tour donnée par Mirambo en gage pour régler un contentieux paysan. En désespoir de cause, elle trouva refuge dans son village de naissance. Elle n'y était que tolérée puisqu'elle n'avait pas d'homme capable d'ouvrir un champ qu'elle pût cultiver. C'est pourquoi elle finit par s'établir à la mission.

Chisi, née vers 1870, eut une vie encore plus difficile. Razziée encore tout enfant avec sa sœur aînée, elle fut vendue à plusieurs reprises, passant de mains en mains au hasard de caravanes Swahili qui arpentaient le pays Nanwanga. Elle se sauva, fut cachée et recueillie par un chef qui la confia à une sorte de père adoptif qui finit par l'épouser. Maltraitée par les autres épouses, elle refusa de suivre la famille qui allait se mettre sous la protection d'un chef voisin : elle dut évidemment laisser ses enfants, mais s'arrangea pour les récupérer plus tard, faisant preuve d'une grande capacité pour se sortir des situations les plus difficiles. A la mort de son ex-mari, elle épousa un colporteur. Les absences de celui-ci lui permirent de mener une vie relativement indépendante, mais difficile car non protégée. Condamnée à payer une forte amende, elle n'eut d'autre recours que d'aller chercher protection dans la famille de son second mari, et partagea ses derniers jours entre la mission et l'un ou l'autre de ses enfants.

Meli, quant à elle, appartient à la génération suivante. A cinq ans, elle devint esclave à l'occasion d'un raid de représailles Bemba contre son père, un petit chef local. Prise avec un groupe de femmes, elle fut abandonnée par celles-ci qui réussirent à s'enfuir sans les enfants. Confiée à une maisonnée, elle y connut la dure condition d'une fillette esclave domestique, et fut finalement vendue à un Swahili chasseur d'éléphants contre quatre pièces d'ivoire. Revendue à plusieurs reprises contre de l'ivoire ou des pagnes, elle passa de caravane en caravane, malgré les tout débuts de la colonisation dans cette zone. Vers l'âge de dix ans, elle fut libérée par des blancs et amenée à la mission. Un lent travail de recherche s'engagea. Une femme de passage, entendant son nom, rétablit le contact avec des hommes de sa famille. Mariée au tournant du siècle par les soins des missionnaires, qui reçurent la compensation matrimoniale, puis baptisée en 1910, elle se retrouva finalement doublement insérée dans son milieu d'origine, à la fois reconnue par sa famille paternelle et adoptée par celle de son mari. Celle-ci entendait néanmoins en tirer profit et suivit la coutume : à la mort de l'époux, pourtant charpentier à la mission, elle passa successivement aux mains de deux de ses parents. Le second, polygame, vécut avec elle près de dix ans jusqu'à sa mort. On était alors en 1934, en pleine période coloniale[12].

TOUTE FEMME ÉTAIT-ELLE ESCLAVE ?

En pratique la distinction entre les tâches et les devoirs d'une femme libre et d'une esclave était ténue ; si ténue que les premiers voyageurs, missionnaires et explorateurs, ont presque toujours défini l'esclave comme de sexe masculin : le « vrai esclavage » — le travail servile et l'absence de droits de succession — était une condition d'homme. Dépourvu d'ancêtres, d'épouses et d'enfants « libres », donc dans l'impossibilité d'engendrer un lignage, l'esclave-mâle n'était pas une personne sociale. On ne lui reconnaissait en fait ni sexe ni âge (socialement parlant) ; en ce sens il pouvait être contraint à des activités féminines, comme le portage de l'eau. L'homme esclave était donc l'individu « obligé de faire un travail qu'une femme aurait autrement dû accomplir »[13] : on ne saurait utiliser une formule plus lapidaire pour caractériser la condition féminine, esclave ou non, à l'aube de la colonisation !

Le statut de la femme esclave était plutôt qualifié de « domestique ». Elle était plus intégrée, ou du moins intégrable, en raison de l'ambiguïté de ses fonctions ; sa position était de ce fait considérée comme moins pénible que celle de l'homme. Comme nous l'avons vu pour les Nuer[14], celui-ci avait à affirmer sa supériorité et son indépendance en maintenant une certaine distance entre son rôle de maître de la production et ses besoins effectifs : le fait, par

12. Marcia Wright, « Women in peril : a commentary on the life stories of captives in 19th century East-Central Africa », *African social Research*, n° 20, 1975, pp. 800-819. Du même auteur : *Women in peril. Life stories of four captives*, Lusaka, Neczam, 1984. En français : « Autobiographies, histoires de vie et biographies de femmes africaines : des textes militants », *Cahiers d'Etudes Africaines*, XXVIII (1), n° 109, 1988, pp. 45-58. Enfin, *Strategies of slaves and women. Life-stories from East Central Africa*, Londres, 1993.

13. Niebor, *Slavery as an industrial system : ethnological researchers*, La Haye, 2° ed., 1910, p. 419.

14. Sharon Hutchinson, *op. cit.*

exemple, qu'il ait le contrôle du bétail, mais que les femmes et les enfants soient chargés de la traite, permettait de maintenir son prestige. Les femmes, obligées de « mettre la main à la pâte » du fait de leur fonction nourricière, assuraient la médiation entre l'homme et le bétail, entre l'homme et la nature, et finalement entre sa dignité sociale et ses nécessités physiques.

Quoi qu'on en ait écrit par le passé, la condition des femmes africaines était donc dure au XIXe siècle, peut-être plus encore que précédemment en raison des bouleversements politiques et sociaux internes à l'Afrique. A l'ouest, la fermeture progressive du marché négrier atlantique entraîna une accumulation d'esclaves ; ceux-ci furent utilisés à travers le Soudan occidental par les armées des nouveaux empires de conquête ; ils servirent aussi d'instruments de production dans un véritable système esclavagiste en formation, tant au Sahel pour le tissage artisanal des pagnes qu'en zone forestière pour la récolte des nouveaux produits d'exportation — noix de palme essentiellement. L'évolution fut analogue en Afrique orientale avec la colonisation agricole, inaugurée par les propriétaires arabes et Swahili encouragés par le sultanat de Zanzibar. Elle consistait en plantations de clous de girofle dans l'île du même nom, de coton, voire de canne à sucre sur les côtes africaines du Kenya et de la Tanzanie actuels. Les esclaves auraient représenté, à la veille de la conquête coloniale de la fin du siècle, un quart au moins de la population d'Afrique occidentale, et probablement davantage en Afrique orientale et centrale. Parmi eux, nul doute que les femmes étaient nombreuses sinon majoritaires, malgré le peu d'intérêt manifesté par les premiers observateurs occidentaux, et le relatif silence des traditions, peu sollicitées par les chercheurs sur cette question. La tendance jusqu'à ces dernières années a plutôt été, en effet, de minimiser l'esclavage des « captifs de case » en comparaison des traites internationales[15].

15. Un moment-charnière fut la thèse remarquable d'un chercheur ivoirien, Harris-Memel Fote, qui démontra que même des sociétés lignagères sans Etat organisé et axées principalement sur la subsistance étaient, au XIXe siècle au moins, des sociétés très largement fondées sur l'esclavage de production : *L'esclavage dans les sociétés lignagères d'Afrique noire : exemple de la Côte d'Ivoire précoloniale*, EHESS, Paris, 1988

Le cas des femmes esclaves en Afrique du Sud a été fort bien étudié. C'est un cas particulier dans la mesure où la quasi totalité d'entre elles, produit de la traite négrière, était d'origine étrangère ; elles avaient été amenées par les négriers hollandais du XVIIIe siècle pour compenser le nombre extrêmement faible des femmes de colons, réduites à quelques centaines au plus, issues pour leur quasi-totalité d'émigrations antérieures à 1717. C'étaient les épouses et les filles de huguenots français ou des filles de l'orphelinat de Rotterdam. Sur les 65 000 esclaves importés au Cap avant 1815, il y eut peut-être 15 000 femmes en provenance de la côte orientale, de Madagascar, des îles indonésiennes ou de l'Inde[16]. La condition servile se poursuivit au XIXe siècle car le croît d'esclaves doubla probablement cette catégorie de population.

Les esclaves du port possédés par la compagnie hollandaise faisaient commerce de leurs « femmes », louées aux matelots en bordée ou pour des contrats dits « de six semaines », le temps d'une escale. Le résultat fut la production d'un lot considérable de jeunes métis. La pénurie de femmes blanches favorisa dès lors des mariages au profit des soldats et des marins en mal d'épouse. Le processus consistait d'abord à affranchir une esclave, de préférence métisse, puis à l'épouser. Ce fut la cause majeure de l'affranchissement des femmes. On peut y ajouter la liberté souvent accordée aux vieilles nourrices. Une recension généalogique effectuée par l'Institut d'Histoire de l'Université de Western Cape a révélé que plus d'un nationaliste afrikander d'aujourd'hui avait ainsi une ancêtre de couleur remontant aux premières générations de la conquête[17]... Les critères de choix étaient d'ailleurs précis. Ainsi, sur les 191 esclaves épousées par des descendants d'Allemands jusqu'au milieu du XVIIIe siècle, la majorité (près de 60 %) étaient des filles nées au Cap, de préférence métisses (croisement d'un blanc et d'une asiatique) ou mulâtres (croisement d'un blanc et d'une noire). Elles présentaient aussi l'avantage de parler le hollandais. Venaient ensuite, pour un quart d'entre elles, des

16. Robert Shell, « Tender ties : women and the slave household, 1652-1834 », seminar paper, Shelby Cullom Davis Center, Princeton University, 1992, 33 p. (extrait d'un ouvrage paru en 1993).

17. Hans Heese, *Groep sonder Grense* [« communauté sans frontières »], Bellville, 1984, notamment Appendice A, pp. 41-75.

Indonésiennes, et 15 % de Bengali. Mais 3 % seulement de ces hommes épousèrent des Malgaches ou des Africaines noires. Celles-ci constituaient pourtant le pourcentage le plus élevé de femmes esclaves importées (près de 19 %). A l'inverse, on ne repère que très exceptionnellement le processus opposé, celui d'une femme blanche affranchissant un esclave pour l'épouser. Deux cas seulement ont été repérés. Ils concernent l'un et l'autre un mulâtre (le document d'époque utilise le terme péjoratif de « half-bred »).

Face aux colons, l'enfant héritait de sa mère son statut servile, selon le droit romain introduit par les Hollandais[18]; la portée de la mesure était grande, puisque le propriétaire d'une esclave pouvait « louer » une concubine à un autre colon ou, plus simplement, offrir à un hôte de passage une esclave ; encore au début du XIXe siècle, l'usage voulait que la progéniture éventuelle revînt au propriétaire de la mère. Ces abus prirent fin en 1827 seulement, après qu'une métisse d'une grande beauté et d'un courage non moins certain, Steyntje, obtint, après plus de dix ans d'opiniâtreté et d'humiliations devant les tribunaux, d'être affranchie en même temps que les divers enfants qu'elle avait eus, chaque fois d'un père différent, au gré de sa « location » ou de sa vente[19].

Ces usages répandirent chez les colons des habitudes de polygamie de fait. On ne connaît en revanche que peu d'exemples de liaison entre une femme blanche et un esclave : un cas fut dénoncé par une église locale dès 1717, un autre plus tard dans le XVIIIe siècle ; un rapport des années 1770 mentionne qu'en cas de naissance douteuse chez une fille de colon ayant eu des relations avec un esclave de la maison, on s'empressait de la marier et de vendre le père au loin. L'histoire ne dit pas ce que l'on faisait de l'enfant.

Jusqu'à l'émancipation en 1834, l'usage s'était poursuivi de conserver en esclavage des mulâtres au teint clair, utilisées par les femmes de colons comme domestiques de confiance. Celles-ci considéraient comme une déchéance de fréquenter un noir ou

18. Le droit anglais était au contraire de type patrilinéaire. Mais en Virginie, colonie britannique, ce fut la filiation matrilinéaire qui fut introduite dans le domaine de transmission du statut, pour des raisons évidentes de croît de la population servile.

19. « Papers relative to the manumission of Steyntje and her children, with an appendix », South African bound Pamphlets, Cape Town, 1827, cité par Shell, *op. cit.*, p. 4.

d'avoir un enfant de teint plus foncé. On trouve un texte assez curieux de 1822 qui les définit comme une « classe » ou « race » privilégiée d'esclaves dénommées « Afrikanders »[20] ... Les femmes esclaves et leur progéniture étaient si recherchées que leur affranchissement devint dans cette période beaucoup plus rare que celui des hommes : le *sex ratio,* qui avait été jusqu'alors largement au-dessus de 150 hommes pour 100 femmes, finit par s'inverser après 1808 dans la population servile : autrement dit, peu de colons avaient eu le réflexe d'affranchir leurs propres filles. Le maintien des femmes en esclavage permettait en effet de préserver un stock d'esclaves assuré par leur descendance.

Quant à l'attitude vis-à-vis des Africaines libres, au demeurant très peu nombreuses (118 en 1765), elle était particulièrement défiante ; le conseil de la ville leur interdit cette année-là de porter en public des vêtements en soie de couleur vive, des bonnets brodés, des cheveux bouclés et même des boucles d'oreilles : elles ne devaient utiliser que des cotonnades et, si elles étaient mariées ou chrétiennes, de la soie noire pour aller à l'église. Une génération plus tard, en 1798, à un moment où pourtant se multipliaient les mariages mixtes, les dames hollandaises rejetèrent si bien une jeune fiancée quarteronne (dont la grand-mère avait été esclave) que celle-ci finit par émigrer.

Comme cela est avéré dans le reste de l'Afrique noire pour la catégorie des gens libres, les familles blanches du Cap (dont on a pu évaluer la démographie à partir du noyau des huguenots français) furent nettement plus prolifiques que les esclaves. Cela était dû d'une part à la coutume de marier les filles très jeunes (couramment entre quatorze et dix-huit ans), d'autre part à l'usage généralisé de nourrices noires évitant aux jeunes blanches l'allaitement qui ne jouait donc pas son rôle de contraceptif naturel. Entre 1700 et 1808, le nombre moyen d'enfants nés d'une femme blanche passa de 5,3 à 6,2. En revanche, la fécondité des esclaves apparaît faible. Les raisons en sont multiples. Elles vont de la malnutrition aux maladies vénériennes, de l'avortement à l'infanticide probablement plus fréquent qu'il n'est mentionné par les sources. Le mariage entre esclaves n'était en effet pas reconnu : en cas de vie

20. Terme croustillant si l'on sait qu'aujourd'hui le mot Afrikander (puis Afrikaner) désigne les Blancs de souche hollandaise... W.W Bird, *State of the Cape,* Cape Town, 1966, reed. de Londres, 1823, pp. 73-74

commune, la femme était tout au plus qualifiée de *wiifie*, c'est-à-dire de femelle. Aussi les esclaves mirent-ils au point leurs propres cérémonies, non reconnues par les colons ; l'usage en fut facilité au XIXᵉ siècle par les progrès de l'islamisation. En 1823, la colonie finit par accepter de reconnaître, exclusivement, les mariages chrétiens. Huit ans plus tard toutefois on ne dénombrait encore que trois mariages « légaux » pour 35 000 esclaves !

Cette histoire ancienne de société esclavagiste explique en définitive pourquoi la société sud-africaine est la plus métissée d'Afrique, au grand dam des nationalistes blancs.

III

LES FEMMES ET LE COMMERCE À LA VEILLE DE LA COLONISATION

Selon les régions et les sociétés la situation des femmes pouvait varier. Alors que la zone centro-orientale était particulièrement ravagée par la traite, en Afrique de l'Ouest en revanche, certains groupes de femmes au moins ont joui d'une autonomie relative plus grande, car le travail de la terre s'y accompagnait plus fréquemment d'activités féminines artisanales et marchandes parfois élaborées.

UNE TRADITION ENRACINÉE DANS L'OUEST AFRICAIN

Ce fut le cas en pays Yoruba depuis longtemps urbanisé, et aussi dans d'autres zones productrices de biens agricoles exportables, comme l'huile de palme au Dahomey ou les noix de kola en pays Bété (Côte d'Ivoire actuelle) ou Ashanti (Ghana). Dans l'ancien royaume d'Abomey (ou Danxhomè), un commerce de traite des produits agricoles s'était mis en place bien avant les débuts de l'ère coloniale, dès le milieu du XIXe siècle. Le soin des palmiers à huile, sur les plantations royales, était confié aux esclaves qui ne trouvaient plus acheteur sur le marché atlantique ; la cueillette, exercice périlleux exigeant de grimper au cerceau le long de troncs hauts et lisses, était masculine. On en sait peu sur le commerce régional au XIXe siècle, mais on le connaît davantage pour le début du XXe siècle colonial où, après la disparition de l'esclavage, les grandes plantations indivises demeuraient[1]. La production et la collecte restaient

1. Pierre Brasseur et Paule Brasseur-Marion, *Porto-Novo et sa palmeraie*, mémoire de l'IFAN n° 32, 1953. Claude Tardits, *Porto-Novo. Les nouvelles générations africaines entre leurs traditions et l'Occident*, Paris-La Haye, Mouton, 1958.

organisées par village. Les femmes intervenaient dans la fabrication artisanale de l'huile de palme et dans son acheminement par caravanes jusqu'aux entrepôts côtiers des compagnies de commerce occidentales. Un système s'était mis en place, remontant probablement au siècle précédent ; dans le cadre d'une économie sexuée, maris et femmes faisaient bourse séparée et les patrimoines respectifs de l'homme et de la femme restaient distincts. La femme achetait à crédit sa production à son époux et le remboursait après en avoir tiré bénéfice. Pour autant qu'on puisse le déduire d'observations ultérieures, après l'arrivée des régimes au village et la préparation des noix assurée par les hommes, les femme participaient à la fabrication finale de l'huile et en tiraient leur profit. L'organisation polygamique aurait rendu difficilement compatible une forme quelconque de communauté des biens, chacune des épouses ayant en charge l'entretien de sa progéniture. La femme entra de ce fait fort tôt dans l'économie monétaire, puisque c'était elle, plus que l'homme, qui contrôlait la commercialisation du produit d'exportation. Il serait intéressant, quoique difficile à cerner, de déterminer les changements intervenus dans ces rapports homme-femme lors du passage de la traite des esclaves, contrôlée par les hommes, à la traite des produits. Toujours est-il que la femme acquit une certaine indépendance économique que la période coloniale vit le plus souvent décroître.

Ce schéma se retrouve fréquemment, quel que soit le produit concerné. Ainsi les femmes Sherbro du Sierra-Leone[2] ou les femmes Lebou du Sénégal achetaient-elles leur pêche à leur mari, et se chargeaient du séchage et de la commercialisation du poisson. Ces femmes, et surtout celles qui étaient directement en contact avec les traitants européens, comme les productrices de vivres frais du Sierra-Leone au XIXe siècle, surent saisirent les opportunités de chacun des systèmes en présence. Dans ce dernier cas elles étaient trois fois déracinées : comme épouses accueillies par le lignage de leur mari, comme étrangères à la majorité ethnique locale et comme commerçantes en milieu urbain. Cela les rendit plus flexibles que les hommes au changement : elles furent promptes à réclamer la protection britannique pour bénéficier des avantages du

2. Carol P. MacCormack, « Control of land, labor and capital in rural Southern Sierra-Leone », Edna G. Bay ed., *Women and Work in Africa*, 1982, pp. 35-54.

port de Freetown (colonie de la Couronne depuis 1807), mais surent aussi protéger leur identité par leur appartenance à une société secrète locale de femmes, le *Bundu*[3].

Une entreprise féminine plus originale car moins liée au marché occidental fut celle du commerce des noix de kola en pays Bété (centre-ouest de la Côte d'Ivoire actuelle), proche de la grande zone de production Ashanti de l'arrière-pays ghanéen[4]. Le kola, fourni par un arbre de la zone forestière, était — et reste — consommé par l'ensemble des musulmans de la zone de savanes sahélo-soudanienne[5]. Produit typique de régions complémentaires, il impliqua dès l'origine un commerce interrégional qui fit, entre autres, la richesse de l'empire Ashanti. Les opérations connues au début de la colonisation laissent supposer une organisation antérieure où les femmes, actives commerçantes, avaient des pratiques comparables à celles décrites à propos des noix de palme. Les femmes Bété furent d'actives entrepreneurs de caravanes. Elles mêlaient la prospection aurifère des mines de la vallée de la Volta au transport de leurs produits et, dans ce but, elles recrutaient un personnel quasi exclusivement féminin de dépendantes plus jeunes et d'esclaves porteuses. Les femmes d'aujourd'hui content encore les exploits de leurs grand-mères ou arrière-grand-mères, elles-mêmes commanditées par leur mère, qui parcouraient le pays à la fin du XIXe siècle. L'organisation laisse imaginer des profits réels, même s'ils étaient peu monétarisés et reposaient, en majeure partie, sur l'exploitation de la parenté féminine. Chez les femmes Gouro de l'actuelle Côte d'Ivoire, dans une structure moins dépendante de la production masculine, puisqu'elles gardaient le contrôle du coton qu'elles cultivaient puis donnaient à tisser aux hommes, le constat est identique. Ces commerçantes jouirent d'une relative indépendance et d'un prestige réel, même si les traditions en ont peu gardé le souvenir. Elles furent par la suite éliminées par les techniques plus modernes, notamment dans les années 1920 lorsqu'elles n'eurent pas les moyens de s'équiper par l'achat de camions.

3. E. Frances White, « « Women, work and ethnicity : the Sierra Leone case », Edna G. Bay ed., *op. cit.*, Westview Press, 1982, pp. 19-34.

4. *Justin* Zunon-Gnobo, « Le rôle des femmes dans le commerce précolonial » *Godo-Godo*, 1976, n° 2, pp. 79-105.

5. La noix de Kola a un effet légerement excitant, comparable au café, très apprécié dans une culture qui interdit en principe alcool et tabac.

En pays Yoruba, les femmes aidaient aux champs au moment des semailles, de la moisson, et du transport de la récolte ; mais l'essentiel de leur temps était consacré à la fois au commerce des produits vivriers et à celui de leur production artisanale diversifiée, dont certains centres se faisaient une spécialité : fabrication de l'huile et du savon de palme, bière de mil, vannerie et poterie, et surtout filage et tissage du coton et teinture des pagnes à l'indigo. A l'opposé du pays Gouro, c'étaient elles qui tissaient le coton et les hommes qui le cultivaient, ce qui montre à quel point la répartition du travail entre les sexes pouvait varier d'une région à une autre. En pays Yoruba, les seules activités artisanales des hommes concernaient le travail des métaux (forgerons ou bijoutiers). Les femmes commercialisaient aussi le sel dont elles étaient les principales productrices le long de la rivière Benoué. Elles étaient organisées en guildes qui couvraient les principales phases de la production à la commercialisation. Elles bénéficiaient, grâce à leurs gains relativement considérables, d'une influence dans la négociation des compensations matrimoniales qu'elles menaient en faveur des fils qui assureraient plus tard leur subsistance. Mais, là encore, leur autonomie était limitée par le contrôle du chef de la maisonnée qui répartissait les travaux agricoles et artisanaux entre l'ensemble de ses dépendants, hommes et femmes, et décidait de l'usage de leur produit.

UNE TRADITION OUBLIÉE EN AFRIQUE DE L'EST ?

Jusqu'à un passé récent, on pensait que ces activités féminines autonomes étaient réservées à l'Afrique de l'Ouest tandis que les femmes étaient dans le reste de l'Afrique plus étroitement utilisées et soumises. En Afrique centrale c'étaient les hommes qui étaient chargés d'accumuler les richesses, en contrôlant le bétail ou en assumant un commerce de traite étroitement lié à la chasse ou à la guerre (ivoire et esclaves). Rien ne dit pourtant que la condition des femmes d'autrefois était la même que celle qui leur fut imposée par la situation coloniale. Les rapports coloniaux insistent sur la soumission des femmes Kikuyu et sur leur dévotion à la subsistance. Mais en fut-il toujours ainsi ? Des enquêtes récentes suggèrent au contraire que les femmes ont pu être, dès le début de la colonisation — particulièrement rude en ces régions — dépossédées de prérogatives antérieures[6]. Le commerce, colportage compris, a été très tôt pris en main, au Kénya, par des Indiens venus à la suite des Anglais. Qu'en était-il auparavant ? Les échanges auraient été assurés essentiellement par les femmes Kikuyu ; celles-ci, ne serait-ce qu'en raison de l'insécurité des routes et de la situation de guerre latente entre Masaï et Kikuyu, représentaient un danger moindre que des hommes toujours soupçonnés d'être sur le sentier de la guerre. Par ailleurs, leur condition de femme et leur capacité à produire un artisanat lié à la consommation les aurait, en quelque sorte, protégées. Il s'agissait bien d'un commerce à longue distance. Il fallait, en effet, plusieurs jours de voyage pour faire l'aller-retour entre les limites du territoire Kikuyu et le pays Kamba des Masaï. Ceux-ci étaient particulièrement amateurs des farines et des haricots, du maïs, de la canne à sucre, du miel, du tabac et des poteries que les femmes Kikuyu échangeaient contre des peaux, des fils de cuivre, des perles et des têtes de bétail (chèvres, moutons et vaches). Malgré le privilège masculin sur le bétail, on ne pouvait au retour des marchandes disposer sans leur accord du bétail qu'elles avaient ainsi rapporté. Ce commerce imposait de négocier périodiquement des traités de paix, quand les troubles devenaient trop intenses, ou en cas de crise écologique facteur de famine. Les femmes étaient alors utilisées comme interprètes et leur présence était un signe de paix[7]. Ces voyageuses étaient des femmes expérimentées, qui devaient avoir au moins une fille initiée avant d'entreprendre leur tournée. Elles faisaient partie des « aînées » dont l'autorité était liée à la ménopause.

Localement, les femmes contrôlaient aussi les échanges vivriers : les hommes ne pouvaient disposer sans leur accord des réserves qu'elles avaient stockées dans les greniers. Elles jouaient par ailleurs un rôle déterminant en distribuant repas et bière au moment des travaux collectifs : les jeunes hommes assuraient alors sous le contrôle de leurs ainés le défrichage des terrains qui seraient ensuite cultivés par les femmes. En pays Kikuyu comme chez les Gondo d'Ouganda[8] ou les Tonga de Zambie, la bière de mil jouait

6. Ph. D. en cours, sous la direction de Steve Feierman (University of Florida).

7. Leakey, 1977, p. 491.

8. Joan Vincent, *African elite : the Big Men of a small town,* Columbia University Press, 1971, pp. 187-208.

un rôle privilégié dans la rétribution du travail fourni. Le prestige d'une maisonnée voulait qu'en ces occasions on rassemblât le plus grand nombre de travailleurs possible. Les chefs du lignage pouvaient ainsi affirmer leur richesse, et conclure pour leurs descendants de meilleures alliances matrimoniales.

Il devient dès lors difficile d'opposer la sphère des hommes, toute de prestige, à celle des femmes consacrée à la subsistance. Le pouvoir de l'homme résidait évidemment dans son rôle central d'organisateur du travail, mais la femme exerçait une fonction vitale dans cette stratégie. Contrôlaient-elles les ressources, ou n'étaient-elles elles-mêmes que des ressources contrôlées par les hommes ? Au sein d'un ensemble polygame étendu, en cas de famine par exemple ou tout simplement de pénurie, ce qui était fréquent, une épouse pouvait assurément montrer de la réticence à ouvrir ses greniers pour le reste de la maisonnée. Chez les Tonga, où les femmes étaient protégées par le recours possible au matrilignage, une veuve n'était pas obligée de revenir à la famille du mari ; elle pouvait s'établir à son compte et être reconnue comme chef de maisonnée par ses propres frères. En règle générale cependant l'autorité des femmes sur les vivres, dont elles devaient assurer l'approvisionnement d'une récolte à l'autre, était tempérée par une autonomie limitée. En pays Beti (Cameroun), où la participation des hommes à l'agriculture était importante, la relative égalité dans le travail ne s'accompagnait pas d'une égalité devant la récolte. Le mari faisait des parts qu'il distribuait à chacune de ses épouses et à leur entourage pour leur subsistance, y compris pour les arachides cultivées exclusivement par les femmes. Il stockait le reste dans le grenier de sa favorite, mais en avait l'usage exclusif pour les cérémonies ou les compensations matrimoniales.

En pays Hausa et sur le plateau Bénoué, les femmes n'avaient pas accès au grenier et, en cas de pénurie et d'absence du mari, elles n'avaient d'autre solution que de se mettre à la culture[9]. Le devoir explicite des co-épouses était en tout état de cause de contribuer à l'enrichissement de leur mari. A la mort de celui-ci, l'apport de chacune d'elles en enfants, en travail agricole et en production artisanale donnait lieu à discussion publique, et entrait en ligne de compte dans le sort qui lui était réservé pour être donnée en héri-

9. Gloria Thomas-Emeagwili, *op. cit.*

tage à tel ou tel frère ou parent du défunt. Certes, les femmes étaient si essentielles à la survie du groupe que leur rôle ne se limitait pas à celui d'un objet. Mais leur infériorité n'en était pas moins évidente.

IV

LES FEMMES DE POUVOIR

La fonction reproductrice de la femme et son rôle dans le travail de la terre ont souvent été associés dans le culte de la fécondité. La procréation ne donne pas seulement du prestige aux femmes, elle permet par certains rituels de les identifier aux forces vitales. Le pouvoir étant défini dans l'Afrique ancienne non par l'autorité sur des facteurs de production inertes et limités (la terre), mais par l'autorité sur sa propre existence et sur celle d'autrui, celui de la femme dépend étroitement de ses enfants ; une femme sans descendance était par définition sans pouvoir. A la différence des hommes dont l'identité se rapportait aux ancêtres, celle des femmes était liée à leurs enfants : ainsi, chez les Nuer comme dans d'autres sociétés, l'usage était de s'adresser à un homme comme « fils d'un tel », tandis que la femme mariée était désignée comme « mère d'un tel » (habituellement son premier fils). Aujourd'hui encore, la valeur donnée à la capacité de procréation et l'importance de la maternité — la féminité étant identifiée à la fécondité — constituent probablement une différence majeure dans les conceptions de libération de la femme en Afrique et en Occident. Dans les sociétés occidentales, associer la femme à la nature, par opposition à l'homme symbole de culture, est la condamner à l'infériorité, la nature étant postulée inférieure à la culture[1].

LES « FEMMES-CHEFS »

Dans les sociétés de subsistance, où le rôle de la femme constituait le pivot de la survie, les hommes affirmaient certes leur supré-

1. Filomena Chioma Steady (ed.), *The Black Woman cross-culturally*, Cambridge, Mass., Schenkman Publ. C°, 1981, introduction.

matie politique, mais les femmes se voyaient inévitablement réserver des espaces de pouvoir. Ceux-ci étaient particulièrement visibles dans les sociétés matrilinéaires. La transmission des fonctions et des biens passant par les femmes, le pouvoir des hommes s'en trouvait plus dispersé, car la vie était organisée autour de la mère. La lignée maternelle avait une telle importance que le pouvoir effectif put même parfois tomber aux mains de femmes. Même en pays Tonga (Zambie) où la soumission des femmes était grande, on a connu des femmes-chefs. Elles agissaient, il est vrai, sur des unités de production très réduites en cette zone où l'habitat dispersé était la règle : l'une, Namulizili, divorça et créa son propre village vers 1900 ; elle entraîna avec elle cinq de ses enfants non encore mariés, une fille mariée et son mari, une sœur et son fils, une autre sœur avec son mari, sa fille et l'époux de celle-ci, et six autres groupes encore. Les liens de parenté dus aux femmes ont donc joué le rôle principal. Une autre femme, Civi, divorçée, garda ses jardins et créa un nouveau village avec ses fils, ses frères, et d'autres hommes de sa parenté, plus une série de brus et de gendres. Il y eut encore Matimba, qui gouvernait quinze adultes et six enfants, et faisait cultiver *15 acres* (7 ha)[2].

En Afrique de l'Ouest on repère une tradition de femmes-chefs, comme dans le centre du Cameroun pré-allemand, ou chez les Flup de Casamance au sud du Sénégal[3]. On trouve aussi des femmes-chefs chez les Mende et les Sherbro du Sierra-Leone. En 1787, ce fut une femme Sherbro, la reine Yamacouba, qui céda le premier lopin de la presqu'île à une société anglaise[4]. Deux autres femmes signaient encore, un siècle plus tard, des traités analogues (1889)[5]. Madame Yoko (c. 1849-1906) joua un rôle considérable à la tête d'une véritable confédération Mendé qui devint le groupe le plus puissant du Sierra-Leone intérieur. Après avoir connu deux premiers maris, divorcée du premier et veuve du deuxième, elle épousa un chef puissant de l'Ouest. En qualité de première épouse, elle joua un rôle politique actif et, à sa mort en 1878, elle prit sa suite. Réputée à la fois pour son charme et sa diplomatie, elle

2. Marcia Wright, « Technology, marriage... », *op. cit.*

3. Jean-Claude Barbier, « Mimboo, reine d'Asêm », *Femmes du Cameroun*, 1985, pp. 133-150.

4. Christofer Fyfe, *A History of Sierra Leone*, Oxford, 1962, p. 19.

5. Carol P. Hoffer, « Mende and Sherbro women in high office », *Revue Canadienne des Etudes Africaines*, vol. VI, n° 2, 1972, pp. 151.

construisit une vaste confédération avec ses voisins, et fit alliance avec les Anglais contre ses principaux ennemis. Son loyalisme lui valut, le protectorat établi, d'être maintenue au pouvoir jusqu'à sa mort en vertu de l'*indirect rule* . Elle se serait suicidée pour éviter la déchéance de l'âge[6].

Entre 1914 et 1970 on recense dix femmes « chefs » sur les 146 chefferies reconnues dans le pays, en dépit d'une tradition ancienne plutôt patrilinéaire[7]. Mais l'explication n'est peut-être pas si favorable aux femmes, puisqu'il n'existait pas à proprement parler de chefs avant la colonisation, sinon des chefs de guerre. Ce sont les Britanniques qui, pour appliquer l'*indirect rule*, ont créé de toutes pièces, dans cette région non centralisée, des chefferies administratives occupées par des notables salariés du gouvernement chargés de transmettre les impératifs coloniaux. Les femmes Sherbro et Mende étaient relativement bien considérées dans les sociétés anciennes, les liens tissés entre elles à partir de leur société secrète d'initiation ou *bundu* duraient toute la vie, enfin les postes offerts pouvaient paraître suspects aux vieux notables : c'est pourquoi plusieurs d'entre elles ont su exploiter l'opportunité de s'affirmer davantage, dans un rôle à la fois politique et économique déjà remanié par madame Yoko.

Le mécanisme de la société Baule (Côte d'Ivoire) constitue un exemple de répartition remarquablement égalitaire entre les sexes[8] : les femmes y avaient le droit, comme membres de leur propre parenté, d'hériter une position d'aînée du lignage, ou de chef d'un village, voire d'un ensemble de villages. Si l'on en croit la tradition, le privilège remonterait à la fondatrice du groupe, la reine Pokou, d'origine Ashanti, qui au XVIIIe siècle entraîna derrière elle une cohorte de réfugiés politiques[9]. Sans être aussi nombreuses que les hommes, les femmes-chefs ne furent donc pas rares avant la colonisation qui se montra, en revanche, hostile à cette pratique. Elles devaient pour ce faire rester dans leur matrilignage. Le mariage étant patrilocal — les épouses étaient reçues dans la famille de leur

6. Fyfe, *op. cit.*

7. Carol P. Hoffer, « Mende and Sherbro women in High Office », *Revue canadienne des Etudes africaines*, vol. VI, n° 2, 1972, pp. 151-164.

8. Mona Etienne, « Gender relations and conjugality among the Baule (Ivory Coast), *Culture*, vol. I, n° 1, 1981, pp. 21-30.

9. J.N. Loucou et F. Ligier, *La reine Pokou, fondatrice du royaume Baoulé, XVIIIe siecle*, Paris, ABC, 1975.

mari — elles adoptaient parfois un système de double résidence, ou bien divorçaient. Le divorce était aisé dans cette région où la compensation matrimoniale était très faible et semble même avoir disparu à la veille de la colonisation. Pour cette raison, dit-on, certaines femmes « nobles », issues de familles auxquelles revenait la chefferie, ne devaient pas se marier. On rencontre encore des femmes qui refusent, ou dont la famille refuse le mariage, parce qu'elles sont les héritières d'un pouvoir devenu évidemment bien virtuel de nos jours.

C'est pour la raison inverse que les princesses Ganda (Afrique orientale) se virent jusqu'au XIXe siècle interdire le mariage. Dans un système qui, contrairement au précédent, était strictement patrilinéaire, le souverain, ou *kabaka,* se méfiait du sang royal féminin qui aurait pu tenter d'imposer un héritier par les femmes. Non seulement les princesses n'avaient pas le droit de se marier, mais encore moins d'avoir des enfants. C'est Mutesa Ier qui aurait, au XIXe siècle, estimé plus politique pour lui d'inciter les princesses à contracter des alliances matrimoniales avec ses principaux chefs pour mieux asseoir son pouvoir. Auparavant, en cas de grossesse, elles devaient recourir à l'avortement, ou bien tuer le nouveau-né si elles n'avaient pas réussi à le confier à des roturiers.

La pratique courante de l'adoption, avec une forte circulation des enfants (fils et filles des sœurs surtout) facilitait les choses : la pratique a soulevé là comme ailleurs (en pays Fon) la vindicte des missionnaires qui n'ont rien compris à la vie associative des femmes. Il était courant que chacune, à tour de rôle, reste dans l'enclos pour surveiller la marmaille et préparer le repas de toutes les autres, parties aux champs ; mais les missionnaires n'ont su que compatir au malheur de ces enfants nantis de tant de mères qu'ils n'étaient « même plus capables de reconnaître la leur »[10] !

En pays matrilinéaire comme chez les Baule, la femme supérieure pouvait s'entourer de dépendants issus de son matrilignage, et acquérir des esclaves, même si elle était mariée ; en ce dernier cas, elle bénéficiait en plus du travail de ses filles. A son mari, elle devait respect mais non allégeance. Quant à celui-ci, il résidait généralement dans sa famille paternelle dont il ne pouvait hériter.

10. Bernard Salvaing, « La femme dahoméenne vue par les missionnaires : arrogance culturelle, ou antiféminisme clérical ? », *Cahiers d'Etudes Africaines,* n° 4, 1981, pp. 507-522.

A la mort de son père, il regagnait souvent sa famille maternelle, où il retrouvait ou entraînait ses sœurs dont il hériterait plus tard. Le mariage apparaît alors comme une association provisoire d'intérêts de production et de reproduction. Chacun avait droit de regard sur les enfants et les produits : l'homme tissait le coton exploité par les femmes, les femmes aidaient le mari à cultiver l'igname qui lui revenait. Les activités commerciales de la femme étaient le garant économique de sa participation au pouvoir effectif.

Paradoxalement, ce pouvoir ne se manifestait ouvertement que lorsque la femme avait perdu la capacité de procréation à laquelle elle le devait. Soumises à la loi des « aînées », les jeunes femmes, plus que les autres, devaient s'incliner à la fois devant elles et devant les hommes, quel que soit leur âge. La ménopause rendait en quelque sorte les femmes asexuées, donc analogues aux hommes, et leur permettait de revendiquer, voire d'exercer un pouvoir effectif. Le tournant était souvent marqué, comme chez les Nuer, par l'initiation d'un dernier fils, qui signifiait pour sa mère la fin du premier cycle de son existence. Les femmes Ibo du Nigéria avaient ainsi l'habitude de régler leurs propres affaires au sein d'une assemblée ou *ikporo-ani,* composée de toutes les femmes adultes du lignage, veuves, mariées ou non. Celle qui était mariée depuis le plus longtemps présidait. Elles délibéraient sur les disputes entre épouses, les cas d'adultères, les querelles entre groupes ou villages différents. Les pratiques exogamiques donnaient un rôle privilégié d'arbitre aux femmes mariées en dehors de leur village et de leur lignage, leur permettant parfois même d'éviter la guerre. Elles pouvaient également, du seul fait de leur organisation, imposer des mesures aux autorités politiques de leur village.

REINES-MÈRES ET RÉGENTES

Le rôle important joué par les « reines-mères » ou par leurs équivalents, que l'on soit en régime matri — ou patrilinéaire, est le signe évident d'un réel pouvoir féminin. Un certain nombre de femmes assumèrent un rôle de régente, en Afrique comme ailleurs.

Vers 1563-1570, dans le royaume Kanuri du Bornou, la reine Aisa Kili Ngirmaramma, fille du précédent souverain, assura la transition jusqu'à ce que le fameux Idriss Alaoma fut capable d'assumer le pouvoir. Célébrée par les traditions orales locales, son histoire fut plus tard passée sous silence par les sources arabes, peu soucieuses apparemment de reconnaître le rôle prééminent d'une femme chef d'État[11]. En Éthiopie, la plus célèbre de ces femmes de pouvoir fut au XVIIIe siècle l'impératrice Menetewab (c. 1720-c. 1770). A la mort de son époux, en 1730, elle assura la régence au nom de son fils, qui continua par la suite de lui laisser les rênes du gouvernement. Lorsqu'il mourut, elle reprit la régence au nom de son petit-fils, mais finit par être évincée en 1769 par un nouveau candidat à l'empire. C'est alors qu'elle rencontra le voyageur James Bruce qui l'incita à écrire son histoire[12].

Au XIXe siècle, la demi-sœur d'Akengbuwa, *olu* du royaume Itsekiri (pays yoruba), morte en 1848, mit en place un conseil d'Etat pour assurer la continuité du pouvoir. Connue sous le nom de reine Dola, elle ne parvint cependant guère à maintenir l'unité[13].

On retrouve cette fonction de régence en Afrique centrale sous les traits de Mamochisane, fille du roi fondateur du Kololo (Zambie actuelle), Sebitwane. D'abord capturée lors d'une guerre contre les Lozi puis rendue à son père vers 1840, elle fut chargée par celui-ci, après qu'il eut conquis le royaume Lozi, d'en administrer la province centrale. Avant sa mort, il la désigna comme son successeur, mais elle abdiqua bientôt en faveur de son frère Sekeletu, officiellement pour se marier et se consacrer à sa famille[14]. Ce type d'argumentation a une connotation bien occidentale. Ne fut-ce pas plutôt une façon pour l'héritier mâle de s'emparer d'un pouvoir qui lui avait d'abord échappé ? Quant à Na

11. John Hunwick, « Songhay, Bornu and Hausaland in the 16th century », J.F.A. Adjayi et Michael Crowder eds, *History of West Africa*, vol. I, New York, Columbia University Press, 1972, pp. 202-239.

12. R. Pankhurst, *The Ethiopian royal chronicles*, Addis Abeba, 1967.

13. Obaro Ikime, « The changing status of chiefs among the Itsekiri », Crowder et Ikime eds., *West African Chiefs*, New York, Africana Publishing C°, 1970, pp. 289-311.

14. Mark R. Lipschutz et R. Kent Rasmussen, *Dictionary of African Historical Biography*, University of California Press, 1989.

Wanjile du Danxhomè, d'après le peu que l'on sait, elle soutenait à la cour la faction hostile au roi Agonglo et l'aurait assassiné en 1797 parce qu'il s'apprêtait à se convertir au christianisme pour accroître son commerce avec les Portugais. Le complot échoua, elle fut brûlée vive avec les autres conspirateurs, et ce fut le fils du défunt, Adandozan, qu'on couronna[15].

On trouve une institution féminine originale chez certains groupes Ibo de l'ouest (Nigéria méridional), dans un système politique rural éclaté ; l'*omu* ou « reine » du village ou d'un groupe de villages jouait un rôle parallèle à celui du « roi » ou *obi* (chef). Elle n'en était cependant ni la mère, ni l'épouse, ni même une parente. Mais elle représentait l'équivalent féminin du pouvoir mâle dans la communauté. C'est une femme réputée pour sa richesse, son intelligence et son caractère, qui prend la direction de l'association des femmes du groupe ou *ikporo-ani*[16]. Comme le roi, elle porte le couvre-chef caractéristique de son pouvoir, qui est suivant les cas un feutre blanc ou un bonnet rouge, elle choisit ses aides et ses conseillères et leur donne des titres analogues à ceux de leurs *alter ego* masculins.

Les femmes, actives commerçantes, légifèrent sur les marchés où elles fixent les tarifs, règlent les litiges, voire imposent des amendes. Elles veillent au sort des veuves et accomplissent les rites nécessaires à la bonne marche de l'ensemble. Rien d'étonnant à ce que l'*indirect rule* prônée par la colonisation britannique ait permis à quelques-unes d'entre elles d'acquérir, dans un premier temps, une influence certaine : Madame Okwei d'Onitsha, connue sous le nom de *Omu Okwei* (1872-1943) utilisait ainsi ses relations commerciales avec les compagnies étrangères et fit nommer son mari membre de la *native court.* Elle joua finalement le rôle d'une sorte de ministre des Affaires étrangères de son peuple auprès des Européens, qu'ils fussent négociants ou administrateurs[17].

Chez les Oyo, en pays Yoruba, le pouvoir était construit autour de l'*alafin* (ou roi), dont l'administration comprenait une hiérarchie complexe de prêtres, de chefs de lignages, de chefs militaires et de juges. Le contrôle en était assuré par les nombreuses femmes de

15. I.A. Akinjogbin, *Dahomey and its neighbours,* Cambridge University Press, 1967.

16. Cf Nina Mba, *Nigerian Women mobilized,* 1982, pp. 21-26.

17. Kamene Okonjo, « Sex roles in Nigerian politics », Christine Oppong (ed.), *Female and male in West Africa, op. cit.,* pp. 218-220.

l'*oba* ou « Dames du Palais ». Elles étaient « ses yeux et ses oreilles » et espionnaient à la faveur des déplacements de leur commerce. On distinguait huit prêtresses et huit dignitaires. La première d'entre elles était « mère officielle » du roi ou *Iya Oba* mais ce n'était pas sa mère biologique, plus ou moins écartée à partir de l'élection de son fils[18]. L'*Iya Kere* jouait un rôle important dans le palais, elle était la gardienne du trésor, y compris des insignes de la royauté. A ce titre, elle couronnait le roi au moment de son intronisation. Sa fonction politique était réelle, puisqu'elle pouvait refuser au souverain l'accès aux symboles royaux si elle jugeait qu'il avait démérité. Une autre femme importante était la *Iyalagbon* ou mère du prince héritier, qui avait en charge une partie de la ville-capitale. La *Yamode* avait une fonction plus religieuse de protectrice de la santé spirituelle du roi, elle gardait les tombes royales et servait d'intercesseur entre le roi et les esprits de ses ancêtres. La déférence du roi à son égard était telle qu'il l'appelait *baba* (père) et s'agenouillait pour la saluer.

Chez les Edo, on retrouve le même rôle éminent des femmes Yoruba. Il était de tradition que, trois ans après l'avènement de l'*alafin,* celui-ci décernât à sa mère le titre de *Iyoba.* Elle allait dès lors régner de son côté à Uselu, et siégeait auprès des quatre principaux conseillers du roi à son conseil exécutif ; cet usage aurait été introduit en 1506 par l'*oba* Esigie, satisfait des conseils judicieux de sa mère, Idah, dans les domaines politiques et militaires ; il ne disparut qu'en 1889 à l'initiative des Britanniques[19]. Son importance était telle qu'il fut néanmoins réintroduit après l'indépendance, tandis que le premier établissement secondaire de filles à Benin-City prit le nom de cette fameuse reine Idah.

Chez les Hausa, la plupart des mythes d'origine politique attribuent un rôle déterminant aux reines ou à certaines princesses royales. A Zazzau, par exemple, la *Magajiya* ou mère du roi aurait géré le palais et assisté aux audiences du souverain (on retrouve ce titre ailleurs et plus tard, attribué généralement à la fille aînée). D'après la *Chronique d'Abuja*[20], ces dignités féminines remontent

18. On retrouve chez les Hausa, notamment à Katsina et à Zaria, ce titre d'*Iya* donné à la mère du roi ou, si elle était morte, à une tante paternelle ou à sa sœur aînée. Beverley Mack, « Royal wives in Kano », C. Coles et B. Macks (eds), *Hausa Women in the 20th. century,* Madison, 1991, p. 111.

19 Egharevba, 1968, pp. 75-76, cité par Kamene Okonjo, *op. cit.*

20. Traduite et publiée par Frank Heath, Lagos, African Universities Press, 1962.

très loin dans le temps, mais leurs fonctions auraient cessé avec la conquête Peul au XIXe siècle, qui renforça la réclusion des femmes, celles en particulier du rang le plus élevé. La *Chronique de Kano* n'en mentionne aucune.

On connaît aussi le rôle important joué par la reine-mère du *kabaka*, nom du souverain des Ganda, petit royaume interlacustre d'Afrique centrale qui s'affirma surtout au XIXe siècle. Muganzirwazza (c. 1817-1882), l'une des 148 femmes du *kabaka* Suna II, eut (et sûrement aida) la chance de voir son fils, pourtant l'un des plus jeunes parmi les soixante et un concurrents éligibles, choisi comme successeur à la mort de son père. Elle contribua sans nul doute au succès du règne de Mutesa Ier ; bien que celui-ci eût de moins en moins recours à ses services, elle n'en garda pas moins, tout au long du règne, une place éminente rapportée par plusieurs explorateurs de l'époque[21].

Mais ce sont surtout les Ashanti, et les Fon du Danxhomè, peuples aux institutions analogues, qui ont donné aux reines-mères un rôle considérable. Nous le verrons un peu plus loin.

Femmes de pouvoir en Afrique australe

En Afrique australe, les femmes semblent avoir joué un rôle politique et militaire relativement important chez les Zulu, où l'on sait que Shaka, souverain redouté du début du XIXe siècle, armait aussi bien les filles que les garçons dans une organisation militaire asexuée. L'explication psychanalytique trouverait sa source dans la conduite castratrice de sa mère Nandi et dans ses tendances homosexuelles supposées. La première princesse Shaka qui joua un rôle évident fut Mnkabayi, sœur aînée de Senzangakhona, père de trois rois Zulu dont le fameux Shaka. Elle aurait commencé, dans les années 1780, par exercer la régence pendant l'enfance de son frère, et serait devenue plus tard intime avec l'une de ses épouses, Nandi, au point de prendre son parti quand son mari l'eut répudiée. Elle soutint la prise du pouvoir par Shaka, fils de Nandi, à la mort de son père (vers 1815). On raconte qu'elle aurait blâmé Shaka

21. J.H. Speke, *Journal of the journey to find the sources of the Nile*, Londres, William Blackwood and sons, 1863.

d'avoir fait tuer sa mère en 1827, et aurait participé au complot qui assura l'accession au trône de Dingane, l'un de ses demi-frères. Elle mourut, dit-on, très vieille, vers 1835[22].

Des rivalités frère/sœur, avec prééminence masculine, apparaissent aussi dans le cas de Mawa (c. 1770-1848), la plus jeune sœur de Senzangakhona, qui tint jusqu'en 1840 le rôle de chef d'une cité militaire. A cette date, à la mort de Dingane, elle fut impliquée dans les rivalités de succession entre les autres princes de la famille ; son candidat fut exécuté en 1842 et elle dut fuir à son tour au cours d'une migration (*mfecane*) à la tête de plusieurs milliers de Zulu. Elle obtint ultérieurement des Britanniques la reconnaissance de son installation au Natal.

Le rôle féminin de leader de *mfecane* (ou *difaqane*) — ainsi appelle-t-on les grands mouvements migratoires qui affectèrent des fractions expansionnistes du peuple Zulu dans la première moitié du XIXe siècle — ne fut pas exceptionnel : aux confins de l'Orange et du Natal actuels, la reine Mma Ntatise ou Mmanthatisi (c.1781-c.1836), première épouse du chef Mokotjo qui mourut en 1817, exerça un pouvoir de régence pendant l'enfance de son fils, alors âgé de treize ans, aux dépens de son beau-frère qui aurait dû « normalement » hériter ce pouvoir. Elle affirma l'indépendance du groupe des BaTlokwa sur les autres Sotho d'Afrique australe, et engagea la guerre contre Moshweshwe, le chef Zulu fondateur du Lesotho[23]. Dès les années 1820, elle entraîna son peuple, les Tlokwa, vers l'ouest inaugurant ainsi les premières grandes migrations des Sotho et des Tswana. Vers 1822, son discours énergique, ainsi que la résistance acharnée d'une autre femme, Meseile, aurait empêché la déroute de ses troupes et retourné le sort du combat (dit « bataille des pots », en raison des nombreux ustensiles de cuisine qui furent détruits au cours du combat dans le camp des BaTlokwa). Réputée pour son intelligence et sa rapidité d'action, elle sut, quelques années plus tard, au Lesotho, répondre à une attaque inopinée malgré l'absence du gros des troupes parties batailler ailleurs : elle aligna derrière les quelques hommes disponibles une armée de femmes et d'enfants équipés de manche de houes en

22. A.T.Bryant, *Olden times in Zululand and Natal*, Londres, Longman Green, 1929.

23. Christine N. Qunta, ed., *Women in Southern Africa*, Londres, 1987, pp. 23-76.

guise de lance, et protégées de nattes de paille en guise de bouclier[24].

Sa réputation lui valut, dit-on, de conserver un rôle éminent pendant le règne de son fils, qui prit le pouvoir vers dix-neuf ans. Sans être personnellement à la tête de l'armée, elle avait incontestablement dirigé des campagnes. Le caractère inhabituel de cette femme-chef a inspiré des récits mythiques sur son pouvoir destructeur. La déformation de son nom, *Mantatee*, était devenue le terme générique pour désigner les bandes de brigands qui ravageaient la zone comprise entre les fleuves Orange et Vaal. Ceci lui valut d'endosser la responsabilité de l'ensemble des déprédations commises dans la région. Elle finit par s'installer dans le nord du Lesotho où son fils exerça le pouvoir tout en lui laissant la responsabilité des affaires Tlokwa[25]. Elle mourut après 1835 et fut enterrée à Joalaboholo, lieu devenu sacré où les descendants des Tlokwa se réunissent une fois l'an pour commémorer leur histoire[26].

Quant à Nyamazana qui fut peut-être la nièce du grand chef Zwangendaba, c'est vers le nord (Zimbabwe actuel) qu'elle le suivit vers 1819 ; elle prit la tête d'un groupe de ces Ngoni migrants car, selon la tradition, il aurait refusé en 1835 qu'elle l'accompagnât au-delà du fleuve Zambèze. Elle aurait avec ses troupes vécu de pillages en pays Shona jusqu'à l'arrivée des Ndebele de Mzilikazi. Celui-ci prit barre sur elle et, dit-on, l'épousa vers 1839. C'était l'attitude logique d'un chef vainqueur pour s'assurer la soumission d'une femme. Elle ne serait morte qu'à l'aube du XXe siècle[27].

FEMMES CÉLÈBRES DES TEMPS ANCIENS

Force est de reconnaître qu'en Afrique, comme ailleurs, la mémoire n'a retenu l'histoire que d'un petit nombre de femmes, dont on sait en général peu de choses. Il est intéressant de remarquer qu'elles sont apparues, à un moment ou un autre, un peu par-

24. J. D. Omer-Cooper, *The Zulu aftermath*, Londres, Longman, 1966.

25. Gordon M. Haliburton, *Historical Dictionary of Lesotho*, Metuchen, Scarecrow Press, 1977.

26. Son fils dut en fin de compte s'incliner devant Moshweshwe. D. Sweetman, *Women leaders in African History*, Londres, 1984, pp. 55-63.

27. R. Kent Rasmussen, *Mzilikazi of the Ndebele*, Londres, Heineman, 1977.

tout en Afrique. Le souvenir en est resté quand elles ont été de grands chefs de guerre, ou qu'elles ont incarné la résistance aux Blancs sous une forme politique ou religieuse.

Nzinga d'Angola

Ce fut le cas de la reine Nzinga Mbande (ou Mbundu), « héroïne négrière » qui résista longtemps aux Portugais dans leur avancée vers le sud du royaume du Kongo. Elle naquit vers 1582, et aurait été fille d'une esclave et du roi (ou *mbande a ngola*) de Ndongo. Les Portugais firent de ce titre, en le déformant, le nom de ce pays « Angola » devenu, malgré sa résistance acharnée, une colonie en 1575. Nzinga avait commencé d'intervenir sous le règne de son frère aîné (né de mère différente), actif négrier, déjà, du nord-ouest de l'Angola et prêt à succomber aux Portugais ; une action d'éclat, bien qu'elle fût probablement enjolivée par les chroniqueurs portugais et les Capucins italiens, notre principale source en la matière[28], la rendit à jamais célèbre. Après de longues années de guerre, elle avait été envoyée à Luanda en 1622 discuter avec le gouverneur portugais de conditions de paix. Peut-être y était-elle allée de son propre chef, puisqu'elle trempa dans l'assassinat de son frère ? Elle s'y fit d'abord baptiser sous le nom de Dona Ana de Souza, préalable nécessaire qui lui valut un temps la bienveillance portugaise. En échange de l'ouverture (momentanée) de son pays aux missionnaires, et surtout à la traite portugaise, elle obtint l'évacuation d'une place-forte située trop près de ses terres, la libération des chefs dont les Portugais avaient fait leurs vassaux, et surtout la reconnaissance de sa propre suprématie sur l'état Ndongo. Ces mêmes chefs étaient, pour leur part, probablement peu enclins à l'admettre, compte tenu d'un double handicap : la précarité d'une suprématie politique affirmée sur les autres lignages, et sa qualité de femme.

L'année suivante, déçue par les Portugais, elle rompit avec la chrétienté et s'allia aux Jaga, guerriers marginaux descendus récemment en bandes depuis les plateaux du sud de la Kwanza. Ils l'aidèrent à reprendre la guerre. De là naquit la légende, entretenue

28. Joseph C. Miller, « Nzinga of Matamba in a new perspective », *Journal of African History*, vol 16, n° 2, 1975, pp. 201-216.

par les Portugais, de son cannibalisme, due à la fois aux mœurs de ses alliés et au fait qu'elle aurait fait empoisonner le fils de son frère, lui rendant ainsi ce qu'il avait fait de son propre fils quelques années plus tôt. Peu soutenue par les Mbundu en place, elle s'attacha les marginaux en garantissant, dit-on, la liberté dans son pays aux esclaves qui réussiraient à s'échapper des mains des Portugais. En tous les cas, elle refusa systématiquement de rendre les fugitifs. Elle fit aussi infiltrer l'armée portugaise d'hommes sûrs qui incitèrent leurs adversaires à déserter. Elle put ainsi grossir ses forces et s'emparer d'armes avec lesquelles elle enflamma le pays. Les Portugais (et peut-être surtout les Mbundu) réussirent momentanément à la chasser. Elle inaugura alors une guerre d'usure par guérilla, inspirée des techniques de guerre mobiles et légères des Imbangala (Jaga). Elle revint en force en 1627, puis à nouveau deux ans plus tard, après avoir habilement fait courir le bruit de sa mort et malgré toutes les tentatives des Portugais pour s'emparer d'elle morte ou vive. Elle renforça son autorité en organisant un mariage rituel, autant dire une alliance, avec le chef Jaga (ou *kasanje)* en qualité de *tembanza,* titre réservé par les Jaga aux femmes de pouvoir[29]. Elle réussit enfin, au début des années 1630, à établir sa souveraineté sur le royaume voisin de Matamba, situé plus à l'est, où elle pouvait se référer à une ancienne tradition perdue de chefferies féminines. Elle dut rompre avec les Jaga quand ceux-ci, alliés à leur tour aux Portugais, vinrent piller sa capitale.

A la fois guerrière et diplomate, Nzinga fut avant tout une grande trafiquante d'esclaves. Ses apparents revirements politiques tenaient à la nécessité où elle se trouvait, faute d'appui lignager et surtout de légitimité masculine, d'asseoir son autorité sur des alliances extérieures. Elle tenait si bien en mains les réseaux de traite de l'arrière-pays que les Portugais durent repartir en guerre. Elle négocia alors avec les Hollandais — qui occupèrent brièvement Luanda de 1641 à 1648 — pour affaiblir ses ennemis. Elle ne finit par s'incliner, en partie seulement, qu'en 1656, par un traité analogue à celui qu'elle avait déjà signé près de trente-deux ans plus tôt. Elle reprit la traite avec les Portugais à Matamba qui devint la principale foire d'esclaves de la région, et où elle accepta à nouveau l'entrée de missionnaires. Cela lui permit, dans les six der-

29. Le terme de « mariage » aurait été pris par les Portugais au sens premier du mot. *Ibid.*

nières années de son règne, de renforcer localement ce qui lui restait de pouvoir.

Le militaire hollandais qui lui fut un moment attaché la décrit, dans ce monde guerrier et masculin, comme un chef habillé en homme qui entretenait un « harem » de jeunes gens vêtus en femmes censés lui tenir lieu d'« épouses ». Vers la fin de sa vie, elle renoua avec la foi chrétienne ; à plus de quatre-vingts ans, dit-on, elle envoya une ambassade auprès du pape et fit fêter sur place l'événement, enfin habillée en femme — mais en amazone ! Elle mourut chrétiennement en 1663 à plus de quatre-vingt-deux ans mais indépendante. Elle avait choisi comme successeur l'une de ses sœurs, catholique également, rachetée naguère aux Portugais après onze ans de captivité contre 130 esclaves. Toutefois le catholicisme ne leur survécut que peu de temps à Matamba[30].

L'histoire de Nzinga, relativement bien connue des Européens, inspira d'assez près ce qui fut probablement, en 1769, le premier roman africain de la littérature occidentale. Dans des portraits hauts en couleurs, histoire et fiction s'entremêlent, propres à susciter à la fois l'indignation et la fascination des lecteurs du siècle des Lumières. L'œuvre aurait même inspiré le Marquis de Sade[31].

La reine Amina de Zaria

Au XVIe siècle en pays Hausa, l'histoire légendaire de la reine Amina (ou Aminatu) de Zazzau (devenu de son fait Zaria, du nom de sa sœur) n'est pas sans présenter des traits analogues. Son existence fut parfois mise en doute, probablement en raison des convictions musulmanes postérieures peu portées à donner un rôle de cette importance à une femme. Pourtant la tradition rapporte que l'émergence des cités-Etats Hausa aurait été précédée par une

30. Dona Barbara mourut en 1666 et, après une phase de guerre civile, les Portugais remirent momentanément la main sur le pays par l'intermédiaire de souverains choisis par eux. Au début du XVIIIe siècle néanmoins, tout contact direct avait cessé avec les Portugais, jusqu'à ce que ceux-ci procèdent à la conquête en règle du pays, au début du XXe siècle seulement. Miller, *op. cit.*, David Birmingham, *Trade and conflict in Angola*, Oxford, Clarendon Press, 1966. D. Sweetman, *op. cit.*, pp. 39-47.

31. J. L. Castilhon, *Zinga, reine d'Angola*, version établie et présentée par Patrick Graille et Laurent Quillerie, éd. G, 1992.

dynastie de dix-sept reines... Toujours est-il que, durant son règne (au début du XVe siècle selon la *Chronique de Kano*, mais plus probablement c. 1536-1573, voire après 1576), Amina aurait été une grande conquérante. Aidée de sa sœur Zaria à la tête d'une armée de 20 000 hommes, elle aurait annexé plusieurs cités alentour jusque vers Nupe, et dominé Kano et Katsina, au prix de trente-quatre années de campagnes quasi ininterrompues. Les restes de plusieurs forteresses de la région portent encore son nom, et l'idée d'entourer de murailles les cités Hausa lui est attribuée même si beaucoup de ces murailles semblent remonter plutôt au XIIe siècle. On rapporte qu'elle ne se serait jamais mariée mais aurait choisi un amant dans chacune des villes conquises. L'expansion de son royaume permit de l'imposer comme le centre du commerce à longue distance de tout le pays Hausa méridional, complétant l'axe traditionnel transsaharien par des échanges est-ouest qui garantirent la prospérité de Zaria. Elle aurait introduit dans le pays des richesses inconnues jusqu'alors : on cite ainsi à titre de tribut quarante eunuques et 10 000 noix de kola. L'Etat du Nigéria la fit définitivement entrer dans la légende en lui faisant élever une statue équestre, la lance à la main, au centre du port de Lagos.

La reine mère des Ashanti

La dernière femme à jouer un rôle de chef de résistance contre la conquête britannique fut, à l'extrême fin du XIXe siècle, celle qui prit la place de la reine mère de l'*asantehene* (roi) des Ashanti (Ghana actuel). Cette dernière avait été déportée en 1896 aux Seychelles avec son fils Prempeh I et un parent resté fidèle, Nana Afrane Kuma, chef de la province d'Edweso, située à seize kilomètres environ de la capitale Kumasi. L'épisode se situe après l'installation du protectorat britannique sur ce pays (1897). Yaa Asantewa, notre héroïne, née entre 1840 et 1860, morte en exil en 1921, était la mère de Nana Afrane Kuma. Contrairement à son fils sans grande personnalité, elle n'accepta pas la soumission. A partir de 1900, devenue reine mère de substitution, elle inspira, conçut et conduisit la guerre, prenant la tête des mécontents qui réclamaient le retour de Prempeh. Elle organisa devant la capitale Kumasi un siège qui dura deux mois. Pour venir à bout des quelque 40 à 50 000 Ashanti qui suivirent leur reine, les

Britanniques durent mobiliser 1 400 hommes munis des armes les plus modernes. Il fallut trois mois supplémentaires et un renfort de 1 200 hommes pour capturer la reine et ses derniers fidèles. Elle aurait craché au visage de l'officier britannique qui l'arrêta.

Kimpa Vita, dite Béatrice du Congo

D'autres femmes ont utilisé l'arme religieuse. La tradition retient en premier lieu la dynastie féminine des Mujaji qui vécut du XVIIe au XIXe siècle en pays Sotho (Afrique australe). Certaines furent vénérées comme « faiseuses de pluie »[32].

L'héroïne la plus célèbre est Kimpa Vita, née vers 1682 et connue sous le nom chrétien de Béatrice du Congo, étonnant mélange de christianisme et de millénarisme. Elle ne fut pas dans ce pays la première du genre : souvent en phase de décadence, ce qui était le cas au XVIIIe siècle pour l'ancien royaume du Kongo, diverses prophéties appelaient à une restauration de l'ordre politique par une régénération religieuse. La région avait connu un début de christianisation dès le XVIe siècle et les missionnaires, jésuites portugais ou capucins italiens, y demeuraient actifs. Avant Kimpa Vita d'autres illuminés étaient apparus. Une femme avait déclaré avoir eu la vision de la vierge Marie irritée de ce qu'il était advenu du Kongo ; un jeune homme annonça le châtiment de Dieu si la capitale de Saõ Salvador n'était pas restaurée et réoccupée par le *Manicongo*; une vieille femme enfin, nommée Ma-Futa, déclara être en possession de la tête du Christ défigurée par les méchancetés humaines, c'était en fait une pierre venue de la rivière Ambriz[33].

Dona Béatrice venait à son heure. Elle fut incontestablement, pour ce que nous en savons, une grande figure populaire de la résistance à la colonisation portugaise. De famille noble, elle était consciente de la ruine du pays. Installée dans la capitale vers 1704, elle aurait eu lors d'une maladie l'apparition de saint Antoine, saint portugais spécialement révéré par les colons de cette région. Il lui apparut sous la forme d'un Africain : l'un de ses propres frères.

32. E.J. et J.D. Krige, *The realm of a rain-Queen*, Londres, Oxford University Press, 1943.

33. D. Sweetman, *op. cit.*, pp. 48-54.

Béatrice prêcha pendant deux ans une sorte de christianisme anticatholique enraciné dans le symbolisme culturel Kongo. Elle créa une église africaine inspirée des enseignements bibliques : la terre sainte était le Kongo, le Christ était né à Saõ Salvador, les Pères du christianisme étaient Africains. Malgré une certaine conscience noire, elle enseignait que Blancs et Noirs n'étaient pas de même nature : les blancs seraient nés de la pierre de savon, et les noirs d'une sorte de figuier. Elle incitait donc ces derniers à retrouver leurs racines, en rejetant par exemple les vêtements et les valeurs d'origine européenne. Cette attitude explique son soutien à la polygamie. Comme de nombreux mystiques, elle renonça aux plaisirs terrestres. Beaucoup parmi ses fidèles croyaient que, comme le Christ, elle mourait le vendredi et ressuscitait le dimanche suivant. Poussant jusqu'au bout l'analogie, elle donna naissance vers 1706 à un fils, tout en proclamant sa virginité. Cette naissance, semble-t-il, contribua quelque peu à la déconsidérer ; elle avait alors environ vingt-quatre ans ; belle et inspirée, elle prédisait l'avenir et annonçait le jour du jugement dernier.

Sous la pression des missionnaires, le souverain du royaume local du Kongo, Pedro IV, qui avait besoin du soutien portugais contre un concurrent, la fit brûler la même année comme hérétique avec son bébé. Mais l'église antonianiste qu'elle créa, et que Pedro IV réprima, contribua par cette répression même à une brève renaissance du royaume Kongo dans les années qui suivirent. Personnage devenu mythique — une sorte de Jeanne d'Arc locale —, elle a inspiré un drame à l'écrivain ivoirien Bernard Dadié[34].

Il faut également évoquer le rôle de Nehanda (c. 1862-98) en pays Shona, dans ce qui avait été jadis le Mutapa ou Monomotapa (Zimbabwe actuel). Elle faisait partie d'une famille réputée, et acquit très tôt une grande renommée religieuse (de « sorcière » disent les textes européens). Quand, en 1890, Cecil Rhodes commença la conquête du pays au nom de la *British South African Cie*, Nehanda s'opposa aux expropriations massives de terres décidées

34. *Beatrice du Congo*, pièce en trois actes, Paris, Presence Africaine, 1970. Voir à ce propos : *Relations sur le Congo du Pere Laurent de Lucques (1700-1717)*, Jean Cuvelier éd., Bruxelles, 1953, et Louis Jadin, *Le Congo et la secte des Antonins*, Bruxelles, 1961.

par les Blancs. Elle prêcha la résistance, comme un autre grand « féticheur » de l'époque, Kagubi. La première guerre de libération, ou *chimurenga,* commença en 1896, sous la direction de Mkwati, le plus grand de ces chefs religieux prêchant l'unité entre Shona et Ndebele. Nehanda dont les enseignements étaient suivis par de nombreux fidèles devint, à partir de sa forteresse de Musaka, un chef de guerre redoutable bien qu'elle ne combattît elle-même qu'occasionnellement. Elle fit espionner les Blancs, et désigna leurs fermes, leurs mines et leurs factoreries (postes de commerce) comme principales cibles. Ses troupes furent organisées et le pillage interdit, à l'exception des vols d'armes ; des fusils et des projectiles étaient bricolés avec les fils du télégraphe ou des débris de verre. Les Anglais finirent par s'emparer d'elle en même temps que de Kagubi en décembre 1897; elle fut exécutée quelques mois plus tard, dans un lieu tenu secret afin qu'il ne devînt pas lieu de culte.

Au XXᵉ siècle, notamment au moment de la Première Guerre mondiale, ces femmes inspiratrices d'Eglises séparées se multiplièrent, chaque fois en temps de crise, face à la colonisation.

V

IDENTITÉ ET CULTURE FÉMININES

Nous ignorons presque tout de l'univers féminin précolonial. Les femmes avaient-elles, sur elles-mêmes et sur leur place dans cet univers un regard précis ? Quelles étaient les formes, les croyances et les pratiques de leur sexualité ? Les seuls à approcher les femmes ont été, au début de la colonisation, les missionnaires et les religieuses, et parfois un rare personnel laïc, enseignant ou sanitaire. Les premiers missionnaires nous en donnent une vison déformée par leurs préjugés : ils jugent incompatible avec le christianisme le modèle familial et le mode d'éducation africain traditionnel. Ils ne soulignent chez les femmes que la liberté (apparente) de leurs mœurs, « la licence et le dévergondage [...] et les désordres affreux auxquels [chacune] se livre tout entière »[1]. Cette image avait été préparée par le rôle de séductrice démoniaque attribuée à la femme, instrument de Satan, dans la pensée chrétienne et surtout catholique. Les romans coloniaux également ont abusé du poncif de la femme africaine consentante, représentante d'une espère impure et sensuelle. Il ne devint possible de comprendre les errements de leurs jugements qu'avec les premières approches anthropologiques après que des mutations profondes étaient déjà survenues. Nous aborderons donc plus loin ce problème.

Les traditions privées transmises par les femmes sont rares et insuffisamment recueillies. Elles existent, nous l'avons vu, surtout chez les femmes esclaves, moins soumises que les autres à l'idéologie patriarcale. Or leurs chants célèbrent surtout les hauts faits... de héros masculins ! C'est le cas du *Tanbasire* en pays Soninke (Mali). Il s'agit d'un ensemble de chants composés et chantés par des femmes. L'œuvre remonterait à la fin du XVe ou au début du

1. Père Tuillier, missionnaire au Dahomey, 1867, cité par B. Salvaing, *op. cit.*

XVIe siècle et aurait été entreprise par les six sœurs de Hammadi pour immortaliser leur frère. Le nom de ces premières femmes auteurs ne nous est pas parvenu et, à une exception près, les rares femmes citées dans le chant ne le sont qu'à titre de parentes ou de descendantes des héros célébrés[2].

FEMMES ET RELIGION

La fécondité des femmes se trouve à la racine des croyances africaines, toutefois leur rôle dans la religion ancestrale apparaît faible. Peut-être tout simplement une recherche adéquate n'a-t-elle pas été entreprise, les anthropologues ayant appartenu le plus souvent à l'autre sexe. Le milieu matrilinéaire insistait incontestablement sur le caractère sacré de la fécondité féminine, cependant les hommes avaient toujours tendance à la minimiser, voire à la conjurer sur le plan idéologique. Les Kikuyu, par exemple, croyaient au mythe d'un matriarcat tyrannique transmis par les descendantes d'un couple fondateur originel contre lesquelles les hommes se seraient un beau jour révoltés après avoir rendu toutes les femmes enceintes et donc incapables de réagir. Ce conte renvoie à la conviction d'une incompatibilité entre pouvoir et maternité. Un autre conte rapporte l'interdiction faite aux femmes de posséder du bétail parce qu'elles étaient cruelles et arrogantes. Des mythes analogues existent dans beaucoup de sociétés. Chez les Nuer, peuple éleveur du Soudan, les hommes auraient commencé par tuer la Mère de tout le bétail (vaches et buffles), ce qui aurait entrainé la guerre[3].

Chez les Bété de Côte d'Ivoire, on raconte que les hommes et les femmes vivaient séparés à l'origine, chaque sexe ayant son propre village. Ils ne cessaient de se faire la guerre, mais les femmes, meilleures guerrières, l'emportaient toujours ; alors les hommes utilisèrent la ruse. Pour battre leurs adversaires, ils firent appel à leur insatiable gourmandise ; ils disposèrent des graines de palme sur le sentier et se contentèrent d'attendre que les femmes aient déposé leurs armes pour les ramasser. Ils tuèrent, en premier lieu, Zikaï, qui incarnait l'autorité féminine, ensuite s'approprièrent à la

2. M. Diawara, *op. cit.*

3. Cf. Sharon Hutchinson, « Relations between the sexes among the Nuer, 1930 », *Africa*, vol. 50, n° 4, 1980, pp. 371-388.

fois les armes et les femmes qui, soumises, vinrent les épouser dans leur propre village. Pourtant ce pacte du mariage ouvrit la voie à une vengeance secrète et infinie, qui se traduit par des adultères, de la sorcellerie et des chicanes de toutes sortes[4]. Chez les Nnobi (Ibo du Nigéria), on croyait que le premier homme avait épousé une décsse, Idemili, qui imposa son culte et celui de sa fille, Edo, sur l'ensemble du pays, bien qu'elle ait été domestiquée par l'homme[5]. Quant au mythe d'origine des Baganda d'Afrique centrale, il rapporte que Nambi est venue de loin pour épouser Kintu sur les terres de son clan. Elle en aurait eu pitié car il vivait seul. Pour lui elle renonça à sa liberté et à la beauté dont elle jouissait auparavant à Gulu (le royaume des cieux) pour travailler dur et veiller sur la maisonnée de son époux[6].

Tous ces mythes justifient le principe de patrilocalité et celui de la soumission de la femme. Un peu partout existe une croyance profonde à la fois dans le pouvoir d'origine sacrée des forces de fécondité, domaine féminin par excellence, et dans l'exercice mâle du pouvoir politique et religieux.

Les cultes relatifs à la femme ont souvent été effectués par des hommes. Ils craignent, en effet, ce pouvoir féminin dont ils ont besoin mais qui leur échappe : cette capacité de donner la vie, d'obtenir pour la communauté de bonnes récoltes, par des rites de fécondité qu'elles seules peuvent accomplir, d'intervenir comme médiatrices dans le jeu complexe des stratégies matrimoniales et des relations sociales entre groupes et villages voisins, d'apaiser les querelles y compris entre individus, de soigner et de guérir, par des médicaments dont elles seules ont le secret. C'est le plus souvent dans le rôle de soignante, dans les cas de maladie, d'accouchement ou de stérilité, qu'on retrouve les femmes dotées d'un pouvoir religieux. Selon les croyances ancestrales, toute maladie en effet a une cause humaine, elle survient soit par vengeance ou désir de nuire lié à la sorcellerie, soit par une faute du malade commise dans sa vie ou contre ses ancêtres. Pour que la guérison devienne possible, il faut alors que le jeteur de sort ou que le patient expie.

Dans des sociétés très oppressives pour les femmes, comme chez les Tswana, la sorcellerie, qu'elles en soient les adeptes ou les

4. J.-P. Dozon, *op. cit.*, p. 140.

5. Ife Amadiume, *Male daughters, female husbands*, Londres, 1987, pp. 99-100.

6. Nakanyike B. Musisi, *op. cit.*, p. 767.

adversaires, étaient pour elles la seule échappatoire. Le rôle des femmes était à la fois maléfique et nécessaire dans tous les rites propitiatoires faits de danses et de chants pour attirer la pluie. On avait aussi recours à elles en cas d'empoisonnements liés évidemment à la sorcellerie. Mais les femmes jouaient le plus souvent un rôle d'illuminées occasionnelles rendant des oracles : la pluie, la guerre ou la famine. Les hommes, prêtres ou faiseurs de pluie, restaient les ordonnateurs réguliers de la religion.

Les femmes disposaient néanmoins d'un pouvoir d'intercession qui pouvait changer le cours des choses, car elles étaient faiseuses de paix. Ce pouvoir indispensable mais dangereux, toujours proche de la sorcellerie, était redouté des hommes qui élaboraient des rites et des techniques appropriés pour y recourir mais aussi pour s'en protéger[7]. Ainsi les fameuses « mascarades » — danses et chants autour de masques — du pays Yoruba occidental, connues depuis le début du XIXe siècle au moins sous le nom de *Gelede,* célèbrent le masque le plus vénéré de la cérémonie, celui de la Grande Mère Inyanla, entouré de nombreux danseurs et chanteurs figurant plus particulièrement les femmes des marchés et les marchands étrangers musulmans[8]. Toutefois, en pays Yoruba toujours, le culte de la divinité de la terre, la déesse femelle Onile, est surtout pratiqué par des femmes, bien que l'essentiel du travail agricole y soit le fait des hommes[9].

Il y eut quelques grands personnages religieux féminins. La plus célèbre est au XVIIIe siècle Béatrice. Citons également Fumaria, vers la même époque, dont on ne sait presque rien, sinon qu'elle aurait eu des visions de la vierge Marie et le don de détecter et de châtier les péchés. Des personnages analogues apparaissent, au cours du XIXe siècle surtout ; ce n'est pas un hasard, il s'agit d'une époque de crise, celle de la conquête coloniale. Certaines femmes comme Nehanda ont parfois tenu un rôle religieux important. Mais ce fut moins en leur nom qu'à titre de truchement d'un leader inspiré : Nongqause joua ainsi au XIXe siècle, en pays Xhosa d'Afrique du Sud, le rôle de medium traduisant les visions du prophète auquel

7. Régine Bonnardel, « Les femmes quittent la brousse », *Le Journal de la Paix,* n° 340, 1986, p. 17.

8. H. J. Drewal et M. Thompson Drewal, *Gelede. Art and female power among the Yoruba,* Indiana University Press, 1983.

9. C. Odugbesan, « Feminity in Yoruba religious art », M. Douglas et P. Kaberry eds, *Man in Africa,* Londres, 1969, pp. 199-211.

elle était attachée, son oncle Mhlakaza. Le phénomène de ces jeunes divinatrices fut assez fréquent dans cette région, traumatisée par les avancées d'une colonisation brutale. Nongqause commença en 1856 à communiquer avec les ancêtres qui lui dictaient les mesures à prendre pour sauver son peuple ; il devait sacrifier le bétail et détruire les récoltes afin de calmer la colère des dieux et d'obtenir que les Blancs fussent jetés à la mer. Ces messages décidèrent les Xhosa à tuer massivement 150 000 vaches, à brûler leurs champs et leurs greniers en un vaste mouvement de purification qui dura dix mois, et qui devait les délivrer des Blancs pour un millénaire. Acculés à la famine, ceux qui survécurent n'eurent plus qu'à entrer au service des colons pour échapper à la décimation... Quant à Nongqause, elle fut arrêtée par les Anglais qui la considérèrent comme une victime de son oncle, et l'emprisonnèrent avec une autre jeune prophétesse, Nonkosi. Elle fut plus tard autorisée à regagner la province orientale du Cap, où elle mourut oubliée entre 1898 et 1905[10].

Cette capacité de médium, de transmettre la volonté des esprits, permit à plusieurs femmes inspirées de créer au XXe siècle leur propre église. Elles le firent en se coulant en grande partie dans les croyances ancestrales, ce qui explique leur succès populaire en temps de crise. A la différence des hommes (tels Matswa au Congo ou Kimbangu au Zaïre), elles ont rarement engendré un culte durable qui leur survécût. Leur pouvoir était sans doute inséparable de leur capacité individuelle de guérisseuses, et leurs soins s'adressaient prioritairement aux femmes enceintes, aux accouchées et aux enfants, c'est-à-dire essentiellement à la sphère féminine.

L'une des plus remarquables fut, au Zimbabwe, Maï (mère) Chaza, figure charismatique, l'égale probablement des grands leaders religieux Shona. De formation méthodiste, elle serait morte en 1954 puis ressuscitée. C'est durant ce passage qu'elle aurait reçu de dieu son don de guérisseuse. Comme Moïse, elle reçut sur une montagne ses règles de vie où l'alcool et le sexe sont proscrits, et les secrets de la médecine traditionnelle. Sa mission était de soigner les femmes possédées, stériles ou aveugles. Vers la fin des années 1950,

10. M. Wilson et L.M. Thompson, eds, *The Oxford History of South Africa*, Oxford University Press, 1969. Monica Wilson, « Mhlakaza », *Histoire des Africains,* Paris, Jeune Afrique, 1977, T. V, pp. 203-230.

elle aurait rassemblé 70 000 adeptes. Elle créa des « villages de Dieu », notamment près de Harare et de Bulawayo, où les soins consistaient surtout en exorcismes et en confessions publiques. Ce fut un homme qui, à sa mort, prit sa succession, et continua, en son nom, d'effectuer d'extraordinaires guérisons[11].

La plus extraordinaire fut sa contemporaine Alice Lenshina Mulenga. Née en 1924, elle fonda sa propre église de contestation en Rhodésie du Nord (Zambie actuelle). Elevée par les presbytériens écossais, elle lança, en 1953, à la suite d'une vision, un mouvement de purification à base de sorcellerie. Elle aussi mourut puis ressuscita, et promit santé et vie meilleure à ses disciples s'ils abandonnaient leurs pratiques coutumières de magie. Elle créa un village sacré en Zambie du nord, « Nouvelle Zion », dont elle proclama l'autonomie politique et religieuse. Entre 1957 et 1963 ses adhérents passèrent de 50 000 à 100 000. Finalement excommuniée, elle créa l'église *Lumpa* (« suprême » en langue bemba) qui prit position en faveur de l'*African national Congress.* Mais, bien qu'elle eût participé à la lutte anticoloniale, elle ne reconnut pas davantage l'Etat indépendant et refusa par la force l'accès de son village à Kaunda, devenu en 1964 premier président de la Zambie indépendante. La répression fut sévère, les adeptes furent expulsés de Zambie en 1970 et, dès lors, Alice passa le plus clair de son temps en prison. Elle ne sortit qu'en 1975, trois ans avant sa mort[12].

Le culte *Deima* fut un avatar de l'enseignement du prophète Harris qui s'était propagé à partir de 1913 en Côte d'Ivoire. Instauré en 1940 par Marie Dahonon Lalou, il était, lui aussi, fondé sur des vertus curatives : celle d'une eau rituelle supposée fournie par des serpents. Marie revendiquait en quelque sorte les privilèges d'un prêtre, imposant célibat et abstinence sexuelle à la responsable du culte. Mais aucune ne réussit vraiment à lui succéder.

Le catholicisme engendra, en Afrique orientale, le culte de la *Légion de Marie.* Il apparut en 1963, et se répandit comme une trainée de poudre chez les Luo de Tanzanie et du Kenya. Vers

11. Benetta Jules-Rosette, « Privilege without power : Women in African cults and churches », R. Terborg-Penn *et al., Women in Africa and the African diaspora,* 1987, pp. 99-119.

12. A. Roberts, « The Lumpa church of Alice Lenshina », R. I. Rotberg et A.A. Mazrui, eds, *Protest and power in black Africa,* Oxford University Press, pp. 513-568.

1970, on comptait environ 90 000 fidèles. Parmi eux, une femme nommée Aoko lança en son propre nom une croisade anti-sorcellerie. Elle rechercha l'appui d'un prophète local Luo qui la baptisa puis, le crucifix et le rosaire en mains, elle commença sa lutte contre les mauvais esprits et les maladies, appelant par ce biais à une certaine libération des femmes. Elle s'adressait à elles tout particulièrement, les incitant à résister à la pression de la famille de leur mari. Mais, une fois encore, le mouvement se délita assez vite.

Ces illuminées, tout en appartenant d'évidence à une tradition ancienne, ont réagi aux enseignements des missionnaires. Au demeurant elles ont été moins nombreuses, et ont moins fait école que leurs homologues masculins : guérisseuses, « sorcières », les femmes le sont encore aujourd'hui, en beaucoup de régions ; mais ce rôle paraît avoir été surtout tenu par des hommes ; les sorciers ont plutôt davantage de pouvoir que les féticheuses, davantage en tous cas que dans l'Occident chrétien plus prompt, semble-t-il, à identifier la femme à l'œuvre du diable. Cela est lié à des attitudes culturelles différentes face à la sexualité.

Enfin, plus on approche de la période contemporaine, plus ces femmes perdent de pouvoir, dans le domaine religieux comme ailleurs. Les mouvements dits « des apôtres », lancés au début des années 1930 en Rhodésie orientale (aujourd'hui Zimbabwe) par deux prophètes : John Masowe et John Maranke, en sont une bonne illustration. Dans les deux cas, le culte sabbatique hebdomadaire, ou *kerek*, est le principal rituel. Le prédicateur, toujours un homme, y tient le rôle essentiel, mais les femmes y jouent, à proprement parler, le chœur ; elles peuvent interrompre la prédication par des chants, qui la commentent, la corrigent, et parfois même l'orientent. Dans le culte Maranke, quelques femmes particulièrement douées, souvent mais pas toujours les épouses de notables, sont nommées chefs des chœurs (*maharikro*) ; elles jouissent de prérogatives et parfois de dons de prophétesses. Dans le culte Masowe, un groupe spécial de « sœurs », épouses spirituelles du maître, et plus ou moins condamnées au célibat, ont un certain rôle. Mais, dans l'un et l'autre culte, ces rôles sont secondaires. En religion comme ailleurs, les femmes ont une position de prestige plus que de pouvoir.

La vie religieuse des femmes d'avant la colonisation est si mal connue qu'on se reporte à des phénomènes très contemporains — comme les mouvements millénaristes qui se sont multipliés au XXe siècle — pour essayer de comprendre ce qui pouvait les inspirer autrefois. Mais on connaît encore moins bien les citadines que les paysannes. A part un groupe bien défini mais exceptionnel, celui des guerrières Amazones de l'ancien royaume d'Abomey et le cas déjà cité des femmes de Bunkeya, on ne connaît comme citadines que les deux catégories extrêmes : les esclaves et les femmes »créoles » chefs d'entreprise.

Les Amazones du Dahomey : des « sur-femmes » ?

Les Amazones devinrent progressivement une originalité dans l'armée du roi du Dahomey. Il est possible qu'elles soient apparues, au XVIIe siècle, à partir d'une compagnie de chasseresses d'éléphants. Elles auraient ensuite été employées épisodiquement puis de plus en plus vers la fin du XVIIIe siècle, pour remédier au manque de soldats mâles, ou du moins pour en renforcer les rangs en cas d'attaque menaçante. Dans la première moitié du XIXe siècle, sous le règne de Ghézo, elles perdirent leur statut d'ultime réserve pour devenir une unité d'élite régulière. Le recrutement, à un âge à peine pubère, n'était pas évident. Bien que ce fût un honneur de devenir « femme du roi », les familles ne semblent pas s'être précipitées : à l'origine les filles de naissance princière en étaient exemptées et seules les roturières étaient concernées. L'enrôlement fut d'abord le châtiment des délinquantes, des fortes têtes, des prises de guerre ou des épouses convaincues d'adultère. Puis le volontariat fut encouragé, et lorsqu'il était insuffisant, les recruteurs passaient dans les villages et imposaient un tirage au sort.

Au XIXe siècle le recrutement fut organisé de façon systématique tous les trois ans par Ghézo, il devint annuel sous Glélé qui lui succéda en 1858. Peu à peu la structure des troupes se rapprocha de celle des hommes. Les plus terribles de ces amazones étaient armées de fusils et accompagnées chacune d'une aide chargée des munitions, il y avait aussi des archères, des chasseresses, des « femmes à rasoir » et des espionnes chargées de recueillir des renseignements en terrain ennemi. Vêtues comme les femmes de la région et sélectionnées en fonction de la langue du pays, elles séduisaient les notables pour recueillir des secrets susceptibles d'aider à la victoire. Les expéditions avaient lieu chaque année pendant la saison sêche favorable aux campagnes militaires. Elles avaient pour but de faire des prisonniers, vendus ensuite comme esclaves sur le marché atlantique. Les estimations incertaines laissées par les voyageurs sur le nombre de ces amazones varient de 14 000, en 1845, à 2 ou 4 000, en 1890. Dans les derniers moments de la résistance de Béhanzin à la conquête française, en janvier 1894, il n'en restait qu'un peu plus de 1 500. Elles se firent massacrer de façon héroïque car c'était un corps d'élite toujours en première ligne et réputé pour son ardeur, voire sa férocité.

En dehors des périodes de combat, elles étaient, à la différence des hommes, logées dans la capitale, Abomey. Elles vivaient en chambrées dans les palais royaux dont elles assuraient nuit et jour la garde. Elles étaient de toutes les fêtes, étroitement mêlées à la vie officielle ou privée du souverain. Elles accomplissaient leurs corvées journalières sous la surveillance de leurs officiers féminins, et pouvaient éventuellement compléter leurs rations quotidiennes avec les produits de leurs champs ou les fruits de leurs activités commerciales, en particulier des poteries et des calebasses. Elles n'étaient d'ailleurs pas amazones à vie : au bout d'une vingtaine d'années, quand elles avaient cessé d'être opérationnelles, elles revenaient à la vie civile et, dans les villages, on pouvait rencontrer de vieilles amazones qui évoquaient leurs souvenirs héroïques...

Leur vie quotidienne était surtout organisée autour de l'entraînement physique au combat. Elles façonnaient dans ce but leur corps et leur esprit, trempant, par exemple, leurs ongles taillés en biais dans de l'urine de bœuf pour plus d'efficacité dans le corps à corps. Toute amazone devait contracter un pacte de sang avec son souverain et boire dans un crâne humain une potion spéciale destinée à l'empêcher de le trahir. Elles étaient, en principe, condamnées au célibat, elles s'y engageaient par serment — et leur enfant éventuel devait disparaître à la naissance. L'histoire de Tata Ajaché, esclave captive de guerre devenue reine parce qu'épousée, vers 1857, par le roi Glélé, demeure rare[13].

13. P. Hazoumé, « Tata Ajaché soupo maha awouiyan », *La reconnaissance africaine*, n° 1-2-3, p. 7, 1925, cité *ibid.*, p. 131-134.

Il s'agissait là d'êtres d'exception dont la condition demeurait ambiguë. Elles rejetaient la condition traditionnelle de leur sexe mais étaient fières d'être des femmes hors du commun. Si elles tentaient de se viriliser par leur démarche, leur voix et leur musculation, leur idéal n'était pas de ressembler aux hommes, mais de les dépasser par leur courage et dans l'action. Elles prônaient un renversement des rôles :

> « Hommes, hommes, restez !
> Que les hommes restent !
> Qu'ils cultivent le maïs
> Et fassent pousser le palmier...
> Nous, nous partons en guerre... »[14]

Cette troupe guerrière féminine fut unique en son genre dans l'Afrique ancienne. L'exemple de Shaka, en pays Zulu (Afrique australe), qui avait aussi cherché, au début du XIXe siècle à faire combattre, dans son armée idéale, les filles au même titre que les garçons ne lui est pas vraiment comparable.

Femmes esclaves urbaines et métissages culturels

Sur les esclaves urbaines et le métissage culturel qui a pu en résulter nous en sommes plutôt aux présomptions. On sait ainsi que la culture Swahili, culture urbaine par excellence, qui se développa sur la côte de l'océan Indien entre le XIIe et le XVIIIe siècle surtout, est un mélange d'influences arabes venues de l'extérieur et Bantu de l'intérieur. Ce métissage est révélé par la structure de la langue dans laquelle on discerne ces deux origines. Comment s'est-il produit ? Certainement par la continuité des métissages entre individus de cette double provenance. Selon toutes probabilités (nous sommes dépourvus de sources écrites sur cette question), la quasi-totalité des marins et des commerçants qui vinrent se fixer dans les ports étant des hommes, ils firent souche dans le pays avec des femmes autochtones. Qui étaient-elles ? D'où venaient-elles ? De la côte ou de l'arrière-pays. Certaines d'entre elles furent certainement attirées par ces nouveaux pôles de richesse. Beaucoup furent tout simplement achetées ou conquises, à mesure surtout

14. Cf. H. d'Almeida-Topor, *Les Amazones,* Paris, 1984, p. 92.

que se développait une traite qui n'a jamais cessé dans cette région. Le fait serait confirmé par la langue où les termes domestiques, « féminins », sont plutôt d'origine Bantu, tandis que ceux du commerce et des affaires publiques, « masculins », sont de racine arabe[15].

C'étaient aussi les femmes esclaves qui accomplissaient l'essentiel du travail domestique dans la ville capitale du royaume des Bakuba en Afrique centrale (Zaïre actuel). Seules elles y avaient, encore au XIXe siècle, le droit de travailler la terre : elles étaient donc chargées des allées et venues entre la ville et la campagne, approvisionnant la cité en vivres, en eau, en bois de chauffe[16].

Ce passé esclavagiste explique enfin le taux élevé de métissage dans les zones urbaines de plus ancienne confrontation telles que l'Afrique du Sud (sait-on que c'est le pays d'Afrique où ce taux est le plus élevé ?) et les pays lusophones (Angola, Mozambique).

Les belles créoles, femmes de tête et de cœur

Le manque de femmes a aussi donné lieu à des alliances sinon plus durables, du moins fondées sur des relations autres que l'esclavage. Ce fut l'origine d'une catégorie de femmes privilégiées, noyau d'une « élite » créolisée[17] qui joua parfois un rôle important : *signares* de Saint-Louis du Sénégal, *créoles* de culture anglaise ou portugaise ou bien encore « brésiliennes » de la Côte de l'Or, du Bénin, de Loanda ou de Lourenço-Marques (aujourd'hui Maputo). Ces femmes ont très tôt appris à tirer parti du rôle qu'elles pouvaient jouer auprès des Européens, commerçants ou colons, qui venaient s'installer dans leur pays, dans des villes de la

15. Carol Eastman, « Women, slaves and foreigners. African cultural influences and group processes in the formation of Northern Swahili coastal society », *International Journal of African Historical Studies*, vol. 21, n° 1, 1988, pp. 1-20.

16. Jan Vansina, *The children of Woot*, Madison, 1978.

17. Culture « créole » désigne sur les côtes africaines une culture métissée, fruit de syncrétismes culturels anciens, noués surtout depuis le XVIIIe siècle entre influences européennes chrétiennes et culture autochtone. Les « créoles » constituaient une sorte de bourgeoisie locale instruite, dont la fortune reposait, comme celle des occidentaux de passage, sur le commerce international.

côte pour la plupart d'entre eux. Elles étaient souvent mais pas nécessairement (surtout en pays musulman) converties au christianisme, parfois instruites, toujours avisées en affaires. Ce furent des concubines ou des courtisanes plutôt que des prostituées. Malgré leur nombre très réduit, ce sont celles que l'on connaît le mieux. Proches du monde européen, elles ont été cotoyées par les voyageurs et ont parfois laissé des écrits et des archives. Certaines de ces femmes étaient autochtones. Beaucoup n'étaient créolisées que de culture. Les négriers avaient en effet avantage à créer des liens personnels avec les chefs de l'intérieur, leurs pourvoyeurs en marchandise, humaine ou non, en épousant leurs filles, et ces femmes qui connaissaient bien les mœurs de part et d'autre furent habiles à exploiter les circuits marchands qui les reliaient.

Avant la période coloniale proprement dite, à l'époque où les relations avec l'Afrique étaient le monopole de compagnies royales de commerce privilégiées, tout un folklore s'est développé autour des *signares*, de leur belle allure, de leur costume soigné d'inspiration occidentale, et de leur relative opulence. Leurs unions provisoires avec les négriers de passage ne duraient que le « temps de colonie », puis ces derniers retournaient en Europe convoler en justes noces, les seules reconnues par leur religion et leur pays[18]. La coutume remonte aux Portugais. Dès le XVIIIe siècle, ces femmes étaient connues sous le nom de *nhara* en haute Guinée portugaise, de *senora* en Gambie, ou de *signare* au Sénégal, tous dérivés du portugais *senhora*. C'est en effet d'abord sous domination portugaise qu'à Rufisque, en 1634, la *senhora* Philippa, décrite comme une « dame portugaise », avait la haute main sur l'accès des Européens au commerce ; une autre « Portugaise » dont le nom est inconnu jouissait des mêmes privilèges en 1669. Peu après, la veuve africaine d'un traitant portugais, la *senhora* Catti, était devenue en 1685 l'agent commercial du *damel* du Cayor (souverain d'un royaume Wolof de la région). Une autre eurafricaine, Marie Mar, s'occupait surtout des marins échoués[19]. La plus célèbre de toutes

18. George E. Brooks, «*Signares* of Saint-Louis and Gorée : Women entrepreneurs in 18th century Senegal », N. J. Hafkin et E. G. Bay eds, *Women in Africa*, Stanford, 1976, pp. 19-44, dont les informations sont résumées par J.-P. Biondi, *Saint-Louis du Sénégal. Mémoires d'un métissage*, Paris, 1987, pp. 47-56.

19. Jean Boulègue, *Les Luso-Africains de Sénégambie, XVIe-XIXe siècles*, Dakar, 1972, pp. 54-55, 61-62, 71-72.

fut Bibiana Vaz, qui édifia entre les années 1670 et 1680 un véritable empire commercial entre les rivières Gambie et Sierra Leone. Elle y retint le capitaine de Cacheu, en charge du poste, en captivité pendant quatorze mois entre 1684 et 1685; elle créa brièvement une espèce de « république métisse » dans la région. Il est difficile de déterminer quelle était l'origine et la couleur réelle de ces femmes qui jouèrent un rôle parfois déterminant d'intermédiaires culturels. Dans tous les cas, elles possédaient de nombreux esclaves, s'entouraient d'une cour et parfois de griots à leur propre usage, et s'entendaient fort bien aux affaires.

La fortune des *signares* de Saint-Louis — poste de commerce installé par les Français sur l'île du même nom dans l'embouchure du fleuve Sénégal — devint importante dès le début du XVIIIe siècle ; elle vint d'abord du rôle d'intermédiaires et d'auxiliaires qu'elles jouèrent dans le commerce du fleuve. Elles furent d'autant plus utiles que la « Compagnie du Sénégal » interdisait officiellement à ses agents de commercer en leur nom propre : elles servirent de prête-nom. C'est précisément pour cette raison que la Compagnie s'opposa si longtemps à reconnaître leurs mariages, et surtout le droit pour leurs enfants à hériter de leurs biens. Certaines affrétaient des barques de transport. Elles devinrent propriétaires de maisons dans l'île, et possédaient jusqu'à plusieurs dizaines d'esclaves qu'elles louaient à la Compagnie. Par l'intermédiaire des agents en titre qui avaient intérêt à s'associer aux plus influentes, elles obtinrent de la Compagnie toute une série de passe-droits qui entamaient le privilège commercial officiel.

L'histoire eut des conséquences prévisibles, et fréquentes dans cette région : les hommes expatriés, en général plus âgés que leurs épouses, étaient très marqués par un climat qu'ils supportaient mal. La plupart mouraient jeunes et laissaient ainsi leur femme, métisse ou non (on disait alors mulâtre), à la tête de leurs affaires. Le processus fut facilité par les avantages de fait consentis à la *signare* par les bureaux de la Compagnie du Sénégal, et surtout par l'abrogation, vers le milieu du siècle, de l'interdit pour un fils de *signare* d'hériter les biens acquis par le ménage. Cette mesure fut à l'origine de la fortune durable, à la fois mercantile et immobilière, de ce milieu créole. En 1747, dix des treize propriétés privées déclarées sur l'île de Gorée appartenaient à des mulâtres, dont neuf à des femmes. En 1767, la plus riche *signare* de Gorée, Caty Louette, alors associée au Capitaine Aussenac, possédait 25 esclaves mâles et 43 femmes. En 1779, sur dix-huit enclos (« concessions ») contrôlés par l'administration française, onze étaient occupés par des *signares.*

C'est sur ces *signares* de Gorée et de Saint-Louis que nous possédons le plus de détails, souvent enjolivés et romantisés d'ailleurs par les hommes européens, Français pour la plupart, qui les côtoyèrent aux XVIIIe et XIXe siècles. Il est probable que la plupart furent à l'origine des esclaves qui utilisèrent ce moyen de promotion sociale, aux yeux des Européens d'abord, puis finalement de leurs compatriotes. A l'origine en effet les sociétés Wolof, Toucouleur ou Peul locales, fortement hiérarchisées, n'autorisaient pas les filles de condition libre à se compromettre comme une esclave ou, au mieux, une castée[20]. Beaucoup de ces femmes appartenaient à une famille de griots, dont la fonction était de flatter le maître auquel ils étaient attachés. Cette tâche revenait tout naturellement à la « griote » liée à un colon. Noires à l'origine, parfois achetées puis affranchies par leurs maîtres qui en faisaient leurs conjointes, elles furent de plus en plus métissées au XVIIIe siècle à la suite des premières unions de ce type. On ne fait mention qu'une seule fois dans la région d'une « princesse » du Waalo qui aurait épousé le gouverneur de Gorée en 1758[21].

Ce fut, en définitive, l'intelligence et le train de vie de ces femmes de tête qui vinrent à bout des réticences, celles de la Compagnie du Sénégal en particulier, dont les dirigeants avaient très vite vu d'un fort mauvais œil le métissage inévitable. Si nous voulons risquer une comparaison, les autorités néerlandaises interdisaient absolument l'immigration aux Pays-Bas des épouses indonésiennes des agents de la Cie des Indes orientales, qu'il était de règle pour le colon d'abandonner sur place. Pour les Français, auxquels la Compagnie imposait en principe le célibat et, en tous cas, interdisait d'amener en Afrique une épouse française, commer-

20. Il existe en Afrique sahélienne des castes au principe analogue à celui existant en Inde : Groupes endogamiques (c'est à dire où l'on ne se mariait qu'entre soi) concernant pour l'essentiel des groupes professionnels où le savoir technique se transmettait de générations en générations : bijoutiers, forgerons, cordonniers, teinturières, tanneuses, griots (ou conteurs professionnels). Les « castés » étaient inférieurs aux « hommes libres », mais supérieurs aux esclaves. Le préjugé social s'est maintenu jusqu'à nos jours.

21. John Lindsay, *A voyage to the coast of Africa in 1758*, Londres, 1759, pp. 80 et 89-90.

cer et, plus encore, vivre avec une « indigène » demeura en principe interdit jusque dans les années 1730. Les agents qui remontaient le fleuve eurent néanmoins de nombreuses occasions de relations sexuelles avec des Africaines. Mais on ne trouve pas trace d'enfants métis dans l'intérieur ; ils n'y auraient pas été acceptés et l'avortement ou l'infanticide furent probablement souvent pratiqués[22].

En ville, les Européens, dont la position n'était guère tenable, usèrent de plus en plus du mariage local dont ils respectaient les usages, mais ils abandonnaient leur femme et le plus souvent leurs enfants à leur retour en métropole, qu'ils fussent mariés à l'église ou « à la mode du pays » . Cette « mode du pays » consistait, suivant la coutume Wolof, à obtenir l'agrément préalable de la famille de l'épousée, à remettre des cadeaux et à accepter la cérémonie rituelle du mariage. La femme prenait le nom de son mari et le transmettait à ses enfants, même si le retour de l'homme en France entraînait *de facto* la dissolution du mariage. Il était alors fréquent pour la femme de reprendre la même place auprès du successeur de celui qui venait de la quitter. (Les enfants quant à eux, baptisés par l'aumônier de la Compagnie ou par un prêtre de passage, entrèrent souvent à leur tour au service de la compagnie, et contribuèrent à pérenniser la créolisation de la culture saint-louisienne). Du milieu du XVIIIe au milieu du XIXe siècle s'instaura à Saint-Louis, au sein de cette haute bourgeoisie mercantile minoritaire, un style de vie typique, franco-africain, métissé sans ségrégation. La richesse des *signares*, leur charme et leur élégance, leurs bijoux, leurs réceptions, les bals qu'elles offraient (ou *folgars*, mot d'origine portugaise désignant toutes sortes de réjouissances sociales[23]), donnaient le ton. Les plus hauts personnages y participaient : ainsi le chevalier de Boufflers, dernier gouverneur royal du Sénégal avant l'occupation anglaise, se rendit célèbre par son compagnonnage à la fois marchand et amoureux avec Anne Pépin, réputée pour être la plus belle *signare* de la ville, et probablement la meilleure femme d'affaires. C'est la colonisation *stricto sensu*, après l'arrivée de Faidherbe (qui eut lui-même un fils naturel en 1857), qui désavoua ces pratiques au profit du simple concubinage. La société métisse, devenue à son tour une caste fermée, finit par marier entre eux ses enfants dans une consanguinité de plus en plus accentuée. Ses filles

22. Cf. R. Bonnardel, *Saint-Louis du Sénégal. Mort ou naissance ?* Paris, l'Harmattan, 1992, pp. 38-43.

23. Cf. Raymond Mauny, *Glossaire des expressions et termes locaux employés dans l'Ouest africain*, Dakar, 1952, pp. 37 et 48.

en particulier, catholiques et de couleur, ne trouvaient plus preneurs qu'auprès de « petits blancs » à moins de choisir le célibat ou l'africanisation, et seulement dans la mesure où elles n'étaient pas rejetées par une société majoritairement musulmane.

Tout ceci fut néanmoins à l'origine d'une tradition francophile affirmée qui se perpétua au-delà de la période esclavagiste. Le milieu créole saint-louisien engendra au XIXe siècle des négociants « licites » adonnés au commerce de la gomme puis de l'arachide, avant que leurs descendants n'exercent des professions libérales : avocats, journalistes, médecins... Ces descendants, souffrant de la régression sociale imposée par les restrictions coloniales, devinrent à l'aube du XXe siècle les plus ardents défenseurs d'un réformisme politique au profit de cette bourgeoisie en formation. Le phénomène fut analogue en Côte de l'Or britannique où, si cette évolution a été bien étudiée, le rôle qu'y ont joué les femmes, probablement comparable, est beaucoup moins connu.

A Loanda, ville de colonisation portugaise ancienne très catholique, le processus de créolisation se mit en place dès le XVIe siècle. On y distingue deux catégories d'épouses : celles qui, ayant reçu une éducation chrétienne, menaient plus ou moins la vie de riches bourgeoises, ce qui ne les empêchait pas de passer de main en main à la façon de « femmes entretenues » ; et celles qui réussirent à devenir femmes d'affaires. Les premières vivaient dans les quartiers résidentiels de la ville basse, à demi-recluses dans de belles demeures à étage. Peu nombreuses (les recensements de la fin du XVIIIe siècle en décomptent 48) elles ne se déplaçaient pour se rendre à l'église qu'en palanquin, entourées d'esclaves en livrée et revêtues de tissus somptueux. Leur style de vie aristocratique impliquait l'importation de produits de luxe : tissus précieux et pièces d'argenterie pour la décoration intérieure des maisons ou des églises et l'ornementation des pierres tombales. Leur rôle s'est accru au cours du XVIIIe siècle, à la fois parce qu'elles furent davantage demandées en mariage et que leurs maris furent de plus en plus astreints à s'éloigner de la capitale pour pratiquer leur commerce. A la différence de ce qui se passait en Afrique de l'Ouest, le mariage de « princesses » avec les envahisseurs n'était pas rejeté par les chefs négriers qui y trouvaient leur avantage[24]. L'une d'entre

24. Joseph Miller, *Way of Death. Merchant capitalism and the Angolan slave trade 1730-1830,* Madison, 1988.

elles, Dona Ana Joaquima dos Santos e Silva, était devenue vers le milieu du XIXe siècle une véritable puissance commerciale dans l'arrière-pays[25].

Mais le plus grand nombre de riches veuves créoles résidaient dans la ville haute, plus mélangée : le recensement de 1777 décompte ainsi dans la paroisse de Sé seize femmes « blanches » et cinq « mulâtres », cette mention reflétant davantage le prestige social que la couleur. Chacune possédait en effet plus de 17 esclaves, soit à elles seules plus des deux-tiers des esclaves du quartier[26].

On ne cite guère d'exemple d'« Afro-Brésiliennes » ; pourtant d'anciens affranchis ou libérés du Brésil revinrent sur la côte occidentale d'Afrique (Bénin, Togo, Nigéria du sud) à partir du XVIIIe siècle, et certains de ces hommes devinrent à leur tour de florissants négriers. Ces hommes n'arrivèrent sans doute pas toujours seuls. Les femmes qui les accompagnaient ne furent-elles que des épouses ? On connaît vers le milieu du XIXe siècle à Ibadan l'existence d'une « Madame » (certainement de naissance Yoruba) à la tête d'une ferme de 2 000 esclaves, c'était manifestement une brasseuse d'affaires. D'autres habitants de la même ville possédaient des maisons grandes comme des palais, avec plusieurs femmes, de nombreux enfants et plus encore d'esclaves[27]. Certaines commerçantes Yoruba accédèrent à une position éminente, ainsi Madame Tinubu qui fit fortune dans la traite des esclaves et du tabac avec le Brésil. Grâce à sa richesse et à son entregent, elle contribua au retour de l'*Oba* Akitoye, exilé par les Britanniques au moment de l'établissement du protectorat sur Lagos en 1851. Chassée de Lagos, où elle inquiétait le pouvoir en place, elle trouva asile à Abéokuta où son trafic d'armes fut d'un puissant secours dans la guerre que les Egba menèrent contre les Dahoméens dans les années 1860. Elle reçut en remerciement le titre de *Iyalode* (première dame)[28].

25. J. Miller, *op. cit.*, 1988, p. 294. Sur la créolisation au XIXe siècle, voir Anne Stamm, « La société créole à Saint Paul de Loanda dans les années 1836-1848 », *Revue Française d'Histoire d'Outre-Mer*, vol. 59, n° 213, 1972, pp. 578-610.

26. Cf. C. Coquery-Vidrovitch, *Histoire des villes africaines des origines à la colonisation*, 1993, chap. 6.

27. Akintoye, « The economic foundation of Ibadan in the 19th century », I.A. Akinjogbin et Osoba eds, *Topics on Nigerian economic and social history*, Ife University Press, 1980, pp. 55-65.

28. Kamene Okonjo, « Sex roles in Nigerian politics », *op. cit.*, p. 216, cit. par Biobaku, 1960.

A titre de conclusion : autonomie et soumission

Les femmes-entrepreneurs de la région côtière occidentale, confrontées depuis longtemps aux aléas du commerce, ont pu jouir d'une autonomie certaine. Celle-ci se manifestait surtout par leur solidarité, voire leur complicité vis-à-vis du monde des hommes dont elles vivaient, et continuent le plus souvent de vivre, séparées. Les vigoureuses matrones d'Afrique de l'Ouest, celles qui apparaissent aujourd'hui un peu partout dans les autres villes africaines, ne laissent pas d'étonner les hommes. Fortes de leur assise économique, elles tendent à transformer le jeu social.

Celui-ci était naguère très contraignant. Les femmes ne pouvaient y échapper qu'occasionnellement, et dans certains cas précis. Chez les Ibo du Nigéria, par exemple, quand la survivance directe du lignage était en péril faute d'héritier mâle, une décision exceptionnelle pouvait faire d'une fille une « femme-homme ». Elle revenait vivre au domicile de son père et prenait la tête de la maisonnée en attendant qu'un fils pût prendre la relève. Une telle mesure n'était pas aisée à faire admettre aux autres hommes du patrilignage. Nwajiuba, fille d'un féticheur renommé, se plaignit amèrement des pratiques de sorcellerie exercées contre elle et sa mère pour tenter de s'en débarrasser[29]. La substitution d'une fille à un fils absent était également pratiquée dans d'autres régions, chaque fois que la démographie menaçait la succession : ce fut le cas des femmes Toro du Buganda, dans une société pourtant imbue de patrilinéarité. Une fille pouvait hériter le troupeau et les droits de son père, et faire vivre son mari sur ses terres sans qu'il eût pour autant droit de regard sur ces biens[30].

En règle générale pourtant, l'éducation des filles était une formation à la soumission au pouvoir mâle. On leur enseignait, depuis leur plus jeune âge, à ne pas parler en public, à ne jamais adresser la parole en premier à un homme ni à le regarder dans les yeux (ce qui serait effronté ou insolent), à communiquer tout bas et discrètement, sauf si elles se trouvaient entre elles ou dans un cadre cérémoniel (de danse et de chant par exemple). Ces détails apparem-

29. On signale aussi, dans la même région, l'existence d'une deuxième épouse, Ifeyinwa « Olinke », morte très âgée en 1909, qui s'était emparée de l'autorité de la famille, parce qu'elle était devenue beaucoup plus riche et populaire que son mari. Ife Amadiume, *op. cit.*, pp. 44-49.

30. M. L. Perlman, *op. cit.*, p. 567.

ment bénins font qu'il est difficile — jusqu'à ce que vous ayez fait adopter votre condition commune de femme — d'entrer en contact avec des personnes qui vous répondent timidement, le regard fuyant, d'une voix à peine audible. Contrairement aux apparences ce n'est pas le propre des pays d'islam, même si la femme Hausa ou Swahili décente est de plus en plus dissimulée aux étrangers, et que la fillette Peul est dressée à ces usages dès son plus jeune âge[31]. Ces règles sont observées davantage encore dans les pays d'Afrique centrale (Zaïre, Ouganda, Tanzanie) ou australe, où la rencontre entre cette antique soumission et la phobie chrétienne du sexe a fait et continue de faire des ravages[32].

On aurait tort d'attribuer ce retard de la condition féminine au seul passé autochtone. Mais il est certain que, chez des peuples aussi divers que les Kikuyu du Kénya, les Haya de Tanzanie, les Tswana d'Afrique australe ou chez les femmes zaïroises du Kwilu ou du Kivu, les règles de soumission féminine, transmises de génération en génération, pèsent encore de tout leur poids, particulièrement dans les campagnes et, paradoxalement, auprès d'une partie de la bourgeoisie urbaine occidentalisée.

31. Marguerite Dupire, « Situation de la femme dans une société pastorale : Peul woDaBe, nomades du Niger », D. Paulme éd., *Femmes d'Afrique noire*, 1960, p. 58.

32. Voir, par exemple, B. Larsson, *Conversion to greater freedom ? Women, Church and social change...*, 1991.

DEUXIÈME PARTIE

DE LA CAMPAGNE À LA VILLE

VI

FEMMES RURALES ET COLONISATION

Quel qu'ait pu être leur statut antérieur, le sort des paysannes s'est aggravé au cours de la période coloniale. Celle-ci a ébranlé le fragile équilibre qui s'était plus ou moins établi auparavant dans le rapport des sexes entre dépendance et autonomie, dans le travail comme dans l'ensemble de l'organisation sociale. L'accélération du déséquilibre tient à deux causes : d'une part l'apparition ou l'intensification des cultures spéculatives d'exportation (arachides, café, cacao...) ou d'un surplus de cultures vivrières (maïs, igname, riz) destinées à la vente — qui ont dû prendre leur place dans le cycle de la subsistance — ; d'autre part l'action des sociétés d'import-export dans la collecte des produits, qui a souvent ruiné les réseaux féminins préexistants.

LA TENDANCE DU XXe SIÈCLE . CULTURES DE RENTE AUX HOMMES, CULTURES VIVRIÈRES AUX FEMMES

La tendance la plus fréquente fut celle d'une surcharge du travail féminin en deux phases : aux premiers temps de la colonisation, des cultures nouvelles furent imposées aux hommes (arachides, coton, cacaoyers, caféiers...). Ceux-ci devinrent volontaires dès qu'ils s'aperçurent qu'ils pouvaient en espérer quelques revenus : c'est ce que les Britanniques appelèrent, de façon aussi précise que concise, les *cash crops* (mot à mot : les récoltes payées « cash »). Par ce biais, les hommes furent les premiers bénéficiaires de l'économie monétaire. Aux femmes revint la tâche d'assurer le reste, c'est-à-dire plus encore que par le passé la totalité de la subsistance. Elles devaient en sus donner à leur mari le coup de main nécessaire à l'entretien des nouvelles plantations. Autrement dit, leur travail s'alourdit sans compensation.

Dans un deuxième temps, précoce en Afrique du Sud où les mines entrèrent en activité avant la fin du XIXe siècle, mais qui intervint surtout en Afrique tropicale entre les deux guerres, les hommes partirent sur les chantiers ferroviaires ou miniers. Les femmes, restées à la campagne, se retrouvèrent à la tête des exploitations familiales. Leur travail s'en accrût encore. Certaines surent en tirer profit à leur tour, en apprenant à exercer des responsabilités, voire en amassant un pécule qui leur permit parfois de tenir tête à leur mari. Mais souvent, restées analphabètes et abruties de travail, elles virent leur sort empirer. La loi coloniale n'arrangea pas les choses en prônant l'autorité maritale, c'est-à-dire la reconnaissance du chef de famille comme seul propriétaire des biens mis en valeur par les femmes. Protégés par l'administration et les missions, les hommes furent ainsi les premiers bénéficiaires des innovations techniques progressivement introduites par le colonisateur.

La rupture d'un équilibre tout relatif

Chez les Basutho (du Lesotho actuel), la charrue attelée, tirée par des bœufs, fut introduite par les missionnaires dès le milieu du XIXe siècle. En 1875, il y avait déjà près de 2 800 charrues dans le pays, et plus de 10 000 en 1891, soit une pour vingt habitants. C'était devenu un outil usuel, utilisé essentiellement par les hommes, les femmes n'ayant pas en principe accès au bétail. La charrue devint rapidement une monnaie d'échange dans les compensations matrimoniales. Elle permettait au mari de labourer des champs plus vastes, mais le temps de travail des épouses, qui assuraient à peu près tout le reste y compris les semailles, augmenta d'autant. Il est vrai que cette innovation technique n'eut guère d'influence au Lesotho sur la distinction entre cultures d'exportation et cultures de subsistance. La division sexuée du travail y restait en effet similaire quelle que fût la plante cultivée, en fait le sorgho, à la fois consommé sur place et commercialisé chez les pasteurs alentour. L'obligation, pour les hommes, d'aider leurs femmes débordées par l'ampleur de leurs tâches facilita le déclin de la division du travail entre sexes. Par la suite, les femmes prirent rapidement en charge l'ensemble de l'agriculture ; ce passage intervint dès que la pression boer rejeta les Sotho vers les terres les moins fertiles, et que les sécheresses répétées de la fin du siècle intensifièrent, à partir des années 1880-90, la migration des hommes vers lec centres miniers[1].

L'introduction de la charrue eut, un peu plus tard, des effets comparables en pays Tonga (Zambie actuelle). Jusqu'alors les coutumes matrilinéaires avaient donné aux femmes — qui faisaient l'essentiel du travail des champs — une relative autonomie. Certaines femmes cultivateurs avaient même réussi à acheter des esclaves et à acquérir du bétail pour elles-mêmes. Le développement de l'agriculture intensive résultant du système colonial eut pour conséquence, comme en Afrique australe, de priver les femmes de l'aide des hommes dans les cultures de subsistance. Ainsi, les missionnaires adventistes, les premiers à s'installer au tout début du XXe siècle, en créant de grandes fermes à maïs (de l'ordre de 5 000 acres [2000 ha]) y attirèrent de jeunes hommes : leurs futures belles-mères à qui ceux-ci fournissaient en travail une part de la compensation matrimoniale perdirent ainsi une partie de leur main d'œuvre. De façon analogue, chez les Lala dans une région voisine, ce furent les *Témoins de Jéhovah* qui introduisirent la culture du tabac, réservée aux hommes, mais qui allait donner tant de travail supplémentaire aux femmes chargées de le cueillir et de le sécher. Chez les Tonga, les Jésuites firent adopter la charrue en 1905, et enseignèrent aux hommes la culture attelée. Les premiers colons obtinrent de l'administration le droit de forcer les villageois à travailler pour eux quatre mois par an au moins. La construction du chemin de fer, puis le développement des mines de cuivre du Katanga et, dans les années 1920, celles du *Copperbelt* zambien entraînèrent en effet l'essor des plantations de maïs nécessaire à l'approvisionnement des travailleurs concentrés sur les chantiers. La demande toujours croissante des colons en têtes de bétail fut également l'occasion pour les hommes de s'introduire dans l'économie monétaire. Qu'ils acceptent les très bas salaires offerts ou qu'ils choisissent le travail migrant, le résultat fut identique : les hommes aidaient de moins en moins leurs femmes aux cultures de subsistance[2]. La Première Guerre mondiale aggrava encore la pénurie d'hommes recrutés comme porteurs, par les Anglais essen-

1. Elizabeth A. Eldredge, « Women in production : the economic role of women in 19th century Lesotho », *Signs*, vol. 16, n° 4, 1991, pp. 707-731.

2. K. Vickery, Ph. D. cité par M. Wright, « Technology, marriage... », *op. cit.*

tiellement, lors des opérations militaires menées contre les colonies allemandes du Tanganyika, du Cameroun ou du Togo.

En Rhodésie du sud, contrairement au pays Sotho, les hommes ne désertèrent pas l'agriculture. Les plantations reprirent de plus belle ; dans les années 1920, la demande était telle que les colons ne pouvaient suffire à la tâche et le gouvernement commença d'encourager la production indigène. Les Africains acquirent de nouvelles connaissances techniques en travaillant sur les fermes des Blancs. Certains fréquentèrent l'école des missions, où ils apprirent l'utilisation des engrais et les rudiments de l'horticulture. Le gouvernement leur offrit quelques facilités de crédit. Ils se mirent à produire comme les colons : 200 charrues légères, tirées par deux bœufs, étaient alors utilisées dans la région. Les salaires des ouvriers agricoles se haussèrent progressivement au niveau de ceux de Rhodésie du Sud, la migration décrût, et les hommes se convertirent à l'agriculture de plantation. Jusqu'alors, le travail des femmes avait certes augmenté, mais leurs profits également par leur contribution à l'approvisionnement des centres urbains voisins en vivres frais.

Autour des années 1930, l'équilibre entre les sexes fut définitivement rompu. Entre 1930 et 1932, la création de réserves où furent envoyés la plupart des Africains désorganisa momentanément leur production ; la grande dépression ruina partiellement les colons, qui s'inquiétèrent enfin d'une concurrence si bon marché. Les organismes gouvernementaux, quant à eux, alarmés par l'épuisement des sols, imposèrent des assolements entre maïs, arachides, haricots et sorgho, notamment en payant plus cher aux hommes le maïs produit par ces méthodes. Ce faisant, ils ignorèrent totalement la répartition des lots entre les cultures de subsistance des femmes (sorgho et haricots) et les cultures de rente des hommes (maïs et coton) ; cette politique eut pour résultat de grignoter le droit des femmes à la terre. Simultanément, la politique anti-féminine dans les villes et l'éloignement des femmes dans les réserves leur ferma les marchés urbains. Dès 1936, pour protéger les colons, le *Maize Control Board* réserva à ceux-ci les deux-tiers du marché céréalier. L'essor de la demande permit à ceux des Africains qui purent se faire admettre comme planteurs de connaître une certaine aisance ; dans le sud, ils s'organisèrent, mettant en commun leurs ressources techniques et s'équipant de puits et de charrettes. Dans les réserves, le commerce de détail était interdit aux Blancs, l'aptitude des noirs à la distribution fut donc encouragée, mais le manque de capital des femmes les empêcha d'ouvrir boutique ou d'améliorer leurs techniques agricoles.

Vers 1945 l'évolution était accomplie et une hiérarchie d'exploitants s'était mise en place. Aucune femme ne faisait partie des plus riches d'entre eux ; bien au contraire, elles constituaient la masse des plus pauvres (ceux qui cultivaient moins d'un *acre* [un demi-ha]), incapables d'assurer leur propre subsistance. Au rique d'une sévère malnutrition elles n'en étaient pas moins obligées de vendre une partie de leur production pour se procurer un minimum d'argent liquide. Quant aux paysans les plus riches, adventistes du septième jour monogames, ils firent au début des années 1950 une pétition pour obtenir la transmission de leur héritage à leurs fils. Le système matrilinéaire était bien mort, même si au début des années 1960 le noyau adventiste fut débordé par la montée d'une classe moyenne de planteurs qui se gardèrent de renoncer à la polygamie pour accroître leur main d'œuvre. La compensation matrimoniale était assimilée de plus en plus au prix du travail de la femme. Lorsqu'un missionnaire, au cours d'un débat de village, suggéra, à la même époque, que les hommes pourraient travailler un peu plus pour soulager leurs épouses, il lui fut répondu « qu'ils mourraient s'il leur fallait travailler comme les femmes », tandis que celles-ci se plaignaient d'être à bout de force.

Paradoxalement, c'était encore chez les pauvres, où les habitudes anciennes avaient survécu, que les femmes étaient les moins mal traitées. Lorsque, après 1966, le gouvernement indépendant de Zambie créa dans le pays Tonga des « fermes familiales » pour résoudre le problème du surpeuplement et du manque de terres, il obtint que les travaux de force y fussent partagés de façon plus égalitaire entre hommes et femmes, et que celles-ci puissent utiliser la charrue. En revanche, tout ce qui concernait l'organisation, la comptabilité et les relations avec les organes de développement resta monopolisé par les hommes, dont 50 % étaient polygames en 1980, et 18 % seulement monogames avec l'intention de le rester.

Dans le reste de la Zambie, la suprématie des hommes sur les femmes fut encore plus forte : le gouvernement créa une école destinée à former des techniciens agricoles pour tout le pays, puis multiplia les centres de formation qui bénéficièrent essentiellement aux hommes, même si l'on enseigna aux femmes l'art d'élever la volaille. Il était devenu d'usage qu'au moment d'un divorce ou à la mort d'un mari, la totalité du matériel agricole fût récupérée par l'homme ou par sa famille. La productivité des hommes eut tendance à s'améliorer et celle des femmes à diminuer : chez les fermiers aisés parce qu'elles travaillaient de moins en moins aux champs, chez les pauvres par pénurie de matériel[3]. La seule ressource marchande des femmes est souvent le brassage de la bière de mil. Beaucoup d'entre elles ont peu conscience de l'inégalité de traitement, puisqu'elles déclarent qu'elles ne sont pas exploitées, « et le seraient-elles, elles auraient divorcé ». Mais d'autres réagissent à la perte de leurs droits anciens sur la terre en refusant de participer aux gros travaux ; elles choisissent par exemple le moment des récoltes pour rendre visite à leur famille maternelle ou bien, surtout, elles émigrent vers la ville.

Ce cas a été particulièrement bien étudié mais les exemples sont nombreux, quelle que soit la culture de rente considérée. Même sans contrainte, une agriculture d'exportation ou, à défaut, d'approvisionnement des villes et des chantiers de travail s'est progressivement mise en place, comme chez les Luo du Kenya occidental. Ce furent les hommes qui se mirent à produire à la demande des colonisateurs un surplus de grains commercialisable, dont ils profitèrent pour accroître leur cheptel en moutons et en chèvres. Les femmes se trouvèrent d'autant plus exclues que toute une série de tabous alimentaires les éloignaient du bétail : elles ne consommaient ni lait, ni viande de mouton ou de lapin, ni poulet, ni œuf, bref très peu de protéines. Ces habitudes alimentaires ont pu d'ailleurs rejaillir sur leur santé, leur fécondité, et leur productivité agricole[4].

Quant aux producteurs d'huile de palme de la côte nigériane (les Ngwa, voisins des Ibo), de la même manière, l'essor de l'économie de traite fit passer les revenus, ainsi qu'une partie du travail, des femmes aux hommes. Au XIXe siècle, un peu comme au Dahomey, la quasi totalité de la préparation de l'huile consistant à faire bouillir les noix et à filtrer l'huile à la main était, semble-t-il, exécutée par les femmes. Elle connaissaient les profits de la commercialisation et gardaient en outre la maitrise de l'huile extraite des amandes qu'elles concassaient elles-mêmes (huile de palmiste). Mais le surcroît de tra-

3. Maud Shimwaayi Muntemba, « Women and agricultural change in the railway region of Zambia : dispossession and counter-strategy, 1930-1970 », E. G. Bay ed., *Women and work in Africa, op. cit.*, pp. 83-103.

4. M. J. Hay, « Luo women... », *op. cit.*

vail imposé à ces femmes était tel qu'elles ne purent soutenir le rythme de l'expansion du début du XXe siècle et la production artisanale d'huile de palmiste décrût. En revanche, les hommes mirent au point à plus grande échelle un procédé plus simple de fabrication de l'huile de palme, en remplaçant la cuisson par la fermentation du fruit. Cela leur permit de produire à meilleur compte une huile, plus grossière certes, mais que les Européens finirent par accepter en la mêlant à l'huile plus fine de la production féminine. Les hommes, qui tiraient les profits de l'ensemble, abandonnèrent la culture de l'igname dont ils avaient le contrôle ; les femmes, une fois de plus, durent augmenter leur activité de subsistance en se mettant massivement à la culture du manioc introduit dans la région à la faveur de la guerre de 14-18. Si celui-ci était plus simple à cultiver, il demandait en revanche une préparation très longue pour devenir consommable, et plus longue encore lorsque les habitants des villes se mirent à le préférer sous forme de farine (le *gari*). Avec l'amélioration technique, ce furent les hommes, à nouveau, qui se mirent dans les années 1920 à la fabrication du *gari*, devenu à son tour rentable, et surtout à sa commercialisation. Dans les années 1950, ils tenaient l'ensemble du commerce à longue distance de la région. Ils investirent la plus grande partie de leurs profits dans l'achat de bicyclettes... et d'épouses, pour augmenter leur production. Une fois encore, préférées à des investissements mécaniques, les femmes étaient les plus utilisées, mais les moins rémunérées pour leur travail[5].

Les femmes, oubli de la colonisation

D'une façon générale, l'administration coloniale a ignoré les femmes — et, pendant longtemps, les experts ès-développement, qu'ils soient Africains ou non, ne les ont pas davantage prises en compte. Les attitudes n'ont commencé à changer qu'avec la décennie de la femme proclamée par les Nations-Unies de 1975 à 1985.

Les colonisateurs se sont d'abord adressés aux hommes à qui ils réclamaient un impôt en argent et des cultures d'exportation obligatoires, favorisant ainsi leur entrée privilégiée dans l'économie

5. Susan Martin, « Gender and innovation : farming, cooking and palm-processing in the Ngwa region, South-Eastern Nigeria, 1900-1930 », SOAS, Londres, 1984, ronéot.

monétaire. La production de *cash crops* a constitué un facteur déterminant de maintien des hommes à la terre, tout en modifiant profondément, à terme, les structures d'exploitation. Par exemple, chez les Béti du Cameroun, les femmes étaient au début du siècle les principales cultivatrices de cacaoyers ; mais cette culture est devenue très vite, entre les deux guerres, une affaire d'hommes. Elle était liée en effet au paiement de l'impôt et imposait la fixation de droits permanents sur la terre. Dans cette société patrilinéaire, c'étaient les hommes qui en disposaient. Par ailleurs, cette culture correspondait bien aux moyens techniques et culturaux des hommes : elle exigeait un défrichage de la forêt qui relevait de leurs tâches habituelles et le calendrier de la récolte était le même que celui des ignames et des graines de pastèque[6] dont ils avaient la charge, ce qui leur permit une substitution sans heurt.

Dans la pratique, les plantations revinrent aux notables, protégés par l'administration, qui firent travailler les villageois placés sous leur autorité, y compris par le travail forcé. Celui-ci ne fût explicitement interdit qu'en 1946. Jusqu'à la guerre, certains de ces chefs de village, polygames, possédèrent parfois trente à cent épouses. Celles-ci devaient participer au travail agricole supplémentaire tout en restant écartées de l'économie monétaire. Le manque d'argent les condamnait à poursuivre, comme par le passé, les cultures vivrières dans leurs propres champs (igname et arachides en pays Beti par exemple), sans autre changement que l'accroissement de leur temps de travail. Quant au pays Yoruba, où les hommes avaient l'habitude de travailler aux champs, c'est tout naturellement qu'ils se mirent au cacao. Les femmes eurent, comme en pays Beti, à les assister, pour le soin des jeunes arbres et pour la cueillette et le transport de la récolte, sans guère en recevoir de compensation. La seule différence entre les pays Beti et Yoruba est que, dans le premier, les femmes continuèrent et même intensifièrent la culture de subsistance du passé, tandis que dans le second les hommes la réduisirent fortement, préférant faire appel aux approvisionnements extérieurs grâce aux revenus du cacao. Dans le premier cas le sort des femmes s'aggrava, dans le second au contraire l'essor du commerce leur fut bénéfique[7]. Mais, dans tous

6. Qui donnaient une huile de qualité.

7. Jane Guyer, « Food, cocoa and the division of labour by sex in two West African societies », *Comparative Studies in Society and History,* vol. 22, n° 3, pp. 355-373.

les cas, leur temps de travail restait supérieur à celui des hommes. Une enquête effectuée en Gambie est révélatrice. Dans ce pays où pourtant le travail agricole des hommes est loin d'être négligeable, les femmes passent en moyenne 159 jours par an dans leurs champs, contre 103 jours pour les hommes. Elles y travaillent 6,8 heures par jour, contre 5,7 pour les hommes, mais consacrent, en sus, quatre heures par jour en plus à leurs autres travaux : portage de l'eau et du bois, cuisine, lavage, enfants[8]. Ainsi, dans beaucoup de régions d'Afrique, en période de pointe, la journée de travail des femmes avoisine quinze heures.

L'ACCES A LA TERRE DE LA COLONISATION A NOS JOURS

Ce qui restait déterminant c'était le droit à la terre. Or ce droit, pour les femmes, a décru en même temps que le recul des usages matrilinéaires, où la domination maritale se voyait contrebalancée par l'appartenance de la femme à son propre lignage d'origine. Pour écarter les femmes, l'idéologie coloniale pétrie de préceptes moraux d'inspiration chrétienne et de droit romain s'est plaquée sur les usages anciens de suprématie masculine. Autrefois, on pouvait distinguer le *droit d'allocation* de terres familiales (mais non privées), qui était masculin, du *droit d'accès* à la terre, mixte, auquel les femmes accédaient en qualité de filles, d'épouses ou de mères. L'expansion de la propriété privée, en privilégiant les hommes, réduisit d'autant l'accès des femmes à la terre.

Pour contrer le désir des femmes d'échapper à leur condition paysanne par la fuite ou la migration urbaine, les chefs coutumiers et le pouvoir colonial contractèrent une alliance de fait destinée à renforcer l'autorité masculine. Il devint de plus en plus difficile à une femme d'accéder à la terre, de garder ses enfants ou même de bénéficier d'une partie de son travail sans être sous le contrôle de son mari. Le moyen fut une manipulation du droit entreprise d'un commun accord dans les années 1930 ; les administrateurs, aussi bien du côté anglophone que du côté francophone, cherchèrent à « fixer » le droit supposé précolonial en allant le recueillir auprès des anciens. Ce fut en A.O.F. l'origine des « Grands coutumiers » publiés en trois volumes à la fin des années 1930, et en A.E.F.

8. K. Mair, *Anthropology and development*, Londres, Macmillan, 1984.

l'occasion de travaux plus ponctuels rédigés par des commis d'administration français ou africains (Léon Mba, futur président du Gabon, se fit connaître par un essai de ce type). Ces recueils, dans l'un et l'autre cas, étaient destinés à servir de base à la justice et aux tribunaux « indigènes » (*native councils* et *native authorities*). A propos des femmes, les chefs en profitèrent ; au fur et à mesure de la suppression de l'esclavage, ils voyaient avec inquiétude leur autorité menacée par les initiatives féminines : soit que celles-ci missent à profit les nouvelles opportunités agricoles offertes pour améliorer leur condition domestique et grossir leur pécule, soit qu'elles pussent tirer avantage en ville de l'oreille attentive des fonctionnaires ou des missionnaires. Les chefs s'ingénièrent donc à repenser à leur profit des usages et des prérogatives jusqu'alors souvent plus floues. Le « droit coutumier » fut un droit remanié et rigidifié.

Les Français décidèrent, par la loi foncière coloniale de 1904, de ne reconnaître comme légale que la propriété privée, personnalisée et dûment enregistrée. Code Napoléon à l'appui, toute propriété fut quasi automatiquement attribuée au chef de famille, c'est-à-dire au mari. Le droit britannique qui n'était pas régi par un code formalisé, évolua selon la jurisprudence du territoire considéré. L'analyse des conflits et des arrêts rendus par les tribunaux indigènes ou de droit britannique démontre à quel point hommes et femmes rivalisèrent pour prendre ou pour garder le contrôle des biens de la maisonnée. Dans l'ensemble, ce droit fut assez favorable aux femmes sur le plan personnel, par exemple en matière d'esclavage, de répudiation ou de divorce, par exemple ; comme le constatait à propos d'adultère, en 1916, un chef zambien désabusé :

> « Les femmes devraient être punies. Mais quand nous les punissons, elles courent se plaindre chez le magistrat »[9].

De même dans les années 1930, un responsable Swazi accusait les tribunaux coloniaux de « protéger les femmes et les sorciers »[10].

En l'absence de code, les tribunaux britanniques se référaient volontiers aux écrits des premiers ethnologues. Tout dépendait de

9. Cité par Martin Chanock, « Making customary law : men, women and courts in colonial Northern Rhodesia », Hay and Wright eds, *African women and the law*, Boston, 1983, p. 63.

10. Cité par Alan R. Booth, « European courts protect Women and Witches », *Journal of Southern African Studies*, vol. 18, n° 2, 1992, p.273.

la curiosité, de l'intelligence et des préjugés de l'enquêteur, qui consultait essentiellement les chefs locaux. Ceux-ci, presque toujours des hommes, effrayés par les « libertés » que prenaient à leurs yeux les femmes de leur pays, ne furent pas tendres envers elles. On le constate dans des sociétés aussi différentes que les Luo du Kénya ou les Ndebele du Zimbabwe.

Patrilinéarité et spoliation en Afrique centrale et orientale

La régression de la position des femmes devant la loi est patente au Zimbabwe. La filiation patrilinéaire favorisa la spoliation. Les colonisateurs avaient, dès la fin du XIXe siècle, monopolisé les meilleures terres dont les trois-quarts étaient entre leurs mains en 1902. Le *Land Appointment Act* de 1930 entérina cet état de fait en réservant aux Blancs la moitié du terroir. Les noirs allèrent chercher un revenu dans les mines, et leurs femmes restèrent aux plantations.

Or les tribunaux, jusqu'à ces toutes dernières années, se sont référés à Child, un fonctionnaire de l'époque rhodésienne qui confirma certaines pratiques foncières, dont l'exclusion des femmes à l'accès direct à la terre.[11] Selon un « droit coutumier » qu'il a remodelé, une femme africaine y demeure, face à son mari, une éternelle mineure. Il est vrai que le droit de propriété dont la femme Ndebele pouvait jouir naguère ne concernait que des têtes de bétail, seul bien alors reconnu, mais elle pouvait augmenter son petit troupeau à partir de la vache donnée par son père, ou de celle reçue de son gendre au titre de la compensation matrimoniale. Or les femmes mariées perdirent la jouissance de leurs gains, ce qui ne manqua pas de faire problème en cas de divorce.

En revanche le droit des femmes Tonga, de régime matrilinéaire, était plus généreux. Elles pouvaient posséder des biens provenant de la dot, ou donnés en compensation d'un dommage, ou bien encore achetés ou hérités. Mais elles perdirent cet avantage à partir des années 1940. Devant les revendications des Africains, un quota de 8 % des terres leur fut réservé ; c'est aux hommes seulement

11. H. Child, *The history and extent of recognition of tribal law in Rhodesia, Salisbury* [Harare], Ministère des Affaires intérieures, 1976 (ed. rev.).

que la loi de 1951 prévit d'ouvrir, à titre individuel, le marché de la terre (disposition supprimée quand le Front nationaliste blanc prit le pouvoir en 1962). La femme n'était admise comme chef de maisonnée que si elle était « célibataire, veuve, divorcée ou officiellement séparée », en un mot en l'absence de tout homme, même à titre temporaire. 10 % des femmes au maximum entraient dans cette catégorie.

Tout a été interprété en fait dans un sens restrictif. D'après la loi rhodésienne, le mariage coutumier fut officialisé mais l'épouse africaine mariée selon le droit civil (monogamique et enregistré) n'avait, à ce titre, aucun droit sur les biens du couple : elle n'héritait pas de son mari (ce sont ses frères qui en bénéficiaient, reliquat de l'ancien lévirat[12]) et elle n'avait pas la garde de ses enfants qui appartenaient de droit à la famille du mari dès le versement régulier du *lobolo* (compensation matrimoniale). Cette législation a donné lieu à de multiples abus car, selon Child :

> « Si une épouse va travailler, avec le consentement de son mari et sous son contrôle, tout l'argent qu'elle gagne appartient au mari, aussi bien dans la loi Shona que Ndebele »[13].

Forts de ce jugement, on pouvait, il y a quelques années, voir encore à la sortie d'un hôpital les maris des infirmières faire la queue le jour de la paye pour la toucher à leur place...

Depuis l'indépendance, malgré un vaste programme de recolonisation africaine des terres entrepris en 1982, et alors que les femmes indépendantes ne cessaient d'augmenter, le gouvernement poursuivit son action dans le même état d'esprit en donnant la priorité aux « groupements familiaux », ce qui favorisait évidemment les chefs de famille de sexe masculin ; une déclaration de 1981 du secrétaire d'Etat à la Terre (*Deputy Minister of Lands*) est à cet égard exemplaire :

> « Nous ne pouvons attribuer des terres aux hommes pourvus d'emploi puisqu'ils n'ont pas le temps de la travailler... Pour l'instant ils ont déjà

12. Le lévirat est la coutume suivant laquelle une veuve était héritée par un frère, un fils, voire un neveu du mari décédé. Apparemment choquante, la mesure revêtait néanmoins un caractère « social », dans la mesure où la femme continuait d'être protégée par le groupe pour lequel elle travaillait.

13. Child, *op. cit.*, p. 91, cité par J. May, *Zimbabwean women in colonial and customary law*, Harare, 1983, p. 67.

des terres considérables cultivées par des personnes sans emploi [c'est-à-dire leurs épouses !]... »[14]

Désormais les femmes mariées accomplissent toujours la quasi totalité du travail agricole mais sans bénéficier de la protection des usages coutumiers qui chargeaient l'homme d'assurer la subsistance de ses épouses et de leur progéniture. Le sort des veuves est particulièrement difficile : elles constituent avec les divorcées la majeure partie des quelques 10 % de paysans sans terre vivant à la campagne dans la plus extrême pauvreté.

On comprend dès lors pourquoi les Zimbabwéennes ont réclamé avec énergie une réforme du statut de la femme qui avait été « oubliée » lors de l'indépendance. Mais elles sont loin d'être vraiment émancipées, en vertu d'un « discours moral » qui marque encore l'héritage colonial[15].

L'adoption irréfléchie des conceptions occidentales nous rapproche des mesures prises par le gouvernement blanc d'Afrique du Sud qui, à partir de 1946, a fait tomber de moitié le nombre des emplois ruraux en éliminant de ses statistiques toutes les femmes, considérées désormais comme « ménagères »... Elles constituent pourtant la majorité des exploitants, puisqu'elles n'étaient pas autorisées à suivre sur leurs lieux de travail les hommes, travailleurs sur contrat. Mais le travail agricole des femmes reste invisible parce que, n'étant pas encore vraiment entré dans l'économie monétaire, il n'est pas payé.

Cette attitude face aux droits des femmes sur la terre n'est pas spécifique à l'Afrique australe. On la retrouve à peu près partout. La situation des femmes s'aggrave au fur et à mesure que s'affirment à la fois le manque de terre et la montée d'une bourgeoisie agraire essentiellement masculine.

Au Kénya, les femmes assurent toujours plus de 80 % de la production agricole. Le droit à la propriété des femmes Luo, Gusii et Luyia, à l'ouest de ce pays, fut toujours très limité. Relevant du patrilignage, elles n'héritaient pas de leur père et ne se voyaient

14. Cité par Susie Jacobs, « Women and land resettlement in Zimbabwe », *Review of African Political Economy*, n° 27-28, 1984, pp. 33-49.

15. Cf. D. Jeater, *Marriage, Perversion and power: the construction of moral discourse in Southern Rhodesia*, Oxford, 1993.

reconnaître la jouissance de la terre, du bétail ou de tout autre bien que par l'intermédiaire de leur mari. Hors mariage, avec peu de possibilités de divorce et la coutume en cas de veuvage d'épouser le frère de leur mari (lévirat), elles n'avaient d'autre solution que de se réfugier à la mission ou en ville. Ceci explique que le désir de migrer soit né très tôt. Lorsqu'elles arrivaient à accumuler un petit pécule, à partir des quelques têtes de bétail qui leur étaient données ou de leur activité artisanale de nattes ou de poteries, le profit qu'elles en tiraient était très fragile puisque toute accumulation de richesse revenait de droit au mari, seul gérant légal des biens de la famille. Ce phénomène fut encore accentué dans les années 1950 quand les autorités entreprirent de codifier la loi coutumière. Les chefs Luo eux-mêmes reconnurent, un peu plus tard, qu'ils avaient « réécrit en partie la coutume pour remettre au pas les jeunes femmes ». Ils s'opposèrent de façon permanente, en particulier, à l'enregistrement de propriétés individuelles, qui aurait risqué de favoriser les femmes, chefs d'exploitation de fait en l'absence de leur mari parti travailler au loin[16].

La situation ne s'est guère améliorée depuis. Aujourd'hui, les Kenyanes sont responsables d'un quart des exploitations, les plus petites et les plus pauvres, il est vrai, car c'est là que la migration urbaine des hommes est la plus élevée. Elles ne possèdent, en contrepartie, que 5 % des terres sur les 7,6 millions d'ha. enregistrés en 1978 en propriété individuelle. Le gouvernement avait suscité dès 1966 un « Programme de groupes de femmes », destiné à améliorer leur « participation au développement ». Le Plan de 1977 proposa un effort particulier au profit des agricultrices chefs de famille sans en préciser les détails. En 1984, un responsable local n'en déclarait pas moins, lors d'une séance de préparation à la conférence sur les femmes, organisée l'année suivante à Nairobi par les Nations-Unies :

> « Bien que les femmes n'aient pas accès aux titres fonciers sur la terre familiale, elles participent largement aux décisions concernant leur exploitation. Nous ne devons donc pas perdre de temps à envisager l'accès des femmes à la propriété comme un moyen d'augmenter la production » [17].

16. Gordon Wilson, *Luo customary law and marriage law customs*, Nairobi, 1968, pp.122-144. M. J. Hay, « Women as owners, occupants, and managers of property in colonial Western Kenya, Hay et Wright, *op. cit.*, pp. 110-123.

17. Cité par Jean Davison, « Without land we are nothing : the effect of land tenure policies and practices upon rural women in Kenya », *Rural Africana*, n° 27, 1987, pp. 20-33.

Une femme Kikuyu, qui assure la quasi totalité de la subsistance de la maisonnée, répond à cette affirmation : « Sans la terre, nous ne sommes rien ». Pourtant, comme ailleurs, les hommes y contrôlent les cultures de rente : cacao, tabac, thé, riz, tandis que les femmes ont la haute main sur les cultures vivrières : arachides, manioc et légumes. Autrefois, en cette région patrilinéaire, les femmes cultivaient jusqu'à dix parcelles différentes apportées par mariage. Elles n'en ont plus aujourd'hui que deux ou trois dont la taille s'est fortement réduite. Les femmes ne peuvent recourir au crédit agricole pour améliorer leur équipement ou acheter des terres, puisque celui-ci exige justement d'être garanti en terres dont la propriété relève du mari. C'est donc le mari qui en bénéficie pour accroître ses plantations en *cash-crops* sur lesquelles travaillent également les femmes ; celles-ci en sont réduites à utiliser la part de la production que les hommes leur cèdent pour des achats de subsistance. Elles ne produisent plus assez pour nourrir leur nombreuse progéniture dans ce pays où les taux de natalité sont parmi les plus élevés du monde : 54 ‰[18]. La femme célibataire ou divorcée, quant à elle, demeure ou revient chez son père ; celui-ci lui confie une parcelle en attendant de la marier, mais répugne à la lui donner pour ne pas diminuer la part de ses fils. Plus tard elle la recevra, de la même façon, de l'un de ses frères, puis de ses enfants. Si l'homme dont elle dépend travaille ailleurs, et s'il veut, par exemple, vendre un lopin pour se faire construire une maison en ville, elle reste sans défense face à la perte de son gagne-pain, d'autant que le respect et le devoir dus par les fils à leur mère s'effritent devant l'expansion du marché foncier... Récemment, les femmes ont cherché à s'organiser en coopératives pour rassembler le capital nécessaire à l'achat de matériel ou d'une terre pour assurer leur subsistance. Mais seulement 11 % d'entre elles font partie des « groupes de femmes » encouragés par le gouvernement. Pour les autres, il ne leur reste, le plus souvent, qu'à migrer vers la ville.

18. Rayah Feldman, « Women's group and women's subordination : an analysis of policies towards rural women in Kenya », *Review of African Political Economy*, n° 22-23, 1984, pp. 67-77.

En Afrique occidentale, la régression de la situation des femmes est encore plus sensible si l'on considère la remarquable autonomie des biens et des activités dont elles jouissaient auparavant, au moins dans la zone méridionale. La question a été étudiée de près chez les femmes Ibo du Nigeria, qui avaient la possibilité de faire pression collectivement sur les hommes en les tenant par la « honte »[19].

Le cas des femmes de Gold Coast (Ghana actuel) est lui aussi intéressant. L'exploitation des cacaoyers s'y était généralisée en pays de langue Akan (Ashanti et Fanti) depuis le début du siècle. A l'époque, les travaux des plantations étaient assez bien partagés entre hommes et femmes, jusqu'au début des années 1930 où le nombre d'agricultrices s'est mis à dépasser nettement celui des hommes, happés progressivement par la ville. En outre, même quand ils étaient présents, les hommes ne régentaient pas tout et le régime matrilinéaire avait favorisé un certain nombre de femmes qui, mariées ou non, se trouvaient à la tête d'une plantation. Néanmoins, entre les deux guerres, une offensive patrilinéaire commença à grignoter le droit des femmes. Les autorités traditionnelles elles-mêmes, poussées par le pouvoir colonial mais aussi par les petits planteurs qui souhaitaient transmettre à leur descendance le fruit de leur travail, firent entériner le passage possible de la transmission matrilinéaire à la transmision patrilinéaire des biens[20]. Malgré tout, les femmes résistèrent assez bien : en 1962, dans certaines régions, encore près de la moitié des femmes étaient chefs d'exploitation, même si leurs plantations étaient plus petites que celles des hommes. La situation s'est-elle sensiblement dégradée ? Dix ans après, en pleine indépendance, les hommes, devenus beaucoup moins nombreux que les femmes et souvent propriétaires non exploitants directs, possédaient les plantations les plus étendues et

19. Au sens où les adolescents d'aujourd'hui disent « j'ai la honte » : c'était ce que les femmes appelaient de façon imagée « s'asseoir sur un homme ». J. Van Allen, « Sitting on a man : Colonialism and the lost political institutions of Igbo women », *Revue Canadienne des Etudes Africaines*, vol. 6, n° 2, 1972, pp. 165-181.

20. Andrzej Zajackowski, « La famille, le lignage et la communauté villageoise chez les Ashanti de la période de transition », *Cahiers d'Etudes Africaines*. vol. I, n° 4, 1960, pp. 99-114.

les plus nombreuses. Les femmes disposaient d'une faible main d'œuvre, réduite à leurs filles non mariées et à quelques parentes de leur propre lignage. Elles-mêmes travaillaient de surcroît sur les terres de leur mari sans réciprocité[21].

Une enquête de terrain de 1972 dénombre, dans un cas précis, 163 planteurs contre 103 exploitantes indépendantes. Chacun d'entre eux contrôlait en moyenne un ha. (*deux acres*) de cacaoyers, contre la moitié seulement pour une femme ; les hommes de plus de 45 ans possédaient au moins la moitié de la superficie ; ceux de plus de 65 ans dominaient un quart des terres, tandis que les femmes de la même tranche d'âge n'en possédaient que le vingtième.

Cette situation, héritée d'un passé relativement ancien et de prérogatives matrilinéaires, leur était pourtant beaucoup plus favorable que dans les régions de défrichement récent dont les planteurs avaient tous été des migrants. A la faveur du déracinement, la suprématie masculine y est devenue écrasante. Dans la région des terres neuves ouvertes à la production depuis la fin des années 1950, tous les propriétaires étaient des hommes[22].

Dans le cas étudié de la zone de Dominase, à l'exception de six femmes, dont cinq célibataires, originaires du lieu, toutes les autres avaient suivi leur mari et l'aidait à exploiter son bien, et surtout à assumer les cultures vivrières. Il s'agissait d'une population jeune, où 40 % avait moins de quinze ans et 6 % seulement plus de 45 ans.

Les femmes, exclusivement absorbées par leur fonction de reproduction et de production pour la subsistance, étaient économiquement et socialement en état de régression ; mais au fil du temps l'autonomie féminine a repris quelques droits : les planteurs les plus anciens ont fini par céder à leurs épouses et leurs enfants, en rémunération de leurs services, de petits lots de terre (1ha à 1ha et demi) sur lesquelles elles ont établi leur propre ferme (dans l'exemple cité en note, sur seize cas de femmes étudiés de près, cinq s'étaient mises à cultiver sur des fermes indépendantes).

La variété des exemples aboutit à un constat général : le statut social et la fonction économique des femmes rurales ont eu ten-

21. C. Oppong *et al.*, « Woman power : retrograd steps in Ghana », *African Studies Review,* vol. XVIII, n° 3, 1975, pp. 71-83.

22. Christine Okali, « Kinship and cocoa farming in Ghana », in C. Oppong ed., *Female and male in West Africa,* Londres, 1983, pp. 170-178.

dance à être dévalorisés depuis le début du siècle. En conclure qu'elles ont perdu une partie de leur pouvoir laisserait penser qu'elles en aient jamais eu un. Retenons seulement que ce qu'elles avaient d'autonomie dans les sociétés anciennes s'est trouvé affaibli, sans que des substituts leur soient offerts en échange. Elles furent durablement exclues de l'économie monétarisée et de l'éducation à l'occidentale.

L'AVENIR : UNE REVANCHE DES FEMMES ?

Peu à peu le marché du travail gagna la ville et les chantiers. Le processus s'accéléra rapidement dans les années 1920, lorsque les migrations masculines vers les villes s'accélérèrent en quête de salaires de plus en plus nécessaires et devenus avec le temps plus avantageux que les revenus agricoles. Ce sont les paysannes restées à la campagne qui ont dû, faute de bras, tout assumer : subsistance et plantations. Leur manque de capital les a obligées à continuer de travailler avec presque aussi peu de moyens que par le passé. Ecartelées entre le travail des champs, le portage de l'eau, le ramassage du bois, les travaux domestiques, l'entretien des vieux restés au village et les enfants, elles ont perpétuellement manqué de temps : pour aller à l'école, pour écouter les agronomes ou pour expérimenter de nouvelles méthodes. Elles restèrent cantonnées dans un système de production destiné à un marché interne peu ou pas monétarisé. En revanche les hommes travaillaient de façon privilégiée pour le marché international. A l'indépendance, la mise en œuvre de programmes de développement, avec l'attribution de périmètres irrigués (en Gambie, Burkina-Faso, Mauritanie, Sénégal ou Zanzibar), n'a fait qu'exclure davantage les femmes des ressources productives[23]. Quel que fût le régime de propriété, ce furent les hommes qui reçurent la formation et se virent attribuer les lots. C'est tout récemment que les pouvoirs nationaux et les organismes internationaux se sont penchés sérieusement sur le sort des femmes. On avait constaté, en effet, que non seulement elles

23. Cf. J. Dey, « Gambian women : unequal partners in rice development projects », *Journal of Development Studies,* n° 17, pp. 109-122, 1981, et « Women in African rice farming systems », *Women in rice farming* (IRRI ed.), Londres, Gower, 1985.

souffraient plus que de raison, mais que l'enjeu était la survie alimentaire de l'ensemble du continent.

Les nouvelles agricultrices

Ce constat est intervenu tardivement, à un moment où l'effondrement des cours est en passe de modifier les données. Les cultures de rente traditionnelles (arachide, café, cacao) ne rapportent plus, alors que le marché interne urbain est devenu demandeur de produits vivriers. Les paysannes, un peu partout, deviennent donc des entrepreneuses. L'augmentation du nombre de celles qui refusent ou rejettent le mariage, attitude quasi impensable autrefois, est un signe qui ne trompe pas. En pays Beti (Cameroun), des villages étudiés à titre d'exemple révèlent qu'en 1971 un tiers des hommes vivaient au loin, et que 56 % seulement des femmes adultes (de plus de seize ans) étaient mariées. Cette indépendance nouvelle des paysannes est à mettre en parallèle avec la rupture de la complémentarité des travaux agricoles entre sexes, et aussi avec la place nouvelle prise par la production de vivres pour approvisionner des villes devenues gigantesques[24]. Nous verrons que face au développement récent de l'« informel » urbain, où le chômage masculin s'enfle dans des proportions inconnues à ce jour, se produit un renversement des rôles : les femmes rapportent aujourd'hui plus d'argent frais que leur mari, que celui-ci soit paysan ou citadin ; les plus actives sont celles qui, comme les hommes, mais désormais sans leur protection, se sont mises aux cultures maraîchères périurbaines. Elles retrouvent un peu des liquidités perdues avec la baisse de la commercialisation de produits traditionnels, comme les arachides au Sénégal ou en Gambie. Dans ce dernier pays, la production de légumes en saison sèche, encouragée par le gouvernement ou par des organisations non gouvernementales, s'est insérée sans difficultés dans ce qui était auparavant une morte-saison. Mais les jardins exigent deux arrosages par jour et la production doit être transportée vers les marchés urbains distants parfois de plus de dix kilomètres. Les puits sont creusés par les organisations humanitaires, à défaut par les hommes (mais ce sont les femmes qui les paient). Pour le reste, il n'y a pas, ou très peu de progrès tech-

24. J. Guyer, « Female farming... », *op. cit.*

nique : les femmes continuent de travailler à la houe, de porter l'eau et d'arroser à la main. Le gain souvent minime s'accompagne, une fois encore, d'un surcroît de travail féminin[25].

En effet, sauf exception, le rôle des femmes dans les programmes de développement n'a pratiquement pas encore été envisagé. Pourtant, dans un certain nombre de régions, la conscience que les femmes ont de leur travail change rapidement. L'évolution se fait particulièrement sentir là où les femmes ont pris de longue date l'habitude de se suffire à elles-mêmes en l'absence du mari, mais aussi dans des zones où elles restent apparemment très soumises à leur époux. Deux exemples illustrent ce propos.

Femmes Hausa, femmes du Transkeï

En pays Hausa, les femmes vivent cloîtrées, et l'islam enseigne que l'homme doit pourvoir à leurs besoins. Bien que la claustration des femmes tende à augmenter avec l'emprise de l'islam contemporain, les paysannes sont loin de toujours la respecter. Toutes les femmes, jeunes et vieilles, abandonnent cette règle quand les gros travaux des champs le requièrent, au moment de la moisson, du battage et du tri des grains ; mais elles restent sous le contrôle de leur mari. Il en va différemment depuis peu avec les programmes de développement entrepris par l'Etat : Le *Kano River Project* (KPR) par exemple a lancé depuis 1971 des périmètres irrigués pour le blé ou les tomates. La plupart des ouvriers agricoles y sont des hommes, mais pour certains travaux, en particulier le repiquage des haricots, la société préfère employer des femmes : 300 ont d'abord été recrutées puis 500 au fil des années. La plupart sont relativement âgées, la ménopause leur permettant de sortir plus facilement de la maison. D'autres sont veuves ou divorcées, elles n'ont pas d'autre choix. Elles sont préférées aux hommes pour une raison très simple : à la tâche, elles reçoivent 30 à 36 k. par jour (1 neira = 100 k.), tandis qu'un homme perçoit en moyenne 2,2 neiras ! Ces femmes, réputées dociles et passives, organisèrent en 1977 une action énergique surprenante : plus autonomes face à

25. H. R. Barrett et A. W Brown, « Time for development ? The case of Women's horticultural schemes in rural Gambia », *Scottish Geographical Magazine*, vol. 106, n° 1, 1989, pp 3-11.

leur employeur qu'au sein de leur maisonnée, et ayant découvert qu'un des responsables de l'entreprise leur offrait le double pour aller travailler pendant le week-end dans sa propre ferme, elles se mirent en grève pour obtenir une augmentation. La société refusa et entreprit de briser la grève en allant recruter un peu plus loin d'autres femmes ignorantes de l'affaire. Ces dernières, bientôt instruites par leurs compagnes, firent grève à leur tour : la KPR dut céder et doubler leurs gages[26].

Le changement de mentalité des femmes est particulièrement sensible là où elles exercent le plus de responsabilités. C'est le cas en Afrique australe où la migration des hommes et l'interdiction pour les épouses de suivre leur mari les ont rendues majoritaires à la campagne. Une étude faite au Transkeï montre que 79 % des agricultrices sont mariées, mais que 60 % sont *de facto* chefs d'entreprises[27]. Il paraît au premier abord surprenant que 78 % des femmes dont le mari est un travailleur migrant soient favorables à ce système. Les raisons sont avant tout économiques. La plupart des hommes sont absents et ceux qui restent au pays sont âgés. 45 % des femmes adultes ont fréquenté l'école rurale moins de quatre ans, et presque autant ne savent ni lire ni écrire. Toutefois, dans l'orbite de l'école, beaucoup participent à des réunions religieuses qui jouent un rôle important dans leurs activités associatives. Les plus jeunes prennent conscience du cercle vicieux de la pauvreté qui les oppresse (60 % des maisonnées souffrent de problèmes de malnutrition). En général elles estiment que les terres dont elles disposent sont suffisantes — parce qu'elles n'auraient pas le temps d'en cultiver davantage — mais elles réclament de l'aide pour s'équiper, améliorer leur cheptel et leurs récoltes et la reconnaissance de leur autonomie. 87 % d'entre elles se déclarent disposées à suivre une école du soir, et 60 % sont prêtes à se mobiliser pour participer à des programmes d'auto-développement. C'est beaucoup, et cela prouve à quel point l'éducation des filles, encore si peu développée, apparaît comme primordiale pour l'avenir.

26. Sam Jackson, « Hausa women on strike », *Review of African Political Economy*, n° 13, 1978, pp. 21-36.

27. T.J. Bembridge, « The role of women in agricultural and rural development in Transkei », *Journal of Contemporary African Studies*, vol. 7, n° 1-2, 1988, pp. 149-182.

VII

FEMMES ET MIGRATIONS URBAINES

Les mouvements de population ne sont pas une innovation récente en Afrique, où de tout temps les peuples ont été caractérisés par leur mobilité. Les migrations anciennes, même si elles ont été beaucoup plus diluées qu'on ne le pensait il y a encore peu de temps, étaient ordinairement des mouvements collectifs de familles ou de groupes de familles. Elles étaient motivées par des réajustements internes entre démographie et écologie, par la recherche de terres nouvelles ou par des motifs de sécurité. Ces phénomènes étaient périodiquement accélérés lorsque se produisaient des accidents de plus grande envergure comme les crises pluviométriques, les guerres intestines et les razzias d'esclaves. Les migrations individuelles étaient l'exception pour les hommes, mais la règle pour les femmes puisque prédominait le mariage exogamique et patrilocal. Le résultat était la délocalisation voire le déracinement des jeunes épouses, sans pour autant qu'il faille exagérer un phénomène qui se produisait généralement au sein d'un espace limité. Les migrations individuelles masculines sont nées avec la recherche de travail et le développement du marché de l'emploi suscité par les opérations coloniales[1]. Les études sur ces migrations ont porté surtout sur les hommes parce que les employeurs s'adressaient prioritairement à eux. On a insisté sur l'attraction économique exercée par la ville où le marché du travail était ouvert et les salaires offerts plus élevés.

1. Il y eut auparavant quelques phénomènes régionaux de migrations du travail, généralement induits par l'économie capitaliste occidentale : tel l'amorce du mouvement migratoire saisonnier des *navetanes*, utilisés dans l'arrière-pays sénégambien pour la culture des arachides dont l'exportation avait débuté une génération avant la colonisation proprement dite. Cf. Philippe David, *Les navetanes. Histoire des migrants saisonniers de l'arachide en Sénégambie des origines à nos jours*, Dakar-Abidjan, Les nouvelles Editions africaines, 1980.

Les femmes sont longtemps restées « le second sexe en ville »[2] jusqu'à la fin de la période coloniale au moins. Mais le déséquilibre fut moins accusé qu'on ne le croit. Or presque rien n'a été dit sur les premières migrations féminines ; on supposait, soit que les femmes ne faisaient que suivre leur mari, soit qu'elles n'avaient en tête que la prostitution.

Elles suivirent leur mari beaucoup moins qu'on ne pourrait le penser, sinon sur de courtes distances comme ce fut souvent le cas en Afrique de l'ouest méridionale, « l'Afrique utile » des colonisateurs. Dans les pays de ségrégation raciale et résidentielle comme au Kénya et en Afrique australe (Afrique du Sud, Namibie et Rhodésies), la législation des contrats de travail temporaires ne s'adressait qu'aux hommes, seuls admis dans les *compounds* miniers jusqu'à une date récente dans le régime de l'*apartheid.* Jusqu'à ces dernières années les lois interdisaient aux compagnies minières de fournir des logements familiaux pour plus de 3 % de leur main d'œuvre africaine. Dans d'autres pays, en particulier en Afrique occidentale et centrale, les femmes étaient trop utiles aux champs pour que l'homme acceptât de les en arracher. La polygamie pouvait être un moyen subtil de résoudre le problème. Dans les années 1965 par exemple, un diplomate gabonais, ambassadeur de son pays aux Nations-Unies, avait une épouse à New-York, une deuxième à Libreville, capitale de son pays, et une troisième, toute jeune, au fond de l'arrière-pays gabonais où elle allait tous les matins aux champs cultiver à la houe la banane plantain. Son état de femme stérile ne facilitait guère, il est vrai, sa promotion sociale...

En général les femmes restaient à la campagne ; leur survie en ville n'était en effet pas assurée, et surtout leur présence sur place garantissait le maintien des droits sur la terre et assurait la subsistance de la famille — le salaire urbain étant jusqu'à une date récente estimé sur les besoins d'un individu supposé célibataire. C'est seulement au début des années 1950 qu'à Nairobi, par exemple, le calcul du salaire minimum envisagea de prendre officiellement en compte la maisonnée du travailleur. Le travail des femmes à la campagne conditionnait donc la survie de l'ensemble.

2. Titre d'un article ancien de Joseph Gugler, *Revue Canadienne des Etudes Africaines*, n° 6, 1972, pp. 289-301, récemment amendé par l'auteur, (cf. note 196).

La migration féminine, en particulier celle des jeunes femmes, fut bien plus importante qu'on ne pourrait s'y attendre. Leur situation à la campagne était, on l'a vu, particulièrement pénible. Esclaves ou jeunes épouses, elles se trouvaient dépendantes et exploitées. Elles ont donc été parmi les premières à rechercher les opportunités offertes par les noyaux urbains nés de la colonisation, surtout dans le climat d'instabilité politique, d'insécurité, et de désorganisation sociale qui fut celui de la fin du XIXᵉ siècle.

Un recours contre le mariage forcé

Les documents rares mais heureusement conservés d'un magistrat isolé et consciencieux, en poste aux confins du nord-est de la Rhodésie entre 1897 et 1903, révèlent à quel point la mise en gage ou en esclavage des enfants et des femmes était devenue une pratique courante. Pour celles-ci, se réfugier dans le petit centre administratif nouvellement créé où ce fonctionnaire exerçait était devenu le seul recours. Les cas dont il eut à traiter montrent bien la variété des mobiles qui poussaient ces femmes à la migration : certaines avaient quitté leur mari pour la simple raison que le salaire urbain d'un autre prétendant leur paraissait de meilleur augure, d'autres allaient à la ville pour se marier selon leur choix sans attendre de la famille du prétendant le paiement d'une compensation matrimoniale ou pour éviter l'union prévue par leurs parents avec un vieux polygame. Mais, la plupart du temps, la plainte qui remontait jusqu'à ce magistrat traduisait sous une forme ou sous une autre un mauvais traitement. Il s'agissait d'épouses battues, de veuves obligées d'accepter contre leur gré le frère de leur mari (la coutume du lévirat), d'esclaves fugitives, ou tout simplement de leur surexploitation[3]. Ce qui a été observé en ce coin perdu d'Afrique a dû se reproduire souvent ailleurs. On connaît ainsi, par les interviews de vieilles prostituées, les raisons de leur arrivée, adolescentes, à Nairobi au début de ce siècle. Le

3. Marcia Wright, « Justice, women and the social order in Abercorn, Northeastern Rhodesia, 1897-1903 », M. J. Hay et M. Wright eds, *African women and the law*, Boston University, 1982, pp. 33-50.

plus souvent, elles refusaient de se laisser marier par leur famille à des hommes qui les rebutaient ; parfois aussi, elles avaient suivi un amoureux à la ville[4].

Dans certains cas (notamment en Afrique de l'ouest), la jeune mère célibataire fuyait l'opprobre car dans beaucoup de sociétés la virginité était de règle avant le mariage[5]. On rencontrait aussi des femmes mal mariées, malheureuses ou divorcées[6]. Certaines jeunes filles Hausa du Nigéria du Nord fuyaient également la maison familiale pour échapper à un mariage contre leur volonté. Elles devenaient en ville des femmes indépendantes, et peut-être des *karuwai* (courtisanes)[7]. C'est donc souvent par accident qu'elles finirent dans la prostitution. Le cas fut aussi, et est resté fréquent pour des fillettes, de familles besogneuses le plus souvent, venues en ville aider des parentes plus aisées aux travaux domestiques et à la garde des enfants ; on les appelait des *ayahs* à Nairobi. Il faut ajouter à ces pressions économiques et sociales l'attraction sur les filles, au fur et à mesure qu'en parvenait l'information, de la perspective d'une vie nouvelle, dégagée des pressions coutumières rurales.

La littérature anthropologique des années 1950 à 70 a eu tendance à exagérer cette dernière dimension[8] : les femmes auraient été trop heureuses en ville d'échapper aux corvées du portage de l'eau et de la préparation traditionnelle des repas, elles n'auraient eu en ville qu'à s'asseoir et bavarder, etc. Ces assertions sont fort inexactes hormis pour une frange alors très limitée de la toute petite bourgeoisie et encore seulement à l'extrême fin de la période coloniale. Les filles de l'« élite » sont venues en ville pour travailler

4. Janet Bujra, « Women « Entrepreneurs » of early Nairobi », *Revue canadienne des Etudes africaines*, IX, 2, 1975, pp. 213-234.

5. La virginité est aujourd'hui une référence de moins en moins requise : ainsi dans les familles Wolof où le cérémonial du linge sanglant exposé après la consommation du mariage est tombé en désuétude. Abdoulaye-Bara Diop, *Le mariage Wolof*, Paris, Karthala, 1985.

6. Kenneth Little, *African women in towns*, Cambridge, 1973, pp. 19-22. Voir notre dernier chapitre.

7. Renée Pittin, « Houses of women : a focus on alternative life-styles in Katsina-City », Christine Oppong ed., *Male and Female in West Africa*, Londres, 1983, pp. 291-302.

8. Philip Mayer (1971) et Ester Boserup (1970) cités par Josef Gugler, « The second sex in town », *Revue Canadienne des Etudes Africaines*, VI, 2, 1972, pp. 293.

comme sages-femmes ou infirmières et, plus tardivement il est vrai, comme institutrices, tâche longtemps réservée aux hommes dont la scolarité était plus longue. (La première Ecole Normale d'institutrice a été créée en Afrique française en 1938). L'école a joué son rôle, de même que les notions occidentales introduites par les missionnaires puis, à partir de la Seconde Guerre mondiale, la modernité diffusée par la radio, le cinéma ou la littérature populaire : l'amour comme partie prenante dans le mariage, l'égalité des partenaires dans le couple. Vers la fin de la période coloniale, le suffrage universel, incluant les femmes (en 1956 dans l'*Union française*)[9], a exercé une influence dans cette quête d'émancipation qui passait par la séduction urbaine.

Cette migration des jeunes femmes était un phénomène original, qui n'était encouragé ni par les colonisateurs ni par les milieux africains traditionnels. Pour les premiers, l'esprit bourgeois victorien de l'époque n'acceptait guère l'idée de l'indépendance féminine. Les missionnaires insistèrent sur l'image de la femme mère de famille, chargée essentiellement des soins du ménage, de la cuisine et des enfants, supposée sortir pour n'aller qu'à l'église, sans s'émanciper ni de son père ni de son mari. L'administration coloniale entrava comme elle le put la migration urbaine des filles, assimilée plus ou moins à la prostitution. A Kampala, pour limiter la circulation des filles, on se référait à la loi de 1914 contre la prostitution et à celle de 1918 contre « l'adultère et la fornication ». De nouvelles lois au début des années 1950 autorisèrent le rapatriement dans sa région d'origine, sans autre forme de procès, de toute femme célibataire saisie à flâner en ville[10].

Quant aux Africains, ils savaient trop combien la présence des femmes au village et leur travail aux champs étaient nécessaires. Ils redoutaient en outre les effets pernicieux de la ville sur l'éducation des enfants. Les préjugés dus au conservatisme musulman ou à l'idéologie missionnaire renforcèrent ces préventions. Au début de l'indépendance, cinq Ghanéens sur six trouvaient normal qu'un jeune homme allât passer un moment en ville, mais la moitié seulement acceptaient

9. Mais le suffrage féminin n'a été introduit qu'en 1970 au Zaïre. Suzanne Comhaire-Sylvain, *Femmes de Kinshasa hier et aujourd'hui*, Paris-La Haye, 1968, p. 229.

10. A. W. Southall, « The growth of urban society », in Stanley Diamond et Fred Burke (eds.), *The transformation of East Africa : Studies in political Anthropology*, New York/ Londres, Basic Books, 1966.

cette idée pour les filles[11]. Une comédie écrite par Soyinka illustre de façon plaisante la vision courante de la liberté des filles : on y voit un homme instruit faire miroiter aux yeux d'une jeune « belle » d'une bourgade modeste les attraits du style de vie dans une des métropole du Nigéria[12]. Ce n'est que très lentement, et guère avant les années 1930, que commencèrent à prévaloir, surtout pour les filles de la petite et moyenne bourgeoisie agraire, des arguments en faveur de la ville, notamment en matière d'école et de santé[13]. Mais il fallut attendre la Seconde Guerre mondiale pour que ces idées gagnent les classes populaires. Il y avait eu jusqu'alors une sorte de consensus entre Africains et Européens pour entraver la migration des filles.

L'étonnante liberté de mouvement des Sud-africaines

Il y eut au moins une partie d'Afrique où celle-ci l'emporta : l'Afrique du Sud. Depuis la fin du XIXe siècle, une législation de plus en plus tatillonne s'était ingéniée à limiter l'émigration urbaine des travailleurs vers les *compounds* miniers. Le contrôle se renforça lorsque, à partir des années 1930, l'essor de l'industrie incita une masse croissante de travailleurs ruraux à aller tenter leur chance en ville. Pour limiter ces mouvements aux besoins réels du marché du travail à l'occidental, les autorités sud-africaines avaient mis au point une législation complexe de « passes », sorte de passeport intérieur/livret de travail exigible de tout Africain de sexe mâle au cours de ses déplacements. Ce que l'on sait moins, c'est que les femmes ne furent jamais soumises à cette contrainte jusqu'à l'accès au pouvoir du régime de l'*apartheid*, et encore pas avant le début des années 1950. Il y eut une seule exception en Orange entre 1912 et 1920, date à laquelle elles obtinrent l'abrogation de la mesure. Auparavant, le déplacement des femmes était à peu près aussi libre que dans le reste de l'Afrique[14].

11. J. C. Caldwell, *African rural-urban migration : the movement to Ghana's towns*, Londres, Hurst and C°, 1969.

12. Wole Soyinka, *The lion and the jewel*, Londres, Oxford University Press, 1963.

13. C. Obbo, *Town migration is not for women*, Ph. D., The University of Wisconsin, Madison, 1977.

14. Cherryl Walker, *Women and resistance in South Africa*, Londres, 1982, pp. 40-43.

Les femmes n'étaient pas nommément concernées par l'acte de 1923 (*Urban Areas Act*) qui fut à la base de la ségrégation résidentielle ultérieure, ce qui prouve le peu de cas que l'on attachait alors à leur présence en ville. Deux mesures avaient néanmoins été introduites pour limiter leur déplacement : depuis 1930, en qualité d'éternelles mineures, elles n'étaient en principe admises par les autorités urbaines que si leur père ou leur mari y avait déjà travaillé au moins deux ans, *et* s'il était en mesure de les héberger. En 1937, la loi fédérale y ajouta la nécessité d'avoir obtenu l'autorisation des autorités de leur résidence de départ. Mais comme ces restrictions n'étaient pas soutenues par l'obligation du passe, elles restèrent difficiles à imposer.

Malgré un statut légal de mineures et un choix misérable d'emplois, elles ont largement utilisé cette tolérance. Lorsque les nationalistes tentèrent à plusieurs reprises de la leur ôter, ce furent les femmes elles-mêmes qui luttèrent pour la liberté de leurs mouvements et surent la préserver et l'utiliser[15].

Le résultat fut qu'entre les deux guerres l'Afrique du Sud fut le seul Etat du continent où le nombre de femmes en ville augmenta plus rapidement que celui des hommes[16]. Comment expliquer cet afflux largement incontrôlable ? Précisément par la sophistication du contrôle du marché du travail masculin. Malgré la présence clandestine d'un certain nombre d'épouses, ces hordes de célibataires ne pouvaient vivre en ville sans disposer de toute une série de services allant du lavage au repassage, de la cuisine à la confection et, bien entendu parmi d'autres, à la prostitution. Tout un monde de l'« informel » urbain se mit bientôt en place, au sein duquel les femmes occupèrent de bonne heure une place de choix.

La féminisation des petits métiers

Il est tout à fait intéressant d'observer l'évolution par sexe de la plupart de ces petits métiers. Ils se modifient dans le temps et dans

15. Julia Wells, « The history of Black women's struggle against pass laws in South Africa, 1900-1956 », in Hay and Stichter, *op. cit.*, pp.145-168.

16. Entre 1921 et 1936, le nombre total des citadines augmenta de 142,3 % contre 78,4 % pour les citadins. A Johannesburg, la plus grande métropole, les chifres respectifs furent de 245 % contre 45 % ! *Ibid.*

l'espace, sans que les raisons en soient toujours intelligibles. Sous la colonisation, et encore aujourd'hui, beaucoup d'emplois subalternes étaient tenus en ville par des hommes ; en premier lieu les emplois de services directement liés au pouvoir blanc comme les interprètes, les secrétaires, les courriers, les postiers... Ce fait est peu surprenant quand on sait que l'administration visait essentiellement à faire travailler les hommes comme auxiliaires de la colonisation. L'évolution a été lente, et le nombre d'hommes dactylos et secrétaires est encore étonnant pour l'observateur européen. Ce même phénomène se rencontre pour les services privés : couturiers utilisateurs de machines à coudre, cuisiniers et « totos » ou gâte-sauce, « boys » employés de maison et « nounous » des enfants, laveurs, repasseurs...

Plusieurs explications peuvent être envisagées. On a pu prétendre que ce furent les hommes qui bénéficièrent du minimum d'instruction susceptible de les rendre aptes à comprendre les exigences des Blancs. On a pensé aussi que l'islamisation aurait pu jouer un rôle. Aucun de ces arguments n'est satisfaisant surtout si l'on songe que l'ignorance ou la religion n'a pas empêché les femmes d'être d'emblée, en Afrique du nord, utilisées aux tâches domestiques (les *matou* ou « *fatma* »), et lorsque l'on connaît les activités économiques exercées par les femmes Hausa les plus recluses. La vérité est qu'au début de l'ère coloniale les hommes se trouvèrent en général plus disponibles que les femmes. Celles-ci étaient toujours submergées. Les tâches de la subsistance quotidienne leur laissaient, nous l'avons vu, de moins en moins de temps libre, puisque la migration des hommes avait reporté sur elles le soin des cultures de rente. Toujours indispensables à la campagne, où leurs activités agricoles assuraient un minimum à peu près garanti, leur départ pour la ville représentait pour la maisonnée une perte sèche. Les hommes, au contraire, étaient fragilisés et plus disponibles : ils avaient été battus à la guerre et évincés des affaires publiques ; tout les incitait à devenir des salariés puisque, disons-le pour simplifier, « ils n'avaient plus rien d'autre à faire ».

Que les hommes fussent au début de la colonisation les migrants privilégiés, encouragés à la fois par leur milieu d'origine et par les colonisateurs, s'explique alors aisément. On s'étonne moins de constater que dans les villes du Natal, par exemple (Afrique du Sud), la quasi totalité du travail domestique était assuré en 1904 par près de 33 000 hommes[17]. Ces travaux se sont féminisés plus tôt sur le Rand, sans doute à cause de la ponction des hommes vers les mines et les usines. Dans les villes du Cap ou de Johannesburg, les laveurs de linge, les tenanciers de carrioles-buvettes, les couturiers étaient tous, à l'origine, des hommes. C'est seulement à partir des années 1930 que les femmes, jeunes en majorité, se sont progressivement emparées de ces métiers et en ont développé d'autres ; elles sont devenues brasseuses (clandestines) de bière, fonction qu'elles exerçaient déjà dans les sociétés anciennes[18]. On a dit, là encore, que le métier se féminisait dès lors qu'il devenait moins rentable, ou que sa pratique n'exigeait plus une mise de fond initiale que les femmes ne possédaient pas[19]. Ce fut le cas du blanchissage à la main lorsque se répandirent, à la veille de la Deuxième Guerre mondiale, les premiers lave-linge domestiques à vapeur, ou de la couture quand la location d'une vieille machine devint plus abordable. L'argument est plausible, mais s'est trouvé singulièrement renforcé en Afrique du Sud par la libre circulation des femmes plus aptes que les hommes à ces petits métiers, parce que moins surveillées.

Il reste cependant toujours aussi difficile de généraliser. En effet l'évolution a été exactement inverse non loin de là, à Lourenço-Marques (aujourd'hui Maputo, capitale du Mozambique). Les femmes y avaient été d'emblée, depuis le début du siècle au moins, laveuses et vendeuses de rue ; mais elles perdirent leur monopole dans les années 1930 à la suite d'une législation répressive hostile à leur migration. Les Portugais leur imposèrent une licence qu'elles n'avaient pas les moyens de payer, et les famille de colons se regroupèrent pour employer les services d'un laveur... Il ne resta bientôt aux femmes que les travaux de force auxquels elles étaient si bien entraînées à la campagne. Elles étaient porteuses de bois et dockers sur le port. Elles trouvaient d'autant mieux à s'employer qu'elles étaient payées deux fois moins que les hommes, leur statut social étant, comme partout dans le monde, jugé inférieur. Cela ne

17. D. Gaitskell *et al.*, »Class, race and gender : domestic workers in South Africa », *Review of African political Economy*, n° 27-28, 1984, p. 99.

18. B. Bozzoli, *Women of Phokeng*. Londres, 1991.

19. K.S.O. Beavon et C. Rogerson, « Changing the role of women in the urban informal sector of Johannesburg », David Drakakis-Smith ed., *Urbanisation in the developing world*, Londres, Croom Helm, 1986, pp. 205-225.

fit que renforcer le préjugé occidental voulant que leur gain ne constitue qu'un appoint au salaire de l'homme[20]

LES MIGRATIONS APRÈS LA SECONDE GUERRE MONDIALE

L'attitude face à la migration féminine se modifia progressivement après la grande dépression des années 1930, et plus encore au tournant de la Deuxième Guerre mondiale. Du côté africain on comprit qu'on ne pouvait plus se passer de l'argent frais procuré par l'activité des femmes en ville. Du côté européen, on prit conscience de la meilleure rentabilité d'un travail favorisé par la stabilité des ménages.

Le paternalisme belge

Les premiers européens à vouloir remédier à la pénurie de femmes en ville furent les Belges. Les responsables de l'*Union Minière du Haut Katanga*, en particulier, cherchèrent dès la fin des années 1920 à fixer leur main d'œuvre difficile à recruter pour leurs villes minières, dont la principale était Elisabethville (Lubumbashi) au Katanga. Ils voulaient lutter contre l'instabilité des travailleurs pauvrement qualifiés, mais aussi contre l'alcoolisme et la malnutrition ; ils en conclurent qu'ils devaient encourager l'installation de couples. Des organismes recruteurs furent chargés d'importer des ménages, et la Compagnie encouragea les mariages en avançant l'argent de la compensation matrimoniale. Cette avance était tout à fait nécessaire puisque le prix d'une femme, dans les années 1930, oscillait entre 600 et 3 000 francs tandis que le salaire le plus bas était de 4,40 francs par jour et pouvait atteindre au maximum 162,6 francs par mois. Il fallait donc que le travailleur s'endettât au moins sur un an pour obtenir femme, car il se heurtait à la concurrence des planteurs de coton polygames dont la production dépendait du nombre de leurs épouses.

20. J. Penvenne, *Making our own way : women working in Lourenço-Marques, 1900-1933*, Boston University Papers, 1986. Mirjana Morokvasic, « Birds of passage are also women... », *International Migration Review*, vol. 18, n° 4, 1984, pp. 886-901.

Il fallut contrôler ces femmes fraîchement débarquées de la campagne : les missionnaires s'y employèrent ; ils organisèrent de concert avec le « comité protecteur » — organe consultatif adjoint par l'administration à la Compagnie pour les questions concernant les « indigènes » — des activités d'encadrement sanitaire, social et religieux. Pour concurrencer les associations tribales ou les associations de danse jugées des foyers de perversion, les pères favorisèrent des regroupements, chrétiens ou professionnels, par exemple le cercle Saint-Benoit, premier groupement d'« évolués » à englober une section féminine. Il y eut aussi une association de femmes mariées, l'U.FA.KAT (*Union des Familles Katangaises)* fondée vers 1948 à l'initiative des femmes — bien que la Présidente fût assistée de son mari. L'association avait un comité directeur, des commissaires, une trésorière et une secrétaire, et des cotisations mensuelles gardées par la directrice du foyer social. Elle avait également un drapeau, et ses membres portaient une robe bariolée, le port de la robe étant un signe de promotion sociale. Cette association vécut une dizaine d'années. D'autres associations, « cercles familiaux » à but éducatif et catholique, furent patronnées par des blanches ; il y eut même une association chrétienne méthodiste, le *kipendano*, d'inspiration zambienne fondée par la femme d'un pasteur[21]. Les plus intéressantes furent évidemment les associations directement créées par les Africaines ; elles étaient mal vues des autorités car elles concernaient surtout des femmes indépendantes, commerçantes ou prostituées, que le pouvoir colonial cherchait au maximum à marginaliser.

Le déséquilibre des sexes en ville

Si les villes devinrent progressivement des villes de migrantes autant que de migrants, le renversement fut parfois tardif. L'équilibre, en nombre, entre hommes et femmes se rétablit plus rapidement pour les populations locales, mais l'écart resta flagrant pour les populations d'origine étrangère[22]. Ainsi, en 1960, les Ganda, population de la région de Kampala, capitale de l'Ouganda, comp-

21. Kubuya Namulemba Malira, « Regard sur la situation sociale de la citoyenne lushoise d'avant 1950 », *Likundoli*, n° 2, 1974, pp. 63-71.

22. Recensement de 1969, Little, *op. cit.*, 1973, p. 10.

taient 102 hommes pour 100 femmes alors que les immigrants lointains étaient presque tous de sexe masculin. En revanche à Leopoldville (Kinshasa), à peine dix ans plus tôt, il y avait encore deux hommes pour une femme ; le déséquilibre était pire à Nairobi où, en 1965, 5 % seulement des habitants étaient natifs de la ville, les autres étant arrivés depuis moins de dix ans. Après que l'instauration de l'*apartheid* eut ralenti l'arrivée des Sud-Africaines en ville, c'est dans toute l'Afrique que les hommes continuèrent à envahir les villes plus que les femmes, en particulier en Rhodésie, au Kenya et en Namibie où les contrôles étaient plus exigeants qu'ailleurs. C'est ainsi qu'en 1960, pour mille femmes, on comptait 1268 hommes dans les villes de Namibie, 1386 au Kénya et 1412 au Zimbabwe. Moins de dix ans plus tard, les femmes ne dépassaient guère le tiers de la population adulte de Nairobi et de Mombasa[23].

Le seul pays où, curieusement, l'équilibre migratoire entre les sexes était déjà réalisé à la veille de l'indépendance est Madagascar. A Tananarive, en 1965, sur une population totale de 320 000 habitants, on comptait 170 000 individus de sexe féminin pour 150 000 de sexe masculin, avec une prépondérance féminine légèrement plus accentuée à l'âge adulte[24]. L'équilibre des sexes s'explique par une unité culturelle favorable à l'immigration des familles, et par une certaine autonomie féminine reconnue depuis les temps anciens. Celle-ci était caractérisée par l'usage limité de la polygamie et par une relative facilité des divorces ; les filles avaient également un droit à l'héritage (un tiers pour les filles, deux tiers pour les garçons) avec un privilège sur le bétail dont le rôle, symbolique et rituel autant qu'économique, était considérable. Il n'y avait pas non plus de règle stricte de matri- ou de patri-linéarité mais plutôt une certaine liberté de choix entre les deux. En conséquence, à Madagascar, le droit de migrer a la ville, les motivations ou les associations suscitées à ce propos, qu'elles soient familiales, professionnelles, de statut social ou de résidence, étaient également partagés, qu'il s'agisse de couples ou d'individus. Les hommes et les

23. Recensement de 1969, Little, *op. cit.*, 1973, p. 10

24. 61 000 femmes Merina contre 51 000 hommes. Même preponderance des femmes dans les villes d'Antsirabe (22 000 h.), d'Ambatolampy (4 750 h.) et d'Arivonimamo (3 600 h.), caracterisees comme la capitale par une remarquable homogeneite de l'immigration. A. Southall, « Madagascar », *African Urban Notes*, vol. 3, n° 1, 1968, pp. 14-22.

femmes, les célibataires, les veuf(ve)s ou les divorcés avaient des attitudes comparables, ce qui permit de réaliser de bonne heure l'équilibre des sexes en ville.

LES CITADINES AUJOURD'HUI

Ce ré-équilibrage des migrations vers les villes est désormais intervenu dans l'ensemble de l'Afrique. Beaucoup de femmes sont devenues des citadines et la migration des femmes l'emporte sur celle des hommes. Ce renversement est récent et trouve deux explications. La première tient aux conditions de vie et de travail à la campagne, devenues particulièrement insupportables pour les paysannes ; celles-ci sont harassées et leurs enfants ont faim. La seconde ne concerne que les femmes de niveau social plus élevé : depuis la Deuxième Guerre mondiale ou les débuts de l'indépendance, l'accès à l'école leur est devenu plus habituel. En moyenne, le nombre des filles scolarisées a doublé entre 1960 et 1970. Prenons quelques exemples : en Tanzanie depuis la révolution de l'*ujaama* (fin des années 1960) ou au Zimbabwe depuis l'indépendance (1980), la scolarisation a largement favorisé la venue des femmes en ville. Une enquête tanzanienne de 1971 démontre qu'une fillette instruite est, à partir de six ans d'école, sept à huit fois plus incitée qu'une analphabète à venir chercher un emploi en ville. Dans ces conditions, il n'est pas étonnant que, depuis deux décennies, l'exode rural soit massivement alimenté par les femmes[25].

Les femmes indépendantes

La migration féminine *indépendante* a pris une importance déterminante dans les vingt dernières années. Une enquête, effectuée dans les années 1970-80 en Ouganda sur des femmes Luo et Ganda ayant migré dans un quartier périphérique de Kampala

25. 30 % des migrantes instruites sont venues en ville pour chercher un emploi, contre 4 % des analphabètes et 5 % jusqu'à quatre ans de scolarisation. *Women in the urban labor markets of Africa : the cas of Tanzania*, World Bank Working Paper, n° 380,1980.

(Namuwongo), est particulièrement significative et aide à en saisir les motivations[26].

> Sur les cent soixante deux femmes concernées par cette enquête, un quart seulement avait accompagné leur mari et vingt-sept venaient en ville lui rendre entre une et trois visites par an pour une durée moyenne d'un mois. La migration des épouses était d'ailleurs récente (dix années au plus) car auparavant seuls les hommes se déplaçaient. Toutes les autres femmes qui n'avaient pas accompagné leur mari avaient obéi à des motivations personnelles. Le tiers d'entre elles étaient résolument venues seules, quinze avaient saisi l'occasion de rendre visite à des parents et dix-huit nées à proximité avaient utilisé des relations de voisinage. Les raisons invoquées sont à la fois négatives et positives : outre le lot prévisible de veuves et de femmes divorcées ou « ensorcelées », beaucoup se sont déclarées « fatiguées » ou incriminent la polygamie, mais la plus affirmative à cet égard avait accumulé les économies nécessaires à son départ bien avant que son mari n'ait introduit la nouvelle épouse. Mariées ou indépendantes, elles sont venues avec l'intention bien arrêtée de mettre à profit les opportunités offertes par la ville, et la plupart y ont réussi. L'une a installé un salon de coiffure, d'autres sont petit à petit devenues propriétaires, d'autres couturière, tenancière d'une gargote ou même chef d'une entreprise de distillerie de gin ou de bière. L'une d'entre elles, arrivée analphabète à dix-huit ans avec la volonté de s'instruire, était à peu près parvenue à ses fins avec l'aide d'organisations religieuses, travaillant en attendant comme ouvrière dans une usine textile... Les plus efficaces furent les vingt-cinq qui procédant par étapes, acquirent de plus en plus d'expérience dans de petites bourgades avant de finir leur carrière dans la capitale. Toutes travaillaient dur, mais considéraient manifestement que leur sort, lié à l'économie de marché et à la réalité monétaire, était meilleur qu'à la campagne. Insérées dans des activités régulières ou « informelles », elles appréciaient surtout de se sentir autonomes par leur travail et par leurs gains.

La tendance s'est inversée à différentes époques. Ainsi, au Mozambique, les femmes, chargées d'enfants, ont pris en masse le chemin de la capitale dès la Seconde Guerre mondiale. Vers 1945, leur flux en provenance des campagnes constituait un des principaux problèmes de l'administration coloniale qui les avait pourtant taxées en ville d'un impôt par personne, emploi ou non. Cette migration a continué à s'accroître, surtout entre 1950 et 1962, les femmes venant prendre la place des hommes attirés par les mines et les villes industrielles sud-africaines[27]. Ailleurs, le mouvement est

26. C. Obbo, *African Women*. Londres, 1980, chap. 5, « Migration », pp. 70-86.

27. Penvenne, 1986, *op. cit.* et Penvenne, in Frederick Cooper ed., *Struggle for the city. Migrant labor, capital and the state in urban Africa*, Sage, Londres, 1983, pp. 131-166.

beaucoup plus récent : 1970 dans les villes de Tanzanie[28], 1978-79 à Nairobi et Mombasa.

La masse de ces migrantes sont des femmes jeunes et celles qui ont de 15 à 39 ans sont plus nombreuses que les hommes du même âge[29]. Ce sont les célibataires, les veuves, les femmes divorcées, séparées ou stériles qui dominent ainsi que les femmes âgées sans soutien à la campagne, en quête à la fois d'indépendance et d'un gagne-pain.

La polygamie encourage la séparation, ainsi que la trop grande différence d'âge avec le mari. Lorsqu'elle devient veuve, la femme n'a pratiquement plus d'issue. Un refuge dans sa famille d'origine ne peut être que provisoire et rester dans sa belle-famille est contraire à ses intérêts dès lors que le lévirat tombe en désuétude. Sans défense, elle risque dans un milieu rural d'être accusée des malheurs ou des décès qui peuvent s'abattre sur le groupe[30]. Les « meurtres de sorcières » survenus dans des villages du nord-ouest de la Tanzanie se sont multipliés au point que plusieurs centaines de vieilles femmes, face à cette crainte se sont réfugiées en ville. La femme s'y sent mieux protégée si l'un de ses fils y est déjà et elle y trouve de nouvelles activités. Elle pourra ainsi s'occuper de ses petits-enfants, comme on le voit souvent, entre autres, au Nigéria du sud[31].

Des villes peuplées de femmes ?

Contrairement à une opinion répandue, il y a aujourd'hui plus de femmes que d'hommes dans les villes de bien des pays d'Afrique noire. Quelques exemples sont significatifs : pour 1 000 femmes, on compte à Brazzaville, où vit presque le quart de la population

28. Sur la Tanzanie : R.H. Sabot, Economic development and urban migration. Tanzania, 1900-1971, Oxford University Press, 1979 ; M. Mbilinyi, *Tanzania after Nyerere. Changing employment patterns in the 1970 : casualisation and feminisation of labour,* School of Oriental and African Studies, Université de Londres, 1986.

29. 53 % contre 45 % en Afrique occidentale vers 1975.

30. Gudrun Ludwar-Ene, « Explanatory and remedial modalities for personal misfortune in a West African society », *Anthropos,* n° 81, 1986, pp. 555-565.

31. M. Peil *et al.,* « Going Home : Migration careers of Southern Nigerians », *International Migration Review,* n° 22, 1988, pp. 563-585.

congolaise, 988 hommes ; à Maseru, capitale du Lesotho, le taux de migration depuis une dizaine d'années est de cent femmes pour quarante-neuf hommes de moins de 24 ans[32]; en Ethiopie[33] enfin, comme au Togo et au Burkina-Faso[34], la prédominance féminine est flagrante. Saint-Louis du Sénégal est la ville d'Afrique tropicale où le pourcentage des hommes est le plus faible : 877 pour 1 000 femmes ; le rôle des femmes (les fameuses *signares* de l'époque de la traite) y a toujours été important, et le mouvement s'est accéléré avec l'indépendance : le choix de Dakar comme capitale politique a entrainé la chute des emplois administratifs et, depuis trente ans, la ville fonctionne essentiellement sur le travail féminin[35]. Le petit Lesotho est plus caractéristique encore, même si l'équilibre est plus satisfaisant dans les campagnes (992 hommes pour 1 000 femmes). Dans tous ces pays, la différence s'explique par le fort taux d'émigration des hommes vers l'étranger : Au Burkina-Faso, celui des Mossi vers la Côte d'Ivoire et le Ghana. Au Lesotho, l'expatriation des hommes vers les mines d'or du pays de l'*apartheid*. Pour le Togo, la situation économique et politique condamne plus de 20 % des actifs à vivre en dehors du pays.

Au Botswana, en revanche, l'équilibre des sexes est plus satisfaisant en ville (942 hommes pour 1 000 femmes) que dans les campagnes dominées par les femmes (840 hommes seulement). Le cas d'Addis-Abeba en Ethiopie intrigue davantage. Les femmes y sont depuis une vingtaine d'années nettement plus nombreuses que les hommes[36]. C'est une donnée connue mais qui reste inexpliquée. La

32. Au total, il ya à Maseru 843 hommes pour 1 000 femmes. C.R. Wilkinson, « Migration in Lesotho : a study of population movements in a labour reserve economy », Ph D., University of Newcastle, 1985.

33. Joseph Gugler et Gudrun Ludwar-Ene, « Plusieurs chemins mènent les femmes en ville en Afrique subsaharienne », *Cahiers Afrique noire*, n° 13, pp. 1-15. Les auteurs présentent un tableau par pays de la proportion des sexes, urbaine et nationale, en moyenne pour la période 1951-1987.

34. Respectivement 93 et 92 hommes en ville pour 100 femmes, chiffres de 1975. Aderanti Adepoju, « Patterns of migration by sex », C. Oppong ed., *Female and male in Western Africa*, Londres, 1983, pp. 54-65.

35. Régine Bonardel, *Saint-Louis du Sénégal : mort ou naissance ?* Paris 1992

36. De l'ordre de 867 hommes pour 1000 femmes en 1984 (contre 1025 hommes pour 1000 femmes dans le reste du pays). Jose Van Kesteren, « Female workers in Addis Abeba », *Social Science Research Review*, vol. IV, n° 1, 1988, pp. 17-32

prostitution y est importante, certes, mais en rapport avec celle d'autres villes. On a suggéré que la fréquence des divorces dans les massifs montagneux du centre aurait poussé les femmes seules à émigrer vers les centres urbains[37]. On peut aussi invoquer le très fort développement du travail domestique féminin, et l'utilisation généralisée de femmes pour des travaux aussi pénibles que nécessaires : l'approvisionnement de la ville en bois de chauffe s'y fait par portage, les transports routiers y étant notoirement déficients.

D'une façon générale, la répartition des sexes tend aujourd'hui à s'équilibrer en ville, y compris dans les Etats qui connaissent un afflux exceptionnel d'immigrants comme la Côte d'Ivoire. A Lagos pourtant, très exceptionnellement, le nombre d'hommes s'est beaucoup accru vers la fin de la période coloniale, en raison d'une industrialisation rapide[38]. Mais les pays où les hommes demeurent majoritaires en ville tendent à devenir l'exception. Il s'agit surtout de la Mauritanie, et des deux petits Etats du Burundi et du Rwanda, probablement en raison du caractère extrêmement tardif de l'urbanisation dans ces régions. En outre les hommes éprouvent des difficultés de plus en plus grandes à trouver un emploi à l'étranger et l'on constate un retour massif d'anciens migrants.

La migration des femmes en ville, comparativement à celle des hommes, présente une autre différence : elle a eu tendance à devenir définitive plus vite et plus fréquemment. Les hommes, quant à eux, migrent pour des raisons pratiques, leur objectif le plus évident est de gagner de l'argent. Mais le retour vers leur milieu d'origine, s'il n'est pas toujours possible, est presque toujours désiré, du moins rêvé. Les femmes ont, pour partir, des raisons plus complexes et plus existentielles. Il s'agit avant tout d'une stratégie de survie, mais aussi d'une réaction personnelle, voire sociale, qui pose la question de leur statut dans la société. Seules les femmes mariées trouvent à la campagne une reconnaissance comparable à celle des hommes. Veuves, divorcées, ou à plus forte raison stériles ou célibataires, le village n'offre en revanche aucune sécurité à ces

37. Irving Kaplan, « The society and its environment », in Harold D. Nelson et Irving Kaplan eds., *Ethiopia, a country study*, Washington D.C., U.S. Government Printing Office, 1981, p. 71.

38. Le ratio homme/femme, pour autant qu'on puisse se fier aux statistiques, serait passé, entre 1950 et 1963, de 119 à 131 (contre un ratio national très normal de 102). George et Eigbefor, 1973, p. 406, cité par Aderanti Adepoju, *op. cit.*, p. 61.

femmes fragilisées. Le rejet du milieu rural, quel qu'en soit l'origine, est définitif.

Une enquête effectuée à Nairobi montre bien que les liens entre ville et campagne sont beaucoup plus distendus, quand ils ne sont pas coupés, chez les citadines que chez leurs homologues masculins[39]. La plupart des interviews réalisées révèlent que le nombre d'hommes qui désirent prendre leur retraite dans leur village d'origine est bien supérieur à celui des femmes. Les exceptions concernent les hommes nés en ville, ou ceux qui ont perdu toute illusion sur l'avenir que peut leur offrir la terre. Les femmes au contraire préfèrent se fixer définitivement en ville, où elles constituent des réseaux de quartier et d'affinités d'un type nouveau, fondés en particulier sur l'appartenance religieuse, chrétienne (en Afrique occidentale ou centrale côtière) ou musulmane (à Nairobi ou dans les villes du Sahel), alors que les hommes restent davantage attachés aux classiques associations ethniques. Tout cela détache davantage les femmes du carcan rural. Ainsi à Calabar, une petite ville de la côte nigériane, un nombre relativement élevé de femmes mariées sont décidées à rester en ville jusqu'à leur mort[40]. En Afrique australe où, dans des campagnes stérilisées, la frustration des filles est à la mesure de leur désarroi, le pourcentage dans la capitale du Lesotho est bien plus élevé. En 1978, elles étaient près de la moitié (43 %) à jurer de ne jamais retourner à la terre ; car les deux-tiers des paysannes sont *de facto* chefs de famille, et la moitié seulement peuvent espérer recevoir quelques subsides d'un mari parti travailler au loin[41]. Pourtant le sort des femmes qui ont suivi leur mari en ville ne vaut guère mieux.

Le droit des femmes en ville

L'aube du XXe siècle a souvent été pour les femmes un début d'ouverture et la possibilité d'une certaine autonomie face aux contraintes du mariage ou du travail de la terre. Toutefois l'apport

39. Veena Thadani, « Women in Nairobi : the paradox of urban progress », *African Urban Studies*, n° 3, 1978-79, p. 72.

40. Seulement 15 % des ouvrières, mais 29 % des femmes entrepreneurs et 37 % des fonctionnaires l'ont affirmé, George et Eigbefor, *Ibid.*

41. 30 % des hommes affirmaient pour leur part leur désir de rester en ville. Wilkinson, *Migration in Lesotho, op. cit.*

du christianisme, du droit romain et de l'éducation occidentale avait des limites, qui pesèrent lourdement sur les femmes. Si l'expansion du commerce international et l'introduction de la loi coloniale favorisèrent la mobilisation du capital et du travail, celle-ci passait, de façon privilégiée, par le contrôle du marché de la terre. La transformation des droits de propriété dans les campagnes ne s'était pas faite en faveur des femmes, il s'en fallait même de beaucoup. En ville, il en fut de même pour des raisons identiques : la collusion d'intérêt entre les notables masculins et l'administration coloniale.

L'exemple type est celui de Lagos. Protectorat dès 1851 et colonie de la Couronne depuis 1861, cette ville, dont les Anglais avaient voulu faire d'emblée un port international, bénéficiait du droit britannique, et les femmes y jouissaient depuis longtemps d'une autonomie économique réelle. Toutefois elles eurent en la personne des Saros (immigrés christianisés du Sierra-Leone) et des Afro-Brésiliens (anciens négriers de retour d'Amérique), des concurrents redoutables acquis au modèle patriarcal occidental. Souvent conseillées et aidées par les missionnaires protestants en cas de divorce ou d'héritage, les femmes de Lagos n'hésitèrent pas, très tôt, à porter devant la justice coloniale leurs différends. Mais elles furent infiniment moins nombreuses que les hommes à se faire octroyer par la Couronne la jouissance de biens fonciers ou immobiliers[42].

> La responsabilité de la concession, si elle avait été accordée à titre collectif à la famille, était assumée par un homme de la famille ou bien, s'il s'agissait d'un droit privé, elle revenait au mari. Seule une poignée de femmes, veuves ou divorcées, en avaient bénéficié, pour des superficies et des biens très inférieurs à ceux des hommes. Le roi Dosunmu, qui régna dans les années 1850, avait accordé par écrit 72 lots, dont seulement quatre à des femmes. Le pourcentage ne varia guère.[43]

Les conséquences furent nombreuses. Dès les années 1860, les hommes d'affaires et les banques avaient pris l'habitude, pour accorder des avances, d'exiger une garantie sur les biens, voire une

42. Le droit britannique privilégie, surtout en ville, non pas la toute propriété, mais l'octroi par l'Etat de prêts dits emphytéotiques (généralement à 99 ans), temps au bout duquel le bien revient à la couronne.

43. Vers 1880, plus de 3 200 concessions avaient été accordées, pour la plupart à des hommes. Kristin Mann, « Women, land property and the accumulation of wealth in early colonial Lagos », *Signs*, vol. 16, n° 4, 1991, pp. 682-705.

hypothèque. Faute de crédit et sauf exception, les femmes étaient donc exclues du commerce international : vers la fin du siècle, les deux plus riches marchandes de Lagos, Fanny Barber et Rebecca Phillips, ne possédaient respectivement que neuf et six lots de terre à Lagos, alors que Taiwo Olowo, commerçant illettré, en possédait cinquante-huit dans le meilleur quartier, et Sunmonu Animasaun, marchand musulman d'origine servile, en avait accumulé trente-sept... Pour pallier leur manque de capital et de crédit officiel, les femmes eurent recours à une organisation interne de « tontines ». Elles contribuaient, à tour de rôle, à une cagnotte dont chacune bénéficiait ensuite par tirage au sort. Les activités « informelles » féminines furent donc, dès l'origine, un corollaire du droit colonial.

On pourrait penser qu'au Ghana le régime matrilinéaire a davantage protégé la femme, mais c'est de moins en moins vrai et, par ailleurs, la filiation patrilinéaire a presque partout eu gain de cause[44]. Certes, le fait pour la paysanne de cultiver davantage pour son propre lignage (sa mère et ses frères) que pour celui de son mari lui assurait un soutien plus ferme de la part de sa propre famille que du lignage de son époux qui ne lui devait rien. Mais actuellement, en ville, au fur et à mesure que les liens lignagers anciens se relâchent, le maintien de ce régime s'avère lourd de charges.

La coutume veut en effet que la femme assure entièrement l'entretien des enfants de son propre lignage, le mari étant lié aux enfants de ses sœurs. Les époux font donc bourse séparée, et le père ne se sent guère d'obligation financière, une fois qu'il a accordé à sa femme une petite aide pour faire démarrer son commerce. Prenons l'exemple des femmes Akan d'Accra, capitale du Ghana : près de 60 % des couples, même dans la bourgeoisie, ont gardé l'habitude du « chacun pour soi » financier[45]. L'épouse craint

44. La loi donnant à l'épouse le droit à une part des biens de son mari ne date que de 1979, et n'a été promulguée qu'en 1985. L'étude des procès en héritage plaidés en 1990, dans le pays Brong-Ashanti, au cœur de la zone cacaoyère, démontre que le père défunt lègue en général ses terres de plantation à ses enfants, et que la famille matrilinéaire, qui se présente en plaignante, a de moins en moins de chances de voir ses revendications aboutir. Gwendolyn Mikell, *Assault on matriliny : Ghanaian social policy and development*, en prépar.

45. G. Mikell, « Using the courts to obtain relief : Akan women and family courts in Ghana », Princeton Institute Paper, 1992.

beaucoup trop l'évasion des biens dans la famille de son mari pour accepter de participer à ses investissements, à moins d'être protégée par des textes juridiques dûment enregistrés, ce qui ne touche qu'une partie infime de la société urbaine. Elle préfère confier ses intérêts et ses gains à sa famille maternelle. Le résultat est que, pour assurer leur autonomie financière, la quasi-totalité des femmes mariées continuent, comme autrefois, d'exercer un métier.

Les situations les plus tragiques se voient en cas de veuvage, les biens du mari allant, selon la coutume, aux enfants de ses sœurs. La Confédération des chefs Akan avait déjà proposé, en 1938 et surtout en 1948, que la veuve et ses enfants pussent hériter le tiers des biens du défunt. Les tribunaux ne les suivirent pas, le Gouverneur britannique de l'époque n'ayant pas contresigné la proposition[46]. Le problème est identique lorsque la femme a divorcé, ou bien s'est trouvée enceinte sans avoir été épousée dans les règles. La situation n'est guère meilleure en cas de polygamie, quand la femme se trouve négligée au profit d'une plus jeune, et que le mari n'habite plus sous le même toit. Jusqu'à il y a peu, une femme chef de famille monoparentale n'avait pas la possibilité légale d'exiger une aide du père de ses enfants.

Face à un tel blocage, les femmes ont, depuis décembre 1981, l'opportunité de soumettre leurs problèmes familiaux à des tribunaux spécialisés dits *Family Courts* (tribunaux de famille). La crise des années 1980 a précipité l'évolution. Auparavant, alors qu'il n'était guère pensable, hors du lignage, de parler de difficultés domestiques, depuis quelques années les procès se multiplient. La plupart des plaintes, de la part de femmes dont près de la moitié travaillent dans le commerce informel et 20 % sont au chômage, concernent l'entretien des enfants ; certaines réclament une participation aux frais de scolarité ou une aide en cas de maladie, demande compréhensible si l'on songe à l'augmentation du taux de mortalité infantile.

L'intervention de la justice va beaucoup plus loin qu'une simple mesure sociale ; elle transforme l'ensemble du système. En effet, à

46. Le seul recours est que le mari fasse un don de son vivant, à condition que la famille matrilinéaire ne fasse pas opposition. 4 % seulement des Akan étaient dans les années 1965 mariés selon l'ordonnance du mariage de 1894 (monogame et chrétien enregistré) qui prévoit, en cas d'absence de testament, que 3/9 des biens vont au lignage du défunt, 4/9 à ses enfants et 2/9 à sa veuve. C. Oppong, *Middle class African marriage*, Londres, 1981, pp. 43-45.

partir du moment où l'homme participe à la charge des enfants, il revendique un droit de contrôle, ce qui est tout à fait nouveau, surtout chez les Fanti de la zone côtière ghanéenne où la fonction paternelle est plus marquée qu'ailleurs. Une des conséquences de cette mesure est la revendication du droit de garde au bénéfice du père (et donc du lignage paternel). A l'opposé, la reconnaissance d'une paternité risquant d'occasionner des frais que beaucoup d'hommes ne sont pas prêts à assumer, ils répugnent à épouser la fille qu'ils ont engrossée et refusent surtout de reconnaître leur progéniture. Tout ceci va à l'encontre du rite d'accueil consistant à « nommer » le nouveau-né, c'est-à-dire à le présenter officiellement comme membre de la famille, et porte donc à cet enfant un sérieux préjudice

La loi enfin a des effets pervers : elle fait perdre à la mère ses anciennes prérogatives matrilinéaires au profit de la conception occidentale qui tendait à la faire reconnaître comme dépendante de l'homme. Beaucoup de femmes Akan redoutent ce changement de mentalité qui, à terme, si les pères négocient leur prise de responsabilité, risque d'amoindrir leur droit à l'autonomie.

Les villes sont donc peuplées en majorité de jeunes adultes et de leurs nombreux enfants. Les vieux finissent encore leurs jours à la campagne ; ce sont surtout les vieilles femmes, les plus pauvres et les moins réinsérables de toutes, qui restent en ville. Aujourd'hui, les jeunes de quinze à vingt-cinq ans constituent près du quart de la population urbaine totale[47]. La migration des couples vers les villes tend de plus en plus à l'emporter sur celle des hommes seuls. Mais les femmes indépendantes sont devenues des acteurs réels, de plus en plus visibles, souvent majoritaires en nombre. Parmi elles se trouvent les filles pauvres de la campagne en quête d'emploi, et également les jeunes célibataires venues chercher en ville le diplôme réputé utile à leur promotion socioprofessionnelle. C'est seulement dans une frange marginale de la société, celle d'une bourgeoisie urbaine à l'européenne, que l'on rencontre le modèle, naguère classique en Occident, de la femme au foyer réputée à charge.

47. C. Coquery-Vidrovitch, « Démographie et déstabilisation politique en Afrique occidentale », Eric Vilquin éd., *Révolution et population. Aspects démographiques des grandes révolutions politiques*, Louvain-la-Neuve, Academia, 1990, pp. 173-202.

TROISIÈME PARTIE

LES FEMMES EN VILLE DE LA COLONISATION À L'INDÉPENDANCE

VIII

LA CONDITION URBAINE

Une constatation s'impose : le grand nombre de femmes en ville ne peut s'expliquer que très partiellement par la migration du mari. Le changement majeur du XXe siècle a été l'émergence en ville d'une catégorie nouvelle bien déterminée : les femmes indépendantes, c'est-à-dire capables de subvenir à leurs propres besoins et à ceux de leur famille (et d'abord de leurs enfants) sans l'aide de quiconque et sans dépendre d'un homme sinon par des liens sociaux acceptés, mais sans relation économique.

Beaucoup d'attention, peut-être trop, a été accordée à la prostitution. Non qu'il faille la nier, ou que celle-ci ne soit susceptible de revenus relativement substantiels, mais la qualité des études consacrées à ce « métier » a tendance à lui attibuer des dimensions disproportionnées, au moins dans l'histoire. Certes, la prostitution urbaine a été objectivement encouragée dès le début du XXe siècle par les colonisateurs qui ont cherché ou même, dans certains cas (Kénya, Rhodésies, Afrique du Sud), exigé que seuls soient admis en ville les travailleurs mâles sous contrat considérés comme célibataires. Les femmes malgré tout ont su trouver en ville bien d'autres opportunités d'emplois. Faute de formation et de moyens, elles ont préféré les activités qui requéraient à la fois peu de capital et une grande flexibilité d'adaptation au marché local. C'est ainsi qu'elles ont pris une place privilégiée dans le petit capitalisme marchand, « informel » de préférence, et plus tardivement dans le travail domestique.

DÉTÉRIORATION OU PROGRÈS ?

Lorsqu'on aborde la question de « *la* citadine », une fois encore, il est impossible de généraliser. Les facteurs en jeu sont multiples.

Outre l'héritage culturel propre à chaque région, l'âge des femmes, les relations entre les sexes propres à chaque société, la provenance et l'origine sociale des migrantes, c'est surtout la classe d'appartenance en ville qui introduit de notables différences. On a pu affirmer que l'évolution du statut de la citadine avait été contradictoire selon qu'il s'agissait d'une femme de classe moyenne ou de milieu populaire. Dans le premier cas, la vie en ville se serait accompagnée d'une dépendance accrue, tandis qu'au contraire les femmes du peuple y auraient trouvé des conditions favorables à une relative émancipation. L'exemple le plus typique est celui des paysannes venues vivre dans la banlieue d'Accra qui auraient su remarquablement tirer parti des opportunités du petit commerce d'approvisionnement urbain[1]. En revanche les femmes de la petite bourgeoisie auraient adopté par mimétisme le modèle occidental de la femme au foyer ; même si elles exerçent une profession leur salaire est en général inférieur à celui de leur mari ; elles auraient ainsi progressivement perdu les avantages que la matrilinéarité leur assurait dans la vie domestique pour se retrouver prisonnières du modèle patriarcal européen, devenues dépendantes de leur mari pour leur argent de poche, l'entretien de leur famille et par conséquent pour la totalité de leur existence. Par ailleurs l'usage de la polygamie enraciné dans la société masculine (même en cas d'interdiction légale, de règle en pays anglophone), et le divorce assez facile auraient fragilisé les conditions et l'avenir de la subsistance féminine[2].

Ce type de raisonnement doit être manié avec prudence. Pour les femmes des couches sociales supérieures, on pourrait tout aussi bien prétendre que, dans certaines sociétés, leur condition à la campagne avait été si médiocre que la venue en ville a toujours signifié une forme de libération. En pays Tswana par exemple, les femmes de chefs, tout en dirigeant le travail de leurs filles et de leurs servantes, travaillaient pratiquement autant qu'elles ; en pays Kikuyu les épouses, quelles qu'elles soient, devaient à leur mari des marques de déférence pleines d'humilité. On peut aussi avancer qu'en Afrique de l'ouest surtout, la femme, quelle que soit son appartenance sociale, a toujours travaillé à l'extérieur : à Accra comme à Lagos, par exemple, la femme de classe moyenne sans activité professionnelle n'existait guère à l'époque coloniale

1. C. Robertson, *Sharing the same bowl*, 1984.
2. Stichter et Parpart, *Patriarchy and class*, 1988, p. 17.

puisqu'elles étaient presque toutes commerçantes ; en pays Hausa, où pourtant les femmes de la bourgeoisie avaient depuis longtemps été cloîtrées, elles travaillaient et utilisaient leurs gains de façon personnelle.

Quant aux femmes du peuple, il n'est pas certain que leur venue en ville leur ait été nécessairement favorable : ce sont les hommes et en particulier les mieux formés qui se sont insérés le plus aisément dans la vie urbaine. Plus que les femmes, ils ont eu la possibilité de faire fructifier un capital de départ, d'établir des contacts utiles et d'acquérir une formation professionnelle. A l'époque coloniale, ils ont monopolisé la quasi totalité des emplois salariés. Par ailleurs, quel que soit le milieu d'origine, les lois coloniales ont favorisé en ville, hors de la protection coutumière, l'emprise individuelle du chef de famille sur les gains et la propriété de la maisonnée. On trouve encore aujourd'hui des situations d'aliénation assez extraordinaires : ainsi cet homme Luo qui, vers la fin des années 1960, a utilisé le salaire de sa femme, institutrice... pour se payer une deuxième épouse[3]. Le cas a été connu car la femme, instruite, l'a porté en justice. Mais combien d'épouses analphabètes de milieu populaire ont pu être exploitées par leur mari ? Nous pouvons donc également renverser l'argumentation : même si les femmes rurales étaient, globalement, soumises aux hommes, elles jouissaient autrefois d'une solidarité féminine et d'une relative autonomie qu'elles ont perdues à la ville[4]. Autrement dit, la pauvreté des femmes en ville était probablement pire qu'à la campagne.

La preuve est faite qu'à vouloir être trop généraux ces constats perdent toute signification. Il nous faut donc tenter, en laissant plus ou moins de côté le cas, très minoritaire jusqu'à une période récente, des citadines privilégiées par un mode de vie très occidentalisé, de comprendre comment la majorité des Africaines se sont, depuis les débuts de la colonisation, insérées professionnellement en milieu urbain.

3. Margaret J. Hay, « Women as owners, occupants and managers of property in colonial Western Kenya », M.J. Hay et M. Wright (eds), *African Women and the Law*, Boston, 1982, p. 117.

4. Veena Thadani, « Women in Nairobi : the paradox of urban progress », *African Urban Studies*, n° 3, 1978-7, pp. 67-83.

JUGEMENT DE VALEUR ET RÉALITÉ : LES FEMMES INDÉPENDANTES ET LES FEMMES LIBRES

Cet héritage différencié n'a pas seulement affecté le devenir du rôle des femmes en ville, mais aussi le regard qu'ont porté sur elles les colonisateurs comme les colonisés. Une abondante littérature montre bien que les Africains eux-mêmes, et sans doute par voie de conséquence la plupart des chercheurs, historiens et surtout chercheurs de terrain, anthropologues et sociologues, ont et continuent de propager sur les métiers féminins urbains des jugements moraux divergents. A Nairobi, par exemple, on méprise les petites marchandes de rue mais on vante leurs mérites au Nigéria ; les scientifiques ont tendance à compatir sur le sort lamentable des premières mais à encenser l'esprit d'entreprise des secondes. Dans l'ensemble de l'Afrique centro-orientale, du Kenya au Mozambique, la femme qui travaille en ville est plutôt méprisée alors que paradoxalement son travail est considéré comme normal à la campagne. Deux facteurs se sont conjugués pour donner de l'indépendance de la femme une image négative dans cette partie de l'Afrique : dans les sociétés anciennes, une femme libre représentait un véritable défi aux règles de séniorité et de parenté, fondées sur des échanges rituels et réciproques de dons parmi lesquels les compensations matrimoniales jouaient un rôle prédominant. Dans les premiers temps de la colonisation, la plupart des plaintes soumises au juge portaient sur la récupération de la dot lorsque la femme avait abandonné son mari ou son village. Quant aux Européens, ils eurent tôt fait d'assimiler une femme « indépendante » à une femme « libre » — c'est-à-dire à une prostituée.

Au Congo belge, la confusion était même entretenue par la loi : à Elisabethville (Lubumbashi), la compagnie minière encouragea dès les années 1920-25, la venue des épouses pour favoriser la stabilisation de la main d'œuvre. Dans le même temps, le nombre des jeunes femmes célibataires augmenta, alors que leur présence était pourtant théoriquement interdite par l'administration coloniale, sauf si elles avaient réussi à obtenir une carte d'identité. Dans la pratique cette carte était obligatoire dans les villes, appelées administrativement « centres extra-coutumiers », pour les femmes adultes — c'est-à-dire de plus de seize ans — « vivant théoriquement seules », dites VTS, qui payaient un impôt spécial. Les veuves et les femmes âgées, relativement rares, étaient dispensées de cette imposition. La carte, qui fournissait la preuve que la femme était en règle, était requise pour adhérer à n'importe quelle association de loisir, de danse ou d'entraide. Par cette procédure administrative, prostituées et célibataires furent confondues. Les jeunes femmes étiquetées VTS n'étaient, en fait, le plus souvent que des concubines, c'est-à-dire des épouses pour lesquelles le mari, ou du moins l'homme qui vivait avec elles, n'avait pas versé la compensation matrimoniale. Le cas était d'autant plus fréquent à Elisabethville que le prix d'une femme y était particulièrement élevé — il équivalait, nous l'avons vu, à dix mois de salaire à l'*Union Minière*. Ces femmes « libres » étaient soumises par la ville à une double taxation : un impôt de résidence et un impôt sur leurs revenus estimés. Les abus étaient fréquents, il était souvent difficile de décider qui était ou non une prostituée, et surtout la commune avait besoin de ces ressources ; 55 % des recettes urbaines en dépendaient à Elisabethville, et probablement autant à Stanleyville (Kisangani) où le tiers des femmes adultes pendant la Seconde Guerre mondiale étaient enregistrées comme « femmes libres ». L'attitude des autorités fut partagée entre le souhait d'empêcher l'immigration de ces femmes indépendantes, réputées dangereuses, et la satisfaction de les exploiter car elles s'avéraient indispensables à la fois par les tâches qu'elles assumaient et par les recettes budgétaires qu'elles assuraient.

Dans ce cas précis, les femmes indépendantes devinrent si nombreuses qu'elles organisèrent des associations spécifiques dont certaines devinrent célèbres. *Diamant*, association de commerçantes lancée à l'origine à Léopoldville (Kinshasa), recrutait exclusivement des femmes célibataires ou mariées en dehors de la coutume (c'est à dire sans compensation matrimoniale). Son but était de rechercher des maris et d'aider à l'organisation des fêtes de mariage. *Sami* était plus complexe : c'était une association d'« amies » (dont *sami* était une déformation) tenue par des petites commerçantes qui s'en servaient comme d'une agence de publicité — on dirait aujourd'hui de *marketing*! Ces femmes avisées recrutaient de jeunes apprenties, de préférence sorties tout droit de leur brousse et bien de leur personne, pour faire l'article auprès des mineurs célibataires qui constituaient le gros de leur clientèle. Les associées brassaient souvent de la bière dans des gargotes clandestines ou pratiquaient d'autres activités illégales plus proches de la prostitution. Pour combattre leur mauvaise réputation — un certain nombre de leurs recrues sortaient tout droit de l'école catholique —, elles allèrent jusqu'à changer leur nom en « Association des jeunes du Sacré Cœur ». Sans les innocenter totalement, il serait simpliste de réduire cette association à un simple repaire de prostituées[5].

Quel qu'ait été naguère le regard porté sur elles, la plupart des femmes pauvres ont désormais à peu près partout dans les villes africaines un profil démographique similaire et pratiquent le même type d'activités qui les placent souvent au-dessous du seuil de pauvreté. Sauf en cas de stérilité, les jeunes femmes ont souvent été mariées plusieurs fois et sont toutes chargées d'enfants en bas âge. Beaucoup sont divorcées, veuves ou abandonnées et le nombre des jeunes célibataires a nettement augmenté ces dernières années. Le nombre de femmes chefs de famille concerne aujourd'hui au moins le tiers, et souvent dans certaines grandes villes la moitié des cellules familiales. Il n'est pas nécessaire qu'elles aient « fauté » ou aient été abandonnées, mais les femmes préservent souvent mieux leurs droits sur les enfants si elle ne sont pas mariées. Ainsi, au Sénégal, une veuve, selon la loi musulmane, est renvoyée dans sa propre famille tandis que ses enfants reviennent à celle de son mari. En Tanzanie, la loi de 1971 stipule qu'en cas de divorce la garde est fixée selon les coutumes sociales de la communauté : les tribunaux ont donc eu tendance, selon les pratiques patrilinéaires, à confier les enfants au père dès qu'ils atteignaient six ou sept ans. On comprend mieux par ces exemples la volonté d'indépendance de la mère.

La plupart de ces femmes ont très peu ou pas du tout de capital et leurs gains sont minimes. Presque toutes enfin sont insérées dans le secteur dit « informel », sur lequel il ne faut pas se méprendre. Si, jusqu'à une époque récente, ce secteur n'était ni repéré ni contrôlé par les comptabilités officielles, il ne s'agit pas moins d'un ensemble d'activités précisément organisées, hiérarchisées et parfois fort rémunératrices et inséparables du marché capitaliste occidental, en amont (par les matières premières utilisées) comme en aval (par les débouchés du marché)[6].

5. Malira, « Regard sur la situation sociale de la citoyenne Lushoise d'avant 1950 », *Likundoli*, vol. 2, n° 1, 1974, pp. 63-71.

6. Par exemple : les cordonniers fabriquants de tongues utilisent des déchets de matières plastiques ou de vieux pneus (d'où leur denomination de « sandales Dunlop »). Celles-ci peuvent se retrouver en vente au supermarché local... Même remarque à propos des teinturières, qui travaillent sur des cotonnades souvent importées, et vont les revendre aux citadines.

IX

LES FEMMES ET LE COMMERCE

Le commerce non directement assimilable à l'économie de marché occidentale, appelé pour cette raison « informel », est partout aujourd'hui une activité courante des femmes en ville. Encore naguère les disparités régionales étaient beaucoup plus marquées. Les citadines d'Afrique de l'ouest, nous l'avons vu, exercent depuis très longtemps des activités commerciales et cette caractéristique constitua sans doute une différence majeure, aussi bien sociale qu'idéologique, avec les femmes du reste du continent. En Afrique orientale et australe, la plus grande partie du commerce de demi-gros et de détail fut, à l'époque coloniale, rapidement monopolisée par des communautés étrangères, constituées, en zone anglophone et à Madagascar, d'Indiens, en Afrique centrale, de Grecs ou de Portugais. A Johannesburg ou à Nairobi, les commerçantes africaines n'apparurent qu'aux alentours de la Seconde Guerre mondiale ; à Lusaka (Zambie), on ne les repère guère avant l'indépendance[1]. En revanche, en Afrique occidentale, malgré leur essor, les communautés libano-syriennes ne parvinrent pratiquement jamais à pénétrer le commerce régional d'approvisionnement urbain récupéré depuis longtemps par des réseaux anciens, souvent féminins, et intégré à leurs circuits. Il s'agit non seulement de petit commerce même si celui-ci a tendance, aujourd'hui, à proliférer mais également d'activités marchandes parfois de grande ampleur, c'est-à-dire animant un réseau régional, voire international consacré aux produits de gros et de demi-gros comme le sel, le poisson, les noix de palme ou de kola, le beurre de karité, les pagnes, l'or.

1. A. Nyirenda, « African market-vendor in Lusaka », *Rhodes-Livingstone Journal*, n° 22, 1957.

Le rejet moral de l'indépendance des femmes, au nom du puritanisme occidental et des vieux préjugés coutumiers, n'en rend que plus remarquable l'autonomie économique réelle et ancienne de beaucoup de femmes d'Afrique occidentale : que celles-ci relèvent d'un passé musulman ou chrétien, qu'elles résident en zone de colonisation catholique ou protestante, qu'elles appartiennent à des civilisations de la savane ou de la forêt, on trouve des marchandes presque partout — même si les femmes de certaines sociétés sahéliennes, comme chez les Sénoufo du Mali, en sont exclues.

La religion ne fut donc pas un facteur déterminant. Il faut chercher ailleurs des raisons plus profondes à cette spécificité de l'ouest africain. Dans certaines zones, les activités marchandes des femmes remontent à un passé lointain ; c'est le cas, par exemple, des femmes Ga ou Akan de la côte ; parfois l'ancienneté des villes a contribué à intégrer davantage les activités féminines à la vie urbaine ; nous en avons l'illustration en pays Hausa. Dans les ports côtiers, la créolisation a joué son rôle, comme à Saint-Louis, Freetown, Accra ou plus au sud à Loanda. La plupart du temps, c'est la conjonction de ces deux facteurs : traditions commerciale *et* urbaine anciennes qui ont contribué à donner de bonne heure aux femmes de ces régions un rôle tout à fait original. Dans des villes comme Djenné ou Tombouctou sur le fleuve Niger, des citadines, épouses de riches marchands, entreprirent fort tôt un commerce discret de produits de luxe ; d'autres épouses participaient aux expéditions des caravanes. René Caillé a décrit comment s'organisaient, dès le début du XIXe siècle, les expéditions mandingues. Les femmes, tout en s'occupant des tâches domestiques, géraient un petit commerce personnel, échangeant des noix de cola reçues de leurs époux contre du coton qu'elles filaient avant de le revendre contre des cauris, qui leur permettaient d'acquérir ensuite du sel et de la verroterie[31].

Parmi de nombreux exemples de femmes commerçantes on peut évoquer au moins deux types : celui des femmes de la côte, Saint-Louisiennes du Sénégal, Ga et Akan du Ghana, Fon du Bénin

2. René Caillé, *Journal d'un voyage à Tombouctou et à Jenné dans l'Afrique centrale*, rééd. Paris, Anthropos, 3 vol., 1965.

(Dahomey) ou Mina et Ewé du Togo[3], et celui, si particulier, des femmes cloîtrées du pays Hausa.

Les femmes de la côte ont toutes eu des activités marchandes bien avant la colonisation à l'exception de celles de la Côte d'Ivoire lagunaire où le commerce était assuré par des étrangères (du Ghana actuel ou d'ailleurs). Il n'y a pas de continuité évidente entre les anciennes porteuses de noix de kola ou d'huile de palme et les commerçantes du XXe siècle, très caractéristiques des villes du Ghana, du Togo, du Bénin ou du pays Yoruba, mais il est probable que la tradition des unes a favorisé l'expansion des autres : les anciennes marchandes et entrepreneuses de caravanes ont su très tôt saisir l'opportunité de fournir en produits locaux les cités coloniales en pleine expansion.

Les villes, construites ou privilégiées par les Blancs, se sont rapidement peuplées d'une foule de Noirs dans la proportion de 6 à 10 travailleurs par colon. Cette population misérable avait besoin pour survivre de biens de consommation bon marché et débités en petite quantité, vivres, artisanat et pagnes de facture locale, que ne leur offraient guère les firmes coloniales. A partir des années 1930, une petite bourgeoisie locale commença de se développer, désireuse d'articles plus élaborés mais à la mode du pays, tels que pagnes et boubous teints à la main (à l'indigo ou à la noix de kola), même si la matière première (cotonnades écrues ou parfois déjà teintes) était de plus en plus souvent importée d'Europe.

Les femmes maintinrent la coutume de pratiquer leur négoce sur la place du marché. Autrefois, les marchés avaient lieu régulièrement, à des dates variables suivant les régions, marquant ainsi la semaine locale : tous les quatre jours le plus souvent. En pays Yoruba, les marchés de demi-gros, plus importants, n'avaient lieu que tous les huit jours, car ils exigeaient des déplacements plus longs. Ils se tenaient d'ordinaire à proximité des bourgs importants, dans des zones plus ou moins frontalières et proposaient des produits d'échange complémentaires. Les marchés de détail se tenaient dans des centres plus petits tous les quatre jours ; quant aux marchés urbains de consommation, ils devinrent rapidement quotidiens.

La répartition du commerce entre sexes variait suivant les régions. Autrefois, les hommes, en pays Fanti (Côte de l'Or)

3. Toutes ces dénominations correspondent à des groupes linguistiques hérités de l'histoire — que l'on appelle aujourd'hui des ethnies.

avaient la haute main sur l'or, les esclaves, l'ivoire, les peaux, et même les noix de kola et les pagnes ; mais leur rôle dans le commerce décrût avec la disparition progressive de ces produits, et la main d'œuvre masculine passa au salariat. Aujourd'hui, de façon générale, le commerce vivrier est entièrement aux mains des femmes, ainsi que celui des pagnes lorsqu'il n'est pas monopolisé par des intermédiaires libano-syriens. Quant à l'artisanat, plus il est local, plus il est féminin : c'est le cas notamment des poteries. En revanche, tout ce qui a trait aux métaux (forgerons et bijoutiers) est d'ordinaire masculin, de même que le commerce d'importation ; par exemple les pacotilles fournies par les grossistes libano-syriens, tous les produits bon marché de provenance asiatique, comme la ferblanterie ou la quincaillerie souvent d'origine chinoise, ou le petit matériel audiovisuel, de Hongkong ou d'ailleurs. Bref, tout ce qui implique une mise de fonds et une liaison directe avec le marché international est plutôt masculin ; tout ce qui est lié à la subsistance quotidienne et au marché local est plutôt féminin. L'explication est à rechercher, une fois encore, dans la faible disponibilité monétaire féminine. On connaît quelques remarquables exceptions. Citons celui de ces femmes togolaises et de ces matrones ghanéennes ou Yoruba grossistes en tissus, celui de ces négociantes en or Wolof liées aux réseaux du pèlerinage à La Mecque, celui enfin de ces affairistes en diamants de contrebande en provenance du Sierra-Leone ou du Zaïre.

Les marchandes ghanéennes

Au Ghana (ex-Côte de l'Or), le commerce féminin a une longue histoire. Les femmes Ga qui vivent aujourd'hui dans le plus vieux faubourg d'Accra, *Ussher Town,* sont les héritières d'une ancienne lignée de contacts avec l'Occident, les Ga (ou Fanti) ayant été les intermédiaires entre la côte et le pays Ashanti. Tout au long du XIXe siècle, les hommes avaient été formés dans les écoles missionnaires ; au tournant du XXe siècle, dans ce qui n'était encore qu'une petite bourgade proche de la campagne, ils devinrent des auxiliaires de la colonisation, tandis que leurs femmes pratiquaient le commerce comme elles l'avaient appris de leurs mères et de leurs grands-mères. Le recensement de 1911 indique que 75 % des 4 000 femmes au travail dans le district d'Accra étaient des commerçantes ; la plupart travaillaient dans des entreprises familiales rassemblant les mères, les filles et les sœurs. Le pourcentage est resté étonnamment stable : en 1970, 79 % des femmes d'Ussher Town travaillaient toujours dans le commerce[4]. Mais les pratiques commerciales se sont transformées. En 1874 la loi britannique libéra les esclaves et les individus donnés en gage — des filles surtout — ; un autre texte autorisa les femmes maltraitées à quitter leur mari. Toutes ces mesures favorisèrent l'émancipation des femmes. Pendant et après la Deuxième Guerre mondiale, à la faveur de l'effort de guerre et de l'explosion urbaine, celles-ci mirent à profit leur début d'indépendance pour se lancer massivement sur le marché du poisson et des pagnes. Mais, là encore, les conditions ont changé ; à l'origine, beaucoup s'intéressaient à la production, fabriquant des perles locales à base de bauxite, teignant des pagnes ou conservant du poisson ; l'essor extraordinaire de la production favorisé par l'utilisation de pirogues à moteur et des techniques du séchage industriel a été très profitable à certaines d'entre elles. Elles durent cependant se cantonner dans une distribution de plus en plus morcelée qui passait de femme en femme, depuis l'achat du poisson frais jusqu'à la vente au détail, en incluant la préparation éventuelle du produit, son transport par camions, sa vente en gros et demi-gros. Cette dépendance vis-à-vis des fournisseurs industriels, la multiplication des intermédiaires jointes à la parcellisation de l'appui familial allaient leur créer de sérieuses difficultés lorsque le reflux économique, devenu dramatique après 1970, les laissa seules et appauvries. Elles se replièrent plus que jamais sur le petit commerce en vivres et plats cuisinés, à moins qu'elles ne se résignent à rechercher le soutien d'hommes qui, grâce à l'école, avaient pu accéder à la société capitaliste moderne. Ce soutien ouvrait souvent la voie à la prostitution.

Les petites commerçantes urbaines sont innombrables. Le commerce auquel s'adonne la femme dépend de ses disponibilités monétaires et de ses capacités de crédit. La plupart du temps, la commerçante ne dispose au départ d'autre capital que du peu d'argent liquide que lui alloue son mari, lorsque celui-ci a bénéficié d'un salaire. Chez les Akan le mari donne cet d'argent chaque jour, ou une fois par semaine. Parfois, il préfère accorder, une fois pour toutes, un pécule au moment du mariage. Cette formule est prati-

4. C. Robertson, *Sharing the same bowl. op. cit.*

quée chez les femmes Yoruba de Lagos (ce pécule était fixé à 10 shillings avant guerre et passa à un montant de 2 à 5 livres au début des années 1950[5]). Ce don permettait à la femme de faire démarrer son négoce dont elle était dès lors seule responsable. Certaines, particulièrement qualifiées, ont abordé le marché de demi-gros ; elles disposaient alors d'un crédit bancaire sur livret qui pouvait dans les années 1950 s'élever à plusieurs milliers de livres sterling. Il est jugé normal en pays Akan que l'épouse fasse bourse séparée et, dans un cadre matrilinéaire, assume sur ses propres ressources sa subsistance et l'entretien de ses enfants. En 1952, à Koforida, une bourgade de 30 000 habitants, un observateur a dénombré au marché la présence de 3 000 marchandes environ. Autant dire que 10 % de la population totale, soit peut-être 40 % des femmes adultes étaient présentes sur le marché, sans compter celles qui ailleurs pouvaient se livrer occasionnellement à leurs affaires. Le pourcentage reste constant et considérable : environ 70 % des femmes adultes travaillent dans le commerce[6]. Une enquête a permis de préciser qu'une minorité non négligeable de ces femmes étaient des « étrangères », c'est-à-dire n'ayant pas accès à la terre des environs ; la plupart étaient ou avaient été mariées, seules quelques-unes étaient veuves ou abandonnées. Toutes ou presque travaillaient pour nourrir leur progéniture : un échantillon de 78 femmes entretenait 224 enfants (soit une moyenne de près de trois enfants par femme). Elles reconnaissaient travailler entre six et onze heures par jour sur le marché ; celles qui y faisaient le moins de présence préparaient chez elle les plats destinés à la vente. Toutes ces activités s'inscrivaient dans la normalité sociale féminine urbaine.

Les Nago de Lagos

Chez les Yoruba de Lagos[7] le constat est identique. Les femmes affirmaient en 1951 que toutes celles « qui ne sont ni malades ni

5. Suzanne Comhaire-Sylvain, « Le travail des femmes à Lagos, Nigeria », *Zaïre*, vol. V, n° 2, 1951, p. 169.

6. D. McCall, « Trade and the role of wife in a modern West African town », A. Southall ed., *Social change in modern Africa*, Oxford University Press, 1981, pp. 286-299.

7. Surnommés « Nago » le long de la côte occidentale sur laquelle leurs activités commerciales les amenaient à circuler jusqu'à Abidjan et au-delà.

infirmes travaillent »[8]. Sur un échantillon de 207 mères de famille, 170 se livraient à une activité qui les tenait éloignées de leur foyer plusieurs heures par jour ou plusieurs jours par semaine ; moins de 20 %, restaient à la maison[9]. La quasi totalité des épouses de polygames travaillaient, et les femmes au foyer concernaient presque exclusivement des épouses monogames non Yoruba.

Le travail des femmes, là encore, relève en grande partie d'habitudes culturelles anciennes. L'usage Yoruba veut, en effet, que le père assure la subsistance de ses enfants, leur achète les vêtements ordinaires et couvre leurs frais de scolarité, mais que la mère se charge de sa propre subsistance et de tous les autres frais concernant les enfants : vêtements de fête, uniformes et fournitures scolaires, jouets et même tickets d'autobus ; le mari n'est tenu de nourrir sa femme que « lorsqu'elle ne travaille pas bien », et ne lui doit qu'une robe dans l'année, au jour de l'an.

Presque toutes ces femmes (95,5 %) étaient commerçantes, les quelques autres — pour l'essentiel des « Saros » originaires du Sierra-Leone — exerçant l'activité de couturières, coiffeuses, lingères, infirmières, institutrices...

Pour ouvrir boutique, une femme avait besoin d'au moins £ 50, l'importance de la somme n'empêchait pas de recenser des milliers d'échoppes tenues par des femmes ; certaines avaient des stocks considérables, évalués assez couramment à £ 5 000 et on a cité le cas très exceptionnel d'une marchande qui aurait possédé pour £ 20 000 de produits. Ces commerçantes n'étaient pas tenues d'avoir une comptabilité ni de solliciter une patente, sauf pour la vente des spiritueux ; l'impôt était déterminé de façon approximative pour celles supposées dépasser £ 200 de revenu net. L'administration était assez souple, sans doute se souvenait-elle des violentes révoltes suscitées depuis les années 1930 par l'institution de l'impôt[10]...

Le syndicat des petits commerçants et les maris se plaignaient de leur individualisme ; il n'était pas question pour elles, en ce pays de tradition matrilinéaire, de reverser un centime des bénéfices dans la

8. Suzanne Comhaire-Sylvain, *op. cit.*

9. L'échantillon n'est représentatif que d'une catégorie relativement privilégiée, puisqu'il s'agit d'une enquête menée à partir d'écoles de filles, donc concernant des mères de fillettes de douze à dix-huit ans élèves de dernière année de cours primaire ou bien de cours secondaire, ce qui était encore l'exception à cette date.

10. Voir chapitre 15.

communauté conjugale ; l'argent allait plutôt dans la lignée maternelle où la fillette avait fait son apprentissage aux côtés de sa mère. Une importante négociante en tissus se vantait d'avoir gagné dès avant son mariage 100 £, des bijoux et des tissus mais, dissimulant à son mari l'existence de ces économies déposées chez sa mère, elle l'avait supplié de lui donner les cinq livres rituelles. Elle désirait, prétendait-elle, reprendre à zéro le commerce en tissus imprimés auquel elle était habituée.

On comptait à Lagos 400 marchandes environ possédant chacune entre trois et cinq maisons de rapport ; la plupart refusaient de payer l'impôt sur le revenu bien que leurs propriétés fussent à leur propre nom. Beaucoup de ces femmes étaient, comme autrefois, en déplacement continuel, allant se procurer leurs marchandises à l'intérieur du pays. D'autres, en revanche, se faisaient approvisionner par les parentes de la campagne. La plupart avaient débuté très jeunes, à dix ou douze ans, en un temps où il n'était pas question pour elles d'aller à l'école. Les Yoruba s'étaient spécialisées dans les tissus jugés de bon rapport. Les beaux pagnes étaient fabriqués sur place par les tisserands traditionnels, certains, teints à la main à partir de tissus importés blancs ou écru, à broderies incrustées, dits « bazin », se vendaient relativement chers, souvent à la commission. Le tisserand ou l'importateur en confiait une certaine quantité à la marchande, à charge pour elle d'en tirer le meilleur prix. Elle ne faisait son bénéfice qu'une fois la vente effectuée, après avoir réglé le coût d'achat convenu. Ce procédé avait pour la marchande l'avantage de pouvoir retourner les invendus, tandis que, si elle achetait à crédit ou au comptant, les pertes éventuelles restaient à sa charge. Beaucoup de producteurs, pour assurer un écoulement plus régulier de leurs denrées, avaient d'ailleurs recours à des courtières.

Certaines se rendaient régulièrement dans les territoires voisins, au Dahomey (Bénin), en Gold-Coast, à Fernando-Po ou même en Gambie. Elles achetaient les produits les plus intéressants tout en prospectant la clientèle. Elles y établirent parfois une sorte de bureau permanent, géré par une parente qui s'occupait de leur procurer des commandes de tissus. La plupart de ces aides finissaient par quitter leur patronne pour s'établir à leur compte dès qu'elles avaient amassé le pécule nécessaire. Les plus industrieuses de ces femmes possédaient un ou deux camions. En 1961 la plus riche d'entre elles était une musulmane de 65 ans, Madame Rabiatu, qui avait reçu de l'*Oba* de Lagos le titre d'*Iyalode* (Maîtresse des marchés). Elle avait hérité son négoce de sa mère, alors que son mari, désormais à la retraite, avait eu une carrière effacée de commis de firme européenne.

Il est intéressant de noter qu'à la différence du Ghana aucune d'entre elles n'était en relation avec les maisons d'import-export européennes, que ce soit comme employée, gérante ou chef d'entreprise indépendante ; peut-être les Européens gardaient-ils l'habitude de se tourner plutôt vers les hommes, les libano-syriens surtout ? Ou les femmes étaient-elles bloquées par leurs méthodes « informelles » et leur analphabétisme ? Les associations d'entreprises étaient rares et restaient cantonnées au niveau familial. Les maris auraient sans doute vu d'un mauvais œil toute autre forme d'organisation. Une association regroupant plusieurs femmes d'affaires durait rarement plus d'un an, terme au bout duquel le partage des bénéfices devait être effectué.

Les plus riches de ces femmes faisaient également le commerce de l'argent, même si ce métier de prêteur était plutôt masculin. Cette activité devint presque occulte lorsque le gouvernement colonial imposa une licence aux prêteurs au cours officiel de 3 pence par £ et par mois, soit 15 % par an. Pour des montants inférieurs à 100 £ les taux étaient franchement usuraires. Ils allaient de 30 % à 150 %, avec une garantie en tissus ou en bijoux fréquemment revendus ensuite au marché par les prêteuses.

Les femmes Ibo, souvent nouvelles venues à Lagos, restaient cantonnées au commerce alimentaire. L'approvisionnement en vivres se faisait presque toujours par achat direct au producteur. Souvent, les marchandes se contentaient d'arrêter sur la route, à des endroits convenus, les fermières qui se dirigeaient vers la ville pour écouler leurs denrées. La concurrence jouait, même si la priorité était reconnue aux premières arrivées.

La répartition par sexe du commerce s'est modifiée peu à peu : aujourd'hui le commerce des articles de ménage, quincaillerie, cuvettes de fer émaillé puis de plastique, qui exige un capital initial, est aux mains des hommes sur un bon nombre de marchés (notamment au Sénégal ou dans les villes du sahel). Autrefois, à Lagos, ce commerce appartenait aux femmes, de même que l'activité d'herboriste ; les revendeuses avaient souvent à leur service des experts (masculins) qui se rendaient en forêt ou en brousse pour trouver les feuilles, herbes ou racines recommandées par la pharmacopée locale.

Les femmes, sur les quinze marchés de Lagos, étaient très largement majoritaires en nombre. En 1948, on en dénombrait environ 8 000, sans compter les aides et les apprenties, régulières ou occasionnelles, regroupées à quatre ou cinq autour d'une commerçante en titre. Chaque type de commerce est organisé en section : marchandes de poisson, de *gari* (farine de manioc), de vaisselle, de tissus, etc. Chaque section a ses règles : aucune marchande par exemple n'a le droit de vendre du poisson acheté directement aux pêcheurs, toutes doivent obligatoirement passer par une courtière. La vente des crustacés et des coquillages au contraire est libre pour les ramasseurs. Les femmes sont, en principe, exclues du dépeçage et du commerce de la viande, mais on pouvait en observer quelques-unes diriger cet emploi. Chaque chef de section rend compte à la responsable générale du marché, choisie par consensus et reconnue par l'*oba.* La quasi totalité des différends sont réglés entre soi, sans recours aux tribunaux ordinaires. Les responsables se réunissaient régulièrement autour de mets et de boissons pour veiller à la cohésion sociale du groupe, elles n'ont cependant jamais cherché à s'organiser davantage dans le domaine économique, par exemple en agissant sur la fixation des prix.

L'organisation des marchés, très structurée, joua de bonne heure un rôle politique et les corporations de marchandes avaient leur mot à dire dans la désignation des *oba.* En 1923 Herbert Macaulay les affilia à son parti *National Démocratique.* La « guerre des femmes » Ibo révéla leur force au gouvernement colonial qui reconnut dès lors leurs associations. Sortes de *trade-unions,* connues sous le nom de *Market Women Unions,* elles devinrent une branche des partis politiques lorsque, en mai 1944, elles adhérèrent au *Lagos Women Party.*

A l'heure actuelle, l'esprit aventureux des femmes Yoruba a entraîné certaines d'entre elles à exercer leurs talents dans le négoce outre-mer ; en 1991, en Grande-Bretagne, sur 267 femmes arrêtées pour trafic de drogue, 81 étaient nigérianes.

Les Nana-Benz de Lomé

L'ampleur du commerce féminin, très frappant chez les Yoruba, ne fut pas exceptionnel. Le phénomène des grossistes ou « revendeuses » en tissus de Lomé au Togo est suffisamment remarquable pour avoir donné lieu à des études précises[11].

Ce commerce des tissus, très développé depuis les débuts de la traite atlantique, est ancien. Il s'accéléra dans les années 1880-90, à l'initiative d'un négociant anglais de Glasgow qui introduisit massivement en Gold-Coast des cotonnades imprimés, concurrençant rapidement la production locale de teinture artisanale de pièces de coton écru d'importation. La mode s'en répandit, sous l'influence de soldats africains ayant servi sous le drapeau néerlandais aux Indes Orientales. Ils jouissaient d'un grand prestige auprès des populations et appréciaient les motifs des textiles indiens et javanais. L'expansion des plantations cacaoyères détenues par les hommes (le pays était devenu dès 1911 le premier exportateur mondial de cacao) a sans doute contribué à favoriser l'entrée des femmes sur le marché. La commercialisation du pagne a commencé avec les *mammies* de Gold-Coast, et jusqu'en 1950 les revendeuses de Lomé allaient se ravitailler chez elles. Le négoce se répandit aussi au Togo voisin, en partie grâce aux profits de la contrebande. Dès le début du siècle on relève la présence à Lomé de revendeuses de tissus : les femmes Mina ou Ewé, comme les Yoruba et les Fon, participaient peu aux tâches agricoles. L'usage voulait qu'elles eussent la libre disposition des revenus de leurs propres affaires, malgré le système patrilinéaire et quoiqu'étant supposées recevoir de leur mari de quoi entretenir leur famille. Tandis que les hommes étaient absorbés par le salariat, les plus audacieuses saisirent l'opportunité d'accumuler un petit pécule en leur nom propre pour échapper à la toute puissance des échanges matrimoniaux. Elles pouvaient ainsi, en cas de divorce — assez fréquent — « acheter » le droit de garder leurs enfants.

Ce commerce aurait pris son essor à partir de 1930 ; en 1940, on comptait une quarantaine de revendeuses. A la fin des années 1970, 6 000 marchandes patentées en avaient le quasi monopole, à partir d'une production soit d'importation européenne (la *java* et le *cover*, outre le *wax* hollandais, ou *tchiganvo*, de qualité supérieure), soit en provenance de l'usine textile de Dadja à quelques kilomètres d'Atakpamé qui occupait à cette date 13 000 personnes (la *fancy* ou *tchivivo*, meilleur marché).

11. Rita Cordonnier, *Femmes africaines et commerce. Les revendeuses de tissus de la ville de Lomé*, Paris, 1987.

On aurait tort d'imaginer ces revendeuses de Lomé comme une classe homogène. Les Togolaises sont réputées depuis longtemps pour leur ardeur commerciale et la forte hiérarchisation de leurs associations. Dans les années 1950, il existait au moins trois catégories de revendeuses. Le premier groupe comptait celles dont le chiffre d'affaires était supérieur à dix millions de Francs CFA. Les plus riches, liées à l'import-export, se réservaient l'exclusivité des motifs sur échantillon et cet avantage constituait un atout-clé dans cette profession, relativement fermée, dont l'accès n'était réservé qu'à une fraction privilégiée de la bourgeoisie togolaise. Ces femmes se trouvaient à la tête d'un réseau international, depuis la Côte-d'Ivoire et le Niger jusqu'au Zaïre. Elles organisaient le marché d'une façon habile, ne cédant les tissus les plus recherchés qu'à la condition d'inclure dans le lot un certain nombre d'*azo* (ou coupes difficiles à écouler). Le deuxième groupe était constitué de commerçantes en demi-gros. Elles s'approvisionnaient en partie chez les premières et en partie dans les magasins importateurs. Leur lieu de travail était également le grand marché. La troisième catégorie enfin regroupait les détaillantes travaillant à la campagne comme à la ville, souvent pour le compte d'une patronne. En 1967, on recensait au total, sur le grand marché, six importatrices seulement, 33 commerçantes, et 546 revendeuses.

On peut suivre leur ascension depuis la période coloniale. La plupart appartiennent aujourd'hui à des dynasties de revendeuses, soit en ligne directe, soit intégrées au réseau familial après avoir appris le métier, comme aides-revendeuses par exemple, auprès d'une tante maternelle qui les avaient parfois fait venir de la campagne. Plus récemment certaines femmes ont acheté une concession avec leurs fonds propres ou avec l'aide de leur époux, souvent lui-même agent de l'administration. Elles dirigent de main de maître les deux étages des halles relativement grandioses du centre de la ville, un grand bâtiment de béton construit en 1967 où s'entassent d'impressionnants étalages de tissus en tout genre — cotonnades d'importation imprimées de toutes les couleurs, wax, bazins, grands pagnes du Ghana. Les principales négociantes arrivent tous les matins dans leur voiture, naguère luxueuse. La mode en effet, héritée de l'influence allemande, était de posséder une berline-Mercedes, d'où leur surnom familier de « nana benz ». Au lever du soleil, on assiste, autour du marché, à un étrange ballet où ces femmes d'importance, aux proportions souvent impressionnantes, se font déposer en grand apparat au prix de multiples embouteillages. Souvent analphabètes ou peu scolarisées, elles ne comprenaient guère, il y a peu encore, que leurs filles, plutôt que de suivre leur exemple, veuillent s'embarrasser d'études supérieures qui leur garantiraient un salaire de misère… Toutefois, comme elles ont les moyens de leur faire faire des études, on constate une assez forte désaffection des nouvelles générations pour le commerce. En 1977, 18 % seulement des filles de revendeuses travaillaient encore dans cette activité. Les trois-quarts en revanche étaient salariées : fonctionnaires, sages-femmes, institutrices, secrétaires… Certaines d'entre elles reprennent les affaires sous des formes modernes ; mais en général le relais est pris ou à prendre par des aides-revendeuses d'origine villageoise.

Malgré leur faible scolarisation, les commerçantes des générations les plus anciennes ont très tôt disposé de crédits, voire de découverts importants auprès des banques locales qui connaissaient leur solvabilité. Le montant déclaré des achats effectués par les revendeuses — très inférieur à la réalité — s'élevait en 1980 à douze milliards de francs CFA. Ce chiffre d'affaires était concentré dans les mains d'un très petit nombre de négociantes. Trois d'entre elles cumulaient le tiers des transactions, et les trois-quarts étaient aux mains de 19 femmes seulement, c'est-à-dire une petite minorité face aux quelques 8 000 revendeuses recensées dans la circonscription de Lomé en 1976. Il s'agissait de vraies privilégiées faisant des bénéfices considérables. L'absence totale de contrôle des prix, l'inexistence de charges professionnelles, et le caractère insignifiant des charges fiscales favorisaient ces profits. Sur le plan politique, pendant la colonisation et sous l'indépendance, les « nana-benz », conscientes de leur poids et de leurs moyens, se montrèrent remarquablement combatives pour défendre leur position privilégiée.

Les matrones de Dakar ont acquis elles aussi une puissance commerciale réelle. Le commerce de l'or, métal prisé des bijoutiers sénégalais (d'origine castée) réputés sur tout le continent (les Maures travaillent plutôt l'argent, vieille tradition venue du monde arabe), est très pratiqué sur la route du pèlerinage de La Mecque. Il faut voir ces fortes femmes couvertes de bijoux, la bouche remplie d'or s'agitant dans les aéroports avec leurs larges boubous blancs d'où émergent quantité de baluchons de toute taille bourrés des marchandises les plus variées. Palabres et arrangements divers permettent d'en négocier le passage avec les douaniers. Les femmes sont également très impliquées, à travers tout le pays, dans le séchage et la distribution du poisson, pêché par les hommes. Ces commerçantes en gros et demi-gros affrètent, à partir des plages les plus productrices : Kayar, Mbour (grand centre de séchage) et même Soumbedioune à Dakar, des chauffeurs et des camionnettes brinquebalantes qui assurent la distribution sur les plus petits marchés de l'intérieur. Avant même l'avion ou le camion, l'arrivée du chemin de fer a transformé le contexte des réseaux marchands, et ce sont ces femmes de l'informel qui en ont tiré profit. Les premières commerçantes à exploiter les possibilités offertes par le chemin de fer Dakar-Niger seraient apparues autour de la Première Guerre mondiale (la première locomotive entra à Bamako en 1904). Aujourd'hui, deux express internationaux font en principe le trajet chaque semaine. Entre septembre et mars (saison sèche favorable aux transactions), les commerçantes y représentent 70 % des voyageurs, soit environ 420 marchandes à chaque voyage. Les grosses marchandes sénégalaises utilisent l'express, plus confortable. L'autorail quotidien Bamako-Kayes est la courroie de transmission des marchés riverains ; mais la foule des petites marchandes pratiquent surtout la plate-forme du train mixte bi-hebdomadaire dont l'usage gratuit est admis par la Régie. Quant aux grossistes en produits maraichers et fruitiers du Mali à la descente et en bois à la montée, elles utilisent les services du train de marchandises[12]. Toutes les voies ferrées ont provoqué le même type d'activités, que l'on retrouve entre autres sur le chemin de fer Brazzaville-Pointe-Noire pour approvisionner le trafic entre la capitale et Kinshasa, ou sur celui qui relie Abidjan au grand marché intérieur de Bouaké et, de là, à Bobo-Dioulasso et Ouagadougou. Le spectacle est familier de hordes de commerçantes qui déferlent sur le train de voyageurs arrivant en gare, pour vendre produits artisanaux ou vivriers locaux : ce n'est que la partie la plus visible d'un réseau qui de proche en proche touche une région beaucoup plus vaste que le simple espace de la gare.

Toutes les femmes des sociétés côtières ou riveraines ne s'adonnent pas au commerce, loin s'en faut. Il s'agit souvent de spécia-

12. Sur le chemin de fer : Agnès Lambert, « Les réseaux marchands féminins du chemin de fer Dakar-Niger », Chantal Blanc-Pamard ed., *Politiques agricoles et initiatives locales. Adversaires ou partenaires*, Paris, ORSTOM, 1993, pp. 91-106.

listes qui se sont emparées du marché. En revanche les femmes de Côte d'Ivoire maritime continuent de trouver cette activité peu convenable. A Abidjan, la quasi totalité du commerce de marché reste le fait d'étrangères. Les femmes Ewe ou Fon, mais aussi Akan du Ghana ou Yoruba du Nigeria (dites alors Nago) tiennent le haut du pavé. Les autorités urbaines ont voulu donner la priorité de place sur les marchés aux Ivoiriennes ; mais celles-ci, le plus souvent, louent ou vendent leur droit à des étrangères[13]. Ces disparités tiennent à un héritage culturel différent, renforcé par des réflexes de petite bourgeoisie acquis au temps de la colonisation.

LES FEMMES D'AFFAIRES EN AFRIQUE CENTRALE

D'une façon générale, les sociétés d'Afrique centrale sont « machistes ». Du Kenya à la Namibie on retrouve à peu près partout le même schéma ; on en vient à penser que la très faible et tardive intervention des femmes dans la vie active s'expliquerait par l'héritage colonial : mélange de misogynie et de puritanisme victorien hostile à leur émancipation en ville. Actuellement, sauf exception, seules les Zaïroises, depuis une époque récente, semblent sortir de ce carcan.

Des débuts timides

Pendant la période coloniale, tout paraît s'être ligué pour interdire aux femmes d'accumuler un pécule personnel. Même sur le *Copperbelt* zambien où elles accompagnaient leurs maris mineurs, les femmes n'exercèrent jusqu'à la fin des années 1930 que peu d'activités rémunérées. Puis, dans les années 1950, un certain nombre d'entre elles se mirent au jardinage, pour suppléer les nouvelles modalités de la paye effectuée par les sociétés minières, qui ne fournissaient plus en nature une partie des gages. Les femmes récoltaient des champignons et du miel, et certaines vendaient leur récolte à leurs voisins ou sur le marché. D'autres firent de même avec le bois de chauffe ou la bière, puis l'on vit apparaître la prosti-

13. Chantal Vlei, « L'évolution du travail des femmes en Côte d'Ivoire 1946-1986 », Thèse de l'Université Paris-VII, 1994.

tution, très mal acceptée du côté africain[14]. En 1954, sur le grand marché de Luburma (le plus ancien de Lusaka) environ un cinquième des vendeurs étaient des femmes qui proposaient des légumes et des fruits de saison ou des mets préparés, la plupart sans régularité. Cette proportion, en 1959, était montée au tiers. Les commerçantes exerçaient plutôt leur activité à partir de chez elles, alors que la rue ou le marché étaient réservés aux étrangères. Cette activité était en effet méprisée presque au même titre que la prostitution[15]. Il s'agissait donc d'une conduite de survie, concernant essentiellement les plus pauvres.

Au Congo belge, la grande dépression des années 1930 fit démarrer les activités des femmes en ville. Plus mobiles que leur mari et ayant gardé davantage de liens avec les milieux ruraux, les Batéké se sont tournées vers le commerce des produits alimentaires de base : manioc brut ou préparé, feuilles de manioc, huile et vin de palme, poisson fumé. L'activité de la femme mariée restait en général en relation avec celle de son mari : les femmes de matelot ou de pêcheur s'adonnaient au commerce du poisson avec les localités riveraines ; celles des petits fonctionnaires ou employés tenaient plutôt un commerce à domicile pour les besoins du voisinage. Certaines localités étaient spécialisées : ainsi les femmes Lokele de Kingabwa colportaient des poteries de leur fabrication. Le commerce devint rapidement itinérant et le resta ; il reliait les zones proches de la périphérie à la capitale. Les femmes Batéké surtout colportèrent sur les deux rives du fleuve, entre Léo et les quartiers de Poto-Poto et de Bakongo côté français. Du côté belge, ce furent des femmes Balari de Brazzaville qui, à l'appel de la municipalité de Léopoldville, vinrent au début des années 1940 se livrer aux cultures maraîchères dans des zones réservées à cet effet au nord des quartiers noirs de la ville. Avec l'ouverture du chemin de fer Congo-Océan (1934) et surtout depuis l'indépendance, les femmes prirent l'habitude de venir s'approvisionner directement à Pointe-Noire en produits d'importation : pagnes, chemises et textiles de toute sorte. Sur le Pool, les transports se faisaient en pirogue[16]. Dans le cas de Kisangani au Congo belge au début des

14. Nyirenda, *op. cit.*

15. M. Miracle, 1965, pp. 333-334, cité par Ilsa Schuster, « Marginal lives : conflict and contradiction in the position of female traders in Lusaka, Zambia », E. Bay, ed., *Women and Work in Africa, 1982*, pp. 105-111.

16. Le Pool (naguère Stanley-Pool) est le large plan d'eau sur le fleuve

années 1950, c'étaient d'anciennes prostituées, essentiellement des Nupe, qui une fois retirées utilisaient leurs économies pour ouvrir une boutique ou devenir propriétaires. Mais l'essentiel du commerce était aux mains d'étrangers, souvent Grecs ou Portugais.

L'explosion du commerce informel

A Brazzaville comme à Kinshasa, les femmes ont commencé à investir l'« informel » dans les métiers de la distribution des vivres. Le commerce d'approvisionnement du poisson et des produits maraîchers est désormais entièrement entre leurs mains[17]. Cette évolution s'est accélérée depuis l'indépendance, au fur et à mesure de l'essor urbain et de l'extension de la crise du secteur capitaliste.

Du milieu des années 60 au milieu des années 70, Lusaka a doublé, passant de 250 000 à 500 000 habitants. Les hommes, qu'ils soient mineurs, fonctionnaires ou salariés d'entreprises, ont perdu leur emploi ou vu leurs ressources décroître ; la scolarisation et la connaissance du français, un de leurs atouts, ont eu moins d'importance dans la réussite sociale. Mais bon nombre de femmes se sont fait une place dans le secteur « informel », échappant ainsi à la seule activité rémunératrice qui leur était réservée à l'époque coloniale : la prostitution. L'obtention d'une licence pour vendre sur un marché était presque aussi recherchée qu'un emploi de femme de ménage dans un établissement public (type d'emploi d'ailleurs quasi monopolisé par les hommes). Ainsi à Addis-Abeba, dans les années 1960, 60 % des vendeurs de rue étaient des femmes[18]. Mais la concurrence est forte, et le commerce de colportage, considéré comme illégal, tout au plus toléré, reste l'occasion de vexations multiples (amendes, arrestations, brimades).

Congo séparant Brazzaville de Kinshasa. Cf. Didier Gondola, *Migration et villes congolaises au XIXe siècle*, Thèse de l'Université Paris-VII, 1993, p. 126.

En 1950, 15 % des femmes de Lisangani (contre 50 % des hommes) avaient reçu un début de scolarisation et 2 % seulement étaient employées dans le secteur « moderne » (contre 90 % d'hommes). V. G. Pons, *Stanleyville : an African urban community under Belgian administration*, Londres, Oxford University Press,1969, pp. 215 et 248.

17. Cf Gertrude Mianda, *Les femmes maraîcheres de Kinshasa et la conquête de l'autonomie : sexe et pouvoir*, Paris, L'Harmattan, 1994.

18. M. De Young, « An African emporium : the Addis Markato », *Journal of Ethiopian Studies*, vol. 60, 1967.

En Afrique orientale et centrale, le démarrage fut plus lent. Les femmes Kikuyu surtout et Luo parfois s'approvisionnent quotidiennement dans les marchés de gros à la périphérie des villes et tiennent aujourd'hui le haut du pavé à Nairobi, où la vente des vivres et des plats cuisinés a toujours été leur métier[19]. Mais à Harare (Zimbabwe), où le système colonial de ségrégation s'est prolongé jusqu'en 1980, il y avait encore en 1969 plus de deux hommes pour une femme et là, comme ailleurs, la majorité d'entre elles se sont dirigées vers le commerce informel. D'après une enquête de 1980, la moitié des femmes habitant Harare n'exerçaient aucune profession, 13 % seulement étaient salariées, et plus du tiers étaient établies à leur compte dans un petit commerce de légumes, de volailles ou d'articles de leur fabrication (tricot ou crochet). C'est en Tanzanie que le retard est le plus grand, à cause de l'islam peut-être. Il n'y avait à Dar-es-Salaam, en 1985, que cent femmes sur les quelque 3 000 vendeurs de biens vivriers[20]. La situation est comparable à Windhoek, en Namibie, où le tiers à peine des femmes (contre 82 % des hommes) étaient engagées au début des années 1980 dans une activité professionnelle, le plus souvent « informelle » : les hommes sont vendeurs de journaux, taxis à la sauvette, sculpteurs sur bois ou mécaniciens de fortune ; les femmes monopolisent la tenue des bars clandestins et pratiquent, comme ailleurs, le petit commerce des vivres et des plats cuisinés, la vannerie ou la fabrication de poupées[50]. Partout, l'activité est liée à la survie.

19. 5 000 licences environ sont délivrées annuellement, mais il y a 45 000 colporteurs, donc la plupart illégaux. W. Mitullah, « Hawking as a survival strategy for the urban poor in Nairobi : the case of women », *Environment and Urbanization,* vol. 3, n° 2, 1991, pp. 13-22.

20. Dans les cinq villes principales de Tanzanie, le pourcentage des citadines actives au travail, la plupart dans des activités informelles, était en 1980 de 21 % seulement contre 80 % des hommes. *Women in the urban markets labour in Africa : the case of Tanzania,* World Bank Working Paper n°380, 1980. D.W. Drakakis-Smith, « The changing economic role of women in the urbanization process : a preliminary report from Zimbabwe », *International Migration Review,* vol. 18, n° 4, 1984, pp. 1278-1291. A. Sporrek, *Food marketing and urban growth in Dar es Salaam,* The royal University of Lund, 1985.

21. David Simon, « Urban poverty, informal sector activity and intersectorial linkages : evidence from Windhoek, Namibia », *Development and Change,* vol. 15, n° 4, 1984, pp. 551-575.

Au Zaïre, la percée fut plus rapide. Tout débuta à la suite des troubles violents des années 1960-64 qui laissèrent beaucoup de femmes seules en charge d'enfants. La « zaïrianisation » des emplois qui suivit facilita une certaine réinsertion masculine dans le secteur public et élimina la concurrence étrangère. Dans les villes l'inflation galopante rendit indispensable la participation des femmes à la subsistance des familles. Elles n'avaient guère de choix, vu leur faibles compétences : elles s'engouffrèrent dans le commerce. Aujourd'hui en revanche, on voit de plus en plus de femmes diplômées quitter le bureau pour les affaires. En 1980, neuf des principaux négociants de Kisangani (sur 32) étaient des femmes. Celles-ci détenaient aussi une part importante des commerces de demi-gros et de détail (21 sur 113), et se sont quasiment emparées des places sur le marché. Ces femmes, gagnant plus que leurs maris, se sont émancipées de leur tutelle. Légalement, dès 1962, la loi autorisait une épouse à créer une affaire, *à moins que* son mari ne s'y opposât. Auparavant, la loi calquée sur la législation belge exigeait l'accord de celui-ci. Toutefois l'autorisation du mari continue d'être exigée pour ouvrir un compte en banque ou acheter une licence, et le nouveau code de la famille tente de revenir en arrière, en confiant au mari le soin de gérer les biens de sa femme. Ces règles administratives expliquent l'intérêt porté aux pratiques informelles pour assurer l'indépendance féminine. En 1979, sur un groupe de onze grosses commerçantes interrogées, six répondaient avoir tiré leur capital de départ du petit commerce, une de son salaire d'institutrice, une en obtenant un crédit, et une autre de son activité de prostituée ; deux d'entre elles seulement avaient emprunté à leur mari. Beaucoup de ces femmes ont préféré ne pas se marier, ou seulement après s'être constitué un capital personnel qu'elles défendent fermement. Plusieurs ont épousé un étranger, naguère un Grec, ou bien un Africain d'un pays voisin qui leur facilite certaines transactions. Les entreprises familiales de femmes sont fréquentes ; la mère, la sœur ou les filles tiennent la boutique pendant que l'entrepreneuse voyage pour trouver ou revendre la marchandise en gros et demi-gros.

Comme il se doit, elles ont débuté vers 1965 par le commerce des vivres. La moitié (cinq) des plus grosses affaires féminines d'importation de Kisangani traitent surtout les biens vivriers venus du bas-fleuve pour approvisionner la ville : poisson, riz et haricots. Elles achètent aussi dans le haut-Zaïre et expédient en échange pagnes et même radios. Comme à Lomé, la revente de pagnes imprimés *wax* assure les plus gros profits. En 1979, à la veille de la démonétarisation, qui a ôté tout sens aux chiffres, on parlait de quelques femmes millionnaires, et d'autres très fortunées[22]. En 1980, l'élection d'une femme au comité régional de la Chambre de commerce de Kisangani (ANEZA) témoigne de cette réussite professionnelle féminine.[23] Au même moment, en 1979, une branche féminine du Lion's Club fut ouverte à Kisangani. Quelques femmes d'affaires y prirent place, à côté des épouses des membres masculins. La richesse relative de quelques-unes ne doit pas faire oublier cependant la masse des petites marchandes qui ne sont pas prises en compte : la plupart d'entre elles ne sont pas comptabilisées, puisqu'elles ne paient pas de licence et se méfient des banques. Ce manque de confiance transfère l'argent dans des circuits internes comme les *tontines,* forme de contribution volontaire versée à des femmes de confiance qui agissent à la fois comme prêteuses et investisseuses. Quant à l'*Association des Femmes Commerçantes* (AFCO), fondée en 1972, elle n'arrive guère à organiser la profession : la présidente, une ancienne institutrice contrainte, par la rébellion, à trouver dans la prostitution les moyens d'assurer la subsistance des siens, utilise sa position pour exploiter les petites revendeuses plutôt que pour les protéger. On assiste, comme pour les femmes de Lomé, à la consécration d'une bourgeoisie d'affaires peu nombreuse mais aisée qui, dans la débâcle générale actuelle, cherche à tirer profit de ses avantages socioprofessionnels. La plupart des autres commerçantes en sont au stade de la survie. Ce n'est pas un courant profond d'émancipation féminine qui grossit leurs rangs, mais bien au contraire la paralysie de ce mouvement, expression d'un chômage déguisé[24].

22. De la même façon, certaines Zambiennes du *Copperbelt* spécialisées dans le brassage clandestin de la bière gagnent en une fois plus que la paie mensuelle de leur mari mineur. Jane Parpart, « Class and gender in the Copperbelt : Women in Northern Rhodesian copper mining communities, 1926-1964 », Robertson et Berger (eds), *Women and class in Africa,* Londres, 1986, p. 150. Ilsa Shuster, « Marginal lives : conflict and contradiction in the position of female traders in Lusaka, Zambia », E. Bay (ed.), *Women and Work in Africa,* 1982, pp. 105-111.

23. Janet McGaffey, *Entrepreneurs et parasites. The struggle for indigenous capitalism in Zaire,* Cambridge University Press, 1990, chap. 7, « Gender and class formation : businesswomen in Kisangani », pp. 165-183.

24. Alf Schwarz, « Illusion d'une émancipation et aliénation réelle de l'ouvrière zaïroise », *Revue canadienne des Etudes africaines,* vol. VI, n° 2, 1972, p.187.

Jusqu'à une époque récente, la réclusion des femmes Hausa du Nigéria du nord ne concernait que les plus proches du pouvoir : les femmes de la cour, et celles de l'aristocratie — c'est-à-dire celles qui vivaient entourées de domestiques et d'esclaves pouvant se déplacer à leur place. Progressivement, le radicalisme musulman a imposé cette coutume à l'ensemble des classes moyennes. Cette volonté ne touchait pas le nombre restreint de femmes émancipées qui travaillent dans le secteur moderne et n'avaient d'ailleurs pas voix au chapitre. Les activités marchandes des femmes en sont d'autant plus remarquables. Dans les années 1970, sur un groupe de 70 femmes étudiées dans deux quartiers de Kano, mariées à des hommes exerçant les professions les plus variées (salariés, commerçants, artisans, chauffeurs, boulanger, *malams*[25]...), une seule ne vivait pas en recluse (pratique dite *purdah*), tout simplement parce qu'elle était trop pauvre pour se le permettre[26].

Traditionnellement, au moins depuis l'affermissement de l'islam, ce sont les hommes qui sont chargés d'assumer les dépenses domestiques ; la femme — celle de statut libre du moins — était réputée d'une faible rentabilité économique. Le fait que, contrairement aux autres zones d'Afrique, ce soit elle qui apporte une part considérable de la dot est significatif. Il s'agit le plus souvent de son trousseau, de linge de maison, de pots, émaillés ou en cuivre, d'une dimension exceptionnelle et dont le nombre peut atteindre plusieurs douzaines.

A la différence de la plupart des marchés d'Afrique, la place du marché de Kano — le grand marché de Kurmi — est dominée par les hommes. Les plus gros négociants y vendent du ciment, du bétail ou des pagnes, d'autres des céréales, des biens manufacturés ou des noix de kola. On y trouve aussi des bouchers, des tailleurs et des artisans du cuir. C'est seulement sur le nouveau marché extérieur de Sabon Gari que des femmes sont présentes, mais il s'agit

25. Les *malams* ou *marabouts* sont les lettrés de l'Islam, souvent itinérants.

26. Enid Schildkrout, « Dependence and economy. The economic activities of secluded Hausa women in Kano », C. Oppong (ed.), *Female and Male in West Africa*, Londres, 1983, pp. 112-127. « Age and gender in Hausa society : socio-economic roles of children in urban Kano », Jean S. La Fontaine (ed.), *Sex and age as principals of social differentiation*, Londres et New York, Academic Press, 1978, pp. 109-137.

d'« étrangères », Yoruba ou Diola. Malgré cette discrétion apparente, les femmes de Kano prennent part au commerce et, comme les autres, sur des bases monétaires. Les hommes n'étant pas censés contrôler la vie à la maison, et les époux faisant bourse séparée, les femmes jouissent, en fait, d'une grande autonomie, à condition de respecter le *purdah*. En principe, elles sont vouées à la vie domestique ; ce sont les hommes qui sont chargés de fournir régulièrement le bois de chauffe, les sacs de grain, et l'argent nécessaire aux achats quotidiens que vont faire les enfants ou les serviteurs. Ces derniers sont des élèves coraniques qui assument leurs besoins et payent leur *malam*, ou bien des filles pauvres de la campagne, veuves ou divorcées. Les femmes font la cuisine à tour de rôle, et deux fois sur trois achètent des plats préparés par des voisines. Elles vivent de cette activité, dont les gains leur reviennent en propre.

Ces petits profits ajoutés à d'autres investissements tirés de leur dot, de dons éventuels de leur mari, ou des « tontines »[27] qu'elles organisent entre elles à tour de rôle, leur permettent de se lancer dans des activités artisanales, comme la couture, la broderie, la coiffure ou même le crédit. L'argent ainsi gagné leur appartient, il sert au superflu, par exemple à faire des cadeaux à la famille maternelle, à acheter pour elles-mêmes et leurs enfants des vêtements, des cosmétiques ou des bijoux. Mais l'essentiel est utilisé pour la compensation matrimoniale demandée à leurs fils, et au trousseau de leurs filles. En dépit de la loi musulmane selon laquelle les garçons héritent le double de leur sœurs, le trousseau reste le bien exclusif des femmes : les jeunes filles y consacrent la totalité de leurs économies, et les femmes ne cessent de l'augmenter soit pour se protéger en cas de veuvage ou de répudiation, soit pour le transmettre à leurs filles. En somme, ces activités monétarisées, consacrées pour leur presque totalité à des opérations de mariage, contribuent, malgré la soumission totale apparente des épouses Hausa, à leur ménager une sphère de manœuvre, voire de liberté. Depuis quelques années, la crise ambiante et le chômage croissant des hommes donnent à ces activités d'appoint une importance capitale pour la survie quotidienne des ménages. Les femmes de Kaduna

27. La tontine est une institution très fréquente chez les femmes africaines : chaque membre du groupe cotise à une bourse commune, périodiquement tirée au sort au profit de l'une d'entre elles. C'est une forme d'épargne originale, qui permet à des personnes peu fortunées de profiter d'un capital parfois non négligeable.

consacrent, en dehors de leurs autres activités, de 17 à 25 heures en moyenne par semaine à des travaux rémunérés qui, en 1985, servaient, pour près des trois quarts d'entre elles, à acheter des vivres, du bois, et les vêtements pour leurs enfants[28]. Phénomène extraordinaire, cette activité se poursuit dans un contexte de *purdah* accentué : on assiste à la superposition de pratiques ancrées dans la tradition du commerce féminin de l'ouest africain, et d'une culture musulmane affirmée et même renforcée.

Ces activités féminines reposent en grande partie sur les enfants de la famille, les fillettes surtout, et les jeunes garçons qui jusque vers douze ans restent confiés à leur mère, dans la mesure où l'esclavage n'existe plus et où beaucoup de maisonnées n'ont pas les moyens de payer des domestiques. En 1976 le gouvernement imposa dans le nord du pays l'enseignement primaire obligatoire et, en un an, le nombre des élèves doubla. Il est fréquent désormais, dans les familles pauvres, d'envoyer les enfants faire les courses en ville avant l'heure de l'école, ou tard le soir après l'école coranique. On leur confie de plus en plus de tâches comme la préparation des gâteaux ou la fabrication des jouets de fortune à vendre à leurs congénères.

Paradoxalement, le travail accru des femmes a relancé sous une forme moderne le travail des enfants.

28. Catherine Coles, « Hausa women's work in a declining urban economy : Kaduna, Nigeria, 1980-1985 », in *Hausa Women in the 20th. century*, *op. cit.*, pp. 163-191.

X

LA DOMESTICITÉ

Depuis les années 1930 le travail au service des colons blancs s'est féminisé. Nous avons vu, à propos des migrations urbaines, pourquoi, auparavant, c'est aux hommes que les colonisateurs avaient fait appel pour effectuer tous les travaux de la maison : cuisine, lavage, repassage, jardinage et gardiennage, soins des petits enfants, y compris des nouveaux-nés. Pour l'allaitement, des nourrices existaient depuis longtemps dans des pays d'ancienne colonisation comme au Cap où, depuis le XVIIIe siècle au moins, et à l'image des colonies américaines, une dame blanche jugeait trop risqué pour sa beauté, voire inconvenant d'allaiter.

Mais vint un moment, très différent selon les lieux, où le travail réclamé aux hommes pour la production a libéré des emplois moins rémunérés et donc méprisés. Au début, approcher les Blancs dans leur intimité était à la fois un gage de prestige et un travail salarié réservé aux hommes ; les Africains acceptaient alors d'effectuer les tâches domestiques qu'ils jugeaient dégradantes au sein de leur propre maisonnée. Peu à peu, requis pour d'autres emplois plus valorisants ou rémunérateurs (la mine, le travail de bureau, l'emploi industriel), ils abandonnèrent aux femmes le travail domestique. L'évolution commença entre les deux guerres en Afrique du Sud ; au Mozambique (à Lourenço-Marques) la substitution fut achevée au tournant de la Deuxième Guerre mondiale, compte tenu du grand nombre d'hommes recrutés pour les mines du Rand. L'habitude s'imposa aussi de bonne heure en Afrique équatoriale française, liberté des mœurs aidant, qui prenait appui sur la valeur d'usage des femmes, fort analogue à l'esclavage. La pratique de la « ménagère » s'instaura notamment au Gabon dès l'arrivée du personnel colonial célibataire. Par la suite l'arrivée des épouses eut tendance, par réaction, à masculiniser la profession réalignée sur les usages de l'ouest-africain où le processus est encore loin d'être achevé.

ÊTRE SERVANTE EN AFRIQUE DU SUD
UN NOUVEAU SERVAGE ?

L'Afrique du Sud est un cas à part, à Johannesburg et dans les principaux ports industriels surtout, où la réquisition des hommes pour la mine ou l'usine a abandonné aux femmes le travail domestique longtemps réservé au service des Blancs. Malgré tout, en 1896, à Johannesburg la domesticité restait encore majoritairement métis ou blanche (environ 4 000 pour seulement 3 000 noirs, ceux-ci étant presque exclusivement des hommes sauf quelques centaines de nourrices[1]).

La domesticité était composée en grande partie de blanches qualifiées, d'immigration récente. C'étaient des repasseuses, des femmes de chambre irlandaises, des cuisinières souvent allemandes, etc... On trouvait rarement des Afrikaner, même pauvres, car elles répugnaient à quitter leur famille. Les domestiques étaient, le plus souvent, sous le contrôle d'une responsable blanche, la « gouvernante ». Le service effectué par des noirs restait plus ou moins réservé aux familles des prolétaires blancs, mineurs ou ouvriers.

Quant au service de filles noires, il n'entra que lentement dans les mœurs, aussi bien des maîtres que des employées. La présence de servantes Xhosa chez des fermiers boers est pourtant signalée dès le XVIIIe siècle, vers 1777. Après l'abandon de l'esclavage, cette activité représenta assez vite, pour quelques jeunes filles Xhosa, une possibilité d'indépendance ; on signale ainsi le cas de Hena, fille d'un chef important, qui s'enfuit à la colonie pour échapper à un mariage polygame et trouva à s'employer dans une famille de missionnaires de Lovedale (centre resté fameux d'enseignement pour Africains)[2]. Mais au XIXe siècle, dans les villes, on rencontrait surtout des domestiques blanches immigrées. L'emploi d'Africaines, loin d'être exceptionnel dans les fermes ou dans les bourgs, n'est signalé pour la première fois à Johannesburg que lors de la dépression des années 1906-1907 où elles montèrent en ville pour échapper à la misère rurale. Les agences saisirent l'occasion de

1. Charles Van Onselen, « The witches of suburbia : domestic service on the Witwatersrand, 1886-1914 », *Studies in the social and economic History of the Witwatersrand, 1886-1914*. II. *New Nineveh*, Londres, Longman, 1982, p. 3.

2. R. Young, *African wastes reclaimed. The story of the Lovedale Mission*, Londres, J.M. Dent, 1902, pp. 125-126.

nouvelles affaires et annoncèrent l'arrivée de jeunes servantes Zulu recrutées pour des contrats d'un an. En 1908, la mission anglicane ouvrit une petite école de formation ménagère pour Africaines, exemple bientôt repris par d'autres églises.

On tenta vers 1917 de promouvoir un « certificat de ménagère », supposé garantir la qualité d'une domesticité noire qui n'aurait plus à être contrôlée par des intendants métis ou blancs[3]. Cette initiative n'eut guère de succès, d'une part parce que ces jeunes filles demandaient des gages analogues à ceux des hommes, d'autre part, les épouses blanches craignant l'infidélité de leur mari, leur firent une réputation de filles légères. On leur préféra les enfants, de préférence de jeunes garçons, tandis que la domesticité blanche, de plus en plus menacée par cette concurrence meilleur marché (50 à 90 shillings contre deux à cinq livres par mois !), fit barrage autant qu'elle le put dès la reprise après la crise des années 1921-1922. Les préjugés racistes firent le reste, en particulier à propos des nourrices ; on prétendait notamment dans la presse du Witwatersrand que l'enfant élevé dans une trop grande intimité avec sa nounou noire risquerait d'être imprégné d'une culture inférieure ! Pour le petit enfant, ce « risque » paraissait moindre avec un homme...

Le racisme ambiant renforçait la hiérarchie à l'intérieur de la domesticité d'une maisonnée, et faisait du domestique noir le serviteur corvéable à merci de son homologue ou de son supérieur blanc. Malgré tout, la promiscuité dans les communs entraîna des relations plus intimes, le plus souvent occultées par une société terriblement puritaine. Seules nous sont connues les affaires portées en justice sur plainte des maîtres. L'aventure d'un domestique blanc avec une servante noire pouvait valoir à l'homme réprimande ou renvoi, mais l'inverse entraînait pour le « coupable » peines de prison et de chicote. L'enfant né d'une telle union faisait évidemment problème et plus encore si la mère était blanche. La mère noire n'avait plus, quant à elle, qu'à se réfugier dans l'informel.

La différence de traitement, et le mythe du péril noir qui réapparaissait périodiquement chez les maîtres de maison, avec des accusations d'empoisonnement, d'incendie ou d'autres méfaits provoquèrent, du côté des serviteurs noirs, dépourvus de toute protection

3. I. Berger, *Threads of solidarity*. 2. « Dependency and domesticity : women's wage labour 1900-1920 », Londres, 1992, pp. 16-45.

professionnelle la formation de bandes organisées mais parfaitement clandestines pratiquant le brigandage et les opérations de rétorsion. La plus fameuse fut, à la veille de la Première Guerre mondiale, le gang « Amalaita » composé de bandes d'une cinquantaine de membres, dont un nombre assez élevé de filles. Il regroupait des domestiques — d'une quinzaine d'années — recrutés parmi les plus mal payés ou parmi les chômeurs. Ils prenaient ainsi leur revanche, opérant surtout dans les quartiers de petite bourgeoisie ou de prolétariat blanc. Ils avaient un chef, des responsables, un uniforme... et se retrouvaient la nuit tombée, après leur longue journée de travail. L'affaire vint au grand jour lorsqu'ils s'attaquèrent, une nuit d'avril 1912, à une femme seule dans sa maison. Les filles et la plupart des garçons firent le guet, tandis que trois d'entre eux la violaient ; ils avaient agi, déclara une fille de la bande, sur plainte d'un domestique maltraité. Cette affaire contribua largement à exacerber la psychose anti-noire de la société blanche[4].

Au tournant de la Deuxième Guerre mondiale, la disparition de la catégorie des « pauvres blancs » et les besoins en main d'œuvre noire pour les mines et les usines fit du travail domestique le monopole des femmes noires. Pourtant, le pourcentage de métis resta relativement élevé dans la colonie du Cap où les colons d'origine britannique après avoir longtemps préféré une domesticité blanche lui ont substitué le modèle colonial du serviteur métis. Le schéma était différent de celui des Boers d'ascendance hollandaise qui préféraient les servantes noires, souvenir du temps de l'esclavage

Quelques chiffres permettent d'éclairer l'évolution de la domesticité depuis le premier quart du XIXe siècle. Au Cap, tout d'abord, on comptait en 1828 13 000 esclaves femmes contre 18 000 hommes et en 1834, au moment de l'émancipation, 15 000 esclaves étaient domestiques. La grande famine de 1856[5] amena de considérables migrations et un demi siècle plus tard, après le boom minier de 1891, on comptait trois domestiques hommes pour une femme. Le nombre d'hommes ne cessa d'augmenter par la suite ; il doubla dans la colonie entre 1911 et 1921, passant de 12 000 à un peu plus de 25 000 ; en 1936, bien que 80 % des Africaines actives

4. Van Onselen, *ibid.*, pp. 54-60.

5. Provoquée par le massacre du bétail du peuple Xhosa dans un vaste mouvement millénariste qui obligea pardoxalement les survivants à émigrer à la ville pour se mettre au service des colons.

fussent alors domestiques, il y avait à Cape-Town un tiers de plus d'hommes que de femmes. La situation était tout à fait différente dans les autres villes de la province. A Port-Elisabeth et East London, les femmes étaient quatre à cinq fois plus nombreuses que les hommes.

Sur l'ensemble de l'Afrique du Sud[6], les hommes, en 1910, représentaient encore 45 % de la domesticité mais un domestique seulement sur vingt était blanc. L'évolution des populations d'hommes et de femmes varia beaucoup d'une colonie à l'autre, en raison des rythmes différents de prolétarisation, d'urbanisation et de migration par sexe.

En Orange, les servantes noires l'emportèrent très tôt et ne cessèrent d'augmenter en proportion, le nombre d'hommes diminuant de moitié entre 1911 et 1921.

Le Natal et le Transvaal restèrent plus longtemps attachés au service masculin, de préférence blanc[7] ; le bond fut plus tardif malgré le maintien tenace de structures familiales anciennes où les maris et les pères s'opposaient au travail salarié féminin, le nombre de femmes domestiques noires doubla brutalement entre 1911 et 1921. Malgré cette progression, avant la Première Guerre mondiale il y avait encore trois fois plus d'hommes que de femmes noirs en service à Durban et un quart en plus à Prétoria. A Johannesburg, en revanche, domestiques hommes et femmes étaient à égalité. Quant à Kimberley, le centre du diamant, il restait dominé par les hommes[8].

6. L'Union Sud Africaine constituée en 1910 comportait quatre Etats : Le Cap, Natal, Orange et Transvaal.

7. A la fin du XIXe siecle, en 1891, c'est seulement dans la colonie du Cap que les domestiques noires étaient les plus nombreuses : pres de 20 000 (contre 3 600 blanches), face à 8 500 hommes (dont 1 200 blancs). Mais l'arrivée massive des pauvres blancs modifia les données ; le nombre des employées de maison explosa, y compris celui des blanches : il y avait en 1926, sur presque 13 000 domestiques blancs, près de 12 000 femmes. *Cape of Good Hope Census*, 1891 (W.A. Richards & sons, Cape Town), 1892, p. 316, et *Census of the European population*, 1926, Union of South Africa Blue Books, 22-31, part XI. Occupations (Europeans)

8. 14 000 hommes africains contre 5 000 femmes noires à Durban, 1 500 contre 1 000 à Cape-Town, 7 000 contre 5 000 à Prétoria, mais 22 000 de chaque sexe à Johannesburg, et seulement 1 000 hommes contre 4 000 femmes à Port-Elisabeth, 1 000 contre 6 000 à East London et 500 contre 2 000 à Kimberley. Deborah Gaitskell et al., « Class, Race and Gender : domestic workers in South Africa », *Review of African Political Economy*, n° 27/28, 1984, pp. 86-107.

En 1970, l'évolution était achevée. Un domestique sur 400 était blanc, 88 % étaient noirs et, parmi eux, à nouveau 88 % étaient des femmes dans cette profession qui n'employait plus qu'un tiers des Africaines actives. Le nombre des domestiques noires atteignait alors 800 000 : en un peu plus d'un demi-siècle elles étaient passées de moins d'un tiers à plus des trois-quarts de l'effectif total[9].

Les conditions du travail domestique restent épouvantables. Les lois nationalistes de 1953 et 1956 avaient exclus les employés de maison de la classe ouvrière (*workers*), leur interdisant ainsi de faire reconnaître leurs organisations syndicales. Elles existent malgré tout, mais leur possibilité d'action est très limitée. Malgré quelques revendications dans les années 1970, les réformes de 1981 sur la législation du travail n'ont pas réparé cette omission. Un salaire minimum n'est toujours pas prévu ni une protection sanitaire et sociale. Par ailleurs, les femmes mariées sous le régime de la communauté sont considérées comme mineures par la loi sud-africaine ; la plupart des domestiques ne peuvent donc pas porter plainte en leur nom propre.

Une enquête récente, sur la ville de Grahamstown, révèle une situation des bonnes à tout faire « à la Zola »[10]. Quand une domestique est employée chez des Blancs, mais rien ne dit que la situation soit meilleure ailleurs, elle travaille quelque quatre-vingts heures par semaine et la plupart d'entre elles sont, par ailleurs, mariées et mères de famille. Certaines font plusieurs heures de trajet pour être chez leur patron de 7h. du matin à 19h30 ; d'autres sont logées ; mais si elles sont mariées, le mari n'a pas le droit de venir, en principe du moins ; si leurs enfants ne sont pas envoyés dans les *homelands,* elles ne peuvent leur rendre visite que quelques heures, écourtées par les trajets, l'après-midi du dimanche ; les congés sont à peu près ignorés. Leur seule distraction est de bavarder avec les employées du voisinage en l'absence des patrons... Le salaire est minime, vers 1980 il était, de 24 rands en moyenne par mois. Elles pouvaient débuter à 4 rands et dans le meilleur des cas ne dépassaient pas 60[11]. Beaucoup de ces femmes se définissent comme des « esclaves ». Malgré ces conditions pénibles, les employées de maison le demeurent, faute d'autres solutions, et leur

9. Gaitskell, *op. cit.*

10. J. Cock, *Maids and Madams,* Johannesburg, 1980.

11. Ce qui ne représente encore que le 1/10 du salaire minimum revendiqué par la COSATU, la plus grande centrale syndicale centrafricaine.

mobilité est très faible. La plupart restent chez le même employeur entre 5 et 25 ans. L'absence totale de réglementation sociale rend la condition domestique particulièrement vulnérable, malgré un minimum d'effort fait depuis 1970 par le *Domestic Workers and Employers Project,* dont les centres cherchent à aider les employés, voire à les encourager à s'organiser.

ÊTRE DOMESTIQUE EN AFRIQUE TROPICALE : LA CONCURRENCE DES HOMMES

En Afrique tropicale, le personnel domestique en maison coloniale était nombreux, abondant et très spécialisé (on était et l'on demeure laveur, cuisinier ou gardien, etc.), mais le nombre de Blancs y fut toujours très limité ; les emplois étaient réservés à une catégorie restreinte et donc relativement privilégiée, de «*boys*». Moins connu, mais progressivement développé dans les classes moyennes urbaines est le travail domestique dans les maisonnées africaines apparu avec les débuts de l'urbanisation, donc de la colonisation. L'aspect visible, développé avec l'autonomie croissante d'une « bourgeoisie » composée d'une élite acculturée, fut l'imitation du colon blanc : l'emploi d'un ou de plusieurs *boys,* le plus souvent donc à l'exclusion des femmes.

Du boy *à l'ayah*

A Abidjan, les Ivoiriens préfèrent toujours utiliser un travailleur migrant Mossi du Burkina-Faso. Il est réputé plus dur à l'ouvrage et meilleur marché qu'un, et à plus forte raison qu'une de leurs compatriotes. A Dakar, dans les dix dernières années seulement s'est répandu l'habitude, dans les familles bourgeoises du « Plateau », autrefois françaises et aujourd'hui sénégalaises, d'employer une femme au lieu d'un « boy ». Beaucoup d'entre elles viennent du sud. Les jeunes filles Diola de Casamance, entre quatorze et vingt-cinq ans, désertent leur village pendant la saison sèche pour venir travailler comme domestiques en ville, de façon saisonnière le plus souvent. Pendant leur séjour urbain, elles vivent en général chez un parent, le plus souvent de sexe masculin, qui travaille déjà en ville. Six à huit ans plus tard, elles retournent définitivement dans leur village pour se marier. La migration des jeunes filles joue aussi un rôle de plus en plus important dans la survie des campagnes sérères[12]. Un film de Sembene Ousmane, *La noire de...*, stigmatise l'exploitation de ces jeunes filles par les familles de colons blancs : ceux-ci n'hésitaient pas, parfois, à transplanter en métropole, pendant plusieurs mois de leurs congés coloniaux, des servantes corvéables à merci et traumatisées par l'ignorance de la langue et du pays dont elles pouvaient avoir rêvé.

En Zambie, les petites annonces révèlent combien l'on préfère encore le serviteur mâle. La tradition est ancienne ; dans les années 1930, à part le travail de la mine qui commença vers la fin des années 1920, il y avait déjà plus d'hommes employés au service de la maison (environ 10 000) que de salariés agricoles ; à Lusaka, petit centre administratif, le travail domestique constituait une part importante de l'emploi répertorié (environ 17,5 % en 1946, 22,6 % en 1956). Les places étaient d'autant plus recherchées que l'employeur se chargeait du logement et l'employé n'était légalement accepté en ville qu'à cette condition. On estime que le nombre de domestiques masculins s'élevait entre 1951 et 1957 à 33 000 environ ; le nombre des femmes était cent fois inférieur, bien qu'en accroissement rapide, il passa seulement de 250 à 800[13]. La maison des Blancs qui utilisaient couramment une demi-douzaine d'employés comprenait un « quartier » dans un coin de la propriété, un peu à la façon des esclaves de l'ancien temps. Les logements étaient précaires, la plupart du temps dépourvus d'eau chaude voire d'eau froide et sans électricité ; les familles n'y étaient, au mieux, que tolérées. Les femmes continuaient donc d'être officiellement ignorées en ville, où elles n'existaient pour les Blancs que par rapport aux hommes et à leur sexualité. Quand elles étaient recrutées, elles étaient rarement logées, puisqu'elles étaient supposées vivre ailleurs sous la protection d'un homme ; dans les années 1930, la municipalité songea sérieusement, pour cette simple raison, à créer des « hôtels pour célibataires » réservés aux filles formées par les écoles missionnaires pour le service de maison.

12. J. Gugler, « Plusieurs chemins mènent les femmes en ville... », *op. cit.*, 1992.

13. En 1983, malheureusement sans distinction de sexe, le chiffre officiel, très sous-estimé, des seuls domestiques était d'un peu plus de 45 000. Karen Tranberg Hansen, « Gender and Housing : the case of domestic service in Lusaka, Zambia », *Africa*, t. 62, n° 2, 1992, pp. 248-265.

Après l'indépendance, les changements furent lents. L'enquête citée recense en 1984, pour l'ensemble de la Zambie, 100 000 employés de maison *stricto sensu* (c'est-à-dire non compris l'aide familiale informelle), c'est-à-dire le double du nombre de mineurs (53 700). Un quart de ces employés de maison étaient des femmes (réservées aux soins des petits enfants). Les femmes blanches préfèrent utiliser des «*nurse boys*» pour leurs enfants ; les employeurs sont pour leur quasi totalité des Zambiens et les salaires sont excessivement bas, la réglementation restant à peu près lettre morte. Les femmes se répartissent en trois groupes : un tiers de femmes mariées (contre deux-tiers des hommes) condamnées souvent à de très longs déplacements quotidiens, une moitié de femmes relativement indépendantes d'un certain âge, divorcées ou veuves, généralement les mieux payées et les plus appréciées, le reste enfin, de jeunes célibataires ayant abandonné l'école ou fraîchement débarquées de leur campagne ; elles doivent se trouver un appentis en ville lorsqu'elles ne sont pas logées et sont payées un salaire de misère par les familles africaines. Celles-ci, dès la naissance d'un premier bébé, recourent à une jeune parente de la campagne ; lorsque la famille s'agrandit, on recrute une salariée moins payée. L'instabilité du personnel est donc de règle jusqu'à ce que le dernier enfant atteigne l'âge scolaire ; beaucoup de familles zambiennes passent alors, avec soulagement, à l'employé de maison masculin. Cette dévalorisation du travail féminin, toujours moins rémunéré que celui d'un homme, répond aux convictions anciennes et profondes, qu'il n'est guère convenable pour une fille de travailler ailleurs que dans sa propre famille, et que la femme est toujours plus ou moins prise en charge par son entourage. On comprend mieux ainsi la mobilité des jeunes dont le premier souci est de trouver le mari ou l'homme supposé les protéger ; on s'explique aussi la plus grande disponibilité des femmes plus âgées qui ont pris de la distance face à cette pression sociale. L'espoir, caressé autrefois par ces femmes, de s'acheter un petit lopin ou une minuscule maison pour leurs vieux jours avec le cadeau de départ laissé par une famille de colons après des années de bons et loyaux services, est évidemment de plus en plus fragile. Il devient de plus en plus difficile pour une femme seule de vivre sans le recours occasionnel ou régulier à la prostitution.

De la salariée au trafic des fillettes

Dans une société où la plupart des revenus ne permettent pas d'employer un travailleur salarié le travail domestique invisible s'est généralisé. Il est alimenté par des parents ruraux rêvant de trouver en ville le travail ou la promotion impossibles à la campagne. On retrouve alors les caractéristiques du travail féminin ancien. Le cas le plus typique fut, dès l'origine, celui du travailleur migrant, jeune célibataire salarié mais étranger par tradition à tout travail domestique, qui partait en ville accompagné d'une fillette ou d'une jeune fille de sa famille chargée de l'assister dans son ménage. Partout où la ségrégation ne s'y oppose pas, les familles urbaines, polygames la plupart du temps, devinrent le lieu d'accueil de petites sœurs ou d'autres parentes pauvres avec l'espoir réel ou supposé de poursuivre en ville une scolarisation élémentaire. Le travail domestique est la rémunération du service rendu par la famille d'accueil.

On connaît très mal, au cours du XXe siècle, les conditions du développement de cette pratique assurément ancienne. Elle s'est incontestablement épanouie après la Deuxième Guerre mondiale, et surtout avec les indépendances. Cette pratique est devenue habituelle dans des villes comme Accra (Ghana), Lomé (Togo), Ouagadougou (Burkina-Faso) ou dans les villes du Nigéria méridional. Comme, dans les campagnes, les conditions scolaires et sanitaires sont souvent épouvantables, les parents pensent que leurs filles en ville sont mieux soignées et mieux éduquées. De plus en plus pourtant, avec l'expansion des activités informelles des citadines, elles peuvent bénéficier d'un apprentissage (notamment dans le commerce ou l'artisanat), voire amasser un mini-pécule.

Le résultat, c'est en clair l'accroissement du travail des enfants. Les fillettes, en particulier, sont utilisées à seconder les marchandes dans leur activité ou à veiller sur les enfants pendant que leur mère travaille à l'extérieur. Une enquête démographique récente dans un quartier d'Abidjan de petite bourgeoisie, avec des maris fonctionnaires ou commis, présentait des résultats curieux pour les classes d'âge de dix à quinze ans : on y trouvait apparemment dans les ménages beaucoup plus de filles que de garçons. L'étude sociologique prouva qu'il s'agissait de travail domestique invisible. Celui-ci a pris des proportions inquiétantes dans des villes comme Ségou, Ouagadougou ou Bobo-Dioulasso, où des fillettes, souvent âgées seulement de neuf ou douze ans, sont exploitées à tous les travaux domestiques. Ces fillettes sont Dagara à Ouagadougou, et Dogon, donc originaires du Mali, à Bobo-Dioulasso[14]. Elles arrivent en groupe, conduites par des adultes qui se disent leurs parents, mais le phénomène suggère un trafic organisé. Les fillettes – leurs parents plutôt – sont d'ailleurs consentantes. L'école, qui ne garantit plus d'emploi, est dévalorisée et ne sert plus à rien; mieux vaut que les filles soient vendues pour faire vivre la famille et mettre de côté une mini-épargne pour un trousseau...

Ces conditions de domesticité ne sont pas sans rappeler celles du XIXe siècle européen : utilisation de rustaudes de la campagne dures à l'ouvrage, pas d'horaires, aucune protection sociale, aucun contrôle, et pas ou peu de rémunération. Si beaucoup de familles aisées, bien entendu, apportent aux parents ruraux démunis une aide réelle et assurent leur part du contrat en s'arrangeant pour faire fréquenter l'école, il n'en va pas nécessairement de même dans les milieux populaires, surtout analphabètes : les excès peuvent alors, en leur genre, approcher ceux évoqués ci-dessus à propos de la domesticité noire adulte pour les Blancs d'Afrique du Sud.

14. Le pays Dagara se trouve au sud-ouest du Burkina-Faso, aux confins de la Côte d'Ivoire.

XI

LA PROSTITUTION : DE LA FEMME LIBRE AU SIDA

Les caractères apparemment déconcertants de la prostitution moderne en Afrique relèvent, dans une certaine mesure, de pratiques sociales anciennes. Au Cameroun par exemple, il était jugé indécent de fauter avant le mariage ; cela constituait un grave tort fait à la famille de la jeune fille dont la destination première était d'être cédée par mariage, et cela entraînait pour le jeune homme coupable une lourde pénalité. Mais la femme mariée semble avoir acquis un certain droit à l'usage de son corps. Ainsi en pays Bassa, en cas d'adultère, l'amant ne doit au mari qu'un poulet, ce qui officialise la liaison tout en reconnaissant le préjudice causé par cette polyandrie tacite. Chez les Ewondo, on allait même plus loin ; un mari polygame et cupide, qui ne pouvait lui-même satisfaire les besoins de ses nombreuses femmes acquises pour leur force de travail, tirait profit le plus régulièrement du monde de leurs aventures. Il pouvait même pratiquer le *mvié* (engagement à trois) en louant temporairement sa femme à l'amant dont elle s'était éprise : il s'agissait là de l'achat d'un service moyennant un paiement fixé par le propriétaire... L'usage fut quasi systématique chez les Douala, qui ne se préoccupaient guère de l'avis de la femme, vendue ou donnée à un frère, parent, ami ou client. Quant aux Fulbe du nord du Cameroun, qui ont intégré la culture Hausa, ils n'avaient pas d'opposition de principe à la prostitution. Ce sont, paradoxalement, les tribus montagnardes du nord, les Mofue et les Mafa, ni islamisées ni christianisées, qui sont les plus sévères envers la femme adultère. La jeune fille y dispose d'une liberté exceptionnelle de choix pour son mariage, y compris celui de rejeter le prétendu proposé par ses parents, et d'aller vivre sans plus de façons chez l'élu de son cœur. Mais si elle le trahit, elle risque la lapidation[1].

1. P. Songue, *Prostitution en Afrique. L'exemple de Yaoundé,* Paris, 1986.

Devenue adulte par mariage, la femme, en décidant de vivre son indépendance, a pu, à la faveur des conditions nouvelles créées par l'arrivée des Blancs, innover.

LES ORIGINES

La prostitution *stricto sensu* a existé dès le début de la colonisation (sinon auparavant). Elle a été importante dans certains endroits, sur les chantiers ferroviaires ou les *compounds* miniers par exemple, et partout où se trouvait rassemblée une majorité de jeunes travailleurs adultes mâles. Mais elle ne fut pas, jusqu'à une époque très récente, l'occupation dominante de beaucoup de citadines. Sauf en Afrique australe, c'est seulement depuis quelques années que la prostitution s'est « modernisée », c'est-à-dire occidentalisée, avec l'apparition de proxénètes, l'aménagement de réseaux organisés et une stratégie de survie pour une majorité de familles réduites à la misère.

Ce qui est frappant, c'est précisément l'absence de proxénétisme. La prostitution relevait surtout de l'initiative individuelle de jeunes femmes travaillant pour leur propre compte. On a pu les considérer comme des sortes d'« entrepreneurs individuels » d'un petit capitalisme marchand où elles vendaient elles-mêmes leurs services. Ceux-ci incluaient, certes, le sexe, mais également toute une série d'autres tâches ménagères, comme préparer des repas ou surtout servir à boire à partir de leurs propres activités de brasseuses de bière clandestines ; elles assuraient aussi le lavage, le repassage, les loisirs et la détente de clients dont les ressources étaient insuffisantes pour se payer des services domestiques réguliers. Toutes ces prostituées travaillaient à leur compte ; il était donc difficile pour les colonisateurs de faire le partage entre les « femmes indépendantes » et les « femmes libres », cette expression impliquant un jugement péjoratif révélateur des préjugés de l'époque sur la condition féminine.

En Afrique tropicale, une variante bien particulière fut introduite par les Européens dès leur arrivée : il faudrait plutôt les appeler « femmes entretenues », encore que, dans le cas des *signares* du Sénégal ou des dames métisses de Luanda, ces maîtresses femmes, aux affaires parfois prospères de traite négrière, tenaient plutôt lieu, pour les hommes d'affaires blancs, d'associées indispensables et parfois redoutables. Le terme de « femme entretenue » convient mieux aux compagnes choisies par le personnel colonial masculin des premiers temps de la conquête : militaires, marins ou administrateurs qui résidaient plusieurs années sur place, à une époque où les épouses européennes ne venaient guère en Afrique. On comprend dès lors la vogue des « ménagères » d'Afrique équatoriale, et des *moussos* du Soudan français (Mali actuel). « Prendre mousso », c'est-à-dire prendre une femme indigène, était une pratique admise et même recommandée par les médecins militaires qui y voyaient une assurance de sécurité sanitaire... L'Africaine devait « distraire, soigner, dissiper l'ennui et empêcher l'Européen de se livrer à l'alcoolisme et aux dépravations sexuelles, malheureusement si fréquentes en pays chauds ».[2] On la voulait avant tout belle et ouverte d'esprit. Les jeunes Peul étaient particulièrement recherchées. A l'époque de la conquête, il était d'usage que les combattants européens ou africains reçussent, en butin, au grand dam des missionnaires, jusqu'à deux ou trois captives, plus quelques esclaves pour les aider dans la tenue du ménage... Il naquit de ces unions temporaires suffisamment de petits métis pour que les Sœurs Blanches ouvrissent en 1898 un orphelinat à Ségou. Cet exemple fut suivi plus tard en Côte d'Ivoire. Mais cette pratique ne dura guère, au moins aussi ouvertement. Les premières épouses blanches arrivèrent au début du XXe siècle et ces dames y mirent rapidement bon ordre. L'habitude se poursuivit cependant en brousse, y compris après l'indépendance, parfois jusque dans le petit monde des VSN[3] du contingent.

MINEURS ET PROSTITUÉES: L'AFRIQUE DU SUD

Beaucoup plus ordinaire fut la prostitution autochtone. Elle se développa, comme partout, là où les transformations coloniales, faisant presque exclusivement appel à une main d'œuvre mascu-

2. Cité par Francis Simonis, « Splendeurs et misères des *moussos*. Les compagnes africaines des Européens du cercle de Ségou au Mali (1890-1962) », C. Coquery-Vidrovitch (éd.), *Histoire Africaine du XXe siècle. Sociétés-Villes-Cultures*, Paris, L'Harmattan, 1993, p. 209.

3. Volontaires du service national.

line, créèrent un marché du sexe. La première région concernée fut évidemment l'Afrique du Sud, où la révolution minière intervint dès le dernier quart du XIXᵉᵉ siècle. En 1896, on comptait à Johannesburg 25 000 hommes blancs pour 14 000 femmes blanches, mais seulement 1 200 femmes noires pour près de 40 000 hommes, mineurs migrants recrutés sur contrats temporaires[4]. Le résultat paradoxal fut que dans les années 1890 et pour un bon moment, la prostitution blanche, de la part de filles récemment immigrées, fut beaucoup plus importante que celle des Africaines, même des métis de naissance sud-africaine. Près de 10 % des Blanches de plus de quinze ans, se trouvaient sous la coupe de 2 à 300 proxénètes, fruits d'une pègre immigrée de type occidental, des Anglais, des Allemands et des Australiens surtout. La prostitution, dans la grande ville minière de l'intérieur, fut d'abord une importation de l'Occident via le Cap ou bien, pour une minorité d'Asiatiques, via Durban au Natal. Les femmes travaillaient autour des centaines de bars ou d'hôtels de passe qui entouraient la ville minière ; à la fin du XIXᵉ siècle on décomptait dans la ville même 133 bordels, contenant près de quatre cents pensionnaires.[5] La prostitution en Afrique du Sud prit donc de bonne heure des aspects occidentaux, y compris pour les maisons closes, dont la localisation au centre-ville était une bonne affaire pour un certain nombre d'industriels, voire de firmes bancaires. Rudd, un des magnats de la mine et proche associé de Cecil Rhodes, en aurait possédé au moins trois, de même que la *Banque française de l'Afrique du Sud*...

Les choses changèrent néanmoins dans la première décennie du siècle. Dans les années 1907-1908, la police saisit l'occasion d'une rébellion quasi ouverte de prostituées pour engager un vaste mouvement de déportation des femmes et de leurs protecteurs « étrangers » (nés hors d'Afrique du Sud), ce qui désorganisa le quartier chaud du centre-ville ou *Frenchfontein.* Par ailleurs, à la même époque, l'écrasement de la dernière rébellion Zulu au Natal, la

4. C. Van Onselen, « Prostitutes and proletarians 1896-1914 », *op. cit.*, II. *New Babylon*, Londres, Longman, 1982, pp. 103-161.

5. Sur les 97 bordels, deux étaient en quartier « coloured », 26 non localisés, et tous les autres en quartier européen. On enregistrait alors 222 prostituées à plein temps, dont seulement 48 noires (à peine 22 %), 91 blanches et 83 métisses. *Ibid.*, p. 111.

sécheresse et la paupérisation attirèrent en ville un nombre croissant de paysannes africaines. Celles-ci découvrirent bientôt que le seul métier à leur portée, celui de domestiques, avait déjà été investi, depuis une bonne dizaine d'années, par les hommes. Il ne leur restait plus que des activités clandestines telles que brasseuses de bière, avec prostitution occasionnelle. Vers 1910, la police dénombrait quelques 2 à 300 prostituées régulières noires. La plupart d'entre elles travaillaient désormais dans les quartiers les plus pauvres, où la misère des travailleurs occultait les réflexes ségrégationnistes. Le trafic cessa d'être rentable pour les filières organisées du proxénétisme, investissement d'argent sale. La police et les Eglises fermèrent les yeux sur ce qui les concernait de moins en moins, puisque le taux de mariage chez les travailleurs blancs des mines d'or était en très nette augmentation[6]. La prostitution, en même temps qu'elle s'africanisait, tomba dans l'informel. Dès lors on ne la connaît guère, car elle n'a plus suscité d'études. Elle se rapprocha de plus en plus de ce qu'il advint ailleurs en milieu africain.

LES « ENTREPRENEUSES » DE NAIROBI

A Nairobi, la prostitution apparut au tout début du siècle avec le chantier ferroviaire. Comme ailleurs, elle était liée à deux paramètres apparemment indépendants : la densité de travailleurs masculins, et la crise de logements. Bien sûr il y eut d'abord une prostitution de pauvres, où le racolage se faisait, comme partout, dans la rue. Mais dans les années 1920 se développa une des formes les plus anciennes de prostitution, dite *malaya* (mot qui en Swahili désigne précisément cette activité). Il s'agit d'une organisation assez typiquement africaine, appelée à se développer de différentes façons. Une variante récente et déformée dont nous reparlerons plus loin est appelée, au Zaïre, « deuxième bureau ».

Le cœur en fut le quartier précaire et misérable de Pangani ; quand les autorités l'eurent détruit, celui de Pumwani le remplaça dans le courant des années 1930. La pratique était dite *malaya*. Des

6. En 1897, seulement 12 % d'entre eux étaient mariés avec leur famille résidant sur place (ce qui concernait essentiellement les salariés blancs) ; le pourcentage était monté à 42 % en 1912

femmes indépendantes et discrètes louaient ou mieux achetaient une chambre ou une masure pour y recevoir un homme et y mimer la vie conjugale, traitant et soignant le client à la façon d'un mari. L'originalité du procédé fut que ces femmes travaillaient à leur compte, la plupart ayant rompu avec leur milieu rural d'origine. Leurs gains qui étaient appréciables, supérieurs à ceux de la moyenne du quartier, leur assuraient une certaine assise sociale. Une enquête récente, auprès de femmes arrivées en ville avant 1920, révèle qu'en 1932 elles possédaient 42 % des maisons de Pangani. Une dizaine d'années plus tard, elles étaient propriétaires de 41 % de celles de Pumwani. Certaines possédaient même plusieurs maisons, et avaient investi en dehors de la capitale mais pas dans leur village, car la plupart avaient coupé leurs racines, et avaient tourné le dos à l'esclavage du village. Dans quelques cas, elles avaient aussi investi dans les affaires ; plusieurs possédaient une licence de commerce qu'elles exploitaient elles-mêmes ou mettaient en gérance. Il ne faut pas trop enjoliver leur réussite, notamment pour les plus âgées. Si, parmi les 132 propriétaires résidentes, un tiers était composé de femmes âgées relativement aisées, parmi les locataires au contraire 4 % seulement étaient de vieilles femmes ; les autres n'en avaient pas les moyens ; plus de la moitié étaient sans enfants et ne survivaient que grâce à de menues activités illégales ou à la charité publique[7]. Toutefois, malgré l'hostilité de l'administration envers l'« informel » urbain et le puritanisme affiché des missionnaires, la tolérance relative de l'islam permit à beaucoup de ces femmes en rupture avec leur milieu d'origine de se recréer, grâce à la conversion, un « esprit de famille » en ville. Elles étaient reçues dans les associations de quartier et considérées en raison de leur tenue sociale et de leur générosité éventuelle ; elles bénéficiaient en contrepartie d'une garantie essentielle pour elles, celle d'être inhumées par les soins de leur nouvelle communauté religieuse, à défaut de l'être auprès des ancêtres.

Les *malaya* du quartier de Pumwani étaient relativement protégées puisque l'administration coloniale les toléraient. Dans le reste de la ville au contraire, la prostitution était un délit. Elle prit alors deux formes : la plus ancienne et la plus misérable fut celle des

7. Janet M. Bujra, « Women « entrepreneurs » in early Nairobi », *Revue canadienne des Etudes africaines*, vol. 9, n° 2, 1975, pp. 213-234, et L. White, *The comforts of Home*, *op. cit.*

watembezi, ou prostituées ambulantes, qui racolaient dans la rue. Les modalités en dévièrent au tournant de la Deuxième Guerre mondiale ; à la fin des années 1930 elles réalisèrent qu'elles pouvaient gagner plus d'argent en beaucoup moins de temps que par le système de la *malaya*. Ce fut l'époque des *wazi-wazi*, qui développèrent une technique proche de la « passe » à l'occidentale. Elles pouvaient racoler de chez elles, soit devant leur porte, soit un peu à la façon des filles « en vitrine » d'Amsterdam. Leur attitude sans équivoque leur valut bien entendu les tracasseries de l'administration et scandalisa les « anciennes » hostiles au racolage public. Malgré tout, le métier apporta une certaine opulence aux plus entreprenantes, même si la plupart vivaient dans la misère. Car paradoxalement, ces femmes accrocheuses étaient beaucoup moins indépendantes que les *malaya*. Contrairement à celles-ci, elles n'avaient pas rompu avec leur famille, bien au contraire : bonnes filles et bonnes épouses, elles s'exilaient en ville pour faire vivre la maisonnée rurale, aider à payer l'impôt, à régler les dettes contractées en années de sécheresse, ou à rassembler la compensation matrimoniale nécessaire pour le mariage de leurs frères.

Les prostituées de Nairobi étaient réputées pour leur organisation, voire leur agressivité. Elles ont créé leurs associations et leurs syndicats, et n'entendent se faire commander par personne. Depuis les années 1945, elles ont en particulier lutté durement contre les efforts conjugués de groupes politiques et sociaux hostiles et variés. Parmi ceux-ci il faut citer : l'administration coloniale ségrégationniste opposée aux migrations non contrôlées, les associations tribales (Luo par exemple) nées du conservatisme rural, qui cherchaient à repérer puis à récupérer les jeunes filles ayant fui le milieu traditionnel pour vivre leur vie, et même les milieux de résistance Mau-Mau qui, entre 1950 et 1955, ont incité leurs troupes à régulariser les unions libres... Le repli des prostituées sur elle-mêmes a été favorisé par les maladies vénériennes introduites en force en ville par la Première Guerre mondiale, et qui n'ont cessé de faire des ravages provoquant un taux élevé de stérilité. Cette stérilité leur facilitait le métier, sans qu'on sache vraiment si elles étaient prostituées parce que stériles et rejetées pour cette raison hors du mariage, ou si au contraire c'était la propagation parmi elles des infections vénériennes qui avait entraîné leur stérilité. Compte tenu de l'importance de la procréation dans l'idéologie africaine, cette caractéristique a renforcé leur indépendance. Parmi les femmes de

Nairobi s'est adapté et répandu un usage d'origine rurale, celui du « mariage de femme à femme », qui leur permettait de transmettre leurs biens, parfois considérables, à l'enfant d'une autre qu'elles adoptaient de cette façon.

LA PROSTITUTION EN MILIEU ISLAMISÉ

Ce phénomène de « femmes libres » est sans doute apparu à Nairobi plus tôt qu'ailleurs, mais il loin d'être exceptionnel à l'époque coloniale. Cette forme de prostitution était assez caractéristique de milieux musulmans à forte hiérarchie sociale, aussi bien à l'est chez les Swahili qu'à l'ouest chez les Hausa : il s'agissait de « jeunes femmes de bonne famille », comme l'on dirait en Europe, qui ne trouvaient que cette issue pour gagner leur émancipation. Ce fut le cas à Atu dans l'archipel de Lamu, sur la côte septentrionale du Kénya ; dans cette région la richesse a longtemps reposé sur la traite des esclaves et de l'ivoire, conduite presque exclusivement par les hommes. Le commerce de détail était monopolisé par les Indiens ; les épouses étaient donc reléguées dans la sphère domestique puisque les champs étaient mis en valeur par leurs esclaves. L'interdiction de la traite par les Britanniques en 1873 puis l'abolition de l'esclavage en 1907 appauvrit l'île. Des femmes, souvent divorcées ou répudiées, tentèrent leur chance dans le port, en plein essor, de Mombasa, où la seule opportunité, la prostitution, leur permit d'amasser un pécule, de se faire construire une maison au village, voire d'aider financièrement leur parenté féminine à les imiter. En partie libérées de la tutelle masculine, les femmes se sont trouvées à même de rompre un mariage qui ne leur plaisait pas. Vers 1975, près des deux-tiers des migrantes, toutes divorcées, se prostituaient à Mombasa, sans avoir pour autant rompu avec leur milieu d'origine[8]. Ces femmes se réservaient la possibilité de renouer avec la vie conjugale plus tard ou de façon intermittente, dans de meilleures conditions car la pratique de la prostitution n'en faisait pas des réprouvées, et n'interdisait nullement d'envisager un remariage. Au contraire, la femme, qui avait acquis un poids économique supérieur à celui de l'homme, possé-

8. J. M. Bujra, « Production, property, prostitution. « Sexual politics », in Atu », *Cahiers d'Etudes Africaines*, vol. 17, n° 1, 1977, pp. 13-40.

dait sa propre maison, y vivait avec ses enfants, et c'est là qu'un conjoint éventuel venait la rejoindre en cas de mariage. S'ils divorçaient, c'était à lui de regagner la maison de sa mère.

Le cas est encore plus étonnant dans les villes Hausa, où la prostitution de jeunes « émancipées », souvent échappées du carcan rural, s'est intégrée à un milieu où la claustration des femmes est de rigueur. On peut circuler toute la journée en ville sans rencontrer de femmes, sinon quelques hauts fonctionnaires ou des femmes faisant partie de l'élite, mais certainement pas des prostituées. Si les femmes de haut niveau culturel échappent progressivement à cet enfermement, la coutume en revanche atteint de plus en plus les femmes de milieu populaire. Pourtant, dès 1932, Margery Perham observait « la file des immigrants francophones qui attendaient pour se faire circoncire afin d'aller rendre visite aux prostituées musulmanes de la ville »[9].

Les jeunes Hausa ont en effet un système fort proche de celui des *malaya* : elles sont ce qu'on appelle des *karuwai,* c'est-à-dire des courtisanes. Elles vivent recluses, ensemble, et attendent d'être courtisées par des clients qui, pour la première fois du moins, ne viennent pas nécessairement pour le sexe. Ils n'obtiennent ce qu'ils désirent qu'après un certain rituel de cadeaux et de politesse. Le plus étrange est que les *karuwai* s'enorgueillissent ainsi de respecter les usages de pudeur et de claustration exigés des femmes, dans ce qui n'aurait donc, au moins officiellement, rien à voir avec des maisons closes. Ces jeunes femmes ont pour la plupart une douzaine d'années, les plus jeunes, à peine dix ans et les plus âgées atteignent vingt-quatre ans. Pratiquement toutes ont déjà été mariées au moins une fois et sont donc, pour les Hausa, des adultes. Elles n'ont pas nécessairement voulu devenir *karuwai,* et n'ont pas non plus toujours rompu avec la famille d'origine. Par exemple une fille est arrivée en ville pour accompagner un parent ou un mari puis a voulu échapper à son autorité, ou bien elle a commencé par fuir une condition ou un mariage rural qui ne lui convenait pas. Dans tous les cas, les parents commencent par rechercher la fille puis, assez vite, la laissent agir à sa guise, puisque sa fuite l'a déjà déshonorée. Souvent, la famille, tôt ou tard, préférera renouer avec elle pour l'exploiter. Les gains de la jeune femme lui assurent une assise

9. Ronald Hyam, « Empire and sexual opportunity », *Journal of Imperial and Commonwealth History,* vol.14, n° 2, 1986, p. 36.

sociale. Certaines se remarient, puis divorcent, quitte à passer d'un statut à l'autre au gré des circonstances. Un cinquième d'entre elles environ exercent, occasionnellement ou régulièrement, une autre activité, artisanale ou de restauration. Quelques-unes, grâce à leurs amis, ont pu trouver un emploi dans un secteur moderne de l'économie. D'autres ont acquis un véritable statut de femmes d'affaires. Les plus riches ont obtenu, toujours grâce à leurs relations, des contrats de l'Etat. En 1973, elles possédaient 71 des 123 maisons de Katsina occupées par des *karuwai*.

Les *karuwai* ont longtemps joui d'une bonne réputation : femmes libérées et innovatrices, elles étaient réputées les plus intelligentes, et souvent les mieux éduquées des femmes Hausa. Leur mobilité leur a aussi permis, après la Seconde Guerre mondiale, d'accompagner les hommes les plus hardis dans leur diaspora conquérante vers le sud du pays. A Ibadan, elles ont une responsable officielle. A partir des années 1950, elles se sont organisées politiquement en branches distinctes au sein des deux principaux partis du Sud, le NCNC et l'*Action Group*. Leur liberté de mouvement leur a permis de jouer un rôle politique interdit aux épouses, notamment en s'inscrivant sur les listes électorales et en participant activement aux scrutins[10].

Mais leur condition a connu depuis une indéniable prolétarisation et, avec la misère croissante, s'est dégradée. Depuis le début des années 1970, la sécheresse a propulsé vers les villes de plus en plus de jeunes rurales en quête de survie. Beaucoup sont des étrangères ; elles pratiquent une prostitution classique, similaire à celle des *wazi-wazi* de Nairobi, dans un hôtel de passe ou en racolant devant leur porte voire contre le mur de leur logement. On les appelle les « *How much you go pay ?* »[11]. Quant aux deux-tiers des cinq cents *karuwai* présentes à Katsina en 1973, c'étaient des filles pauvres débarquées de leur campagne, peu ou pas scolarisées. Cette activité est en effet la seule qui permette à une femme d'assurer son indépendance financière, d'autant que la moitié d'entre elles n'ont pas d'enfant ; leur stérilité à n'en pas douter, est liée aux maladies vénériennes. Contrairement à bien d'autres pays, le gou-

10. Kamene Okonjo, « Sex roles in Nigerian politics », C. Oppong (ed.), *Female and Male…, op. cit.*, pp. 211-222.

11. « Combien tu m'offres ? », Renée Pittin, « Migration of women in Nigeria : the Hausa case », *International Migration Review*, vol. XVIII, n° 4, p. 1301.

vernement n'a jamais cherché à taxer leurs activités. En revanche, leurs difficultés de vie ajoutées à la brutalité de tous les extrémismes les exposent à des vexations fréquentes, voire à des dangers réels ; ainsi, pendant les grandes années de sécheresse, des mesures expiatoires les ont directement choisies comme boucs émissaires. Pour les expulser de Sokoto, puis des autres cités Hausa, on les a sommées de se marier ou de partir : en deux semaines, ce fut chose faite pour la moitié des *karuwai* de Katsina ! Les autres ont fui, ou se sont cachées chez des amies mariées, car leur relative liberté et l'absence d'enfants leur permettant de nouer de nombreuses relations et de rendre des services. Ce comportement montre bien la souplesse de leur position et la solidarité du groupe.

LES FEMMES LIBRES DES VILLES D'AFRIQUE CENTRALE

La présence de ces courtisanes n'était pas limitée aux pays d'islam. On trouvait au Zaïre (ex-Congo belge) dans les années 1950, à Kisangani ou Kinshasa, des femmes divorcées ou veuves, qui avaient passé leur jeunesse à vivre de la prostitution, pour, à l'âge mûr, monter une boutique ou vivre de leurs rentes[12]. D'autres, d'un niveau plus élevé, étaient les maîtresses indépendantes de riches Africains ou de véritables courtisanes, changeant assez peu de partenaires attitrés[13]. On les a appelées les *vedettes,* par opposition aux *chambres d'hôtel,* prostituées au sens occidental du terme, travaillant dans les bars ou les hôtels.

A la veille de l'indépendance il y aurait eu à Kinshasa (Léopoldville), plus de 4 000 « femmes libres ». Les *vedettes,* aussi appelées *Basi ya Kilo* en lingala parce qu'elles étaient les seules à pouvoir se permettre d'acheter la viande au kilo, sont dans l'aisance. Elles sont plus délivrées, plus élégantes, voire plus cultivées que les épouses n'étant pas astreintes, comme elles, à une tenue modeste et réservée. Elles peuvent danser, plaisanter et rire avec les hommes, heureux de les sortir ou de les rencontrer dans les lieux publics. A ce titre, elles sont recherchées par les personnalités, voire par les Européens. Ces femmes ne se font pas, à proprement

12. Pons, *op. cit.*, p. 219.

13. Jean La Fontaine, « The free women of Kinshasa : prostitution in a city in Zaire », J. Davis (ed.), *Essays in honour of Lucy Mair,* Londres, the Athlone Press,1974, p. 99.

parler, payer. Leur rémunération prend différentes formes. Elle peut concerner tout ce qui a trait aux nécessités de la vie : la sécurité matérielle, mais aussi la promotion professionnelle ou sociale, ou tout simplement le bien-être ou le mieux-être. Ces femmes considèrent comme normal de recevoir des cadeaux de prix : elles « emprunteront » pour acheter une maison, une entreprise... sans qu'il soit bien entendu question de rembourser. Elles choisissent alors leurs prétendants en fonction de leurs moyens, et rejettent sans façon ceux qu'elles considèrent comme inférieurs à leurs besoins et à leurs prétentions.

Leur existence est-elle seulement liée à une certaine « libération » de la femme et aux excès de l'ostentation moderne, ou bien trouve-t-elle des racines dans le passé ? On rencontrait autrefois des femmes au rôle analogue dans les cours des grands chefs, avec des statuts divers : esclaves, concubines, voire, dans les anciens Etats interlacustres, courtisanes du Ruanda ou du Bunyoro[14]. Mais les *vedettes* ont acquis une indépendance bien moderne. Leur problème reste celui de leur survie, l'âge venu. Comme ailleurs, elles cherchent à assurer leurs vieux jours par l'achat d'une maison, d'une affaire, ou par des largesses à leur famille, en particulier à leurs neveux car, comme nous l'avons dit, la plupart de ces femmes ont peu ou pas d'enfants. Les plus évoluées d'entre elles pratiquent sans doute des formes de contraception et beaucoup, comme partout, sont victimes des infections vénériennes. En outre aujourd'hui, elles ne sont pas plus que les autres épargnées par le Sida.

Sorties du moule de la famille traditionnelle, elles se sont organisées entre elles, sous des formes inter-ethniques. Avant l'indépendance, quelques grandes entreprises comme les brasseries avaient organisé des clubs de soutien publicitaire : les « Amis de Polar » ou les « Amis de Primus ». Les hommes recevaient une casquette à l'effigie de la marque, et les femmes, contre la promesse de rester attachées à tel ou tel bar contrôlé par les brasseries, pouvaient consommer gratis. D'autres types d'associations se sont regroupées autour d'orchestres de jazz, dont ces femmes étaient les « groupies ». Ces associations de « femmes libres » avaient d'autant plus

14. J. Maquet, *The premise of inequality in Ruanda*, Oxford University Press et IAI, 1961, p. 78. J. Beattie, *The Nyoro state*, Oxfod University Press, 1971, p. 144.

de succès qu'elles étaient les seules organisations féminines à ne pas être prises en main par les Belges par le biais des centres sociaux ou de l'Eglise catholique (la *Légion de Marie*). Depuis l'indépendance elles se sont diversifiées ; la plupart ont des effectifs modestes. Le groupe choisit un nom, comme les *Etoiles* ou les *Elégantes de Léo.* Parfois, elles désignent comme responsable un homme chargé d'arbitrer leurs conflits. C'est souvent un propriétaire de bar, marié ou non, réputé pour ses bonnes fortunes mais aussi pour son impartialité, et qui ne peut donc être assimilé à un souteneur. L'association joue un rôle protecteur et social. Elle est chargée d'initier les nouvelles venues à la vie urbaine, de propager les modes, mais aussi de garantir une certaine entraide et de défendre les intérêts de ses membres. Ces associations de prostituées sont pour cette raison fréquentes en ville. Elles existaient de la même façon dans les *Brazzavilles noires*[15].

Beaucoup de ces femmes exercent des activités annexes dans le petit commerce ou éventuellement une profession salariée. Ces dernières sont les mieux considérées, étant à proprement parler les plus libres, puisque leur survie ne dépendait pas, jusqu'à une période toute récente, de la prostitution. Leurs clients permettent à la fois de se faire des relations et de vivre mieux, c'est à dire au-dessus de ses moyens, avec un goût prononcé pour les vètements de prix, les coiffures et les produits de beauté.

On retrouve une hiérarchisation analogue de la profession à Kigali, capitale du Rwanda. Il y a les « filles des petits bars » fréquentés par la clientèle du quartier et au sommet les « filles du Kiyoru », le restaurant de luxe de la ville, qui constituent l'aristocratie du métier[16]. Les premières ont le choix, elles peuvent se faire engager régulièrement avec le triple avantage d'un revenu mensuel stable, d'une clientèle d'habitude et de la protection du patron, ou alors passer à leur gré de bar en bar. Dans ce dernier cas, comme les filles du Kiyoru, elles sont libres de choisir leurs horaires et leurs clients, mais n'ont aucune sécurité. Les deux activités peuvent d'ailleurs se combiner pour la même fille selon ses besoins personnels et sa disponibilité même si la concurrence entre les deux groupes attise les rivalités.

15. Titre d'un ouvrage de Georges Balandier, 1955.

16. Manijke Vandersypen, « Les femmes libres de Kigali », *Cahiers d'Etudes Africaines*, vol. XVII, n° 65, 1967, pp. 95-120.

Depuis l'indépendance, au Zaïre comme à Kigali et dans bien d'autres villes, s'est diffusée la pratique dite du « deuxième », voire du « troisième » bureau, dans les milieux de petite et de grande bourgeoisie composés pour l'essentiel de fonctionnaires ou d'hommes d'affaires. Il s'agit d'une sorte de nouvelle polygamie, perverse car officieuse[17]. Les règles en sont à peu près les mêmes que celles des *malaya* de Nairobi : une femme indépendante reçoit chez elle, prépare des plats, offre de la bière. Sa maison, bien entretenue, est un lieu de détente, accueillante pour les hommes qui apprécient de venir y bavarder et consommer ; avec de la chance, l'hôtesse peut « devenir le bureau » d'un homme politique ou, à défaut, celui d'un fonctionnaire ou d'un commis. Elle garde d'autres amis, mais généralement à l'insu du premier. La grande différence avec le mariage reste l'absence de compensation matrimoniale et, dans une société christianisée, la clandestinité de la liaison. Le résultat inattendu est l'accélération des synchrétismes culturels urbains : l'homme va naturellement chercher son deuxième bureau hors de son cercle habituel et reconnu, familial ou ethnique. Malgré tout, les formes sont de plus en plus codifiées. Le nouveau couple a des enfants, la pseudo belle-famille se fait reconnaître et les cadeaux comme les avantages financiers deviennent de rigueur.

Si l'on exclut les pays comme la Zambie ou le Sahel musulman où le puritanisme colonial a surenchéri sur des convictions anciennes, la prostitution est loin d'avoir valu à ses protagonistes l'opprobre d'usage dans les pays occidentaux, sans doute parce que la très forte autonomie des sexes a longtemps protégé les femmes du proxénétisme masculin. Celles-ci conservent leurs chances de se marier malgré leur attitude ambivalente vis à vis du mariage qui reste recherché comme le garant d'un statut et d'une protection sociale, mais elles émettent un avis sans indulgence sur leurs partenaires jugés volages et paresseux et incapables de pourvoir aux besoins de la famille et des enfants.

17. Les Belges ont imposé la monogamie, bien que plusieurs formes de mariage soient reconnues : civil, religieux et « coutumier ». Mais la monogamie est exigée pour certains actes importants : par exemple l'obtention d'un prêt à la construction, l'achat d'une parcelle ou d'une maison. Les allocations familiales, les assurances maladies, les pensions, etc., ne sont prévues que pour une seule épouse légale. LaFontaine, *op. cit.*, pp. 89-113.

Cette forme de « semi-prostitution »[18] se développe de plus en plus en ville, dans les classes moyennes surtout, tandis que la prostituée à plein temps arrive plutôt de sa campagne. C'est un second emploi officieux dont les revenus, d'abord marginaux deviennent vite indispensables. Cette « semi-prostitution » se pratique de différentes manières. Il y a le racolage, qu'il est convenu d'appeler à Yaoundé « promenades le soir » ; les femmes vont et viennent sur la voie publique au centre de la ville sans nécessairement aborder les hommes, ni même chercher activement une rencontre ; elles savent que plus leur conquête est difficile, plus les cadeaux seront de prix. Il y a aussi les « chantiers » qui ressembleraient davantage à une maison close, mais où le tenancier n'encaisse que la location de la chambre. C'est un établissement commercial où les serveuses se prostituent à l'occasion, dans un local mis à la disposition du client. Ces diverses pratiques sont d'ailleurs asexuées, il s'agit aussi bien, et de plus en plus, de prostitution masculine que le contraire. Elles traduisent bien la crise des structures familiales anciennes ; l'individu découvre en ville qu'il n'a plus besoin de la communauté pour vivre ; les critères « traditionnels » sont remplacés par une nouvelle hiérarchie de valeurs dont l'adoption révèle le degré d'assimilation à la « modernité ». Les attitudes occidentales et l'accès à une forme de consommation ostentatoire en sont les principaux symboles. Le « paraître » devient essentiel, la prostituée parade lors de son retour au village, et la citadine cherche à briller devant ses camarades de classe ou ses collègues de bureau.

LE COMMERCE MODERNE DES FILLES

Il ne faut néanmoins pas trop enjoliver une prostitution africaine libérée, plus « décontractée » en somme que l'occidentale. Dans une société où le mariage demeure la seule condition reconnue pour une femme, la « femme libre » est sujette à toutes les avanies ; l'homme qui la prend pour concubine n'a « pas de respect pour elle » puisqu'il n'a pas payé la compensation exigée par la coutume : à proprement parler, elle ne vaut rien. Dans beaucoup de sociétés, elle n'est plus épousable. En outre, dès qu'elle est engrossée, elle perd son gagne-pain car, comme on dit au Zaïre, « ici on

18. Du mot de Paulette Songue, *op. cit.*

ne monte pas sur l'enceinte d'un autre ». La femme perd le respect d'elle-même et devient « comme un jardin sans clôture [...], une madame deuxième main »[19].

La prostitution comporte les aspects sordides habituels, caractéristiques du commerce du sexe dans les lieux où se concentrent des travailleurs jeunes et isolés. Les ports de la côte occidentale ont ainsi été de bonne heure, comme en Afrique du Sud, des marchés importants. Le Nigéria fut un foyer précoce de prostitution. Au début des années 1930, la petite ville d'Opobo, dans la province côtière du Calabar, était déjà un pôle de recrutement : soixante femmes au moins y vivaient de la prostitution. En 1940, c'est de cette région que provenaient beaucoup des prostituées travaillant en Gold-Coast. Mais le trafic fut surtout une spécialité du pays Obubra, sur la haute rivière Cross. Dès les années 1920 entre 15 et 30 % des femmes en partaient pour se prostituer dans les ports nigérians, Lagos, Calabar, Port-Harcourt ou, vers l'Est, au Cameroun et à Fernando-Po (Guinée équatoriale), ou encore vers l'ouest en Gold-Coast. Dans ce pays, on en comptait plus de 500 dans les années 1940 ; 80 % d'entre elles travaillaient à Accra, et le reste à Sekondi, ou à Kumasi, à l'intérieur.

Pourquoi cette région joua-t-elle un rôle de fournisseur privilégié ? Elle fut conquise et occupée par les Anglais relativement tôt, entre 1888 et 1909. Le travail forcé y fit des ravages, condamnant les hommes à l'exil et provoquant sur place un surplus important de femmes dont aurait profité la soldatesque. L'ouverture d'une factorerie à Ediba entraîna un afflux de commerçants venus de la côte ; ils prirent l'habitude de s'offrir des concubines locales. Ces femmes d'Ediba furent les premières à aller travailler dans le bourg-marché principal, Bansara, puis de là sur la côte. L'habitude était prise, et le trafic se développa d'autant plus que la région, située en dehors de la zone productrice de cacao, n'offrait guère d'alternative aux femmes, sinon le travail dans les palmeraies. En 1939, le revenu moyen d'une maisonnée y était tout juste de £ 2 par an, contre £ 12 ailleurs. Les prostituées faisaient, selon le mot d'un administrateur colonial, figure de « mines d'or ambulantes », au point que l'insistance dans les villages de cette zone, à tenter d'obtenir un bureau de poste fut attribué au désir de garder le contact avec elles : en 1942, les mandats enregistrés s'élevaient à

19. Témoignages recueillis par Schwarz,, *op. cit.*, pp. 196-197.

£ 7 000, soit deux fois le montant des revenus publics de la circonscription[20] ! Ce furent ces femmes qui se mirent à gagner la vie des familles restées au pays, et permirent la construction de maisons « en dur » — c'est-à-dire en ciment.

Ce marché traitait parfois des fillettes kidnappées puis exportées vers les ports de Gold-Coast. Le trafic était facilité par le fait qu'en cas de divorce, fréquent compte tenu de l'indépendance des femmes, les enfants ne dépendaient pas du père mais du frère de la mère ; celui-ci n'avait pas trop de scrupules à masquer la vente sous la forme d'un pseudo-mariage des fillettes justifiant une supposée « compensation matrimoniale ».

Il s'agissait donc bien d'un trafic, avec son réseau d'informatrices — généralement d'anciennes prostituées —, de marchands et de prêteurs. A la différence de l'Europe, c'était, en tous cas pour les adultes, une affaire de femmes. Elles organisaient les voyages, donnaient les informations sur le trajet, puis une fois arrivées se regroupaient dans un quartier ami où elles s'installaient ensemble dans la même maison. L'habitude fut bientôt prise d'engager un jeune garçon, le plus souvent un parent, suffisamment scolarisé pour tenir les comptes. Il leur servait à la fois de domestique et de défenseur en cas de besoin ; l'insécurité finit par les rendre nombreux, même si les femmes réussirent longtemps à les maintenir à leur service plutôt que le contraire.

Le proxénétisme est un phénomène nouveau apparu seulement ces dernières années. La « femme libre » l'est de moins en moins, au fur et à mesure que la prostitution prend de l'ampleur dans les mégalopoles d'aujourd'hui. A la différence de l'Occident, jusqu'à une date très récente, la quasi totalité des filières restaient contrôlées par des femmes, les « mamies » du Ghana ou les « matrones » d'Abidjan. Elles utilisaient le réseau de leur parentèle rurale pour recruter des filles de la campagne souvent séduites par les mirages de la grande ville. C'est une nouvelle forme de traite des esclaves qui s'est ainsi mise en place ; des parents dans des zones misérables éloignées, au Nigéria, au Ghana, au Burkina-Faso, ou même dans le nord de la Côte d'Ivoire, vendent leurs filles à l'occasion de mariages prétendus ou simulés, ils ne sont pas trop exigeants dès

20. Benedict B.B. Naanen, « Itinerant Gold Mines : Prostitution in the Cross river Basin of Nigeria, 1930-1950 », *African Studies Review*, vol. 34, n° 2, 1991, pp. 57-79.

lors que la « compensation matrimoniale » est versée. Les « fiancés » et « maris » ne sont rien d'autre qu'une armada de « neveux », jeunes chômeurs et délinquants des grandes villes chargés de repérer et de transporter leur marchandise humaine jusqu'aux hôtels-bordels où elles vont être mises au travail. On est bien loin de la « femme libre » de naguère. L'insécurité croissante des villes-métropoles a favorisé l'apparition récente de proxénètes africains, alors que jusqu'à il y a peu il s'agissait exclusivement de Blancs[21].

Ce vaste commerce est désormais sur une voie tragique : vers 1990, 80 % au moins des prostituées de Nairobi étaient séro-positives. Il est probable qu'aujourd'hui presque toutes sont contaminées par le virus du SIDA, de même, sans doute, qu'à Kinshasa, Douala, Abidjan ou ailleurs. Non seulement ces femmes en meurent mais, au préalable, elles tombent dans la misère, faute de gagne-pain.

21. Ainsi qu'en faisaient foi en 1985 les procès en proxénétisme des dix dernières années à Abidjan. K. Goli, *La prostitution en Afrique. Un cas : Abidjan*, NEA, 1986. L'ouvrage est d'autant mieux renseigné que Goli était commissaire de police sur place.

XII

LES FEMMES ET L'USINE

Les femmes ont été peu employées dans l'industrie par les colonisateurs. Ceux-ci avançaient à la fois la force des coutumes, qui auraient interdit aux femmes de s'exiler de leur village, et l'incapacité du personnel féminin à comprendre la modernité, faute d'instruction si ce n'est de cervelle... Arguments peu convaincants mais efficaces, puisque le salariat féminin, sauf exception, ne fut pas reconnu. La tradition culturelle occidentale incita le pouvoir blanc à s'adresser de façon privilégiée aux hommes. Ceux-ci étaient, il est vrai, les plus disponibles : ils n'avaient plus le droit de faire la guerre ni de pratiquer la chasse. Les femmes, en revanche, étaient en charge de l'essentiel de la production vivrière et du commerce de subsistance. Elles le restèrent, et n'eurent guère l'occasion de se placer, même modestement, dans le secteur moderne. Cette répartition des tâches par sexe ne relevait ni du hasard ni de la fatalité, mais de la symbiose la plus rentable à la fois pour les salariés africains et pour leurs employeurs métropolitains. Les hommes rapportaient de l'argent frais et les femmes assuraient en partie la maintenance du groupe ; ce système permettait de verser aux premiers des salaires inférieurs.

La force de travail des femmes ne fut utilisée, dans la première phase coloniale, que dans des cas mal connus, sous la forme d'un esclavage de fait plus ou moins déguisé. Citons le cas d'une centaine de jeunes chrétiennes de l'ouvroir de Ségou, « rachetées » par les Sœurs pour les convertir, mais utilisées dans les années 1930 comme ouvrières tisserandes dans des conditions qui ne tenaient aucun compte des règles en usage sur le travail des enfants. Ce cas est peut-être extrême, mais il explique bien pourquoi les premières grèves y furent, en 1946-47, lancées par des fillettes de dix à douze ans[1]...

1. Cf. F. Simonis, Thèse de l'Université Paris-VII, *op. cit.*

L'état d'esprit africain n'autorisait guère les femmes à disposer de la liberté de mouvement nécessaire au travail en usine. Presque partout, les ouvrières sont méprisées. En général jeunes, divorcées ou non mariées, elles recherchent un salaire régulier parce qu'elles ont souvent à charge un ou plusieurs enfants. Pour les hommes, cette autonomie financière de la femme à l'usine est mal acceptée : c'est une femme « perdue », soupçonnée de tirer avantage de son indépendance économique pour satisfaire des appétits « immoraux ». Confondant les causes et les effets, l'opinion publique prétend que la femme travaille à l'usine non pour échapper à la condition de prostituée ou de concubine, mais pour y trouver la liberté sexuelle[2]. Ce serait le travail qui les conduirait au dévergondage :

> « Les femmes qui travaillent à l'usine, elles ne sont pas bonnes pour un mari. Elles peuvent gagner l'argent et le donner au concubin. Elles peuvent faire l'enfant, mais vraiment, elles ne sont pas sérieuses. Elles font ce qu'elles veulent parce qu'elles ont l'argent de la compagnie[3]. »

UN NOMBRE LIMITÉ D'OUVRIÈRES

Ce double blocage conceptuel, issu à la fois des employeurs occidentaux et du milieu autochtone, fit qu'à l'indépendance le nombre d'ouvrières, sauf en Afrique du Sud, était voisin de zéro. « En Afrique, le secteur moderne est en fait une réserve mâle », constatait-on en 1970[4]. Ceci reste d'actualité, même si, en dix ans, la masse salariale féminine a beaucoup progressé. Dans la quasi-totalité des cas, les femmes ne représentent pas le quart des effectifs salariés, et le pourcentage dans l'industrie n'approche qu'exceptionnellement les 10 %. Les Etats enclavés d'Afrique du Sud, en particulier le Swaziland, constituent une exception due à

2. Dans le cas de l'usine textile de Kinshasa, 91 % des femmes n'étaient pas ou plus régulièrement mariées ; 45 % étaient d'anciennes commerçantes malchanceuses, 72 % s'étaient auparavant livrées à la prostitution. 85 concubines et filles-mères avaient, au moment de l'enquête, 178 enfants naturels à charge. Schwarz, *op. cit.*, pp. 195 et 204.

3. Extrait de témoignages recueillis à Kinshasa en 1965, Schwarz, *op. cit.*, pp. 202-203.

4. Ester Boserup, *Women's role in economic Development*, Londres, 1970, traduit en français *La femme face au developpement economique*, Paris, 1983, p. 218.

l'absence des hommes, attirés par les contrats salariés moins misérables des mines ou des usines d'Afrique du Sud[5].

Pourtant les femmes étaient parfois plus aptes, et souvent plus entraînées aux travaux manuels que les hommes. Les administrateurs le savaient bien en Afrique équatoriale, qui requéraient officiellement les hommes pour les « prestations » — ou travaux dits d'intérêt général, comme l'aménagement des pistes ou la construction des logis administratifs — mais n'ignoraient pas que ceux-ci allaient envoyer à leur place leurs femmes et leurs esclaves. Certains coloniaux, pour aller plus vite, allèrent directement ramasser *de facto* les femmes dans les villages, même si rien n'en fut dit[6].

Ce même genre de tolérance fut pratiqué sur les plantations du Tanganyika (Tanzanie actuelle). Du temps des Swahili, les esclaves — hommes et femmes — constituaient sur les exploitations de sisal l'essentiel d'une main d'œuvre à renouveler souvent car la mortalité y était de l'ordre de 22 à 30 % par an. Allemands puis Britanniques leur substituèrent le travail migrant de jeunes adultes souvent célibataires recrutés sur contrat de deux ans et importés surtout du pays Ngoni[7] ; certains travailleurs, notamment les Makonde du nord du Mozambique, prirent l'habitude de venir en famille, et les planteurs ne rechignaient pas à engager leurs femme réputées dures à l'ouvrage. Les Anglais s'en préoccupèrent quand, au début des années 1930, il fut question, de ratifier la convention de l'*Organisation internationale du Travail* (OIT) qui visait, entre autres, à réguler le travail féminin. Bien que les autorités locales

5. En 1981, le maximum était de 31 % sur l'ensemble des salariées au Libéria (chiffre élevé dû sans doute à l'histoire très particulière de ce pays peuplé à l'origine d'immigrés américains « de retour » creolisés) et de 28 % au Swaziland ; mais on tombe à 22 % au Botswana et à 16,9 % au Kenya et au Zimbabwe, à 11,2 % au Mali et à moins de 10 % partout ailleurs. Quant au pourcentage des ouvrières, il est beaucoup plus faible : 23,4 % au Swaziland et 18 % au Botswana, mais 13,4 % au Liberia, 11,3 % au Mali, 8,5 % au Kenya, 7,2 % au Zimbabwe et moins de 6 % partout ailleurs. Statistiques du *Bureau international du Travail*. Cf. J. M. Bujra, « Urging women to redouble their efforts... Class, gender and capitalist transformation in Africa », Robertson et Berger (eds.), *Women and Class in Africa, op. cit.*, pp. 117-140.

6. Temoignages recueillis par Jan Vansina au Congo.

7. En 1924, un quart des hommes adultes Ngoni etaient absents de leur village. Deborah Fayi Bryceson, « The proletarianization of women in Tanzania », *Review of African Political Economy*, n° 17, 1980, pp. 4-27.

eussent affirmé que la question ne se posait même pas, des protestations s'élevèrent en 1938 quand l'interdiction du travail de nuit pour les femmes devint effective. Mais force est de reconnaître qu'il s'agissait officiellement d'une toute petite minorité : en 1951, les Tanzaniennes ne constituaient encore que 5 % de l'ensemble des salariés, même si 80 % d'entre elles étaient employées dans le secteur agricole contre seulement 47 % des hommes[8]. Ce sondage local est probablement indicatif de l'ensemble de l'Afrique noire.

LE CAS SUD-AFRICAIN

Jusqu'aux années 1960, en Afrique du Sud comme ailleurs, le prolétariat féminin ne fut guère développé, et encore moins parmi les Africaines. La mine n'utilisait traditionnellement, comme en Europe, que des hommes. Quant à l'industrie, elle restait, dans les années 1920, limitée, et employait surtout des hommes blancs ou métis. Les stéréotypes liés au sexe, la discrimination raciale et la rigidité des lois, restrictives en matière d'apprentissage, interdisaient aux femmes, et plus encore aux femmes noires, de prétendre à des emplois semi-qualifiés relativement bien rémunérés. Tout au plus essaya-t-on, sans résultats, et dans des conditions d'exploitation épouvantables, d'utiliser le tissage à domicile. Au total, vers 1917, on comptait dans la colonie du Cap quelques 6 000 ouvrières ; les deux-tiers avaient moins de 19 ans, presque toutes étaient blanches et quelques-unes métisses. Les ouvrières blanches, largement utilisées dans l'industrie textile, tout en étant mieux rémunérées qu'un ouvrier africain, revenaient nettement moins cher qu'un ouvrier blanc. Leurs effectifs grossirent avec le boom industriel sud-africain des années 1930, surtout localisé dans la colonie du Cap ; elles continuaient d'être employées dans l'industrie textile, mais entrèrent également dans l'industrie du cuir ou celle du livre. Le gros des efectifs était constitué de métisses ; la main d'œuvre asiatique, plus rare, était recherchée, mais les Africaines continuaient d'en être pratiquement exclues. Une réglementation de 1930 donnait aux autorités locales le droit

8. En Tanzanie, les femmes sont passées de 7 % du total des salariés en 1969 à 9 % en 1974. Brycecon, *op. cit.*, p. 20. C'est au Malawi qu'existait le salariat agricole le plus féminisé, avec près d'un tiers de femmes (29 %, selon l'OIT, 1981).

d'expulser de certaines villes les femmes qui ne pouvaient justifier d'un domicile, ce qui contribua à cantonner les Noires dans le service domestique déserté par les Blanches et les métisses et qui leur permettait d'être logées[9]. Tout au plus pouvaient-elles espérer devenir serveuses, ou couturières.

Les changements commencèrent avec la Seconde Guerre mondiale. Une fois résolu le problème des « pauvres blancs », il fallut bien combler les vides laissés par les ouvrières blanches qui préféraient désormais un travail de bureau, de vendeuse de magasin ou de serveuses dans la restauration. Les Africaines s'engouffrèrent dans cette voie, à la faveur des besoins liés à l'intensification de la production pendant la guerre. Face à la pénurie de main d'œuvre, certains industriels, par exemple dans la chaussure ou dans l'industrie lainière du Cap occidental (à Port-Elizabeth ou Uitenhage), commencèrent à songer aux femmes noires. Bien qu'elles fussent payées un tiers de moins que les hommes, c'était pour elles un travail régulier, moins prenant et mieux rétribué que le travail domestique[10]. Au Transvaal, les métisses ne constituaient plus que le quart de l'effectif des ouvrières ; elles s'engageaient plus jeunes, entre 15 et 25 ans, et pour la moitié d'entre elles arrêtaient au moment de leur mariage. Les Africaines, au contraire, trouvaient le travail en usine plus compatible avec leurs charges de famille. Elles entraient dans la profession à l'âge adulte, la moitié avaient entre 25 et 34 ans, ou bien à leur veuvage et souvent après avoir débuté dans la vie active comme domestique[11].

L'entrée des femmes dans le secteur industriel leur offrit une liberté d'action jusqu'alors inconnue. Les ouvrières, en général un peu plus instruites, étaient moins asservies que dans le travail de maison et gagnaient davantage. Au Cap, ce furent, dans les familles noires plus établies, les filles plutôt que les épouses d'un institu-

9. Amendement au *Natives Urban Act* de 1923. Iris Berger, *Threads of solidarity, op. cit.*, chap. 3. A partir des années 1950, l'*apartheid* interdit, sauf autorisation spéciale, aux noirs de dormir dans les quartiers blancs. Exception était faite pour le personnel de maison « à condition de ne pas dormir sous le même toit ». Les nationalistes, aussi bornés qu'organisés, inventèrent donc de prévoir un appentis avec rupture de toiture pour respecter la loi. Ce qui, inutile de le dire, n'améliora guère les conditions de logement de leur personnel de couleur... (enquête personnelle).

10. A sh.15 par semaine dans l'industrie textile. *Guardian,* 27 février 1941.

11. Berger, *op. cit.*, pp. 230-231.

teur, d'un commis ou d'un pasteur qui s'engagèrent dans cette voie. Elles y gagnèrent une certaine autonomie, non seulement dans la société urbaine mais aussi dans leur vie privée. Le nombre de divorces se multiplia. Les liens avec leur famille tribale se relâchèrent et, devenues financièrement indépendantes, elles apprirent à se passer de l'homme pour assumer leurs charges familiales[12]. Elles constituèrent, dans la confection d'abord, puis dans l'industrie alimentaire, un petit groupe assez homogène, énergique et militant, combinant une place relativement privilégiée dans la société noire avec une conscience de classe pénétrée par l'idéologie marxiste. Dans les années 1940-50, avant que l'*apartheid* ne les rendît impossibles, leurs activités syndicales étaient connues pour leur militantisme « mixte », c'est-à-dire rassemblant des femmes de toute couleur.

Le salariat féminin urbain encouragea massivement le phénomène de la « femme indépendante » ; pour cette raison le gouvernement nationaliste prit en 1952, pour la première fois, des mesures drastiques de rejet des citadines noires, leur imposant comme aux hommes le permis ou « passe » nécessaire à leur droit à résidence[13].

Le tournant ne fut vraiment pris qu'après 1960, lorsque le salaire de l'épouse devint indispensable pour maintenir un certain niveau de vie, et que les femmes seules n'eurent pas d'autre choix. L'*apartheid* fit le reste ; le gouvernement donna aux femmes déjà régulièrement domiciliées en ville le pas sur les travailleurs immigrés. Quant aux autres, elles firent, pour nombre d'entre elles, partie des plus de trois millions et demi de personnes déportées entre 1960 et 1983 vers les « bantoustans ».

A partir des années 1970 la pression conjuguée des mouvements sociaux urbains et de l'opinion internationale imposa à l'Etat de remédier au moins en partie au dénuement de ces *homelands* ; par ailleurs, les débuts de la dépression incitèrent les industriels à

12. Une étude sur East London montre que les deux-cinquièmes des femmes nées en ville étaient chefs de famille, dont un quart de mères célibataires. On trouve, dans la *township Eastern bantu* (banlieue de Johannesburg d'implantation ancienne), jusqu'à 41 % de femmes chefs de famille. Berger, *op. cit.*, p. 226.

13. Section 10 de l'*Urban Area Act* interdisant à tout Africain, quel que soit son sexe, de résider en ville plus de 72 heures sans appartenir à quatre catégories bien définies par leur lieu de naissance, la durée de leur résidence, et la durée d'emploi chez le même employeur.

réduire leurs coûts de production et à délocaliser. Une série d'industries fortes consommatrices de main d'œuvre déménagèrent, en premier lieu les industries textiles, les activités de petit montage électrique et les industries polluantes de produits chimiques. Comme dans les enclaves du Swaziland et du Lesotho désertées par les hommes, beaucoup de femmes furent embauchées sur place, parce que plus nombreuses et plus susceptibles d'accepter sans broncher des salaires de famine[14]. Entre 1969 et 1981 le nombre d'Africaines actives quadrupla, et chez les ouvrières le pourcentage des femmes noires passa de 30 % à plus de 42 %[15]. Parallèlement, la répression s'abattit sur les plus militantes, jusqu'alors très actives dans la SACTU (*South African Congress of Trade Unions*) : Ray Alexander s'exila en Zambie, Bettie du Toit au Ghana, d'autres, comme Mary Mafeking, Frances Baard, Mary Moodley, Liz Abrahams furent arrêtées, bannies ou exilées dans des bantoustans éloignés[16]. Le syndicalisme se réfugia dans une revendication sociale non dénuée d'ambiguïté ; les mesures, réclamées au nom des « femmes » sans plus de précision, taisaient prudemment la discrimination raciale dont souffraient les non blanches[17]. Le travail des femmes noires dans l'industrie est désormais, en Afrique du Sud, une réalité. Toutefois, malgré leur participation énergique dans le renouveau du combat contre l'*apartheid*, tout se passe comme si l'enjeu politique général avait en quelque sorte occulté la question du travail féminin, pourtant le plus défavorisé.

14. Joanne Yawitch, « The incorporation of African women into wage labour, 1960-1980 », *South African Labour Bulletin*, vol. 9, n° 3, 1983, pp. 85-86.

15. Le total des actives asiatiques ou « coloured » ne fit que doubler, et le pourcentage des ouvrières blanches diminua de moitié (les agricultrices ne sont pas comptabilisées comme « actives » mais comme ménagères). Truida Prekel, « Black women at work, progress despite problems », *South African Labour Bulletin*, vol. 6, n° 3, 1982.

16. Etre bannie signifiait être interdite de toute réunion de plus de trois personnes et mise au ban de la société.

17. Le rapport de la « commission Wiehahn », *Report on the commission of Inquiry into labour Legislation* (Pretoria, 1981) demandait, entre autres, la suppression de la discrimination sexuelle des salaires et la garantie de l'emploi en cas de maternité.

En Afrique tropicale comme en Afrique du Sud, le prolétariat féminin est apparu autour des années 1960, mais, différence de taille, ce fut avec les indépendances. La question est encore mal connue. Au Tanganyika, en 1957 seulement, l'Etat colonial avait enfin décidé de garantir un salaire minimum qui commença par avaliser une rémunération inférieure pour les femmes[18]. L'Etat tanzanien supprima cette discrimination dès 1962, officiellement du moins. Le pourcentage des femmes indépendantes (divorcées, veuves ou autres) qui ont migré à Dar es Salaam est passé de 13 % en 1950 à 33 % vingt ans plus tard, et la plupart d'entre elles ont entre 16 et 24 ans. Elles constituent l'essentiel du « recrutement féminin » en usine[19]. Même constat en 1965 dans la plus grosse usine textile de Kinshasa. Les ouvrières y étaient nettement plus enracinées dans la ville, beaucoup plus jeunes en moyenne que les hommes et d'un niveau d'instruction inférieur, bien que dans les dix années précédentes l'écart se fût réduit[20].

Les ouvrières tanzaniennes sont défavorisées par leur faible niveau culturel, puisque le recrutement se fait en général au niveau le plus élémentaire qui compte seulement un tiers de filles[21]. Toutefois elles ne sont plus l'exception. Dès qu'il s'agit d'une production grosse consommatrice de main d'œuvre peu qualifiée on préfère les femmes, ainsi dans l'usine de cacahuètes Tanita, les trois quarts du personnel est-il féminin[22], et dans une fabrique de produit anti-moustiques à base de pyrèthre, particulièrement archaïque, on

18. Salaire horaire de sh. 42 pour les hommes et de sh. 32 pour les femmes.

19. Les deux-tiers des ouvrières (63 %) sont des femmes indépendantes, le plus souvent chefs de famille, alors que celles-ci ne représentent encore à Dar es Salaam que le quart des femmes actives de 15 à 54 ans.

20. 35 % des ouvrières étaient nées à Kinshasa contre seulement 2,3 % des hommes en 1958 et 3,6 % en 1966 ! En sus, plus d'un tiers des ouvrières interrogées (162) étaient arrivées dans la capitale avant l'âge de dix ans. La plupart étaient coupées de leurs racines rurales : près de la moitié n'ont jamais quitté Kinshasa, 16 % ne sont allées au village qu'une seule fois, et seulement 6 % d'entre elles ont gardé des relations continues. Schwartz, *op. cit.*, pp. 191-193.

21. Cours élémentaire 7, équivalent à notre cours élémentaire 2ème année.

22. 900 femmes sur 1260 travailleurs.

apprécie ce personnel « dur au travail, patient et sans problème »[23]. Mais l'emploi des femmes décroît chaque fois que la mécanisation progresse, et les entreprises continuent de se méfier de leur compétence, et surtout de leur assiduité.

Citons la fabrique d'allumettes Kibo, qui employait 90 % de femmes avant 1969 ; elle a fait tomber ses effectifs féminins à 30 %, puis 20 % en 1976, malgré le doublement de ses effectifs totaux. L'évolution est plus radicale encore à la fabrique de café de Moschi, où les procédés automatisés mis en place en 1972 ont conduit à licencier tout le personnel féminin (800 salariées).

Les employeurs redoutent surtout les maternités. La loi de 1975 destinée à protéger les femmes en leur garantissant le droit à un congé payé de maternité de douze semaines tous les trois ans a eu un effet pervers, elle a parfois provoqué l'arrêt immédiat des recrutements féminins.

Les femmes qui travaillent en usine sont pour la plupart chefs d'un foyer monoparental : 79 des ouvrières kinoises déjà citées avaient totalisées, suivant leurs dires, 198 concubins durant les 36 derniers mois. Le travail salarié leur apparaît alors comme la réponse à une situation matrimoniale fragile et incertaine. Mais ces femmes chargées d'enfants savent s'organiser comme elles le font partout dans le monde ; car leur prolétarisation implique souvent l'existence d'un sous-prolétariat féminin antérieur : en Tanzanie, 40 % d'entre elles confient leur progéniture à leur famille, généralement la grand-mère, 30 % emploient une salariée ou *ayah*[24], 20 % font venir une petite parente de la campagne avec un statut déguisé de domestique, 5 % utilisent leurs propres aînées et les 5 % restant s'arrangent avec des voisines. Autrement dit, même si le faible salaire perçu et le mépris dans lequel on tient les femmes ne leur laissent aucune illusion sur leur participation active à la marche d'une usine dont elles subissent le travail « comme le drapeau obéit au vent »[25], leur absentéisme ou leur incompétence est surtout un prétexte, sinon un pré-

23. De même, au Kenya, la *Kenya Cashew Nuts C°* apprécie le personnel féminin « plus soigneux et plus rapide que les hommes », Bujra, *op. cit.*, 1986, p. 132.

24. Charge relativement lourde puisqu'elle représente jusqu'au cinquième de leur propre salaire (sh. 40 à 60 contre sh. 300).

25. « *Mimi ni bendera nafuata upepo* », Deborah Fahy Bryceson, « The proletarianization of women in Tanzania », *Review of African political Economy*, n° 17, 1980, pp. 4-27. p. 24.

jugé enraciné par un bon demi-siècle de colonisation mâle. On ne comprendrait guère, sinon, même en référence à des données culturelles qui ont probablement la vie dure, pourquoi ce personnel féminin illettré serait vanté en Asie pour son habileté et sa docilité, mais rejeté en Afrique pour son incapacité et son désordre...

UN TRAVAIL MOINS RÉMUNÉRATEUR QUE « L'INFORMEL »

En Afrique de l'ouest, où les femmes sont traditionnellement impliquées dans la vie active, l'absence relative d'ouvrières est encore plus surprenante. La responsabilité ne peut en être rejetée exclusivement sur la mauvaise volonté européenne. L'exemple du Nigéria qui, autour de grandes villes comme Lagos, Ibadan, Kano ou Port-Harcourt, possède quelques solides installations industrielles (montage automobile, tabac, textiles, produits alimentaires...) laisse à penser que les femmes ne veulent pas être ouvrières parce qu'elles savent qu'elles n'y ont pas intérêt. Pourquoi seuls les hommes passent-ils volontiers de l'informel à l'industrie, alors que rien dans les traditions Yoruba anciennes n'interdit aux femmes de vaquer hors de chez elles ni de participer à des activités rentables ? Certes, les femmes ne sont guère recrutées par les firmes multinationales, et celles qui travaillent dans l'industrie le font, comme en Tanzanie, dans de petites entreprises peu modernisées, recherchant un personnel peu qualifié et particulièrement mal rémunéré. Mais ce n'est pas toujours le cas : un exemple original, celui de l'usine textile d'Odu, permet de percevoir la motivation des femmes. Cette usine fut installée en 1966 dans la province actuelle d'Ondo au Nigéria, région où le tissage à la main était un artisanat ancien. Le chef local, cultivé et « moderne », voulut y créer des emplois locaux. Or, en 1972, l'usine n'employait encore que 62 femmes contre 1 300 hommes. Le pourcentage d'ouvrières « femmes seules » était le même qu'en Tanzanie (63 %). Etait-ce un hasard, dans des pays que par ailleurs tout oppose ? Le personnel était jeune : 70 % des hommes et 95 % des femmes avaient moins de 30 ans[26] ; mais là s'arrête l'analogie,

26. Les femmes étaient plus jeunes que les hommes : 70 % avaient moins de 25 ans. Carolyne Dennis, « Capitalist development and women's world : a Nigerian case », *Review of African Political Economy*, n° 27/28, 1984, pp. 109-119.

car à Odu tous, hommes et femmes, avaient un niveau d'instruction convenable[27].

> Pour le cinquième d'entre eux c'était leur premier emploi. Les autres, (15 % des hommes, contre près de 40 % des femmes) provenaient d'un autre secteur professionnel : petits enseignants ou petits commis non qualifiés, artisans ou commerçants en difficulté. Certains étaient revenus de Lagos où le coût de la vie était trop élevé ; le changement de métier résultait d'un salaire précédent trop faible ou trop irrégulier. Mais très peu de femmes provenaient du petit commerce informel, ce qui est surprenant en pays Yoruba, sans doute parce qu'elles étaient célibataires, et que c'est le mari qui fournit en général le petit capital de départ.

Compte tenu d'un niveau culturel relativement exceptionnel pour des ouvrières, on pourrait s'attendre à ce que ces femmes aient occupé des postes de semi-responsabilité. Il n'en était rien ; on comprend dès lors la raison de leur désaffection pour ce genre de profession. On les avait mises à préparer les fils de coton pour les métiers à tisser, travail facile et répétitif qui ne demandait pas d'effort physique exagéré, elles pouvaient le faire assises et en bavardant. Mais elles savaient que l'entreprise ne leur offrirait ni avancement ni augmentation de salaire de peur d'avoir à leur verser ensuite davantage pour leurs éventuels congés de maternité. C'était donc pour elles un « petit boulot » provisoire, tout juste bon à leur permettre d'amasser le pécule minimum nécessaire pour s'installer dans le commerce informel, où avec un peu de chance elles pourraient faire beaucoup mieux. Les hommes au contraire ambitionnaient plutôt de s'établir comme artisans indépendants, ce qui exigeait une certaine promotion. Ainsi, bien qu'hommes et femmes fussent, dans cette entreprise, de qualification égale et eussent des objectifs analogues, leur attitude face à l'emploi était radicalement différente.

On ne peut non plus éluder le « machisme » africain lui-même, particulièrement (mais pas seulement) affirmé en pays musulman. Chez les Hausa du Nigéria du nord, un homme, plus encore qu'ailleurs, ne saurait admettre d'être supervisé par une femme. A Zaria par exemple, une petite usine de distribution d'électricité créée en 1976 (EMCOM) emploie 350 personnes, dont un tiers de

27. 43 % des hommes et 33 % des femmes avaient fréquenté l'enseignement secondaire. C'est parmi les hommes seulement qu'on trouvait une très petite minorité d'analphabètes (1 %).

femmes. Celles-ci, remarquablement bien traitées, y jouissent en principe des mêmes droits que les hommes : leur salaire est analogue à qualification et ancienneté égales, et l'emploi est garanti. Tout au plus pourrait-on noter que seules les femmes sont tenues de balayer les ateliers, car les hommes s'y refusent : « ils ne savent pas faire, ce n'est par leur rôle »... Pourtant en 1983 un incident révélateur s'est produit quand il a fallu sélectionner un groupe de travailleurs pour un stage de formation complémentaire en vue d'une promotion. Aucune femme ne fut retenue par la direction, bien que le nombre de candidats valables fût à peu près équilibré entre les sexes... Les femmes protestèrent mais ne trouvèrent de soutien ni chez les contremaîtres, ni parmi les ouvriers masculins[28].

Le nombre d'ouvrières africaines demeure, encore aujourd'hui, remarquablement faible, sauf en Afrique du Sud. Leur situation est extraordinairement peu étudiée, comme si elles n'existaient pas, ce qui, dès que l'on cherche un peu, est de moins en moins vrai.

28. Renée Pittin, « Gender and Class in a Nigerian industrial setting », *Review of African Political Economy*, n° 31, 1984, pp. 70-81.

XIII

FEMMES ET PAUVRETÉ : L'AVENIR DE L'INFORMEL FÉMININ

Depuis l'indépendance surtout et plus encore à partir du cycle des sécheresses amorcé en 1973, s'est amplifiée vers les grandes villes, comme Nairobi, Kampala ou Kinshasa, une immigration misérable de jeunes étrangères (ougandaises, rwandaises, zaïroises....) dont l'arrivée traduit le désarroi des campagnes. Loin d'être rejetées par leur famille rurale, les jeunes immigrantes sont au contraire envoyées par elle quelques années en ville pour gagner le maigre capital nécessaire pour revitaliser des campagnes moribondes. Il s'agit, de plus en plus, de faire vivre l'ensemble de la collectivité familiale, en ville et à la campagne.

Aujourd'hui plus que jamais la vie en ville est entre les mains des femmes. Le manque d'emplois réguliers dans l'industrie et dans le tertiaire, accentué par la crise économique et une croissance démographique toujours non jugulée, entraîne une augmentation considérable des « activités informelles » dans ces villes où près de 70 % des habitants ont moins de 25 ans. Ce qui, au début des indépendances, n'était encore que ressource d'appoint devient le soutien de base des ménages : les hommes ne rapportent plus qu'un salaire rendu dérisoire par l'inflation, et la masse des jeunes sans emploi ne fait que s'amplifier.

LA MISÈRE FÉMININE

Au point extrême de la marginalité, dans des villes disproportionnées par rapport à leurs activités, où le pouvoir politique se dilue et où les activités économiques stagnent, une part croissante des femmes, notamment les plus démunies : veuves, filles-mères, orphelines..., est exclue de tout travail régulier. Progressivement il ne leur reste que la prostitution — sorte de mendicité déguisée et généralisée. L'écolière se vend pour quelques friandises, l'étudiante couche avec ses professeurs pour quelques points en plus, l'employée devient la maîtresse du patron pour garder son emploi, la commerçante compense la médiocrité de son chiffre d'affaires en sortant avec certains de ses clients, la concubine ou l'épouse d'un polygame se fait entretenir par d'autres amants pour pallier l'insuffisance de revenus du premier ; par dessus tout, les jeunes rurales, chassées des campagnes par la misère, sont devenues des proies banales de la prostitution quotidienne dans beaucoup de grandes villes africaines : à Addis-Abeba, Abidjan, Kisangani ou Accra.

Le sort de ces femmes est d'autant plus désespéré qu'elles proviennent de milieux plus misogynes, comme ceux d'Afrique centrale ou de sociétés hiérarchisées à passé esclavagiste. Cet héritage conduit les familles à utiliser leurs filles comme des marchandises ; elles les vendent à des trafiquantes qui les négocient en ville comme domestiques ou filles de bar, à moins qu'elles ne s'en servent pour gagner quelques sous lors des trois principales étapes de leur existence de femme. La première étape est le moment où la fille enceinte désigne un responsable dont les parents vont essayer d'obtenir réparation sonnante et trébuchante. La seconde étape est l'accouchement ; la famille cherche à nouveau un dédommagement ou essaie d'imposer un mariage assorti d'une dot. La troisième étape sera, quelques mois plus tard, la mort possible du nouveau-né, nouvelle occasion de rançon. Prostituée ou pas, la vie de la fille se réduit à son aspect mercantile. La veuve n'est pas mieux lotie : jetée au rebut « comme une marchandise avariée », elle n'a le choix qu'entre retourner dans sa famille ou se vendre. Ce type d'évolution paraît culminer dans les villes zaïroises[1].

La prostitution n'est cependant pas le seul recours. Elle est parfois exercée parallèlement à d'autres stratégies de subsistance dont le tout petit commerce est une forme de plus en plus répandue.

1. Benoît Verhaegen, « La famille urbaine face à la polygamie et à la prostitution », in *Processus d'urbanisation en Afrique, op. cit.*, T. II, pp. 124-130, et *Femmes zaïroises de Kisangani*, L'Harmattan, 1992.

A première vue, les femmes justifient leurs modestes activités de commerçantes devant la porte de leur enclos, sur la placette du quartier ou au marché, par la satisfaction de leurs besoins personnels : argent de poche, gâteries pour les enfants, pagnes ou bijoux pour les cérémonies. Mais ce discours stéréotypé ne résiste pas à l'analyse : la diminution ou l'absence de revenu du mari ont modifié, en milieu populaire comme chez la plupart des fonctionnaires, les finalités d'origine de l'activité marchande des femmes. Lorsqu'on examine celle-ci avec minutie, au jour le jour, elle se révèle, en milieu urbain, indispensable à l'alimentation quotidienne. Peu à peu les femmes se sont glissées dans tous les interstices. Leur analphabétisme fréquent leur permet la clandestinité, qui évite de grever leurs gains du paiement des impôts, de patentes ou de licences. La très forte concurrence, et le fait qu'elles ne comptabilisent pas la rémunération de leur temps de travail les incite à se contenter de marges bénéficiaires minuscules qui rendent leurs services compétitifs face à la cherté des biens du secteur officiel ou d'importation : les plats cuisinés sur le trottoir ou dans une gargote de fortune sont meilleur marché que ceux d'une cantine, les produits locaux ou de contrebande proposés à la sauvette sont plus économiques que ceux du supermarché local, et le travail domestique d'une jeune femme, voire d'une parente ou d'une fillette est moins rémunéré que celui de « boys » salariés.

L'alimentation, l'habillement, et toute une série de services de base sont désormais assurés en grande partie, sinon en majorité, par les femmes, en particulier dans les grandes métropoles appauvries, comme Kinshasa ou Abidjan. C'est là qu'il faut chercher l'explication du nombre « anormalement » élevé de femmes dans une capitale comme Addis-Abeba. Cela demeure le cas également dans les villes de moindre importance comme les cités du *Copperbelt* zambien ou Saint-Louis du Sénégal, qui ont perdu ou n'ont jamais offert d'emplois administratifs nombreux ni d'activité manufacturière, ou même minière et sont aujourd'hui en perte de vitesse.

Le cas de Saint-Louis, en particulier, apparaît exemplaire. Les femmes s'y sont emparées non seulement de la distribution, mais d'une part croissante de la production jusqu'alors réservée aux hommes. La bourgade, l'une des plus féminisées d'Afrique, comptait en 1985, sur 130 000 habitants, au moins 70 000 femmes, dont près de 35 000 d'âge actif. Parmi celles-ci, la moitié au moins exerçaient une activité productrice de revenu : revenu faible et précaire, certes, mais souvent vital dans une ville qui n'offre que très peu de débouchés. Malgré ses quatre lycées et, depuis peu, son université, elle doit envoyer au loin, à Dakar, la plupart de ses demandeurs d'emploi.

Les femmes y occupent aussi une place essentielle dans le service domestique, et surtout dans la production artisanale de consommation. Ce sont elles, à proprement parler, qui font vivre les habitants. Paradoxalement c'est dans le secteur de la production vivrière qu'elles sont le moins présentes ; elles se contentent d'acheter leur poisson aux pêcheurs ou d'aider les hommes, jardiniers en titre, pour l'arrosage, l'entretien ou la récolte des produits maraîchers. Elles les écoulent ensuite sur les marchés ou dans les quartiers résidentiels. Elles occupent en revanche de fortes positions dans le secteur secondaire.

> Elles sont teinturières, couturières, artisanes du poisson sec mais une très faible minorité d'entre elles (22 teinturières et 6 couturières) sont inscrites à la Chambre des métiers, et aucune n'est électrice à la Chambre de commerce. Pourtant, la coopérative des teinturières comprend 109 adhérentes (sur au moins 250 teinturières), et celle des artisanes du poisson sec 320 (sur au moins 1 500 préparatrices réelles).

Naguère réservées à des castées, ces professions se sont récemment ouvertes par nécessité et grâce à certains progrès (l'usage par exemple de produits chimiques pour les teinturières au lieu de la teinture à l'indigo ou à la noix de kola qui exigeait un réel savoir-faire). Il faudrait y ajouter une centaine de couturières, autant de restauratrices, et plus encore de logeuses — puisque, faute d'argent, les internats ont été supprimés en 1980 — et d'innombrables fabriquantes improvisées de plats divers, sur les marchés, dans la rue ou à la porte des établissements scolaires[2]. Beaucoup de ces femmes s'entourent d'apprenties, puisées dans les « déscolarisées » des établissements d'alentour ; celles-ci, moyennant le paiement d'un droit modique, font vivre leur patronne et assurent leur

2. R. Bonnardel, « Saint-Louis du Sénégal : le règne des femmes dans les petites activités », C. Coquery-Vidrovitch (ed.), *Processus d'urbanisation en Afrique*, Paris, L'Harmattan, 1988, t. II, pp. 150-168. Voir aussi, du même auteur ; *Saint-Louis du Sénégal : mort ou naissance ?, op. cit.*

survie en achetant le droit d'utiliser à leur profit l'instrument de travail (machine à coudre par exemple) pour écouler des produits de moindre qualité auprès d'une clientèle désargentée.

Cette clientèle peut se faire rare, sauf pour le poisson, et il faut alors écouler la production dans le reste du pays, sur le fleuve ou à Dakar, voire de l'autre côté du fleuve en Mauritanie, ou dans les ports anglophones du sud. Toute artisane s'entoure de jeunes revendeurs qui vont écouler sa marchandise par vente ambulante et à crédit. C'est ainsi que les meilleures teinturières se spécialisent dans le bleu indigo foncé, très prisé des Maures, qu'elles écoulent sur la rive droite du fleuve ; d'autres commerçantes s'approvisionnent à Rosso, en Mauritanie, d'articles divers destinés à la contrebande : les profits sont risqués mais relativement élevés. Le rôle des femmes dans la distribution est ainsi devenu décisif. Depuis les années 1970, une trentaine de grossistes et plus d'une centaine de détaillantes monopolisent les produits alimentaires, après avoir pris aux hommes ce qui avait été auparavant de leur ressort exclusif : la bonneterie, la confection, les chaussures, et certains produits d'épicerie (le sucre, le café, le lait en boite, l'huile et le riz). Seuls leur échappent désormais la viande de boucherie, la quincaillerie et l'audiovisuel, bref tout ce qui nécessite un stock coûteux ou du crédit hors de portée de leurs réserves financières.

Tout laisse à penser que ce mécanisme se développe partout ailleurs, et tout spécialement en ville. On ne pourrait comprendre sinon la survie de ces pauvres qui représentent la grande majorité des habitants de ces agglomérations, parfois énormes, alors que les circuits officiels sont souvent devenus inexistants et que, dans une ville comme Kinshasa ou Kisangani, les plus aisés ont seuls les moyens d'accéder à un marché noir parfois éhonté. Les grandes villes d'aujourd'hui survivent grâce au travail féminin, inlassable et à peine rémunéré. Un pourcentage infime d'entre elles finit par « s'en sortir ».

Tout le monde utilise les circuits « informels » qui permettent par exemple à des parents domiciliés à Dakar de faire parvenir en deux jours et en liquide des subsides à des enfants étudiant en France, en passant non par les circuits bancaires officiels (de moins en moins sûrs et de plus en plus lents), mais en se rendant au marché Sandaga, au centre de la ville, où circule beaucoup plus d'argent qu'il n'y paraît. Cela ne concerne pas nécessairement les femmes mais, de plus en plus, certaines parviennent à occuper une place décisive dans ces organisations. Elles font partie de ces forces sociales méconnues et en pleine mutation, qui risquent dans les années à venir de bouleverser les données économiques et politiques internes du pays.

QUATRIÈME PARTIE

LES FEMMES ET LA MODERNITÉ

XIV

LES FEMMES ET L'ÉCOLE

Sur la formation des filles dans les sociétés coutumières, nous n'en dirons pas davantage que ce qui a été suggéré précédemment : les fillettes étaient élevées par leur mère, leurs tantes, leurs sœurs et à leur image. Leur place et leur rôle dans la société ont pu varier ; les modalités de l'initiation, de la religion ont été multiples selon les lieux, selon les temps. Il ne peut être question ici de transformer cet essai en ouvrage d'ethnologie. Le problème est de savoir, à partir de ce patrimoine dont on a donné jusqu'à présent un aperçu, ce qui, avec la colonisation, a changé. On l'aura déjà compris : les femmes ont été les mal aimées de l'école coloniale, en raison d'une double influence : celle héritée de leur propre culture, et celle importée par le colonisateur.

LE CONFORMISME CONGOLAIS

Le Congo belge, dans ses excès, est presque caricatural. En pays anglophone l'influence de la Réforme favorable à la promotion de l'individu put combattre au moins en partie les conventions de l'époque, de même, en territoire francophone, les principes d'égalité issus de la Révolution française, et en pays lusophone, la tendance assimilatrice. Ces avantages n'existèrent pas au Congo Belge, où à l'indépendance il n'y avait pas encore eu une seule lycéenne africaine diplômée du secondaire ; la première fut Sophie Kanza, la fille du maire de Léopoldville ; elle sortit en juin 1961 du lycée du Sacré Cœur...

Les autorités coloniales eurent beau jeu d'incriminer le rejet par les familles de l'école moderne pour leurs filles. Il est vrai qu'au début de la colonisation les parents furent rétifs à la conversion des filles, qui allait de pair avec la fréquentation de l'école. Ils craignaient avant tout que la jeune femme s'appuyât sur la nouvelle religion pour échapper au mariage coutumier préparé de longue date pour lequel il était hors de question de la consulter. Il aurait sinon fallu restituer la compensation matrimoniale, qui se payait généralement à l'avance en Afrique centrale[1]. La conception rétrograde du monde belge, très conservateur en matière d'éducation féminine, n'arrangea rien. La plupart des missionnaires catholiques, qui avaient en charge la quasi-totalité des écoles[2], étaient originaires des Flandres marquées par un conservatisme rural peu favorable à l'émancipation des filles. Ainsi se trouvèrent superposées deux facettes d'une double différenciation entre garçons et filles : celles des traditions culturelles locales, et celles de la société occidentale.

Les préjugés missionnaires

Ce qu'on pourrait appeler le patriarcat chrétien cherchait à obtenir la christianisation sans occidentalisation. Ce fut, de tout temps, la contradiction-clef des missionnaires, qui pensaient pouvoir éviter la « nocivité » d'une éducation trop ouverte susceptible d'engendrer des idées subversives, en mettant l'accent sur l'enseignement biblique et sur les pratiques chrétiennes. Mais en luttant contre les coutumes jugées contradictoires avec la religion : la polygamie, les rites traditionnels et les relations sexuelles précoces, ils introduisaient un changement radical de vie chez les femmes. Ils les transformaient en épouses de modèle occidental, tout en voulant garder les « bonnes » coutumes propres à lutter contre le paganisme des paysannes ou la « débauche » des citadines.

L'idéologie missionnaire prônait la différenciation des sexes et la supériorité masculine. Toute autorité venait de Dieu, à travers l'image du père valorisée par la mission. Les bons Pères y figuraient autant de patriarches modèles, créant des entreprises agricoles et distribuant alentour les biens vivriers en même temps que la bonne parole. Les garçons pas plus que les filles n'étaient destinés à l'assi-

1. Ainsi chez les Haya du nord-ouest de la Tanzanie, au bord du lac Victoria. Cf. Birgitta Larsson, *Conversion for greater freedom*, 1991.

2. A l'indépendance, 77 % des élèves congolais (au total 1,6 million) étaient dans des écoles catholiques, contre 19 % chez les protestants et seulement 4 % dans des établissements non confessionnels.

milation avec les Blancs ; mais le droit chrétien exigeait la domination du père de famille sur ses enfants, et du chef de famille sur la propriété agricole privée ; les hommes furent encouragés à développer l'agriculture d'exportation coloniale. Les missionnaires auraient souhaité qu'ils se missent aussi aux cultures vivrières, jugeant indécent le travail des femmes au dehors. C'est aux hommes qu'ils distribuaient les semences, délivraient l'apprentissage agricole ou enseignaient des rudiments de gestion, tout en se plaignant de leur « paresse » à obéir. Les fillettes, éduquées par les religieuses, devaient développer des qualités de docilité, de douceur et pratiquer des activités ménagères ; le but était d'en faire de bonnes mères de famille prêtes à transmettre les valeurs chrétiennes à leurs enfants tout en restant à la maison.

L'enseignement ne pouvait donc être mixte. Les règles d'accès à l'école, les programmes d'enseignement, la langue utilisée, et en définitive le taux de scolarisation, tout fut différent. L'évolution de l'idéologie coloniale se mesure sur les progrès de l'enseignement des garçons, dominé par le double projet de former des auxiliaires religieux (prêtres ou pasteurs), et de leur apprendre un métier exploitable par la colonisation. Mais la formation des filles ne changea guère. Elle était essentiellement fondée sur la volonté de leur inculquer une morale chrétienne jugée indispensable à leur rôle d'épouses et de mères.

Un programme « domestique »

Au Congo, ni les actes de 1890 et de 1892, ni le concordat signé avec le Vatican en 1906 ne mentionnaient l'éducation des filles. Quelques écoles furent néanmoins créées dès la fin du XIXe siècle avec l'idée de pourvoir les garçons, à qui l'on enseignait les techniques agricoles, le travail du bois, du fer ou de la brique, de bonnes épouses connaissant les rudiments du lavage, de la cuisine et de la couture à la façon européenne. Les protestants furent plus innovateurs, leur petit nombre favorisa la mixité des écoles et leur religion exigeait la lecture de la Bible. Ils voulaient faire des filles leurs agents de conversion, aidés en cela par les épouses de pasteurs. Les catholiques au contraire continuèrent d'imposer la séparation des sexes et de n'enseigner aux filles que la religion. Lecture et écriture, qui commençaient d'être réclamées par les garçons de même qu'un peu de géographie, étaient même estimées dangereuses pour la santé mentale des filles, risquant de les détourner de leurs devoirs domestiques. Le résultat fut qu'en 1906, sur 48 000 enfants scolarisés, les filles ne représentaient que 15 %.

Le code de l'enseignement, édicté en 1929 seulement, continua de proclamer que « l'éducation *domestique* des femmes est un facteur important pour l'élévation d'une race et le développement de ses besoins ». Désormais le cadre fut fixé : seules les écoles élémentaires de village, qui assuraient les deux premières années, pouvaient être mixtes, à l'exception des travaux manuels limités pour les filles au petit jardinage. Ensuite, l'école primaire proprement dite séparait les sexes pendant trois ans ; elle était éventuellement suivie dans les mêmes conditions, d'une école professionnelle pour une durée de un à trois ans. Seuls les garçons pouvaient choisir, en option, le français, utile pour les futurs commis d'administration. Ils étaient destinés à devenir moniteurs, artisans, commis, agriculteurs formés aux techniques d'irrigation, à l'horticulture, aux cultures de plantation, aux soins du gros bétail. Les filles n'avaient le choix qu'entre être ménagère ou monitrice, c'est-à-dire institutrice. A défaut elles pouvaient suivre, dans des foyers sociaux pour femmes mariées, une formation d'aide-ménagère pour servir chez des Européens. Ce débouché était rare, la domesticité restant plutôt masculine. Elles apprenaient à faire la soupe, habitude culinaire restée vivace en pays d'ancienne colonisation belge, à préparer le fromage et le beurre, à améliorer les techniques de poterie, de fabrication des nattes... Le niveau de scolarisation fut de plus en plus déséquilibré. A la veille de la Deuxième Guerre mondiale, sur une population de quelque dix millions d'habitants, la moitié des garçons étaient plus ou moins scolarisés, c'est à dire plusieurs centaines de milliers (il y aura, en 1958, un million et demi d'enfants scolarisés, mais pour leur quasi totalité à l'école primaire). On ne comptait en revanche dans les écoles que 20 000 filles, destinées à donner des cours ménagers ou à devenir institutrices. Les missionnaires avaient plusieurs noviciats pour religieuses, mais seulement 24 petites écoles professionnelles destinées à « occuper » les filles entre la fin de l'école primaire et le mariage (entre 14 et 16 ans). Neuf écoles de monitrices, douze d'enseignement ménager et agricole, et trois écoles sanitaires formaient, au total, une centaine d'aides-soignantes par an.

Un pas ne fut vraiment franchi qu'après la guerre. Le code de l'éducation de 1948 introduisit, pour la première fois et pour les garçons seulement, la possibilité de faire six ans d'enseignement secondaire, et favorisa, à côté de l'enseignement confessionnel, la création d'écoles primaires et secondaires publiques. Les progrès furent lents ; l'Université catholique de Lovanium, créée à Léopoldville pour les colons, ne comptait en 1954 qu'un seul étudiant noir (six seront diplômés à l'époque de l'indépendance).

Quant à la formation des filles, elle ne changea guère d'état d'esprit et resta « éducative et pratique ». Le code se contenta de déclarer que le gouvernement « aurait souhaité » la faire progresser au même rythme que celle des garçons. Mais il rejeta la responsabilité du *statu quo* sur l'organisation sociale coutumière, sur la « servitude atavique » pesant sur la condition féminine et sur la réceptivité intellectuelle « généralement moindre » des femmes. Il incrimina enfin l'opposition des familles congolaises à l'éducation de leurs filles[3].

Celles-ci eurent droit aux trois premières années d'enseignement secondaire, mais continuèrent, jusqu'au milieu des années 1960, de se voir interdire l'accès aux trois années complémentaires optionnelles des garçons, pour lesquels l'enseignement se faisait en français. Néanmoins, pour la première fois, elles purent apprendre le français dans les écoles primaires « ordinaires » où l'on continuait d'enseigner en langue vernaculaire des matières « plus simples et plus pratiques ». En principe, l'accès à l'université ne leur était pas interdit. Le fait est qu'à l'indépendance il n'y avait aucune étudiante. L'innovation fut de créer quelques écoles professionnelles moins connotées, mais qui continuaient de proposer des « métiers féminins » : il existait en 1960 sept écoles, toutes spécialisées dans la confection (couture, bonneterie, textiles...). Une mission belge envoyée en 1954 par la nouvelle coalition libérale-socialiste de gouvernement (non catholique pour la première fois), critiqua vertement la condition faite aux filles, auxquelles l'éducation ménagère n'était même pas enseignée correctement...

Ces distorsions ne furent pas le seul fait des missionnaires belges. Les Sœurs Blanches en charge des fillettes soudanaises ne firent pas mieux à Ségou lorsqu'elles eurent l'idée, en 1922, de financer les travaux de la mission en organisant un ouvroir consacré

3. Sur tout ceci, voir Barbara A. Yates, « Colonialism, education, work : sex differenciation in colonial Zaire », E. G. Bay (ed.), *Women and Work in Africa*, *op. cit.*, pp. 127-152.

au tissage de haute laine. Sous figure d'apprentissage, les petites chrétiennes furent mises à contribution. Dès l'âge de trois ou quatre ans, elles triaient des fils de laine. Les jeunes ouvrières, mises à la disposition des religieuses par les chefs locaux sur ordre de l'administration, furent bientôt près d'une centaine. La consécration internationale vint avec une médaille d'or à l'exposition des arts décoratifs de Paris en 1926, et à nouveau en 1931 où six petites filles furent envoyées tisser à Vincennes sous le nez des badauds. Les photos d'époque montrent bien l'utilisation des enfants. Les commandes affluèrent tant et si bien que le nouvel évêque de Bamako supprima en 1930 l'obligation scolaire pour les fillettes chrétiennes de la ville : « les filles qui n'iront pas iront à l'ouvroir », précisaient les sœurs. Quant aux orphelines confiées à la mission, elles ne recevaient aucune instruction mais étaient mises au travail dès l'âge de cinq ou six ans. Les Sœurs, guère mieux loties par les Pères, trouvaient normale la vie de labeur quasi ininterrompu d'une fillette. Seuls les garçons chrétiens avaient l'obligation de suivre l'école jusqu'à douze ans[4].

Le rejet vers l'informel

Le déséquilibre éducatif s'accentua. Il fut l'un des plus forts de toutes les situations coloniales. Lors de l'indépendance du Congo, on ne comptait encore que 20 % de filles dans l'enseignement primaire (sur 1,6 millions d'élèves), et seulement 4 % dans l'enseignement secondaire[5]. L'ensemble de la scolarité touchait à peine le cinquième des deux millions de filles scolarisables (de 5 à 19 ans)[6]. Le résultat fut qu'à peu d'exceptions près les femmes ne parlaient pas français, même dans les grandes villes. A Stanleyville

4. Cité par Francis Simonis d'après le diaire de Ségou, *Des Français en Afrique. Les Européens de la région de Ségou 1890-1962,* Thèse de l'Université Paris VII, 1993.

5. Moins de mille filles sur 29 000 lycéens, soit moins de 1,5 % des filles scolarisables de 15 à 19 ans (l'âge des scolarisés étant usuellement plus tardif qu'en Europe).

6. Il y avait 350 000 filles dans le primaire et moins de 10 000 partout ailleurs : 430 réparties dans sept écoles professionnelles « féminines », 350 dans seize écoles hospitalières, et quand même 200 dans les écoles secondaires, surtout à Léopoldville et Elizabethville.

(Kisangani), dans les années 1950, moins de 5 % étaient salariées, 15 % seulement avaient fréquenté l'école, et peu de femmes avaient visité le centre-ville réservé aux Blancs. La condition féminine en ville était néanmoins meilleure qu'à la campagne puisque le tiers des filles scolarisables de moins de seize ans allaient effectivement à l'école à Kisangani (contre 50 % des garçons)

Peu de filles pouvaient envisager une vie active intégrée au circuit colonial, le clergé était encore leur meilleur employeur. Plusieurs milliers d'entre elles travaillaient dans les missions, et l'on comptait 745 sœurs catholiques africaines. Mais il n'existait encore, à côté de 485 sages-femmes, que... 15 infirmières[7]. La situation n'évolua guère dans les premières années d'indépendance ; vers 1970, on ne décomptait officiellement à Lubumbashi que 70 salariées, presque toutes infirmières ou institutrices, sur 6 600 femmes actives. A la différence du Sénégal, par exemple, on ne connaissait encore, au Zaïre, à cette date, aucune femme médecin (contre 300 hommes), alors que plusieurs centaines d'assistants médicaux avaient été envoyés en Europe pour un complément de formation. Quatre-vingts ans d'école n'avaient fourni que quelques centaines d'infirmières ou d'institutrices, quelques dizaines de directrices de centres sanitaires ou d'écoles ménagères et... une femme assistante d'Université.

Il serait trop facile d'incriminer la « tradition ». La vérité est que les deux conceptions de la dépendance féminine, l'africaine et l'européenne, aussi contraignantes l'une que l'autre, se sont superposées pour renforcer la différence des sexes. Ce qu'on connait mal, c'est l'impact qu'a pu exercer ce mode de formation sur la mentalité des jeunes Zaïroises, laissées sur le seuil de la modernité sans avoir le droit d'y entrer puisque, au nom de la morale qu'on leur inculquait, on avait refusé de leur en donner les clés. Ainsi pourrait s'expliquer, au moins en partie, la façon dont les « filles libres » attendent aujourd'hui, sans vouloir faire d'effort, une part d'un gâteau dont on leur a interdit jusqu'à il y a peu la connaissance et le besoin. Les Africaines ont été traitées par omission, ce qui explique leur marginalité professionnelle et sociale. Cette mise à l'écart concertée les a davantage encore éloignées des hommes, surtout des citadins dits « évolués », c'est-à-dire de la partie prenante de la « modernité » à l'occidentale.

7. Contre 136 assistants sanitaires masculins, 250 assistants agronomes et 15 aides-vétérinaires.

Ces derniers n'ont souvent pas résisté à la pression familiale qui leur imposait d'épouser une fille de leur village ou de condition « traditionnelle ». Mais tout les incitait à rechercher autre chose. D'où le succès, en ville, des « femmes indépendantes », les seules à avoir, à leur façon, réussi à se libérer quelque peu de ce double carcan, mais fréquentables seulement sous la forme d'un « bureau »[8]. La boucle est bouclée : la fille, doublement dressée à l'obéissance et à la soumission, se révolte à la fois contre la rudesse de ses contraintes anciennes et contre l'infériorité de sa condition moderne ; elle échappe à tout, mais hors normes et hors morale. Elle n'a plus d'autre choix que le repli sur l'« informel », ou la confusion entre sa liberté et la facilité.

LE CONFORMISME SUD-AFRICAIN

L'Afrique du Sud présente, en apparence, un cas différent. L'éducation des filles africaines y fut en effet pratiquée dès l'origine à une plus grande échelle que celle des garçons, au moins à l'école primaire ; la parité des effectifs entre les deux sexes, largement réalisée dans la colonie du Cap dès le milieu du XIXe siècle, s'est conformée au XXe siècle et jusqu'à nos jours. Au début des années 1980, il y avait 1,6 million d'enfants africains de chaque sexe dans les écoles d'Afrique du Sud[9]. Les raisons de ce phénomène, à première vue curieux, sont complexes. Elles résultent de la persistance, dans les sociétés africaines, d'usages et de croyances anciennes réservées aux garçons, les filles représentaient le maillon faible de la chaîne. L'argument le plus souvent proposé est que ces sociétés à dominante pastorale avaient besoin des très jeunes garçons pour garder les troupeaux, privilège masculin ; cette tendance fut plus tard renforcée avec le travail migrant sur les mines, signe

8. Voir chap. 11.

9. Les missions methodistes avaient en 1844 enrôle 2 500 filles contre seulement un peu moins de 1 900 garçons. En 1851 on comptait dans la colonie du Cap 9 800 garcons et 9 275 filles, et en 1930 près de 80 000 filles africaines scolarisées contre un peu moins de 60 000 garçons. C'est seulement au tournant de la Seconde Guerre mondiale que le pourcentage s'est trouvé un moment inverse, compte tenu de l'effort fait en faveur de la scolarisation générale. J. Cock, *Maids and madams, op. cit.*, chap. 8, « Education for domesticity ».

d'entrée dans l'économie moderne qui n'exigeait aucune formation scolaire particulière. Par ailleurs, les filles (ou leurs mères, véritables « bêtes de somme » de la société ancienne), étaient probablement plus réceptives à la prédication chrétienne. De leur côté, très présents dès le XIXe siècle, les missionnaires portèrent une attention particulière aux filles dont ils voulaient faire les vecteurs des valeurs domestiques chrétiennes. Enfin, surtout au XXe siècle, les filles, qui ne pouvaient guère espérer de débouché autre que la domesticité (ce qui guida d'ailleurs la formation qui leur était réservée), pouvaient espérer, dans leur propre société, gagner une valeur marchande (exprimée dans la compensation matrimoniale) par l'acquisition d'une formation qui les rendaient plus chères... Pour toutes ces raisons, on constate très tôt un nombre de filles scolarisées au niveau élémentaire au moins égal à celui des garçons.

Un enseignement rétrograde

L'enseignement des filles présente au moins un point commun avec celui du Congo belge : il a été, et demeure très rétrograde. Les missionnaires protestants d'Afrique du Sud, et surtout les puritains d'ascendance boer, considéraient la femme (et tout particulièrement la femme africaine) comme un être inférieur mais la condition féminine blanche, toutes choses égales par ailleurs, ne valait guère mieux. L'idéal domestique a toujours dominé, d'autant que l'influence missionnaire s'est répandue beaucoup plus tôt que dans le reste de l'Afrique, confortée par l'idéologie victorienne qui confinait les femmes à la maison. La responsabilité des missions protestantes du XIXe siècle en pays Xhosa, sur les frontières orientales de la colonie du Cap, est considérable. Au XXe siècle, plus qu'ailleurs, la domesticité a été proposée comme le seul débouché possible pour les femmes.

Apparemment, les filles sont privilégiées[10]. Mais c'est une illusion quantitative. Qualitativement, il en va tout autrement : en 1955 le nombre total d'Africaines qui se trouvaient en fin de cycle secondaire (niveaux 9 et 10) ne s'élevait qu'à 432. L'inégalité est déjà évidente chez les Blanches où nombreuses sont les filles qui

10. Cherryl Walker, *Women and resistance in South Africa*, Londres, 1982, p. 161.

abandonnent le secondaire au niveau de notre BEPC alors que les garçons vont jusqu'à la fin du secondaire et obtiennent la « matriculation », c'est-à-dire le droit d'entrer à l'université. C'est un peu comme si les garçons allaient jusqu'au Bac et que les filles se contentaient du BEPC. Quant aux études supérieures, fort développées comme il se doit chez les Blancs, elles n'accueillent guère de filles. En 1970, à chances à peu près égales, il n'y avait plus qu'une fille sur deux garçons qui atteignait le B.A. (équivalent de notre DEUG), une sur cinq la maîtrise, et seulement une sur dix qui arrivait au doctorat[11]. Cette infériorité des filles n'était d'ailleurs que l'exacerbation d'une caractéristique occidentale ; la même année, les filles ne constituaient encore en Grande-Bretagne que 30 % des *undergraduates* (collège) et 16 % des *postgraduates* (docteurs). Les universitaires femmes ne s'élevaient encore qu'à 9 % du personnel enseignant.

Les chiffres sont bien plus faibles pour les noires. Elles abandonnent à la fin de notre troisième mais il y a encore davantage de filles que de garçons au bout du premier cycle. 70 % d'entre elles échouent au *Junior certificate* (l'équivalent du BEPC) contre 42 % des garçons. Une seule fille sur deux garçons arrive au bout de sa scolarité, mais 3 % d'entre elles seulement obtiennent la matriculation — quatre fois moins que chez les garçons[12]. Ce nombre est infime : l'école n'étant pas obligatoire pour les Africains, 23 % de citadines et 60 % de paysannes n'étaient encore jamais allées à l'école en 1970... Shula Marks nous conte ainsi, à travers sa correspondance retrouvée, la lamentable histoire d'une orpheline pauvre du Transkeï, Lily Moya, née en 1933, descendante d'une famille de paysans christianisés du Cap oriental. C'était une enfant douée, elle arrivait en fin de scolarité à quinze ans, seule fille d'une classe de garçons dont le plus jeune avait six ans de plus qu'elle. Au milieu des années 1950, elle rêvait d'aller à l'université... Malgré le soutien bienveillant mais maladroit d'une enseignante fabianiste d'origine écossaise, Mabel Atkinson, qui put la faire admettre dans

11. 280 000 filles (blanches) contre 305 000 garçons à l'entrée au collège (les quatre premières années d'université), mais 21 000 *bachelors* filles contre 52 000 garçons, 1 253 *masters* de filles contre 6 156 pour les garçons, et 334 thèses contre 3 335. *Population census*, 1970, cité par Jacklyn Cock, *op. cit.*

12. 116 000 contre 98 000 garçons en classe 1 (les plus jeunes), encore 26 000 contre 24 000 en classe 3, mais moins de 8 000 contre 11 000 en classe 4, et 3 300 contre 5 700 en classe 5. *Blue Book*, 1977, *Ibid.*

une école de Durban, elle ne résista pas aux difficultés de sa condition et devint, pour le reste de sa vie, une grave malade mentale[13].

Tout n'est pas le fait de l'*apartheid* même si, depuis 1865, il est légalement reconnu en Afrique du Sud que l'enseignement pour un enfant blanc vaut plus cher que celui destiné à un Noir. Celui-ci reçoit une formation élémentaire et professionnelle (*Education Act*). Mais chez les noirs comme chez les blancs, l'idéologie dominante est transmise de génération en génération. Elle véhicule la crainte de grossesse pour les filles d'âge scolaire, crainte réelle, car près de 40 % des abandons scolaires féminins en 1976 seraient dû à cette raison[14]. En outre les parents ont la conviction que les garçons sont plus intelligents et que l'éducation est plus importante pour eux, la place de la femme étant à la maison.

L'absence d'enseignement professionnel

Le contenu de l'enseignement est bien entendu conforme à ces préjugés. Plus encore qu'ailleurs, l'enseignement professionnel des filles exclut ou minimise les matières scientifiques ; les seuls débouchés possibles restèrent, pendant plus d'un siècle, ceux de domestiques, d'enseignantes ou de ménagères. On ne comptait encore, en 1977, que vingt-deux écoles professionnelles pour Africaines, dont cinq pour le seul Transkeï (bantoustan comme le Ciskeï), toutes orientées vers des carrières « féminines » (couture, travaux ménagers, etc.). En définitive, le progrès est maigre depuis le XIXe siècle où, *a contrario*, certaines écoles jouèrent un rôle pionniers, sans doute à cause de la facilité relative du recrutement féminin. Ainsi Lovedale, une des très rares institutions mixtes eurafricaines, créée en 1838[15], comptait dès l'origine plus de filles que de garçons : 94 contre 38. Au départ, les filles furent exclues de l'enseignement des mathématiques et des langues anciennes. Mais en 1868 s'ouvrit un

13. Shula Marks, *Not either an experimental doll*, 1987.

14. Affirmation issue du parlement, *Eastern Province Herald*, 2 juin 1977. Cet énoncé, prononcé par un député afrikaner, est certainement exagéré. Il n'empêche que le taux de grossesse dans les écoles sud-africaines noires est extrêmement élevé, les procédés contraceptifs n'étant ni enseigné ni à la portée des jeunes.

15. En 1841, le séminaire de Lovedale (fondé par des presbytériens écossais) comptait 20 élèves garçons, dont 11 africains et 9 blancs.

pensionnat donnant pour la première fois aux jeunes Africaines la possibilité de poursuivre des études approfondies, bien que toujours axées, jusqu'en 1922, sur des matières dites « féminines »[16]. En 1879 néanmoins, Lovedale présenta pour la première fois des filles à l'entrée de l'université du Cap : quatre furent admises. Une douzaine d'années plus tard, la ville s'émut d'apprendre que c'était une « fille bantu » qui avait été reçue première en mathématiques à l'Université ! Le nombre des jeunes Africaines pensionnaires à Lovedale n'a pas beaucoup augmenté et en 1939, le niveau de formation des filles avait plutôt décliné : 20 filles avaient réussi le *junior certificate* (contre 53 garçons), mais une fille seulement, à côté de 32 garçons, était reçue au certificat de fin d'études.

Du côté de la formation professionnelle, les garçons apprenaient à Lovedale, depuis 1856, à devenir maçons, charpentiers, forgerons, mécaniciens, ferronniers ou imprimeurs... Or ce fut seulement en 1871 qu'y fut créée la première section féminine, destinée à former des couturières et des domestiques. Au total, plus de 15 % des filles passées à Lovedale firent carrière au service des Blancs, la plupart du temps à la Mission. A l'autre bout de la chaîne, le *African Yearly Register*, une espèce de *Who's Who* de la bonne société sud-africaine, mentionne entre les deux guerres 29 femmes considérées comme prééminentes contre 325 hommes (c'étaient des femmes vraiment exceptionnelles pour leur temps, pour la plupart sorties de Lovedale au Ciskeï).

Il est symptomatique que le coût de la formation professionnelle ait été légalement évalué en 1863 à £10 par an pour une fille et à £15 pour un garçon. Celui-ci avait droit à une année probatoire suivie de deux à quatre ans d'apprentissage, tandis que la fille n'avait que trois mois probatoires puis un à deux ans de formation ménagère. La situation était identique à St Matthews, la principale école anglicane du Ciskeï, et l'une des trois meilleures écoles pour Africains avec Lovedale et Healdtown (méthodistes du cap oriental) [17]. Jusqu'en 1927, elle se concentra sur l'enseignement primaire et la formation d'enseignantes de travaux ménagers : entre 1895 et

16. Depuis la fin du XIXe siècle : 66 en 1873, 67 en 1883, 137 en 1893, 156 en 1903, 210 en 1923 et 281 en 1939, mais ces deux derniers chiffres incluent des élèves-infirmières. J. Cock, *op. cit.*

17. Cette dernière, créée en 1853, était exclusivement consacré à la formation professionnelle, et ne formait les fille qu'à l'enseignement ménager : pour la seule année 1856, elles y avaient produit 600 travaux d'aiguille...

1959, elle instruisit plus de 500 formateurs ; les femmes étaient prioritairement destinées à enseigner dans les classes enfantines, qui leur furent finalement réservées.

Il n'y a pas à s'étonner, dans ces conditions, que la première infirmière africaine, sortie de Lovedale, n'ait été diplomée qu'en 1907. Ce fut seulement en 1938 que des candidates furent admises à se présenter régulièrement au *South African medical Council Certificate.* Il avait fallu plus d'un siècle de colonisation, avec le double handicap du racisme et du sexisme, pour en arriver là... Pendant longtemps, seul un « Hospital certificate » existait à St Matthew. Si l'on compte aujourd'hui presqu'autant d'infirmières noires que de blanches, elles sont utilisées à soigner cinq fois plus de noirs.

LE RETARD PRIS

Même si le cas sud-africain pousse le trait jusqu'à la caricature, les femmes ayant reçu la possibilité d'accéder aux carrières « modernes » ont partout été rares jusqu'à ces tout derniers temps. La contrainte ne fut pas moindre en pays musulman : pendant longtemps, au Sahel, les garçons n'allèrent guère à l'école et les filles pas du tout.

Une éducation réservée aux filles de la bourgeoisie

Au Sénégal, l'héritage culturel créole des Saint-Louisiens et le désir d'assimilation favorisée par l'octroi de la nationalité française aux « originaires » des « quatre communes » encouragèrent la scolarisation poussée des garçons[18]. Seules les filles issues de milieux éclairés, surtout chrétiens, purent en faire autant. Une étude de 1975 révèle, sur un échantillon de cent femmes adultes ayant été

18. Depuis la fin du XIXe siècle, les habitants de Saint-Louis et Gorée, puis de Rufisque et Dakar avaient le droit d'elire un maire, et un député à l'Assemblée parlementaire française. Ce droit limité aux colonies héritées de l'ancien régime fut entériné en 1916 par l'octroi aux « habitants » de la nationalité française, négociée par le nouveau maire Blaise Diagne (premier maire noir élu à Dakar en 1914) contre une aide active au recrutement de soldats noirs dans l'arrière-pays (ou pays de protectorat).

scolarisées, que l'incitation à l'étude vint essentiellement de leur père, parfois de leurs deux parents, mais presque jamais de la mère seule sauf lorsqu'elle était veuve (15 % des filles). Le constat est le même en Guinée ou en Tanzanie : une fille n'avait de chance d'aller à l'école que si son père n'était pas analphabète, ce qui était loin d'être le cas pour les garçons[19]. En Guinée, dix fois plus de pères de garçons scolarisés que de filles étaient analphabètes[20]. Enfin, que la fille fût scolarisée ou non, l'idée prédominait que c'était moins important parce que la fille était moins intelligente que le garçon : croyance largement partagées par les fillettes elles-mêmes qui se référaient à leurs moins bons résultats, largement dus aux charges domestiques qu'elles continuaient d'assumer alors que les garçons en étaient quasiment dispensés.

Au Sénégal, le père d'une fille scolarisée travaillait en général déjà chez des Français ; c'est lui qui prenait en charge les frais scolaires. Quant aux mères, celles qui étaient allées à l'école avant le début des années 1930 étaient rares, et celles qui avaient exercé un métier salarié se comptaient sur les doigts d'une main. La section féminine de l'école médicale n'avait été ouverte qu'en 1922, et l'école normale d'institutrices de Rufisque qu'en 1938; sept mères et seulement deux grands-mères (paternelles) concernées par l'enquête avaient été elles-mêmes sages-femmes ou institutrices[21]. En revanche, plus d'un quart des pères avaient fréquenté l'unique école d'enseignement supérieur d'AOF, la vieille « école des fils de chefs » devenue l'école normale William Ponty, pépinière de la future élite ouest-africaine. Un tiers d'entre eux étaient originaires de Saint-Louis et un tiers de Dakar. Ces privilégiés n'avaient constitué, avant 1930, que 5 % des garçons scolarisés. L'influence de l'islam explique sans doute pourquoi la fréquentation des écoles de mission fut infiniment plus rare que dans les colonies belges. Les familles musulmanes n'acceptant pas l'idée d'envoyer leurs

19. Il fallait qu'une fille ait un père lui-même éduqué. M.J. Mbilinyi, « The « new woman » and traditional norms in Tanzania », *The Journal of African Modern Studies*, vol. 10, n° 1, 1972, pp. 79-81.

20. Claude Rivière, « La promotion de la femme guinéenne », *Cahiers d'Etudes Africaines*, 1968.

21. 17 mères (sur cent) étaient allées à l'école primaire, et dix avaient un peu fréquenté le secondaire. Diana L. Barthel, « the rise of female professional elite : the case of Senegal », *African Studies Review*, voL 18, n° 3, 1975, pp. 1-15.

enfants dans des écoles chrétiennes, la plupart des filles avaient donc été scolarisées à l'école publique ou au lycée et, au demeurant, avant l'indépendance, il n'était guère plus concevable au Sénégal qu'au Congo belge qu'une Africaine passât le bac ; les enseignants étaient d'ailleurs les premiers à les décourager. Rien d'étonnant à ce que les jeunes femmes envisagent l'accès à une profession « moderne » comme une libération, et pour leurs propres filles mettent la priorité sur les études, avant même l'obtention d'un bon métier ou d'un bon mariage, ce dernier venant seulement en troisième position.

D'une façon générale, et à la différence de l'Afrique australe, les filles susceptibles d'aller à l'école étaient issues d'un milieu social bien supérieur, en tous les cas plus cultivé que celui des garçons. C'était vrai même en Gold Coast, pourtant la colonie tropicale où l'enseignement fut le plus développé, si l'on excepte Freetown au Sierra-Leone ou Monrovia au Liberia. A l'indépendance, à peine plus d'un tiers des filles y étaient en effet scolarisées dans le primaire. Malgré le régime socialiste, ce pourcentage ne progressa guère dans les premières années de l'indépendance, puisqu'il passa seulement à 41 % douze ans plus tard sur un total qui avait presque doublé (un million d'élèves). En 1973, il n'y avait encore que 10 % de filles à l'Université, et cinq fois plus de chômeuses que de chômeurs[22].

A Lagos au Nigéria l'évolution marqua le pas également, malgré l'action d'Oyinkan Morenike Abayomi, fille du premier Nigérian anobli par la Couronne[23]. Revenue de ses études en Grande-Bretagne dans les années 1920 elle se mit dès lors à promouvoir l'éducation des filles qui ne faisaient pas partie, comme elle, de l'élite privilégiée. En 1927, elle fonda le *British West African Educated Girls' Club* (rebaptisé un peu plus tard le *Ladies'*

22. En 1961, sur 600 000 enfants scolarisés, on ne comptait que 38 % de filles. Louis Weis, « Some problems of assessing change : Women and education in Ghana », *International Journal of Women's Studies*, vol. 3, n° 5, 197, pp. 431-453.

23. Sir Akitoye Ajasa était un Saro (descendant d'esclave libéré du Sierra-Leone) rentré du Dahomey, membre de l'élite christianisée des premiers jours, ami intime de Lord Lugard et directeur du journal *The Nigerian Pioneer.* Il était etiqueté conservateur. Cheryl Johnson, « Grass roots organizing : Women in anticolonial activity in southwestern Nigeria », *African Studies Review*, vol. XXV, n° 2 et 3, 1982, pp. 137-157.

Progressive Club) pour collecter des fonds, et obtint le soutien du gouvernement local à la condition d'apporter la preuve que son projet intéressait la population de Lagos : le résultat fut, la même année, la création de Queen's College, le premier établissement secondaire pour filles, resté le seul jusqu'aux années 1950. Mais dans cette école, ouvertement reconnue comme réservée à une classe privilégiée, on n'enseignait que les travaux d'aiguille, la gestion domestique et le chant ; l'enseignement des mathématiques et d'une langue étrangère n'étaient offerts que sur demande spéciale des parents. Au début des années 1950, le nombre de lycéennes restait au Nigéria ridiculement faible[24]. En 1942, seulement 1 500 filles sur 11 500 élèves étaient répertoriés dans les 43 écoles secondaires enregistrées au Nigéria, sur une population totale qui approchait déjà les 50 millions ! Le nombre était resté le même dix ans plus tard.

Ni à Lagos, ni en Gold Coast, ni à Saint-Louis, on ne trouve l'équivalent pour les filles de ce qui se passa au Sierra Leone où, grâce au milieu créolisé, hérité des temps de la fondation, Freetown mérita le surnom d'Athènes de l'Afrique occidentale[25]. Ici comme ailleurs les écoles missionnaires y diffusèrent évidemment les valeurs morales et spirituelles de la chrétienté, imprégnant surtout les garçons de l'histoire occidentale, des sciences et des arts pour en faire de bons vecteurs de conversion ; ils recevaient également une formation pratique pour l'agriculture et l'artisanat. Sur le modèle des *Public schools* britanniques, quelques écoles publiques élitistes servirent à la «*gentrification*» de l'élite créole. Le premier collège universitaire, Fourah Bay, fut créé en 1877[26]. L'éducation, suivant le modèle britannique, était payante. Le savoir se gagnait,

24. 1 599 filles, dont seulement 125 dans le nord, 477 dans l'est et 997 dans l'ouest, c'est-à-dire, pour ces deux dernières régions, infiniment moins que ce que représentait la demande. Cheryl Johnson, « Class and gender : a consideration of Yoruba women during the colonial period », Robertson et Berger (eds) ; *Women and Class in Africa*, pp. 237-253.

25. Freetown fut créé en 1786 sur une idée utopique de Granville Sharp, avec le « retour » de Noirs affranchis importés de Grande-Bretagne, du Canada ou des Caraïbes, et devint colonie de la Couronne en 1807. Ces originaires auxquels s'ajoutèrent tout au long du XIXe siècle les noirs « libérés » par les escadres anti-esclavagistes britanniques donnèrent naissance à une langue, le krio, héritée du métissage culturel d'origine.

26. Le collège, au sens anglo-saxon du terme, englobe les quatre premières années d'université.

non pas seulement par le mérite personnel, mais avec l'aide de toute la parenté à laquelle les enfants étaient redevables : valeurs puritaines et valeurs africaines se trouvèrent mêlées pour renforcer l'idée que ceux qui avaient réussi devaient rembourser leurs investisseurs.

Les filles héritaient comme d'habitude les travaux d'aiguille et les arts ménagers ; toutefois le protestantisme développa pour tous l'alphabétisation nécessaire à la lecture de la Bible, et quelques filles de la bourgeoisie allèrent plus loin. Ce fut le cas d'Adélaide Smith, jeune métisse d'ascendance fanti, mandingue, marron[27] et anglaise, cas typique de « créolisation » sierra-léonaise. Son père l'éleva en Angleterre entre quatre ans et vingt-neuf ans. Lorsqu'il mourut en 1897, elle revint à Freetown et, après un temps délicat d'adaptation, s'installa en 1903 en Gold Coast où elle épousa un avocat créole, Casely Hayford. Après son divorce, en 1914, revenue au Sierra-Leone, elle milita pour la promotion des filles, visant pour elles une formation similaire à celle des garçons. Elle entendit mettre ses idées en pratique et créa en 1923 une école technique et industrielle féminine qui subsista tant bien que mal jusqu'en 1940, malgré un recrutement difficile ; elle lutta par ailleurs pour le droit de vote des femmes qui fut acquis à Freetown dès 1930[28]. A cette époque, le gouvernement accordait quelques bourses permettant aux filles d'aller poursuivre leurs études en Angleterre. Lady Abayomi, en fondant le *Nigerian Women's Party*, réclamait en 1944 l'extension de ce provilège au Nigéria[29].

Le tournant des années 1950

L'éducation des fillettes, sauf exception, ne fut prise au sérieux que dans la seconde moitié du XXe siècle. A partir des années 1950 l'enseignement élémentaire se généralisa non sans mal. Au Nigéria, par exemple, fut introduit en 1955-57, dans les provinces du sud, un système d'éducation primaire public (*Universal Primary*

27. Les « marrons » étaient les esclaves fugitifs des îles Caraïbes, dont certains groupes bien organisés furent envoyés pour participer à la création de Freetown.

28. Adelaide M. Cromwell, *An African Victorian Feminist. The life and times of Adelaide Smith Caseley Hayford 1868-1960*, Londres, Frank Cass, 1986.

29. C. Johnson, *op. cit.*

Education, ou UPE) en principe gratuit. Mais la gratuité s'avéra impossible à maintenir, et dès 1958 les autorités de la région orientale réintroduisirent un droit proportionnel au niveau de la classe où l'enfant était inscrit, de plus en plus cher au fur et à mesure que le niveau s'élevait[30].

Les femmes Ibo, traditionnellement, assumaient les frais de scolarité de leur progéniture. La gratuité avait permis à beaucoup d'entre elles d'envoyer pour la première fois leurs enfants à l'école. Dans cette région où la conversion au catholicisme remontait à l'aube du siècle, et où les gens avaient depuis longtemps compris que la promotion sociale passait par l'éducation occidentale, la suppression de la gratuité fut un choc très dur et la réaction brutale. Les manifestations commencèrent en février 1958, trois semaines après l'annonce de la mesure. Des centaines de femmes affluèrent des quartiers pauvres de Port-Harcourt vers les bureaux municipaux, et furent dispersées par des gaz lacrymogènes. Les écoles de la ville furent fermées. Mais, au cours des semaines et des mois qui suivirent, les manifestations se multiplièrent en province, à Aba, Owerri et dans d'autres bourgades. Un train fut arrêté par un millier de femmes à Agbani, où le ministre de l'Education tenta de parlementer avec elles. Le mouvement concerna surtout les campagnes et les quartiers urbains les plus pauvres. En revanche, l'association des femmes du marché d'Onitsha, par exemple, qui avaient les moyens de payer, se montra assez indifférente à cette action. Les femmes, préoccupées par l'école plus que par la politique, en particulier par l'expérience en cours de *self-government* assumée par Azikiwe, n'hésitaient pas à lancer des slogans réclamant le retour des Blancs au pouvoir contre ce qui leur paraissait être l'incurie des hommes. Malgré la proclamation de l'état d'urgence, le gouvernement finit par céder en partie et renonça à exiger le paiement des droits pour les quatre premiers niveaux, à charge pour les autorités locales de décider si elles pouvaient ou non se dispenser de faire payer les familles. La conséquence fut que 100 000 enfants au moins furent à nouveau privés d'école, et 2 500 maîtres perdirent leur emploi.

30. 10 sh. pour les deux premières classes élémentaires, mais déjà £ 1 pour les niveaux 1 à 4, £ 6 pour le niveau 5 et £ 8 pour le niveau 6, soit pour ces deux dernières classes trois fois plus qu'auparavant. Nina Mba, *op. cit.*, 1982, pp. 118-134.

Les femmes un peu plus aisées avaient surtout été actives, dans les années précédentes (1956-57) contre la tentative du gouvernement — liée à la gratuité — de séculariser l'école face à l'enseignement missionnaire catholique : elles engagèrent à ce propos une véritable « guerre scolaire », créant l'Association des femmes catholiques de l'Est (CEWA), qui suscita plusieurs manifestations de masse, rassemblant plusieurs milliers d'entre elles sur le thème de la liberté des écoles : « Contrairement à nos hommes qui recherchent le compromis, hésitent et vacillent, nos femmes sont décidées à persévérer et obtenir pour leurs enfants l'éducation de leur choix », écrivait le Leader [journal catholique local], 2 sept. 1957.

Parce qu'elle avait été jusqu'alors à peu près nulle, la fréquentation scolaire des filles augmenta de ce fait dans des proportions nettement plus importantes que pour les garçons mais, fait à souligner, de façon plus prononcée avant qu'après les indépendances. Tout s'était passé comme si l'administration coloniale était soucieuse de réparer au moins en partie le retard pris. Entre 1950 et 1980, les effectifs scolaires totaux doublèrent, et quadruplèrent même dans certains endroits, surtout ceux des garçons.

Mais le retard féminin resta considérable dans le nord musulman : en 1968, à Kano, ville millionnaire, il y avait encore à peine 50 000 enfants à l'école primaire à l'occidentale, dont 27 % de filles. Presque dix ans plus tard, en 1976, le chiffre total avait plus que triplé (160 000 enfants) mais surtout en faveur des garçons, puisque le pourcentage des filles avait baissé (un peu moins du quart) A la suite d'une sérieuse campagne de scolarisation, le chiffre doubla à nouveau en un an (plus de 340 000 enfants en 1977), mais le pourcentage des filles ne progressa guère[31].

Comme en Angola et en Guinée, le Bénin socialiste fit un effort sérieux pour contrer le conservatisme social[32]. En Guinée, Sekou Touré fit, en début de mandat, un gros effort. La proportion de filles scolarisées passa de une à quatre en 1959 à une sur deux en

31. Enid Schildkrout, « Dependence and economy. The economic activities of secluded Hausa women in Kano », *Female and Male in West Africa, op. cit.*

32. En Tanzanie, en 1970, l'analphabétisme des femmes, toujours très élevé, variait considérablement selon la tranche d'âge considérée : 90 % d'entre elles (contre 58 % des hommes) de 30 à 34 ans n'étaient jamais allées à l'école ; encore 79 % (contre 46 % d'hommes) dans la tranche des 20 à 24 ans. Le ratio à l'école primaire restait à cette date très favorable aux garçons : 1,55 pour une fille. Marjorie J. Mbilinyi, « The « new woman »..., *op. cit.*, p. 63.

1966, avec évidemment un progrès beaucoup plus sensible en ville[33]. Cet effort fut contrarié dans les années 1970 par la détérioration générale de l'enseignement, encore que l'imposition de la scolarisation en langue vernaculaire peut avoir été favorable aux filles, justement parce qu'elles connaissaient peu le français. Paradoxalement en Afrique australe seulement (Botswana, Lesotho, Malawi et Swaziland) le taux de scolarisation des filles, rejoignant le modèle sud-africain, devint maximum. Dans ces pays dominés par le pastoralisme, les hommes continuaient de miser sur la garde des troupeaux ou sur le travail migrant vers la mine, mais la valeur marchande des filles s'élevait avec leur niveau d'éducation. Ce comportement explique l'anomalie suivant laquelle, dans ces pays très pauvres, dès le tournant des années 1960, le nombre des garçons et des filles dans l'enseignement élémentaire fut à peu près identique. Le résultat fut un profond sentiment de frustration chez les filles, qui se virent interdites d'accès au monde auquel leur formation pouvait les faire prétendre. Elles étaient contraintes de rester sur une terre infertile, ou de trouver à la ville un emploi sous-payé et dévalorisant, qui pouvait aller du travail domestique à la prostitution.

Dans le reste de l'Afrique, les taux de scolarisation étaient de 15 à 30 % supérieurs en faveur des garçons, avec une pointe de 46 % au Togo et en Guinée Bissau !

> Dans l'enseignement primaire, en 1980, 99 % des garçons mais 35 % des filles étaient scolarisés au Togo, 83 % des garçons mais 37 % des filles en Guinée Bissau. En Afrique du Sud, ou l'on était tombé, en 1950, a 49 % des filles pour 73 % des garçons, les filles avaient trente ans plus tard à nouveau rattrapé les garçons, mais parce que la scolarisation n'avait fait pour ceux-ci aucun progrès (73 % partout). Claire Robertson, « Women's education and class formation in Africa, 1950-1980 », C. Robertson et I. Berger (eds.), *Women and Class in Africa, op. cit.*, 1986, p. 97.

En outre, les filles redoublent davantage et se découragent plus vite que les garçons : en moyenne moins du quart des filles de 12 à 17 ans vont au lycée (contre 39 % pour les garçons), et les étudiantes constituent seulement 15 % des effectifs de 18 à 23 ans. Selon les lieux, l'âge précoce du mariage (en terre d'islam) ou des maternités (en Afrique centrale ou australe) constitue un handicap majeur à la poursuite des études.

33. C. Rivière, « La promotion de la femme guinéenne », *Cahiers d'Etudes Africaines*, n° 31, 1968, pp. 426-427.

Le résultat fut qu'en 1980 presque les trois-quarts des Africaines ne savaient toujours pas lire et que partout, sauf au Lesotho, le nombre des femmes analphabètes était supérieur à celui des hommes, parfois de façon considérable : de l'ordre des deux-tiers au Congo, en Tanzanie, au Zaïre, en Ouganda ou en Libye[34]. Le cas du petit Lesotho n'en paraît que plus remarquable avec 85 % des filles scolarisées devant 81 % au Swaziland, 79 % au Botswana, 69 % au Zimbabwe et 68 % au Kénya. Partout ailleurs en Afrique intertropicale, au mieux un peu plus de la moitié des filles (Tanzanie, Cameroun et Togo, et tout juste 50 % à Madagascar) allaient à cette date à l'école primaire.

Les facteurs de différenciation

Il est bien difficile de cerner les facteurs de différenciation entre pays. Curieusement, le niveau de développement (perçu par le PIB/tête) ou la religion (animiste, chrétienne ou musulmane), et même le choix idéologique du régime en place (conservateur, modéré ou socialiste) semblent, sauf exception, n'avoir guère d'influence. En revanche, le niveau d'urbanisation, la valeur traditionnellement attachée au travail rural des femmes et l'héritage colonial ont une incidence évidente, de même que le choix ou non de la mixité. Les filles vont davantage à l'école en ville qu'à la campagne, et l'enseignement séparé, même s'il pérennise l'infériorité éducative des filles, leur est quantitativement favorable aussi bien en pays de tradition missionnaire catholique forte (belge ou portugaise) qu'en aire musulmane où le taux d'accroissement de la scolarisation féminine est en hausse rapide. Il est vrai que l'on y venait de particulièrement bas...

En définitive, ce n'est pas, comme on risquerait de le penser, dans les zones où prédomine l'islam ou bien dans celles où la pauvreté est la plus grande que l'éducation féminine est la plus défavorisée ; la discrimination scolaire est la plus marquée là où s'entremêlent une forte tradition animiste du travail des femmes et un héritage colonial catholique et francophone. Le Zaïre, le Togo, la

34. Globalement, 88,5 % des femmes étaient analphabètes en 1960, 82,4 % en 1970 et encore 72,8 % en 1980 (contre respectivement 73,4, 58,3 et 48 % des garçons).

Côte d'Ivoire et la Centrafrique sont les Etats où la croissance du taux de scolarisation des filles reste la plus faible, si l'on excepte les pays d'Afrique australe précédemment cités qui jouissaient d'une belle avance en ce domaine. Le conservatisme « traditionnel » exerce également une forte influence en Guinée Bissau, malgré le rôle moteur joué par les femmes au temps de la lutte pour l'indépendance : 3 % seulement des filles scolarisées en 1950, encore à peine plus du tiers en 1980.

La tradition protestante semble avoir été moins hostile à l'éducation des filles ; rares néanmoins furent ceux qui, comme ce planteur Douala de cacaoyers du Cameroun avait, bien avant la Première Guerre mondiale, compris que la promotion sociale, pour les filles comme pour les garçons, passait par l'éducation. Son fils aîné étant mort prématurément, l'enfant suivant, en l'occurrence une fille, fut envoyée à Berlin pour terminer ses études secondaires. C'était la deuxième femme à sortir du pays ; la déclaration de guerre l'obligea à rentrer avant d'avoir passé son bac.

> Il s'agit de Mme feu Diop, la belle-mère du fondateur de *Présence Africaine* et la mère du poète David Diop, née camerounaise (à l'époque allemande)[35]. La jeune fille avait d'abord été fiancée au secrétaire du chef Douala Manga Bel, qui fut en 1915 pendu avec lui par les Allemands, sur l'accusation d'avoir négocié avec les Français. C'est en secondes noces qu'elle épousa un Sénégalais « originaire » de Dakar, donc de nationalité française, nommé à ce titre administrateur au Cameroun en remplacement des cadres métropolitains appelés sur le front. C'était donc une femme exceptionnellement instruite pour l'époque (et exceptionnellement intelligente), décédée à près de 90 ans à Dakar dans les années 1980. Comme elle le rappelait avec esprit : « Nous nous sommes mariés [vers 1918-1920 !] au temple pour faire plaisir à mon père, à la mosquée pour la famille de mon mari et à la mairie pour nous-mêmes ». Grand bien lui en prit : c'est ce mariage civil qui lui permit de garder ses enfants à la mort de son mari, au milieu des années 1930, alors que la famille sénégalaise entendait, selon le droit musulman, la renvoyer au Cameroun et garder les enfants (dont le plus jeune avait trois ans).

Indépendamment de cet exemple, même si un très mince groupe de femmes, presque toutes originaires d'Afrique de l'ouest, fit entre les deux guerres partie de l'« élite », il faut se garder d'une appré-

35. En 1918 le frère cadet s'embarqua sur le premier bateau civil pour aller effectuer ses études en France, la nouvelle métropole. Ce récit m'a été fait par Mme Diop en 1975.

hension eurocentrique qui tendrait à identifier éducation et émancipation des femmes. Certes, la réussite à l'école a permis à une toute petite minorité de filles bien déterminées de prétendre à des postes de responsabilité. On connaît aujourd'hui des femmes directeur d'archives nationales, enseignantes à l'université, députés et même ministres (au Burkina-Faso, au Ghana, au Rwanda, au Sénégal, en Tanzanie, au Zimbabwe...). Même au Burundi, pays très catholique, le premier ministre de transition, nommé courant août 1993, fut une femme.

Néanmoins, paradoxalement, le niveau d'éducation, parce qu'il permet moins aux filles qu'aux garçons de prétendre à un emploi qualifié, risque de les rejeter non seulement économiquement, mais aussi socialement. La fille sortie de l'école peut aujourd'hui espérer devenir infirmière ou institutrice, coiffeuse ou hôtesse de l'air. Mais elle peut aussi devenir une épouse et une mère friande de féminité à l'occidentale. Plutôt que d'assurer son indépendance à la façon de sa mère, analphabète mais commerçante active et compétente, elle va employer sa « valeur » intellectuelle à chercher « le gouvernement de mon oncle » — selon une expression zaïroise imagée —, c'est-à-dire un homme bien placé susceptible de l'épouser, de l'entretenir ou de l'aider à obtenir le poste de secrétaire ou d'employée dont son sexe lui interdit souvent l'accès par ses propres moyens.

La plupart des jeunes citadines de la petite et moyenne bourgeoisie exercent une profession, le budget du ménage l'exige, et elles sont dégagées des travaux ménagers, grâce à une ou plusieurs servantes, informelles ou salariées. Au Nigéria, en 1983, lors des expulsions de milliers de Ghanéens, ce sont ces femmes de la bourgeoisie commerçante ou des petits cadres qui réagirent le plus vivement en se plaignant amèrement de perdre leur domesticité[36]. La carrière la plus prisée par les filles éduquées est celle de secrétaire. Ce poste jusqu'alors était plutôt occupé par des hommes, seuls à avoir naguère reçu la formation nécessaire ; en Afrique du Sud en revanche ce métier reste toujours le quasi-monopole des femmes blanches (2 % seulement des noires sud-africaines actives occupaient en 1975 un emploi de bureau). La rareté fit monter les prix et, au Kénya, en 1976, le salaire d'une secrétaire était en moyenne près de cinq fois supérieur à celui d'une ouvrière, alors que l'ensei-

36. Esther Ogunmodede, *New African*, avril 1983.

gnante ne touchait que le triple[37]. Les autres femmes sont institutrices ou infirmières avec des salaires misérables, presque toujours inférieurs de près du tiers à celui des hommes de même qualification. Beaucoup d'entre elles doivent se replier sur des activités « informelles », car le décalage est immense entre les aspirations et les possibilités offertes par le marché de l'emploi.

Au lendemain de l'indépendance, en Ouganda par exemple, le marché de l'emploi stagnait pratiquement depuis dix ans malgré une augmentation très sensible du nombre total d'écoliers et de l'effort fait pour pousser la scolarisation des filles dans le secondaire. Celles-ci, tout particulièrement, manquaient de débouché, à l'exception du métier d'infirmière (75 % du personnel), d'enseignante (30 %), ou d'un emploi dans l'administration publique (27 %)[38]. Une enquête portant sur un bon tiers des filles scolarisées dans le secondaire[39], c'est-à-dire faisant partie de l'élite intellectuelle du pays, révélait en 1967 que 2 % d'entre elles seulement envisageaient, en cas d'échec, de se replier sur le mariage. On devine à ces réponses l'immense amertume de ces jeunes filles qui, d'évidence, ne trouveront pas place sur le marché du travail. Plus rares encore sont celles qui poussent plus loin leurs études et deviennent magistrates, médecins ou avocates ; beaucoup le doivent à une tradition familiale créolisée qui leur a transmis les critères de la culture occidentale.

37. Bujra, *op. cit.*, p. 136.

38. On a décompté, pratiquement inchangés de 1957 à 1965 en Ouganda, 240 000 emplois, qui sont montés à 257 000 en 1967, pour une population de 8,5 millions d'habitants. Présentes en nombre digne d'analyse seulement dans les secteurs de la santé (90 % à 75 % du personnel infirmier selon le niveau d'étude), de l'enseignement et de l'administration, les femmes occupaient 17 % des emplois de ces trois secteurs (8 500 sur 51 000) dont presque 30 % des enseignants (ce qui était plus qu'honorable à l'époque en Afrique), 27 % des dactylos du niveau de ce qui serait en France une classe de troisième (grade 3), mais seulement 8 % des téléphonistes du niveau d'une classe de seconde (grade 2). David R. Evans, « Image and reality : Career goals of educated Ugandan women », *Revue canadienne des Etudes africaines*, vol. VI, n° 2, 1972, pp. 213-232.

39. L'enquête a été menée dans les six écoles secondaires de filles (non mixtes) dont au moins la moitié des élèves ont répondu. *Ibid.*

Les associations féminines reflètent souvent l'étroitesse d'esprit et l'élitisme de beaucoup de leurs membres dont la plupart exercent un métier. Certes, dans un pays comme le Nigéria, les associations de femmes ont pu jouer un rôle émancipateur important[40]. Mais beaucoup d'entre elles se sont montrées conventionnelles. L'association des femmes kényanes (*Maendeleo ya Wanawake*) est typique : elle compte des sections dans tout le pays, rurales autant qu'urbaines et s'intéresse officiellement « au développement de la promotion des femmes ». En fait, elle est essentiellement composée de femmes de la bourgeoisie travaillant dans le secteur public, les professions libérales ou le commerce et qui sont souvent liées par mariage ou par parenté à des hommes influents. Leur style d'activité, caractéristique des pays anglophones surtout, consiste à organiser des expositions de mode ou d'artisanat, à offrir des réceptions et à se répandre en œuvres de charité[41]. Le modèle à suivre reste celui des dames de la bourgeoisie européenne ; dans leur idée, les hommes devraient s'adresser à elles en les appelant : « *memsahib* », terme Swahili de respect destiné à saluer une femme blanche[42]. Ces femmes de l'élite urbaine sont évidemment très loin des femmes rurales ou prolétaires, auxquelles elles tiennent des discours étonnamment anti-féministes. On pense à ce propos aux réflexions de celle qui fut, pourtant, dans les années 1950, une grande militante du R.D.A. (*Rassemblement Démocratique Africain*), Aoua Keita. Cette sage-femme malienne, devenue la première député francophone n'en recommandait pas moins aux femmes de rester à la maison et de s'occuper d'abord de leur ménage et de leurs enfants[43].

La *Fédération des femmes gambiennes,* qui rassemble plusieurs organisations dont la principale est celle des anciennes élèves des établissements secondaires de la capitale a adopté une attitude comparable. C'est par définition une institution élitiste dans un

40. Cf. chapitre 15.

41. *Ibid.*, pp. 135-140.

42 Judith Van Allen, « Memsahib, militante, femme libre : political and apolitical style of modern African women », Janet S Jaquette (ed.), *Women in Politics*, Londres, John Willey and sons, 1974, pp. 304-321.

43. Aoua Keita, *Femme d'Afrique,* Présence Africaine, 1975. Voir chapitre suivant.

pays où, en 1976, 27 % seulement des enfants (et moins encore de filles) de 5 à 14 ans étaient scolarisés ; en outre, dans ce pays à 90 % musulman, toutes les responsables de l'association étaient chrétiennes.

Citons encore l'organisation nationale des femmes tanzaniennes qui revendique pour les femmes la reconnaissance de leur existence civile, qui cherche à encourager l'éducation des filles et à promouvoir parmi elles l'initiative de mini-entreprises. Pourtant, dans les années 1980, son état d'esprit demeurait encore très conformiste, attentif à rappeler aux femmes leurs « devoirs domestiques » en organisant des classes de couture, de tricot ou de cuisine, et en soutenant la lutte du gouvernement contre le port « provoquant » de la minijupe. Autrement dit, sauf l'exception remarquable de l'*association internationale des femmes africaines*, vigoureuse en matière d'émancipation, de contrôle des naissances, etc., l'existence en Afrique d'associations féminines révèle moins la prise de conscience d'une revendication libératrice que l'appartenance aux conventions et aux préjugés d'une classe moyenne soucieuse de préserver ses privilèges.

Pourtant, comme en Algérie, les femmes ont été, bien souvent, le fer de lance de la résistance ou de la lutte armée contre le pouvoir colonial. Mais, paradoxalement, après l'explosion des années 1950-1960 elles ont parfois dû, dans les Etats devenus indépendants, rentrer momentanément dans le rang. Le cas nigérian, analysé dans le chapitre suivant, en constitue un excellent exemple.

XV

FEMMES ET POLITIQUE : RÉSISTANCE ET ACTION EN AFRIQUE DE L'OUEST

On sait peu de choses sur le rôle des femmes vers la fin du XIXe siècle, au moment de la résistance à la conquête, mis à part le cas particulier du dévouement jusqu'à la mort des Amazones du roi Béhanzin d'Abomey. Pendant la période coloniale et même au-delà, la résistance des femmes a été directement liée à leur poids économique. Ce furent surtout les femmes d'Afrique de l'ouest et en particulier les commerçantes, mais aussi les citadines d'Afrique du Sud qui défendirent leurs droits bafoués par le colonisateur, avec une opiniâtreté qui leur valut souvent de l'emporter sur des administrateurs dépassés par leur obstination, leur organisation et leur courage. Même si ce n'était pas leur but initial, les femmes jouèrent alors un rôle politique. En revanche, ce n'est que tardivement qu'elles entrèrent consciemment dans le champ politique proprement dit : sans doute ce domaine était-il depuis toujours celui des hommes. Il l'est devenu davantage encore pendant la colonisation, puisque seuls les hommes, et encore, furent alors admis à faire entendre leur avis, voire, dans certains cas tardifs, à exercer un droit de vote. Là encore ce fut en Afrique occidentale, car c'est dans cette partie d'Afrique que, du côté anglophone surtout, les principes de l'*indirect rule* incitèrent les colonisateurs à introduire plus tôt qu'ailleurs quelques réformes institutionnelles. Mais, sauf à Freetown où les femmes fortunées obtinrent le droit de vote dès 1930, une vie politique proprement féminine n'intervint guère avant les années 1950. Ce n'était après tout pas beaucoup plus tard qu'en France où les femmes ne votèrent, comme on le sait, qu'en 1945, de même que les Sénégalaises des « quatre communes » (Saint-Louis, Gorée, Rufisque et Dakar) dont les « originaires » avaient pourtant obtenu la citoyenneté française depuis 1916. Le retournement fut brutal et en partie inattendu en

AOF où la franchise électorale, jusqu'alors fort étroite, fut en 1952 élargie, entre autres, aux mères de deux enfants. Comme la quasi totalité des femmes étaient à 21 ans (âge de la majorité à l'époque) déjà mariées et mères, le vote féminin acquit une importance toute particulière, puisque les électrices devinrent pour un bref moment plus nombreuses que les électeurs (le suffrage universel fut instauré en 1956).

Dans le reste de l'Afrique, la présence autonome des femmes se manifesta de façon d'autant plus tardive que la pression conjuguée des pratiques anciennes, de l'absence d'école et du conformisme occidental fut plus vive. Les paysannes insérées dans le système coutumier eurent du mal à sortir de leur soumission. Elles finirent cependant par se manifester, chaque fois pour la même raison : la menace que faisait peser sur leurs conditions de survie l'autorité des hommes et les exactions du pouvoir. Cette révolte supposait que les femmes eussent d'abord atteint un certain degré d'autonomie économique : ce furent les marchandes, souvent les premières à avoir la possibilité d'accumuler un pécule personnel, qui se constituèrent d'abord en groupe organisé de contestation. La chronologie des mouvements suit donc d'assez près celle du commerce féminin : elle date de l'aube de la colonisation dans les régions où les marchandes existaient de longue date comme sur la côte occidentale d'Afrique, mais remonte à quelques années seulement dans certaines régions d'Afrique centrale où l'autonomie féminine ne surgit qu'au lendemain de la Seconde Guerre mondiale, voire au temps de l'indépendance. Ce fut le cas dans la cuvette congolaise et, de façon plus spectaculaire, pour les mouvements de libération nationale, dans les colonies portugaises, au Zimbabwe ou en Namibie.

Rien d'étonnant à ce que les manifestations de femmes les plus précoces et les plus efficaces soient apparues d'abord au Nigéria et en Afrique du Sud, chaque fois pour défendre leur stratégie de survie.

LE NIGERIA : LA DIFFICILE RENCONTRE ENTRE LES FEMMES DU MARCHÉ ET L'« ÉLITE »

Au Nigéria et, plus généralement, dans l'arrière-pays du golfe du Bénin, les femmes se rebellèrent à peu près de la même façon quels que soient leur ethnie ou leur mode de vie : femmes Ibo des campagnes ou femmes des villes Yoruba ou Ewé. C'est que le mode d'organisation de ces femmes était similaire dans toute l'arrière-côte, où les nouvelles circulaient d'autant plus vite que la plupart d'entre elles étaient commerçantes ou enseignantes. Leurs déplacements incessants dans le premier cas, leur correspondance et la presse dans le second les tenaient informées de ce qui se passait ailleurs. La « guerre des femmes » Ibo contre l'impôt fit des adeptes parmi les femmes des marchés de Lagos, dont un sixième au moins venait de cette région[1]. Le réseau Yoruba fit le reste.

Le cercle des femmes instruites, quant à lui, restait très réduit. La plupart étaient apparentées et filles ou épouses de notables, d'intellectuels ou de personnages politiques du pays, en nombre fort restreint. Mme Kuti, socialiste fondatrice du cercle des femmes (*Ladies' club*) d'Abéokuta, connaissait et d'ailleurs critiqua Mme Abayomi, réformiste, qui avait à Lagos des activités comparables.

La masse des militantes était constituée de commerçantes qui vivaient de leurs activités sur les marchés, donc sur des lieux de rassemblement réguliers pratiques, en apparence, à contrôler. Elles refusaient évidemment les contributions complémentaires qu'une administration coloniale toujours aux abois entendait leur extorquer, sous forme d'impôt, de patente, de taxe de marché, de droit sur l'eau ou de contrôle des prix. Mais ce contre quoi les femmes se rebellaient surtout, c'était la destruction de l'ordre antérieur, qui leur garantissait dans le monde ancien une autonomie certaine. Elles avaient l'habitude de gérer leurs propres affaires, entre femmes, sans qu'aucun homme n'y mette le nez, qu'il soit africain ou blanc ; la prétention de ces derniers à y mettre fin, au nom de principes étrangers diffusés par les missionnaires stipulant que la femme reste à la maison, se soumette à la volonté de l'administrateur comme à celle de son mari, et donc, en clair, renonce à ses privilèges économiques et sociaux, leur parut insupportable. S'y mêlait le sentiment d'une déchéance liée à une perte d'avantages réels : ces femmes des sociétés côtières, maîtresses des marchés ou *alaga*, dignitaires Ibo ou Yoruba, se voyaient dépossédées de toute représentativité. Evidemment, les femmes cultivées, d'ascendance créole christianisée, traduisirent ce malaise en termes inspirés par les mouvements féministes anglo-saxons : l'exigence du droit de

1. 13 % en 1921.

vote et de la présence des femmes dans les instances politiques. La rencontre se fit donc assez bien entre femmes du peuple actives et bourgeoises politisées : payer l'impôt était une exigence nouvelle incompréhensible, et en tous les cas incompatible avec la privation concomitante du droit à se faire entendre. Elle ne redevenait tolérable qu'à la condition de s'accompagner de la reconnaissance civile : des devoirs soit, mais alors des droits.

Ces femmes, beaucoup plus opiniâtres que leurs hommes et promptes à utiliser toutes les armes, anciennes ou modernes, montrèrent une remarquable capacité de lutte, malgré leur analphabétisme généralisé. Elles surent intéresser à leur cause, voire payer des lettrés, des commis aux écritures, des avocats, des cadres urbains qui, entre les deux guerres, ne manquaient pas au Nigéria. Avec elles, pas de négociations, pas de compromis possibles. Elles tinrent tête aux autorités tant qu'elles n'eurent pas gain de cause. Il faut voir la description que donne Wole Soyinka d'une de ces manifestations de femmes dans son récit autobiographique *Ake, les années d'enfance.* Les Européens, imbus des principes et de la morale victoriennes, n'y comprirent goutte. Ils avaient su réduire les hommes par la lutte armée ou la diplomatie, abandonnant aux chefs de naguère, grâce aux principes de l'« *indirect rule* », des bribes de pouvoir coutumier en leur offrant de nouveaux moyens. Ceux-ci s'en contentèrent, ou surent les exploiter à leur avantage dans ce nouveau contexte. Mais avec les femmes, aucune demi-mesure n'était possible. Dans la majorité des cas, elles l'emportèrent, au moins momentanément. Les autorités coloniales, désarmées, ne pouvaient plus recourir à la manière forte. On ne massacrait pas les femmes, cela aurait fait scandale ; elles le comprirent très vite et, fortes de leur relative impunité, elles en jouèrent sans vergogne. Où trouve-t-on ailleurs ces manifestations répétées et massives, rassemblant plusieurs mois, voire plusieurs années de suite, plusieurs milliers de femmes prêtes à se soutenir mutuellement avec une telle énergie. La tradition anglo-saxonne des suffragettes, c'est évident, a exercé son influence, en tous les cas chez les femmes éduquées, aussi bien au Nigéria qu'en Afrique du Sud, même si l'on trouve des formes comparables de résistance féminine en zone francophone, au Togo ou même en Côte d'Ivoire. Peut-être faute de recherches ailleurs, cette résistance têtue des femmes du Nigéria ou d'Afrique du Sud apparaît extraordinaire.

L'impôt : le combat des femmes Ibo

L'épisode le plus spectaculaire car le plus inattendu est celui des paysannes Ibo, furieuses de se voir évincées de la vie collective locale où tout se réglait jusqu'alors par consensus et équilibre entre les diverses collectivités — de lignages, de femmes et de villages. Or l'introduction forcée des *warrant chiefs* mis à la tête de chefferies administratives créées de toutes pièces par les autorités britanniques ne reconnaissait que le pouvoir masculin. Les femmes ne s'y trompèrent pas. Dotées jusqu'alors d'une forte cohésion interne, elles réagirent par une stratégie de groupe.

Les associations de femmes, très vivantes, correspondaient à une organisation patrilinéaire exogamique, où par définition les femmes mariées étaient étrangères au village de leur mari. Elles avaient pris l'habitude de se regrouper entre elles pour lutter contre leur relatif isolement. Leur origine « étrangère » leur donnait une force d'arbitrage reconnue dans les conflits internes au village, elles étaient en effet moins impliquées que leur mari dans l'histoire parfois séculaire des querelles lignagères locales. Elles légiféraient entre elles et pouvaient intervenir « en corps constitué » contre les hommes, par exemple si l'un d'entre eux battait sa femme ou la maltraitait. Simultanément, leur appartenance à l'association des filles mariées de leur village d'origine les plaçaient au centre d'un réseau d'information et de communication inter-villageois, important dans une société dépourvue de centralité politique. Ces associations, nées de l'imbrication entre liens lignagers et relations commerciales, donnèrent aux femmes de la région une remarquable cohésion dont elles usèrent tout au long de leur histoire. Cette autorité était renforcée par leur privilège vivrier : la culture du taro, tubercule de base du régime alimentaire local. Au tournant de la guerre de 14-18, la culture nouvellement introduite du manioc leur fut réservée, ainsi que la production de l'huile de palme ; l'artisanat était moins répandu qu'en pays Yoruba, mais elles n'en avaient pas moins la haute main sur le marché du village. C'était, là encore, l'occasion de circuler et de ménager des échanges entre groupes voisins.

L'intervention coloniale menaça cette corporation bien organisée[2]. L'usage de la monnaie, à laquelle elles n'avaient guère

2. Voir le developpement que j'ai consacré à ces épisodes in *Afrique noire. Permanences et ruptures*, Paris, Payot, 1985 (2e édition rev., L'Harmattan, 1993), pp. 348-351.

accès, acheva de les perturber. Les coquillages de cauris dont elles usaient pour leurs menues transactions se trouvèrent dévalorisés et l'introduction de l'impôt fut la goutte d'eau qui fit déborder le vase.

La première alerte eut lieu en 1925 dans le port de Calabar. Les Anglais avaient prétendu y imposer le paiement d'une patente aux femmes présentes sur le marché. La rébellion s'étendit de là vers l'intérieur sous une forme éminemment religieuse, que les colonisateurs comprirent mal mais qu'ils refusèrent de sanctionner comme une révolte directe contre leur autorité. Les manifestations, animées surtout par de vieilles femmes, réclamaient en premier lieu la restauration des mœurs et des usages anciens. Le mouvement, connu sous le nom de *nwaobiala* — du nom d'une danse exécutée dans les associations — prétendait transmettre un message reçu de *Chineke* (l'esprit divin). Le message passa d'association en association vers le nord du pays, auprès des chefs qui assuraient chacun à leur tour la liaison avec quatre autres chefs. Lorsque tous auraient été informés, les chefs rassemblés à Okigwe recevraient la réponse de *Chineke*. La plupart des chefs s'inclinèrent devant la volonté des femmes malgré l'opposition de l'administration britannique. Le message connut des variantes, mais *grosso modo* resta le même : il fallait abandonner les nouveaux usages monétaires pour revenir aux cauris, en particulier pour le paiement de la dot que la circulation de la monnaie anglaise rendait prohibitive, les laisser fixer elles-mêmes, comme naguère, les prix sur les marchés, parfois même refuser de cultiver le manioc récemment introduit, exiger la suppression des pistes en dur pour restaurer les sentiers de jadis, renvoyer les chrétiens ou, du moins, que chacun — chrétiens, animistes, gens libres ou esclaves — ne se marient qu'entre eux, ne pas imposer aux jeunes filles de couvrir leur nudité avant le mariage, empêcher la prostitution mais, en même temps, ne pas traduire devant le tribunal indigène les femmes mariées convaincues d'adultère. Il s'agissait, en bref, de revenir en tout aux usages précoloniaux.

C'était une réaction de refus face à des innovations étrangères dont les femmes sentaient bien qu'elles étaient les premières victimes. Il y eut beaucoup de troubles et quelques violences. Des femmes barrèrent des routes, incendièrent plusieurs marchés, retirèrent leurs enfants des écoles et allèrent assaillir les tribunaux locaux de leurs plaintes. Le gouvernement envoya des troupes pour rétablir l'ordre, mais évita de réagir directement. On feignit de n'y voir que des manifestations de purification religieuse traditionnelle Ibo. C'est d'ailleurs la forme que prit le mouvement à Owerri, où un millier de femmes au moins assistèrent aux sacrifices rituels qu'elles avaient réclamés aux prêtres coutumiers, et qu'elles voulurent obliger les chrétiennes à suivre. Les troubles durèrent d'octobre à décembre 1925 et finirent par s'apaiser d'eux-mêmes. Rien n'ayant été réglé, ils reprirent à la première occasion.

Le détonateur fut l'instauration de l'impôt, introduit seulement en 1927-28 dans les cinq dernières provinces méridionales. La perspective de recensements persuada les femmes que l'impôt allait leur être systématiquement réclamé, alors qu'il ne touchait en principe que les hommes. Cette fois, elles s'attaquèrent directement aux *warrant chiefs* et aux *native courts* ou conseils indigènes créés par l'administration coloniale. Après quelques troubles en 1928, la « guerre des femmes » proprement dite (*ogu umunwanye*), appelée par les autorités « révoltes d'Aba » — un des bourgs principaux — éclata l'année suivante. C'est la crainte d'une imposition généralisée, attisée çà et là par la maladresse de fonctionnaires locaux, qui transforma les manifestations jusqu'alors isolées en un mouvement organisé. Le signal, en octobre 1929, fut l'ordre donné par le chef de district au *warrant chief* Okugo d'Oloko de procéder au recensement des hommes, des femmes et des têtes de bétail de sa circonscription. Sachant combien la mesure serait impopulaire, Okugo se déchargea de cette tâche sur un maître d'école de la mission. Une des femmes accusa ce dernier de relancer une affaire qui avait provoqué, l'année précédente, la mort de sa brue enceinte et donc doublement vulnérable[3].

Les femmes, convaincues que cette mesure annonçait celle, imminente, de l'impôt, réagirent aussitôt et avertirent les femmes des régions avoisinantes, qui à leur tour envoyèrent des messagers dans les villages plus éloignés. Toutes commencèrent à affluer vers Oloko à partir du 25 novembre. Le 4 décembre, pour calmer le jeu, Okugo fut condamné à quelques jours de prison pour avoir violenté des manifestantes entrées chez lui. On tenta d'apaiser les femmes en leur cédant, le 22 du même mois, le bonnet de chef d'Okugo,

3. Il faut savoir qu'en Afrique, compter — ce qui est un réflexe quasi-automatique en Occident — est une opération maléfique : ainsi ne dit-on naturellement ni le nombre ni l'âge exacts de ses enfants, de peur de provoquer des pouvoirs dangereux qui risqueraient d'en faire disparaître une partie.

emblème de son autorité. Encouragées par ce premier succès, elles continuèrent de diffuser le mouvement. A la fin de l'année, les locaux de dix conseils indigènes furent détruits et d'autres endommagés, des maisons de notables furent attaquées, des factoreries furent pillées. En contrepartie 55 femmes avaient trouvé la mort, dont 29 à Opobo le 16 décembre. L'ordre ne fut rétabli que début janvier 1930.

Les enquêtes et procès qui s'en suivirent démontrèrent l'ampleur du mouvement : certaines femmes étaient animistes, d'autres chrétiennes, parfois parentes ou proches des notables, ou au contraire tirées de l'anonymat par les circonstance, souvent aussi investies d'une responsabilité reconnue dans leurs associations. Quelques-unes d'entre elles seulement étaient allées à l'école, comme Janet Okala, la première boulangère d'Owerrinta surnommée « mama Bread [pain] », ou bien miss Mary Okezie, institutrice à la mission d'Umoacha, qui rédigea la plainte des femmes d'un village proche d'Aba. Cette diversité témoigne de la solidarité des femmes Ibo pour défendre non seulement leur autonomie économique mais aussi leur personnalité politique et culturelle. Les relents religieux archaïques encore si forts en 1925 avaient disparu en 1929.

Convaincues que les responsables étaient non pas les autorités britanniques trop lointaines pour elles, mais bel et bien ces *warrant chiefs* qu'on leur avait imposé, c'est contre eux que les femmes manifestèrent. Jusqu'à ce qu'on leur eut assuré qu'elles n'auraient pas à payer l'impôt les troubles continuèrent tout au long de l'enquête. Les femmes ne l'interprètèrent pas comme dirigée contre elles, au contraire, elles saisirent l'occasion de régler leurs comptes à ces *warrant chief* exécrés, dont certains furent effectivement déposés. Elles appelèrent le pouvoir colonial à tenir ses engagements en les protégeant contre l'oppression des chefs locaux, de façon à ménager, entre elles et le gouvernement, des relations aussi cordiales que celles qu'elles entretenaient déjà avec les missionnaires. Une pétition alla jusqu'à demander, dans chaque *native court*, la présence d'un Blanc « parce que nos hommes noirs sont trop mauvais »... Certains accents dénotent parfois une véritable prise de conscience féministe, comme cette question posée par une femme d'Oloko : « Ne reconnaissez-vous pas que le monde dépend des femmes — que ce sont les femmes qui démultiplient la population du monde ? », ou encore la conclusion de la lettre rédigée par Miss Okezie, signée simplement : « Les femmes, Owerri Road, Aba ».

Le rapport de la commission, publié en juillet 1930, alla jusqu'à comparer ce mouvement à celui des suffragettes anglaises ; le message fut entendu et, à partir de cette date, les autorités introduisirent quelques femmes dans les *native courts* jusqu'alors réservées aux hommes. Cette décision mit fin aux bruits répandus par les administrateurs — dépassés par les événements et peu préparés à l'idée d'une initiative féminine — qui avaient attribué les troubles à un téléguidage officieux par les hommes. Ceux-ci pourtant ne bougèrent guère, ils savaient d'expérience, depuis la conquête, qu'il ne servait à rien de se soulever ouvertement contre le nouveau pouvoir ; en outre ils ne disposaient pas d'un réseau associatif interrégional comparable à celui de leurs épouses capables d'entraîner toutes les femmes du groupe, y compris les poltronnes et les récalcitrantes. Le pouvoir colonial n'oubliera pas cette expérience, d'autant que le refus de l'impôt eut la vie dure.

Depuis 1930, le chef de famille était imposé pour l'ensemble de la maisonnée ; c'était d'ordinaire un homme. Mais cette contrainte restait mal acceptée. En 1938, dans la province d'Owerri, sur plus de mille km^2, hommes et femmes se rebellèrent. 55 hommes et 3 femmes furent arrêtés et, pendant une dizaine de jours, les femmes tinrent des meetings, réunissant chaque fois au moins 500 participantes. Compte tenu de la chute des cours, elles se plaignaient de la misère de leurs hommes, des charges que cela représentait pour elles, et du bien-fondé qu'il y aurait à confier aussi à des femmes et pas seulement au chef et à ses adjoints le soin de collecter la taxe. L'affaire n'eut pas de suite.

Il fallut attendre l'après-guerre pour voir introduire dans la région, de façon timide, l'impôt sur les revenus féminins[4]. La mesure souleva à nouveau un tollé parmi les femmes d'Onitsha et d'Aba, centres d'activité principaux du commerce. Plus d'un millier de commerçantes du marché organisèrent une marche de protestation. Après l'arrestation de plusieurs d'entre elles, elles lancèrent l'*Association des femmes d'Aba*, qui imposa un vote de défiance contre Mme J.N. Egbutchay, présidente de la branche locale de l'association des femmes du NCNC (*Nigerian Council of Nigeria*

4. La loi de finance d'avril 1956 dans les provinces du sud-est exemptait les agricultrices et les commerçantes des zones rurales, mais exigeait l'impôt des citadines et de toutes les salariées qui jouissaient d'un revenu supérieur à £ 100 par an. Nina Mba, *op. cit.*, p. 102.

and the Cameroons) accusée de compromission avec le gouvernement. Quant à l'association des femmes d'Onitsha, elle menaça de soutenir un candidat indépendant aux prochaines élections régionales : l'année suivante la loi de finance fut amendée[5].

L'influence politique des femmes était alors bien réelle ; mais elles étaient encore éloignée du sens de l'Etat. Au ras de leurs préoccupations quotidiennes, elles défendent leur droit à la survie, et n'ont encore aucune idée du « contrat social ». L'impôt les lésait, elles n'en voulurent pas démordre et cette idée propagée partout ne fit que s'enraciner au fil des années[6]. Ces femmes du Nigéria n'étaient pas encore prêtes à défendre les thèses de leurs consœurs anglo-saxonnes qui, prônant l'égalité des sexes, acceptaient de ce fait l'égalité devant l'impôt. Elles croyaient plutôt à une spécificité des femmes dont les intérêts propres devaient être protégés et qui, en raison de leur place particulière dans la société, devaient être dispensées des charges pesant sur les hommes.

On trouve ici un des fondements de ce que l'on appelle aujourd'hui le « secteur informel », c'est-à-dire l'ensemble des activités économiques, de plus en plus investies par les femmes qui refusent tout contrôle politique, qu'il s'agisse de l'Etat indépendant contemporain comme naguère du gouvernement colonial.

La taxe sur les marchés : le combat des femmes de Lagos

Le grand port de Lagos fut longtemps le foyer principal de la pensée et de l'action politique au Nigéria. Les femmes y jouèrent un rôle indéniable, bien que le rapprochement entre les femmes du marché et l'élite cultivée fût difficile et ambigu, mise à part la période clé, dans les années 1940-1950, des débuts de la décolonisation.

5. Le minimum imposable fut relevé, et les enfants de plus de seize ans furent inclus dans le calcul des déductions

6. Wole Soyinka enfant, très touché par la misère et la résistance des femmes Yoruba contre l'impôt (voir *infra*), ne se jurait-il pas au même moment : « Quand je serai grand, aucun fonctionnaire en kaki ne soustraira un seul shilling d'impôt à mon salaire durement gagné », *Ake. Les années d'enfance*, 1981, trad. française Paris, Belfond, 1984, p. 254. L'épisode colonial a donc porté sa marque, profonde, sur la difficulté de penser l'Etat comme représentant du « bien public ».

Les marchandes de Lagos s'étaient organisées très tôt. Au début des années 1920, les autorités décomptaient environ 26 marchés, dont chacun désignait par consensus une responsable ou *alaga*, à la tête d'une hiérarchie de secteurs. La date de naissance précise de la fédération générale dite *Association des femmes des marchés de Lagos* (LMWA) est inconnue, mais l'organisme était bien vivant au milieu des années 1920. Les unions s'organisèrent aussi par sections ou par spécialités. Le syndicat des femmes d'Alakoro fut enregistré en 1938, celui des vendeuses du marché Faji en 1939 et celui des marchandes de gari (farine de manioc) en 1940. Il fut longtemps de bon ton d'expliquer que le mouvement avait été suscité par un homme, le nationaliste Herbert Macaulay, fondateur en 1923 du NNDP (*Nigerian National Democratic Party*) allié aux chefferies traditionnelles. Il est vrai que les commerçantes manifestèrent entre les deux guerres un soutien sans faille aux chefs coutumiers, et ont marché de conserve avec le NNPD, n'hésitant pas à solliciter l'aide de Macaulay si nécessaire. Vers 1925, un millier de femmes avaient adhéré au NNPD mais les deux organisations restèrent fondamentalement distinctes. Les femmes avaient démontré depuis longtemps leur capacité d'action : dès 1908 elles avaient su se mobiliser de façon ponctuelle mais efficace derrière les autorités coutumières, à propos des droits sur l'eau. Cette mesure les menaçait directement, puisque le portage de l'eau permettait à nombre d'entre elles de gagner leur vie. A l'appel de l'*oba*, elles fermèrent marchés et boutiques, et 15 000 d'entre elles allèrent manifester devant le bâtiment administratif.

A l'origine se trouve Madame Alimotou Pelewura, une Yoruba musulmane née à Lagos, femme de forte personnalité qui devint une grande amie de Macaulay. Consciente de son aura, Mme Pelewura n'hésitait pas, lors d'un meeting à Abéokuta en 1943, à commencer son discours par : « Je suis celle qui est appelée Pelewura »[7]. Elle avait vers 1900 succédé à sa mère comme petite marchande de poisson et fait prospérer ses affaires jusqu'à posséder une flottille de pirogues, employer ses propres pêcheurs et faire construire son hangar à poissons. Le chef de Lagos la tenait déjà en 1910 pour une responsable importante. Elle devint au début des

7. Cité par Nina Mba, *op. cit.*, p. 205. Ses funérailles, en 1951, furent suivies par 25 000 personnes, dont toutes les femmes des marches qui avaient ete fermes pour l'occasion.

années 1920 *alaga* ou chef du marché Araromi, le plus grand marché de viande de la ville. Bien qu'analphabète, Pelewura sut organiser son association comme son marché. Elle demanda aux femmes d'approvisionner, par une contribution de trois pence par semaine, un compte commun qui leur permettait de s'assurer les services de deux secrétaires (généralement des garçons, car les femmes savaient rarement écrire) et, si nécessaire, d'hommes de loi pour la défense de leurs intérêts. Comme partout, le détonateur fut la menace d'un impôt sur les femmes. Echaudé par la résistance Ibo, le gouvernement colonial ne se risqua à lancer cette idée qu'au vu des déficits de la grande dépression, en 1932. La réaction fut si violente qu'il fit machine arrière et attendit la guerre pour refaire une tentative.

En 1932, Pelewura fut nommée au comité coutumier de l'*ilù* de Lagos[8], où elle devint le porte-parole des 84 représentantes des marchés de la ville. Elle entra ensuite dans le comité exécutif d'un nouveau parti, le *Nigerian Union of Young Democrats* (NUYD), qui entendait susciter une branche féminine. Un nouveau parti, le *Nigerian Youth Movement* (NYM), plus radical, recruta à son tour, dès sa création en 1938, un grand nombre de femmes des marchés.

Avec la guerre, le gouvernement voulut introduire la capitation pour les femmes, et un impôt sur le revenu pour celles qui jouissaient d'une rente annuelle égale ou supérieure à £50. En outre, il organisa une réquisition des vivres avec contrôle des prix (dit contrôle Pullen, du nom du capitaine chargé de son exécution) puisque la mobilisation de plus de 110 000 hommes affectait d'autant le secteur agricole.

Les femmes réagirent vigoureusement. Il y eut d'abord, chez ces analphabètes, une pétition signée de leur pouce, puis la fermeture des marchés, une marche vers les bâtiments officiels, enfin un vaste meeting rassemblant plusieurs milliers d'entre elles. Le plan Pullen, qui enlevait aux femmes toute flexibilité dans leurs transactions, constituait une attaque directe contre leur gagne-pain. Le roman de Buchi Emecheta, *The joys of motherhood,* donne un bon aperçu des difficultés que subirent au cours de la guerre, les marchandes de Lagos, où se développa un marché noir intense. Le gouvernement s'efforça d'organiser son propre ramassage, à des prix imposés souvent inférieurs aux prix de revient, pour approvisionner des

8. L'*ilù* désignait la communauté urbaine Yoruba.

officines du gouvernement souvent en rupture de stocks. La résistance s'organisa et les femmes bloquèrent, sur les routes, les camions officiels de gari. Toute un série de chansons satiriques exprimèrent leur résistance :

> D'étranges choses surviennent à Lagos
> Les Européens vendent maintenant le poivre
> Ils vendent l'huile de palme,
> Ils vendent l'igname,
> Bien qu'ils n'arrivent même pas à faire route jusqu'à Idogo
> Et pourtant Falolu est toujours dans son palais, bien vivant,
> Les Européens ne sont pas faits pour vendre des graines de pastèques[9]...

Pour défendre celles d'entre elles emprisonnées ou condamnées à de lourdes amendes, elles multiplièrent les pétitions et appelèrent à l'aide des juristes expérimentés et des militants nationalistes, tels que Macaulay et son fils. Les autorités constatèrent leur impuissance, car elles se heurtaient à un refus obstiné de toute négociation. Les élites traditionnelles évitèrent de prendre position, faute de se sentir capables d'influencer Pelewura. En désespoir de cause, Pullen essaya de l'acheter en lui proposant de l'intéresser aux ventes de gari dans la ville. Elle lui répondit avec hauteur que, lui offrirait-il £100 par mois, elle ne l'aiderait jamais « à briser et affamer le pays où elle était née ». Finalement le gouvernement céda sur l'impôt sur le revenu, en relevant le minimum imposable à £100 par an, ce qui rendait difficile aux femmes de plaider leur incapacité à le payer.

La pugnacité des femmes n'en culmina pas moins en 1945 avec la grève générale de 37 jours conduite par le militant syndicaliste Michael Imodou : les femmes des marchés organisèrent le soutien des grévistes, leur vendirent les vivres à bas prix et lancèrent des distributions gratuites en leur faveur. Fut-ce leur action ? Fut-ce la fin de la guerre ? Toujours est-il qu'en août 1945 le contrôle des prix fut aboli, ce que les femmes purent considérer comme une victoire. Entre 1953 et 1956, on les vit encore se mobiliser contre le plan de rénovation des quartiers insalubres (*Slum clearance and resettlement*). Mais, après la mort de Macaulay en 1946, elles perdirent une partie de leur autonomie en se partageant entre les nouveaux partis nationalistes, le NCNC d'Azikiwe (*National Council of*

9. G.O. Olusanya, *The second world war and politics in Nigeria, 1939-1953*, University of Lagos, Evans Brothers, 1973, pp. 64-65.

Nigeria and the Cameroons), et la section lagosienne de l'*Action Group*. Le coup d'Etat militaire de 1966 les réduisit au silence.

A la différence des femmes Egba d'Abéokuta dont nous décrirons l'action plus loin, le rapprochement ne se fit pas entre les commerçantes des milieux populaires et les femmes de l'élite cultivée. La période de la guerre où la *Ligue des femmes*, qui avait en 1923 succédé à la très victorienne *Lagos Ladies' League*, soutint de ses pétitions la guerre du *gari* fut la seule exception. Les femmes instruites s'étaient jusqu'alors consacrées à des revendications de bienfaisance sociale, réclamant par exemple la création d'une maternité. Le résident colonial leur avait alors fait répondre qu'il s'agissait là d'un « luxe médical »[10]...

Après la guerre elles songèrent à s'organiser mais sur des bases différentes de celles des marchandes. Succédant à Mme Obasa, leur chef de file devint Oyinkan Morenike Abayomi, elle-même fille d'un avocat anobli par la Couronne comme fondateur du journal *Nigerian Pioneer*. Son objectif prioritaire était l'éducation des filles. Les idées d'Abayomi, à cette époque, étaient les mêmes que celles de Kuti à Abéokuta ou de Constance Cummings-Jones, membre élue du conseil législatif de Freetown de 1933 à 1942. Les femmes étaient les grandes perdantes du régime colonial ; sauf au Sierra-Leone, elles n'avaient ni le droit de vote ni, à plus forte raison, le droit de poser leur candidature. Ce combat politique paraissait prioritaire à Abayomi lorsqu'elle fonda le parti des femmes nigérianes (NWP). Il se créa alors une certaine distance avec les femmes du marché aux objectifs plus concrets, et qui ne reconnaissaient guère à des bourgeoises le droit de parler à leur place. Le fait que la *Yalode* de Lagos, Mme Rabiatu Alaso Oke, une importante négociante musulmane en tissus, ait été nommée vice-présidente du parti n'empêcha pas cette coupure.

Contrairement aux effectifs du LMWA qui dépassèrent les 8 000 adhérentes, ceux du NWP stationnent autour de 500 à

10. Mme Obasa répondit, en 1924, que « Le temps était passé où l'on pouvait considérer une maternité comme un luxe ». Mme Obasa était la fille d'un prince-marchand — c'est-à-dire d'un gros négociant- sierra-léonais, Richard Blaize, arrivé à Lagos en 1862 et devenu imprimeur du gouvernement. Elle avait, comme sa mère, achevé ses études en Angleterre. Elle épousa en 1908 le fondateur du premier parti politique nigérian, l'*Union du Peuple*, créé pour lutter contre le droit sur l'eau. Cf. Nina Mba, *op. cit.*, pp. 219-220.

2 000 membres[11]. Ce chiffre modeste fut suffisant pour qu'Abayomi fût la première femme nommée au conseil de la ville. Qu'on ne s'y trompe pas le *Women's Party* n'avait cependant rien d'un parti politique au sens où nous l'entendons. Il cherchait essentiellement à faire bénéficier « des droits des citoyens britanniques, par des moyens constitutionnel, l'ensemble du peuple » et en particulier les femmes, qui devaient prendre la mesure du « retard de leur condition par rapport aux autres femmes du monde »[12]. En 1950, bien que ce parti eût présenté pour la première fois cinq candidates aux élections pour le conseil municipal, aucune ne fut élue[13]. Mme Abayomi et beaucoup de ses compagnes, toutes Yoruba de Lagos, décidèrent finalement de rejoindre l'*Action Group*.

L'alliance politique des femmes Egba d'Abéokuta

Contrairement à ce qui se passa à Lagos où les femmes du peuple s'appuyèrent sur les chefs coutumiers, celles d'Abéokuta prirent parti contre eux, car elles les considéraient comme leurs principaux exploiteurs. C'est que les femmes Egba étaient de longue date habituées à exercer certains droits dans le domaine public. Elles participaient aux discussions politiques, elles étaient représentées dans les corps officiels, et jouissaient de droits personnels d'héritage. Elles furent exaspérées par la façon dont les chefs

11. La population de Lagos avoisinait déjà les 100 000 habitants en 1921, à une époque où le ratio hommes/femmes y était déjà sans doute très légèrement favorable aux femmes. On dénombrait en 1963 près de 190 000 femmes à Lagos.

12. Cf. Constitution du parti, cité par Mba, p. 222.

13. Un droit de vote très limité avait commencé d'être accordé en 1922 aux hommes de Lagos âgés de plus de 21 ans et possédant des biens immobiliers estimés à plus de £ 225 ou loués plus de £ 15 par an. Mais c'est seulement en 1949 qu'un droit de vote sélectif (également fondé sur la propriété) fut accordé d'abord sur le plan municipal à certaines femmes de Port-Harcourt. Le conseil de Lagos fut élu au suffrage universel (c'est-à-dire femmes incluses) à partir de 1950. Ensuite, les femmes reçurent le droit de vote dans le sud si elles payaient l'impôt (dont elles étaient généralement dispensées). Dans la région orientale, le suffrage universel fut instauré en 1954 pour les élections fédérales. Il fut étendu à tout le sud en 1959 mais, dans le nord, seuls les hommes payant l'impôt continuèrent à avoir le droit de vote.

coutumiers suivirent aveuglément les autorités britanniques, ignorant les prérogatives anciennes des femmes.

D'emblée, leur mouvement prit une allure plus politique. Le syndicat des femmes d'Abéokuta (*Abeokuta Women's Union*, ou AWU), qui rejoignit plus tard le *Nigerian Women's Union*, réussit à la fin des années 1940, soutenu par le sens politique et la ténacité de sa responsable, madame Funmilayo Anikulapo-Kuti, à faire destituer l'*alake* de la ville, autant dire le chef d'une des principales métropoles nigérianes. Comme en pays Ibo, l'opposition se focalisa sur un représentant coutumier de l'autorité plutôt que contre le pouvoir britannique.

Née en 1900, Mme Anikulapo-Kuti était fille d'une couturière et d'un petit planteur dont le père avait été un catéchiste « libéré »[14] au Sierra Leone. Son ascendance chrétienne lui valut d'être élevée à l'occidentale à l'école puis au lycée anglican d'Abéokuta, avant de séjourner de 1919 à 1923 en Angleterre. Elle y découvrit le socialisme et l'anticolonialisme. Quand elle fut revenue prendre la direction de l'école de filles de la ville d'Abeokuta, elle rejeta tout à la fois son prénom chrétien (Frances) et le nom européen de son mari (Ransome[15]) . Elle privilégia aussi l'usage de la langue Yoruba plutôt que celui de l'anglais, y compris dans ses rapports avec l'autorité coloniale. Sa force fut de comprendre la nécessité d'une union entre les femmes de l'élite et la vigoureuse couche populaire des commerçantes du marché, dont elle se fit d'abord connaître en organisant pour elles une école du soir[16]. Dès 1942 elle avait créé le

14. C'est-à-dire esclave débarqué d'un bateau arraisonné par l'escadre de lutte anti-traite négrière. On appelait au Nigéria « Saro » ces anciens Sierra-léonais christianisés revenus au pays.

15. Le Rév. I.O. Ransome-Kuti était entré au lycée d'Abéokuta (dont il devint proviseur à l'époque de la Seconde Guerre mondiale) l'année de sa création, en 1908. Il fut lui-même un militant nationaliste ; en 1931 il participa activement à la création du syndicat multi-ethnique des enseignants nigérians (NUT) et dirigea à Abéokuta la branche régionale du *Nigerian Youth Movement.* Cheryl Johnson, « Grass roots organizing : Women in anticolonial activity in Southwestern Nigeria », *African Studies Review,* vol. XXV, n° 2 et 3, 1982, pp. 149-155. Voir aussi Nina Mba, *op. cit.*, chap. V.

16. D'abord à Ijebu-Ode, non loin d'Abéokuta, où elle résida après son mariage en 1925. Wole Soyinka conte de façon très vivante comment l'initiative, lancée d'abord de façon informelle sur une suggestion de Ransome, connut un regain d'activité pendant la Seconde Guerre mondiale, une fois que les « femmes en robe » [c'est-à-dire les bourgeoises] eurent compris l'importance de militer aux côtés des « femmes en pagne » [c'est-à-dire du

Ladies' Club d'Abéokuta, qui en 1945 intervint pour défendre les femmes dont le gouvernement, un peu comme à Lagos, confisquait le riz sans compensation. Son appel à la presse permit de faire suspendre le contrôle du riz à Abéokuta. Si l'on en croit les souvenirs d'enfance du neveu de Beere Kuti, Wole Soyinka, qui avait alors onze ans, c'est à ce moment-là — lié dans sa mémoire à l'explosion de la première bombe atomique à Hiroshima — que commencèrent les manifestations massives des femmes contre l'impôt et contre l'*alake* (chef d'Abéokuta) et ses *ogboni* (dignitaires d'origine militaire)[17]. Perdant son contrôle, le jeune *District Officer* britannique avait intimé à Beere, du perron du palais de l'*alake*, l'ordre de « dire à ses femmes de la fermer ». Par une réplique restée légendaire à Abéokuta sous le nom de « K.O. grammatical », Beere répliqua avec une fermeté exquise : « Sans doute êtes-vous né mais vous n'avez pas été élevé. Parleriez-vous à votre mère sur ce ton ? » S'en suivit un charivari des femmes, puis une période vigoureuse de manifestations, dont l'effet fut le rappel de l'officier maladroit et le début des déboires de l'*alake*. Aux anciens textes pleins de respect, les femmes, toutes confessions confondues, chrétiennes, musulmanes et animistes, se retrouvèrent dans la rue pour bousculer les *ogboni* qui risquaient de leur tomber sous la main et pour chanter :

> « Salut, roi des bossus,
> Ademola a amené des ennuis,
> Fils d'animal qui hérite du gombo,
> Enfant d'intrigue qui enlève le marmite,
> Salut, père des animaux,
> Salut, roi de l'esprit des bois. »

Fort de ce succès, et voulant attaquer l'*alake* soupçonné de détourner les réquisitions à son profit, le club se transforma en 1946 en une association moins élitiste, l'AWU, dont la devise fut : « Unité, coopération, autonomie et démocratie ». L'AWU sut mettre à profit

---

peuple, paysannes et commerçantes]. Wole lui-même, tout jeune garçon d'une dizaine d'années à la veille d'entrer au lycée national d'Ibadan, participa à l'alphabétisation des femmes. *Ake. Les années d'enfance, op. cit.*, pp. 245-305.

17. Le père de Wole Soyinka était directeur d'école à la mission anglicane et sa mère était une commerçante d'Abéokuta qui tenait boutique non loin du palais, et qu'il surnomma « Chrétienne sauvage » (bien que ce fût l'une des plus modérées des femmes organisatrices du mouvement). Ce récit de Soyinka pris sur le vif complète admirablement les travaux sur la question.

l'accord des associations féminines de la ville, chrétiennes, commerçantes ou ethniques. Un comité exécutif élu fut organisé, attentif à mettre sur le même pied les femmes instruites et les commerçantes souvent analphabètes, dont plusieurs responsables de marchés. On dénombra bientôt quelque 20 000 adhérentes, c'est-à-dire près de trois fois plus que ne compta jamais la LMWA de Lagos. Ces militantes pouvaient à leur tour mobiliser entre 80 et 100 000 femmes.

Comme chez les Ibo, l'*indirect rule* avait fait perdre aux femmes Egba certains de leurs droits, dont celui d'être représentées dans les conseils par la *yalode* ou chef du marché. Non que les Britanniques n'aient voulu explicitement écarter les femmes : ils n'avaient tout simplement pas imaginé qu'elles pouvaient avoir un rôle public à jouer. Lorsqu'ils avaient prescrit aux autorités locales des provinces d'Abéokuta et d'Ijebu de trouver des ressources financières, ils avaient laissé affermer aux chefs Ogboni un impôt relativement lourd, sur les hommes comme sur les femmes (ce qui avait déjà provoqué en 1918 une sévère révolte). A la différence du reste du Nigéria, dans cette zone bien monétarisée où l'activité marchande des femme était évidente, les femmes se trouvaient plus imposées que les hommes car elles l'étaient dès l'âge de 15 ans au lieu de 17 ans pour eux, qu'elles soient mariées ou non. C'était implicitement, reconnaître leur place économique.

Ademola II, le nouvel *alake* d'Abéokuta, avait été intronisé en 1920. Il était le premier à avoir été éduqué à l'européenne. Il tira profit de sa position et du soutien britannique pour accaparer des terres et détourner l'impôt. Dès 1938, une violente manifestation de protestation avait eu lieu devant son palais. La colère monta pendant la guerre, où il profita des ordres coloniaux pour multiplier les réquisitions. Les femmes étaient les premières visées, puisqu'elles apportaient en ville poulets, ignames, gari et riz : il suffisait au chef de faire dresser quelques barrages sur les routes pour mettre la main sur une bonne partie de leurs vivres, l'argument étant que « personne ne devait manger tant que les soldats n'auraient pas été nourris ». Les femmes, qui payaient à la fois leur propre taxe et, par leur travail, une partie de celle de leur mari, assuraient au moins la moitié des ressources budgétaires du district. Elles réagirent avec de plus en plus d'impatience non seulement aux mauvais traitements qu'on leur infligeait pour les faire payer, mais au fait qu'en dépit de cette charge, elles n'avaient ni droit de vote ni aucune représentation (ne serait-ce que pour se plaindre d'avoir été battues ou brutalisées).

Kuti, convaincue que les femmes avaient davantage souffert de la colonisation que les hommes, préconisa une action politique « moderne », réclamant le droit de vote et la représentation dans les instances locales. A partir de 1946, sous sa direction, l'AWU devint un groupe de pression résolument féministe. Il lança une campagne de protestation contre l'impôt sur les femmes et le contrôle des prix sur les marchés, selon le mot d'ordre : « pas de taxation sans représentation ». L'affaire débuta en juin par une pétition. Non seulement celle-ci ne reçut aucune réponse, mais en octobre l'*alake* décida d'augmenter l'imposition des femmes. Des milliers d'entre elles vinrent manifester devant le palais. L'*alake* fit répondre qu'il ne les recevrait qu'individuellement, puisqu'elles n'avaient aucune représentation économique (*no group business*). L'AWU multiplia dès lors des procès personnalisés de refus de paiement, puis lança un audit sur les comptes du *Native Authority System.* Elle multiplia les pétitions, les campagnes de presse, bref tout ce que la modernité pouvait offrir comme moyens de lutte. Kuti elle-même refusa de payer l'impôt et fut emprisonnée. Alors, dès 1947, le mouvement entra dans une phase plus radicale, multipliant *sit-ins,* manifestations et fermetures de marchés. Beere Kuti accompagna une délégation du NCNC à Londres, où elle alerta les milieux syndicaux et le gouvernement de la Couronne ; elle s'y fit connaître de la presse et du public, écrivit dans le *Daily Worker,* et fut même invitée par le Lord Mayor de Manchester à parler de la condition féminine dans son pays.

Sur place, l'action était bien intégrée aux coutumes féminines ancestrales, faites notamment de chants soulignant la supériorité des femmes, se moquant de la veulerie des hommes et dénonçant publiquement un *oba* (chef) insuffisant. Les femmes chantaient en défilant :

> « Cette manifestation ne respecte pas les hommes,
> Elle pourrait même les tirer hors de leur maison... »

ou bien :

> « Ademola Ojibosho,
> Gros homme à gros ulcère,
> Ta conduite est deplorable,
> Alake est un voleur, Les membres du conseil sont des voleurs ... »[18]

18. Cité par Nina Mba, *op. cit.*, p.150 et 153. On a dénombré 218 chansons de ce type dans les archives Kuti.

Une nouvelle manifestation de masse eut lieu les 29 et 30 novembre 1947 et rassembla plus de 10 000 femmes. Elles recommencèrent dix jours plus tard. L'*alake* temporisa plusieurs mois, promettant de faire nommer des femmes à des postes de responsabilité ; puis l'administration chercha à diviser pour régner en essayant d'écarter Kuti des négociations. Mais en avril 1948 celle-ci refusa à nouveau de payer ses impôts ; cette fois-ci l'ensemble de la communauté réagit. Le 20 décembre, les hommes sortirent enfin de leur silence ; ils organisèrent un meeting où ils affirmèrent leur volonté de soutenir les femmes « au nom du bonheur, de la libération de l'oppression, et de la paix du pays Egba ». Toutes les régions méridionales attendaient dès lors la capitulation du gouvernement. Elle se fit attendre jusqu'au 3 janvier 1949 : l'*alake* abdiqua, l'impôt sur les femmes fut aboli (contre l'augmentation de celui sur les hommes), et quatre femmes, dont Kuti, furent nommées au conseil intérimaire mis en place. Il avait fallu presque trois ans d'une lutte quasi ininterrompue pour que les femmes l'emportassent[19]. A la différence des femmes Ibo, ce fut sans recours à la violence, mais grâce à leur cohésion, à leur organisation, et à leur détermination.

Malgré la perte de son principal motif de mobilisation (l'impôt), l'AWU continua de jouer comme un groupe de pression chaque fois que les intérêts des femmes Egba étaient lésés. En 1952, l'agitation reprit quand il fut question, pour financer de nouvelles adductions, de rétablir le droit d'eau (3 sh. par an et par femme) dont les femmes avaient été exemptées depuis 1948. Les manifestations, sans atteindre la même ampleur, furent sporadiques jusqu'à la suppression de cette taxe impopulaire en 1960. Il y eut d'autres troubles en 1952, quand l'administration voulut s'opposer à la manifestation annuelle des femmes pour célébrer l'anniversaire de l'abdication d'Ademola : la police les refoula à coups de bombes lacrymogènes et en arrêta une cinquantaine. Mme Kuti réussit à

19. L'année suivante (novembre 1950), malgré l'hostilité de l'AWU, Ademola fut à une faible majorité réintégré moyennant l'engagement solennel de respecter un régime constitutionnel. Les membres du conseil d'Abeokuta augmentèrent d'un bon tiers. Mais sur ses 52 élus, le nombre de femmes resta le même (quatre) ; leur présence dans le conseil régional fut même désapprouvée par la majorité des Egba non citadins, ce qui démontre l'existence d'une scission fondamentale dans la répartition du pouvoir entre les sexes.

faire poser sur l'incident une question devant le Parlement britannique.

Forte de son succès, l'AWU décida de s'élargir à une structure trans-régionale et trans-ethnique, et se transforma en *Union nigériane* (NWU). Des sections furent créées un peu partout, y compris dans le nord à Kanc. Beaucoup de ses membres s'impliquèrent dans la lutte pour l'indépendance, rejoignant l'*Action Group* ou le NCNC (auquel Kuti appartint jusqu'en 1959). L'union était plus réformiste que révolutionnaire. Elle s'appuya constamment sur des références puisées dans la démocratie britannique. Le mouvement ne prit pas ouvertement parti et son histoire ultérieure témoigna d'un certain recul des femmes dans la lutte politique.

Groupes de pression féminins d'après guerre et partis politiques

Aux premiers temps de la colonisation, la solidarité des femmes devait beaucoup à la séparation des sexes : habituées à vivre entre elles et à subvenir à leurs propres besoins, les femmes se retrouvaient tout naturellement dans l'action comme dans le travail et dans les fêtes. La colonisation brisa cette unité. L'écart social s'accrût ; dans la bourgeoisie créolisée, les femmes instruites, souvent enseignantes, épousèrent les soucis de leurs époux. Les paysannes au contraire se trouvèrent marginalisées et rejetées dans l'informel par le paternalisme colonial qui exacerba les pulsions coutumières de supériorité mâle. Trois couches sociales féminines au moins réagirent de façon différente : les « acculturées », les riches marchandes plus ou moins illettrées, et les femmes du peuple à la fois pauvres et analphabètes. Seuls les deux premiers groupes, très minoritaires, tentèrent de participer, mais sans cohésion particulière, à la vie politique de la décolonisation.

La faiblesse des organisations féminines resta leur volonté d'apolitisme à une époque où la question primordiale était celle de la marche vers l'indépendance. Les partis, qui avaient compris l'intérêt d'utiliser les femmes comme groupe de pression, cherchèrent à se les approprier bien qu'elles n'eussent toujours pas le droit de vote[20]. Le NCNC et l'*Action Group* créèrent des sections féminines

20. La constitution de 1951 établit des assemblées législatives régionales et un système electoral national fondé sur le suffrage masculin censitaire ; ne

du parti (présidées ou inspirées par les épouses des dirigeants, notamment Mmes Azikiwé et Awolowo), et voulurent interdire à leurs militantes de rester inscrites dans leurs associations de femmes si celles-ci maintenaient leur indépendance. Quant au parti du nord musulman, le NPC (*Northern People's Congress*), c'était un petit groupe masculin élitiste farouchement opposé au vote des femmes.

Tous les mouvements de femmes présentaient peu ou prou les mêmes revendications : le suffrage universel, l'égalité avec les hommes, une représentation suffisante dans les instances administratives et politiques, et une meilleure éducation pour les filles ; mais elles se divisèrent en plusieurs tendances : politiques et régionales plutôt qu'ethniques, ou tout simplement suscitées par le charisme de leurs dirigeantes. A Abéokuta, Mme Kuti avait en 1949 transformé son association en *Union nigériane des Femmes* (NWU). Celle-ci profita de divers troubles en pays Yoruba et Ibo, à la suite notamment de la grève de 1945, pour essaimer à Ijebu-Ode, Enugu (où 21 mineurs furent fusillés en 1949) et Aba. Elle fut soutenue à Aba par Mme Margaret Ekpo, ardente nationaliste hostile à tout « ethnisme » qu'elle avait elle-même bravé. Fille d'un pasteur presbytérien Efik, elle avait épousé un Ibo contre le gré de sa famille. Enseignante, elle avait accompagné au lendemain de la guerre son mari en Irlande ; elle y avait découvert le féminisme anglo-saxon chez des femmes qui n'avaient rien de commun avec les bourgeoises oisives blanches de la colonie. Ces deux responsables féminines étaient membres du NCNC. Mme Kuti réussit en 1953 à inclure son *Union* dans une *Fédération des Sociétés des Femmes nigérianes* (FNWS et prit la tête de ce mouvement assez radical, affilié à la *Fédération démocratique internationale des Femmes* proche des communistes. Elle participa à plusieurs congrès à Moscou ou Pékin, tant et si bien que son passeport finit par lui être confisqué jusqu'à l'indépendance[21].

---

votaient en principe que les hommes qui payaient l'impôt, mais il y eut des brèches progressives : voir note 12. La conférence constitutionnelle de 1958 prévoyait le suffrage universel, sauf pour les femmes de la région nord où le NPC (*Northern People's Congress*) s'y opposait résolument (y compris la présidente de la branche féminine du parti). C'est en 1977 seulement que les femmes du nord furent autorisées à voter.

21. En 1963, Mmes Kuti et Ekpo participèrent à Moscou au Congrès mondial des Femmes.

A Ibadan, Mme Elizabeth Adeyemi Adekogbe, l'une des rares enseignantes du Nigéria à avoir accédé à l'administration coloniale[22], créa en 1952 le *Mouvement des Femmes.* Celui-ci, plus favorable aux chefs traditionnels, essaima dans la région ouest. Elle finit par réaliser la fusion des mouvements féminins d'Ibadan au sein du *Conseil national des Sociétés de Femmes* (NCWS) qui s'affilia au *Conseil international des Femmes* excluant les pays socialistes. Bien qu'officiellement apolitique, le NCWS se rapprocha de l'*Action Group,* parti contrôlé par un lobby d'hommes d'affaires et de professions libérales Yoruba dont il tirait son financement, et qui parvint à imposer allégeance au Conseil des femmes : Mme Adekogbe finit comme secrétaire à plein temps de la branche féminine de l'*Action Group.*

L'*Action Group,* peu féministe, chercha tout au plus à utiliser les femmes. Le NCNC, qui avait débuté comme un mouvement nationaliste de masse, fut plus attentif à celles-ci, sans pour autant favoriser en politique leur candidature ou leur rôle actif de femmes : certaines furent parfois élues dans ses instances dirigeantes, mais aucune ne fit jamais partie du bureau du conseil directeur[23]. Aux élections régionales de 1957, Azikiwe, alors premier ministre, et pourtant le plus ouvert de son parti sur ce sujet, refusa de prendre le risque de présenter des femmes. Même à Lagos, où la vie politique féminine était la plus active, aucune femme ne réussit à faire admettre sa candidature aux élections fédérales de 1959 ou de 1964, y compris Mme Lawson qui était pourtant la nièce de Herbert Macaulay. Mme Ekpo fut élue en 1961 à Aba, mais le cas resta exceptionnel, bien que l'*Association des Femmes* du NCNC essaimât dans toutes les régions, se constituât en fédération nationale en 1963, et se montrât remarquablement combative dans la campagne organisée contre le nouveau plan d'éducation primaire qui menaçait durement la gratuité de l'école[24]. Il y eut bientôt plusieurs centaines de sections et plusieurs milliers d'adhérentes qui commençaient à revendiquer clairement le droit des femmes à l'émancipation, à propos surtout de la discrimination dont souf-

22. Elle fut pendant la guerre inspectrice-adjointe des prix ; elle écrivait régulièrement dans les journaux d'Azikiwe (NCNC) et du chef Awolowo (*Action Group*), et adhéra au NCNC vers 1950. Mba, p. 181.

23. Plusieurs en revanche, dont Mme Ekpo, furent élues au comité exécutif. Les premières responsables régionales apparurent en 1961.

24. Cf. chapitre précédent.

fraient les femmes du nord toujours exclues du droit de vote. Malgré la pugnacité des femmes des marchés qui restèrent dans l'ensemble proches du parti, les militantes n'obtinrent rien.

Quant à l'*Action Group*, qui reposait sur des adhésions individuelles, il ne suscita, au départ, aucune section féminine, et ne connut qu'une femme parlementaire, Mme Wuraola Esan, membre nommée au Sénat de 1960 à 1965[25]. Progressivement s'organisa néanmoins une *Women's Wing*, et le parti encouragea les femmes de dirigeants à se constituer en 1953 en une *Association des Femmes*. Celle-ci touchait surtout les commerçantes les plus prospères d'Ibadan, comme Mme Alhaja Humani Alaga, présidente des négociantes en tissus et fondatrice d'une association de femmes musulmanes ; elle ouvrit une école et finança l'entrée de jeunes filles musulmanes à l'université[26]. Les femmes de l'*Action Group* ne réussirent pas vraiment à conquérir la masse des femmes des marchés, qui restaient majoritairement liées au NCNC. Pour se les attacher, le parti avait pourtant fini par encourager des candidatures féminines. L'une d'entre elles, Mme Esther Soyannwo, enseignante soutenue financièrement dans sa campagne par son frère, riche commerçant d'Ijebu, remporta les élections régionales de 1964 dans l'ouest contre un professeur de zoologie à l'université d'Ibadan, candidat du NNPD (*National Nigerian Democratic Party*), le parti rival qui venait de faire sécession. Mais le contexte était si violent que le parti la fit renoncer à occuper son siège au parlement fédéral. Tout allait se bloquer pour de nombreuses années avec le coup d'Etat de 1966 qui détruisit l'expression politique.

Le Nigeria se montra globalement, dans les relations entre les femmes et la politique, plus timoré que le Ghana qui, là encore, fit figure de pionnier. Certes, les assemblées régionales nigérianes firent à plusieurs reprises *nommer* des femmes dans les parlements provinciaux, et il arrivait que des femmes fussent élues dans les assemblées locales ; mais il fallut attendre 1954 pour que Miss Mabel Dove (la future Mme Danquah) devienne la première femme *élue* en Afrique occidentale, à l'assemblée législative de Gold Coast[27]. A titre de comparaison c'est avant même l'indépen-

25. Nommée par le gouvernement de la Province occidentale.

26. Mme Alaga, née en 1907, avait commencé petitement ; en 1932 elle fut la première femme à ouvrir boutique à Ibadan. Bien qu'analphabète, elle supervisait quelque 150 revendeurs et employait un nombreux personnel.

27. Kenneth Little, 1973, p. 212.

dance du Ghana, en 1956, que le CPP (*Congress People's Party*) auquel Nkrumah avait intégré le *National Council of Ghana Women,* avait obtenu de faire réserver au Parlement dix sièges féminins.

DES « BOURGEOISES » MODERNES : LES DAMES DE FREETOWN

Au Sierra-Leone, le contraste était total entre les femmes d'origine créole, élevées, depuis le XIXe siècle, de façon toute victorienne, et les femmes du marché, coiffeuses, laveuses ou couturières d'ascendance populaire. Ces dernières étaient proches au demeurant des femmes Temne et Mende originaires de l'intérieur dont le rôle n'était pas négligeable, puisqu'elles pouvaient, au titre de l'administration « indigène », siéger dans les assemblées municipales dites conseils des *headmen*, ou chefferies urbaines réaménagées sous le protectorat britannique.

Adelaide Casely Hayford fut la première féministe sierra-léonaise[28]. Elle fit dès 1915 une conférence publique sur « le droit des femmes et le mariage chrétien ». En 1918, le *National Congress of British West Africa* (NCBWA) — dont le président était l'époux d'Adélaide — suggéra de mobiliser les femmes dans la lutte que l'élite acculturée entamait pour obtenir le droit de participer au gouvernement colonial. Epouses et parentes furent mises à contribution pour solliciter des aides financières propres à aider l'organisation. L'exemple sierra-léonais fut suivi à Bathurst (Gambie) à partir de 1926. La presse louait cette « armée efficace d'auxiliaires silencieuses », qui se manifesta surtout par des sociétés privées, regroupées autour d'activités musicales et dansantes, dans des associations paroissiales ou dans des sociétés de bienfaisance.

A partir de 1930, quand les femmes les plus aisées eurent reçu le droit de vote[29], plusieurs d'entre elles, étudiantes en Grande-Bretagne, entrèrent dans des organisations militantes à Londres ou sur place, en particulier à la LCP (*League of Coloured People*). Elles étaient souvent dans la mouvance de la journaliste suffragette Sylvia Pankhurst, très active sur l'Ethiopie pour laquelle elle soutenait à Londres la princesse Tsahai. Certaines, dont Constance

28. Voir le chapitre précédent. Cf. Denver Laray, « Women in Freetown politics, 1914-61 », *Africa*, vol. 57, n° 4, pp. 438-456.

29. Il fallait payer l'impôt sur le revenu ou être propriétaire.

Horton (devenue plus tard Mrs. Cummings-John, cousine de Mabel Dove) devaient être élues au conseil exécutif de la ville.

Le premier mouvement politique à recruter des femmes fut la *West African Youth League* fondée par le journaliste marxiste sierra-léonais Wallace-Johnson, tout d'abord en Gold-Coast en 1934 puis dans son pays quatre ans plus tard. Cinq femmes siégèrent dans son premier comité central. Quatre étaient enseignantes, la cinquième commerçante ; l'une d'entre elles sortait de l'Université noire américaine de Howard (Washington D.C.). En 1938, Cummings-Jones fut la première femme élue au conseil municipal d'une ville africaine où, en plus, elle arriva en tête du scrutin. La même année une femme sortait pour la première fois diplômée du collège universitaire national de Fourah Bay. En 1943 furent nommées les deux premières magistrates africaines, toutes deux Sierra-Leonaises, à Freetown et à Lagos.

Cummings-John se préoccupa de travailler avec les femmes des marchés, et entra résolument dans la lutte pour l'autodétermination. Le résultat fut, au lendemain de la guerre qui avait vu se démultiplier le travail féminin, la création de deux syndicats de femmes actives : celui des commerçantes (le *Sierra-Leone Market Women's Union*), et celui des lavandières (le *Washer-Women's Union*).

A partir de 1951, le *Sierra Leone Women's Movement* (SLWM) entra dans la lutte politique. Comme ailleurs, il s'inféoda bientôt aux partis en place. Bien que quatre femmes eussent conduit une bonne campagne aux élections de 1957, deux au titre de la colonie et deux au titre du protectorat (c'est-à-dire de l'intérieur), aucune ne fut élue. Cummings-Jones avait pourtant été bien élue et espérait le ministère des Affaires sociales, elle fut récusée par ses pairs masculins et on chercha à l'écarter en nommant son mari ambassadeur au Liberia. Elle ne renonça finalement que lorsque sa vie fut en danger.

Le paradoxe voulut que ce fût une femme-chef, Mme Gulama, qui fut la seule à être élue à l'un des douze sièges réservés aux autorités coutumières. Elle fut, pour le principe, nommée ministre, mais sans secteur bien défini. En 1960, ce fut à nouveau une femme chef, Nancy Koromah, qui fut élue *headman* des Mende de Freetown. Son rôle était important puisqu'il consistait à concilier les avis des neuf sections Mende de la ville, et à présider le conseil des *headmen*. Son élection révélait l'éveil politique de toutes les femmes de Freetown, éduquées ou analphabètes, chrétiennes ou musulmanes, exerçant ou non une profession salariée, « informelle » ou libérale. Nancy Koromah fut en 1964 élue au conseil municipal, à un moment où la nouvelle présidente de la branche féminine du *National Congress*, une jeune socialiste formée à Londres et dans les pays de l'Est, était pour la première fois une *krio* non issue de l'élite. Au sein de celle-ci, après l'indépendance, les ambitions masculines reprirent néanmoins le dessus, et les femmes se trouvèrent rejetées dans la sphère domestique.

Le SLWM eut du moins une qualité rare : les femmes politisées étaient si peu nombreuses qu'elles ne pouvaient s'organiser qu'en transcendant les clivages régionaux et ethniques. Leur mouvement, qui sut à l'occasion mobiliser de nombreuses sympathisantes dans tous les milieux, constitua, dans les années 1950, un véritable creuset de prise de conscience nationale sierra-léonaise.

On n'en était pas encore là du côté francophone, moins marqué par le féminisme à l'anglo-saxonne.

L'ÉVEIL POLITIQUE EN AFRIQUE FRANCOPHONE

Les marchandes de Lomé

On trouve à Lomé, au Togo, chez les femmes Ewé, des formes d'action tout à fait comparables à celles des femmes commerçantes du Nigéria ou du Ghana, mais on les connaît moins bien. On subodore le rôle essentiel que jouèrent les commerçantes loméennes et en particulier les *Nana-Benz*. Pour des raisons essentiellement économiques, elles se sont depuis longtemps montrées capables de tenir tête à l'Etat. Elles ont, dès 1933, joué un rôle important dans une émeute populaire où elles ont largement soutenu, sinon poussé, les hommes à agir : l'enjeu était, une fois de plus, en raison de la crise budgétaire lors de la grande dépression, la remise en vigueur de droits de place sur les marchés et l'instauration d'un impôt sur le revenu qui aurait signifié une imposition de fait des femmes. L'agitation se propagea rapidement. Les militants « meneurs » incriminés furent les *Duawo*, membres d'une association de jeunes active depuis 1931. Le président du conseil des notables ne dissimula pas sa sympathie pour les manifestants, et deux responsables supposés — des hommes — furent arrêtés le 24 janvier. La réaction ne tarda pas : le soir même et le lendemain, la foule descendit dans la rue et le nombre des femmes y était tel que l'épisode leur fut largement attribué, sans que leur rôle ait été ni vraiment perçu par l'administration, ni précisément étudié. Il y a tout lieu de penser, compte tenu de l'importance prise dès cette époque par les revendeuses du marché, que leur action fut motrice, analogue à ce qui s'était produit peu auparavant en pays Ibo ou à Lagos[30].

Ce qui est sûr, c'est que, aujourd'hui, les grosses marchandes de Lomé, à leur façon, « tiennent » toujours la ville ; leur résistance est opiniâtre contre le pouvoir d'Eyadéma, qui aurait sans doute plus aisément fait triompher la manière forte de ses escadrons de la mort si elles n'étaient pas là : la longue grève générale qui a paralysé le pays plusieurs mois en 1992-1993 leur doit beaucoup. Mais la question attend encore d'être étudiée à fond.

Le rôle des femmes a toujours été important lors des mouvements sociaux, en particulier lors des grèves, en raison de leur fonction de pourvoyeuses ; ce sont elles qui nourrissaient les grévistes, voire palliaient par leurs activités informelles le manque à gagner des jours de travail perdus ; le niveau de survie était si bas que les hommes n'auraient pu, sans leur aide, maintenir la pression exercée par leur refus de travailler.

Le meilleur exemple reste celui des premières grèves de mineurs sur le *Copperbelt* zambien, en 1935[31]. Sembene Ousmane a glorifié, voire mythifié ce rôle militant des femmes dans son superbe roman *Les bouts de bois de Dieu,* où il reconstruit à sa façon les grandes grèves des cheminots sénégalais de 1947/48. L'épisode est largement romancé, il n'en contient pas moins une part de vérité. On verra plus loin à quel point ce rôle-clé des femmes s'est vérifié dans les luttes contre l'*apartheid* en Afrique du Sud.

La marche d'Abidjan

A la fin des années 1940, l'explosion militante des femmes d'Abidjan est un repère significatif, car il s'agissait d'une popula-

30. Aduayom, « Un prélude au nationalisme togolais : la révolte de Lomé, 24-25 janvier 1933 », *Cahiers d'Etudes Africaines,* 1984.

31. Jane Parpart, *Working Class Wives and Collective Labor Action in the Northern Rhodesian Copperbelt, 1926-1964,* Boston, 1985.

tion féminine beaucoup moins active que leurs homologues Yoruba, Akan ou Ewé.

Les femmes eurent d'autant plus de mérite qu'elles étaient tout juste tolérées par les hommes du parti ivoirien de l'indépendance, le PDCI-RDA. Certaines avaient commencé à s'organiser presque aussi tôt que les hommes, dès 1949, en créant une section féminine du parti. Un bureau fut mis en place, qui obtint d'avoir un membre détaché aux instances dirigeantes du parti. Les militantes effectuèrent des tournées dans le pays pour sensibiliser les femmes et les inciter à se regrouper. Elles envisagèrent la tenue d'un congrès et, surtout, des campagnes massives d'alphabétisation à engager de toute urgence. Mais leur action restait très limitée, bien qu'elle s'inscrivît à la fois dans un contexte mondial de contestation coloniale, et dans celui du harassement répressif orchestré par l'administration ivoirienne.

Des troubles violents éclatèrent en février 1949. L'administration en profita pour frapper fort, arrêtant trente-deux militants du PDCI-RDA, dont huit des principaux dirigeants. Les fonctionnaires soupçonnés de leur être favorables furent mutés. Face à cette brusque élimination des hommes, les femmes se mobilisèrent sous l'impulsion de Marguerite Sacoum, première secrétaire du comité féminin du R.D.A. Ce furent elle et ses amies qui décidèrent les militants réticents à passer à l'action, fortes du fait que plusieurs d'entre elles étaient épouses de prisonniers. L'action fut politiquement préparée : les femmes sillonnèrent les quartiers et les villages pour « conscientiser » leurs voisines et les inciter à s'organiser, comme les hommes, contre l'arbitraire colonial. Leur idée la plus astucieuse fut d'utiliser l'*adjanou,* un rite pratiqué par les femmes Akan en cas de menace grave, de guerre notamment, pour détourner le mauvais sort. Armées de vieux fusils, de bâtons ou de pilons, elles se répandaient dans le village en scandant leurs chants par le martèlement de leur arme sur le sol. La nuit, nues, elles s'enduisaient de kaolin et se relayaient jusqu'à l'aube. A tour de rôle, les responsables adaptèrent la cérémonie dans les quartiers populaires d'Abidjan pour « sauver le parti », malgré les réticences masculines qui craignaient de voir dégénérer les manifestations. L'étincelle fut, en août 1949, l'arrestation de Marcelline Sibo, une commerçante responsable des militantes Agni. Une première marche eut lieu sur le commissariat de la capitale pour réclamer sa libération. Puis trente petits cars et camions chargés de femmes cherchèrent à atteindre le palais de justice de Grand-Bassam où avait été emmenée Mme Sibo. Ils furent stoppés par la police mais elles n'en obtinrent pas moins sa libération ; ce succès de l'entreprise les encouragea à l'action.

Toutes les négociations entreprises par le parti avaient échoué. Ce fut à nouveau une femme, Anne-Marie Raggi, secrétaire de la sous-section féminine de Grand-Bassam, qui proposa le boycott des produits d'importation. Il fut adopté d'enthousiasme. Bien suivi par tous, il s'étendit à l'ensemble du pays dans la deuxième quinzaine de décembre. De leur côté, les prisonniers avaient commencé le 12 décembre une grève de la faim. Jusqu'alors, les femmes avaient attendu le feu vert du parti pour agir. Mais, voyant que rien ne bougeait, elles prirent à nouveau l'initiative d'une marche sur la prison de Grand-Bassam, quitte à la prendre d'assaut. La police ayant bloqué la gare routière, elles partirent à pied, par petits groupes, pour contourner les obstacles mis sur leur route. La manifestation prit une ampleur considérable et dura trois jours, du 22 au 24 décembre, mobilisant entre 2 et 4 000 personnes, la plupart illettrées, encadrées par quelques intellectuelles, dites « femmes-commis ». La marche du premier jour avait pour objectif de demander une audience au procureur de la république. Sans réponse, elles campèrent toute la nuit sur place. L'attente se poursuivit le lendemain, tandis que la masse des femmes grossissait. Le troisième jour, elles passèrent à l'attaque, mais furent dispersées à coups de crosse, de gaz lacrymogène et de pompes à eau. Il y eut plusieurs blessées et quatre arrestations[32]. Déçues, les femmes, qui ne voulaient pas céder, durent accepter les injonctions du président du parti et rebrousser chemin, pour attendre l'issue du procès qui libéra les prisonniers.

En dépit de ce demi-échec, le mouvement fit en Afrique française figure de grande première. L'administration n'avait rien connu de semblable depuis les journées de Lomé avant-guerre. Pour les femmes ivoiriennes, même si elles agissaient en qualité d'épouses ou de mères, c'était la première manifestation politique autonome. On n'en connait malheureusement pas beaucoup plus actuellement sur ce sujet, mis à part quelques témoignages individuels.

32. L'une fut relâchée à cause de son jeune âge, les trois autres furent condamnées le 28 décembre à deux mois de prison ferme. H. Diabaté, *La marche des femmes sur Grand-Bassam,* Dakar, 1975.

Aoua Keita la militante

De vraies militantes, il y en eut peu. Elles semblaient hors du commun. Telle fut Aoua Keita, née dans une famille soudanaise aristocratique qui se réclamait de Soundiata, le fondateur de l'empire du Mali au XIIIe siècle[33]. Elle fut élevée par sa mère dans la concession paternelle, entourée des co-épouses et des esclaves.

Elle dut à son père, ancien combattant de la Première Guerre mondiale et déjà âgé à sa naissance au retour de la guerre, d'être envoyée en 1923 à la première école de filles de Bamako. Ce fut contre la volonté de sa mère qui trouvait scandaleux d'envoyer une fille en classe chez les Blancs. Le père n'était pas particulièrement féministe ; il voyait seulement que cette épouse-là n'avait pas de fils, il fallait donc qu'une de ses filles fût capable de la prendre en charge dans ses vieux jours. La petite Aoua, douée pour les études, ne déçut pas cet espoir, elle fut toujours parmi les toutes premières, et obtint ainsi en 1931 à Dakar son diplôme de sage-femme, l'unique formation offerte alors aux filles.

Son premier poste fut Gao sur le fleuve, un poste totalement déshérité où, « étant la seule jeune fille émancipée », elle eut, comme elle le reconnaît elle-même, « un succès fou »[34]. Cette jeune femme, qui n'avait pas froid aux yeux, réussit à faire construire une maternité. Elle se marie classiquement, sur un arrangement de son père et malgré d'autres penchants, avec un jeune médecin venu la rejoindre dans son poste après l'Ecole de Dakar, Diawara. Il faisait partie, comme elle, des rares »assimilés » jouissant de la nationalité française : il votait dans le premier collège en un temps où les femmes n'avaient pas encore le droit de vote. Eveillée et cultivée, la jeune femme lit les journaux et s'initie à la politique grâce à son époux. Ils adhèrent au syndicat professionnel des agents de santé, et participent à sa première grande grève qui dura trois mois en 1945. L'année suivante ils rejoignent la branche soudanaise du Rassemblement démocratique africain (USRDA). Aoua, dans

33. Son père était né à Kouroussa en Guinée et sa mère était Dioula originaire du nord de la Côte d'Ivoire.

34. *Femme d'Afrique. La vie d'Aoua Keita racontée par elle-même*, *op. cit.*, p. 32. J'ai été aidée dans cette analyse par mes étudiants de licence, en particulier par le mémoire de Nathalie Saint-Marc. Voir aussi : J. Turrittin, « Aoua Keita and the nascent women's movement in the French Sudan », *African Studies Review*, vol. 36, n° 1, 1993, pp. 39-99.

l'ombre de son mari, commence par militer en cachette en discutant avec les parturientes ; car « la politique c'est l'affaire des hommes et non la tienne », comme le lui reprocha un jour l'époux d'une voisine moins tolérant.

C'est parce qu'elle devient stérile à la suite d'une opération qu'Aoua entre en politique ; en 1949, sa belle-mère imposa à son fils — hostile à ce moment-là à la polygamie — le divorce[35]. Aoua, en pleine maturité, est désormais une femme indépendante ; « j'ai fait une aventurière », s'étonnait son père et se désespérait sa mère, très traditionaliste. Elle va seule de poste en poste, au gré de nominations souvent punitives, car l'administration voit d'un mauvais œil son activité politique favorisée par une vie de contacts permanents avec ses patientes et leur famille. C'est une militante intelligente et passionnée, qui explique inlassablement les enjeux et rallie les femmes à sa cause[36].

Aoua fut une éveilleuse de consciences. Seule femme, ou à peu près, à savoir lire au milieu d'une foule analphabète, elle joua un rôle extraordinaire à Gao où, revenue après quinze ans d'absence, elle réussit avec les autres femmes, au nez et à la barbe d'une administration dépassée, à contrer la répression qui tentait d'influer sur les élections législatives de 1951. On mesure la conviction de ces femmes si l'on se souvient que, dans cette région très islamisée, il était en principe inconvenant pour une femme de circuler en dehors de chez elle autrement qu'au crépuscule. A la veille des élections, en quelques jours, tous les fonctionnaires soudanais soupçonnés d'être favorables au RDA avaient été mutés au loin. Grâce à sa connaissance de la loi, Aoua obtient de débloquer les cartes électorales et les fait remettre à domicile par le réseau des femmes du pays ; le jour du vote enfin, chacune, assistée d'un écolier chargé de lire à sa place, occupe à la première heure les bureaux de vote afin de déjouer les fraudes. Alertée, Aoua réussit même, avec une belle autorité, à mettre à la porte deux officiers qui voulaient faire voter leurs soldats pour le parti francophile sans les faire passer dans l'isoloir :

35. Diawara aura plus tard deux jeunes co-épouses.

36. Elle se remaria plus tard avec Mahamane Alassane Haidara, qui avait été élu en 1942, au titre des peuples de la boucle du Niger, sénateur à l'Assemblée nationale française. Il le resta jusqu'en 1959.

« Où se trouvent cette liberté, cette égalité, cette fraternité ? [se demande-t-elle alors]. A qui s'appliquent-elles ? Je fus blessée dans mon amour-propre de colonisée[37]. »

Le succès de l'USRDA fut complet dans la circonscription. Aoua Keita entreprit alors, après les femmes, de rassembler les jeunes. Mutée en représailles en Casamance au sud du Sénégal, malgré ses qualités professionnelles incontestées, elle se jura dès lors de se consacrer à son pays :

« Désormais, ma vie devait être consacrée à l'USRDA. Je résolus donc de mettre tout en œuvre pour la bonne marche de mon parti en participant davantage à toutes les activités politiques et syndicales non seulement de mon pays, mais aussi de l'Afrique entiere l[38]. »

Cette résolution la conduisit, quelques années plus tard, après sa nomination à Bamako, à renoncer à la nationalité française. Elle devint membre du Bureau politique du parti, prit la tête de l'organisation des femmes qu'elle avait créée, lança en 1955 un « appel aux femmes du Soudan », et fut en 1959, au grand effroi de sa mère, la première femme d'Afrique francophone élue à l'Assemblée constituante de son pays[39]. Ce ne fut pas sans les mises en garde ni les précautions oratoires du premier Président du Mali, Modibo Keita, qui dût faire admettre sa présence aux hommes de son pays.

Aoua n'était pas tout à fait isolée ; elle travailla en symbiose avec Aissata Sow, présidente du syndicat des enseignants soudanais, et créa en 1957 avec elle le syndicat des femmes salariées du Soudan. Mais elle restait exceptionnelle par son intelligence, sa détermination et parce qu'elle n'était pas une Africaine « normale », puisque divorcée, indépendante et stérile. Son engagement était sincère ; à un homme qui s'étonnait de la prétention politique d'une femme :

« Pourquoi êtes-vous si tenaces ?[...] Vous n'êtes que de pauvres femmes, qui ne peuvent pas être conseillers, [...] à plus forte raison député. Pourquoi vous fatiguez-vous pour rien ? »

37. *Femme d'Afrique, op. cit.*, p. 121. D'aucuns ont remarqué que l'art de la fraude électorale, si répandu dans l'Afrique indépendante, fut enseigné par les maîtres d'alors...

38. *Femme d'Afrique, op. cit.*, p. 161.

39. Il s'agissait alors de la Fédération avortée entre Sénégal et Soudan, ce dernier devenu République du Mali en 1960.

Elle répliqua :

> « Nous sommes assez mûres pour savoir ce que nous faisons. Nous ne cherchons ni à devenir conseillères, ni a être deputes, mais a devenir libres comme le vent[40]. »

Aoua Keita milita essentiellement pour et avec les femmes, avec des moyens éminemment féminins, qu'il s'agît de son métier de sage-femme ou de ses talents de couturière, et ne renonça jamais à sa féminité, adjurant les femmes de veiller à leur beauté autant qu'à leur autonomie économique. Elle reconnaît que le principal obstacle à la politisation des femmes était l'opposition de leur mari et fut, en 1958, impressionnée par le féminisme militant de Sekou Touré et des femmes guinéennes. Une fois député, elle œuvra énergiquement pour une réforme du code du mariage[41]. Toutefois on reste surpris par sa vision conservatrice du rôle de la femme. En femme de terrain sinon de la brousse, elle s'oppose aux femmes « modernes » des villes qui adoptent le modèle bourgeois et futile de la femme au foyer ; mais dans ses discours et dans son livre, elle adjure les femmes de rester fidèles aux traditions et de veiller à « toutes les qualités qui font la fierté d'une maîtresse de maison » (p. 237). La femme doit être avant tout une bonne épouse, une bonne ménagère et une bonne mère de famille, qui doit éviter à son mari la dépense d'une domestique. Elle alla, en 1960, jusqu'à faire au congrès de l'USRDA une communication sur ce thème qui remporta l'adhésion des hommes et… l'hostilité des femmes.

Son programme politique était en réalité un peu court ; il s'arrêtait à la libération du joug colonial, supposée entraîner dans son sillage l'émancipation féminine. Fière à juste titre de sa réussite, elle donne en définitive raison aux hommes qui avaient du mal à l'admettre d'une femme. Elle ne paraît pas elle-même convaincue de la possibilité pour les autres de ce qu'elle a su si bien réaliser elle-même ; peut-être avait-elle implicitement intériorisé ce que la société, qu'elle voulait pourtant changer, lui avait inculqué : qu'elle n'était pas une Africaine comme les autres…

Quand ses mémoires ont paru en 1975 et que le livre eut reçu le grand prix littéraire de l'Afrique noire francophone, Aoua Keita

40. *Ibid.*, p. 113.
41. Danielle Bazin-Tardieu, *Femmes du Mali*, Léméac, Ottawa, 1975.

passa au rang des héroïnes francophones de l'émancipation féminine. A la génération suivante son exemple a été suivi par des femmes, peu nombreuses certes, mais qui n'ont plus eu besoin pour cela de renoncer à un mari ni à des enfants. En 1991, des Maliennes de tout âge et de toute condition sont aussi descendues dans la rue pour chasser le dictateur Moussa Traoré. Aujourd'hui, deux femmes sont ministres dans le gouvernement d'Alpha Oumar Konaré.

Les Guinéennes de Sekou Touré

Au début des indépendances, le lot de ces femmes rejoignit celui de toutes les femmes du monde ; pour elles le militantisme politique n'était plus incongru, mais demeura minoritaire. Un seul dirigeant eut, au moins au début de son mandat, le souci d'aller un peu plus loin. Le *Parti démocratique de Guinée* (PDG) inscrivit dans ses statuts la nécessité d'un nombre minimum de femmes à toutes les instances locales, régionales et nationales. Dans la lutte contre l'élitisme, la loyauté au parti reçut la priorité sur l'éducation, ce qui ne pouvait que privilégier les militantes au niveau culturel très faible. Ce combat commença dès 1953, nettement avant l'indépendance. Il se maintint ensuite : en 1968, 27 % des 75 députés PDG élus pour cinq ans à l'Assemblée nationale furent des femmes. On comptait 16 % de femmes aux échelons régionaux et, fait plus remarquable encore, 12 % au comité central du parti, soit deux fois plus que chez leurs homologues soviétique ou chinois...

Cette attitude n'était pas feinte. Touré, dans tous ses discours, se référait alors aux deux groupes les plus opprimés de la société guinéenne : les paysans et les femmes. Il considérait la contradiction entre homme et femme comme l'une des bases de la société et déclarait les femmes doublement exploitées, par la colonisation et par les hommes. L'alliance était indispensable et complémentaire : la femme soutient le parti, le parti émancipe la femme. Dans un discours célèbre d'avant l'indépendance, Sekou Touré n'avait pas hésité à faire de toutes les femmes de Guinée ses agents électoraux :

> « Chaque matin, chaque midi, chaque soir, les femmes doivent inciter leur mari à adhérer au RDA ; s'ils ne veulent pas, elles n'ont qu'à se refuser à eux : le lendemain, ils seront obligés d'adhérer...[42] »

Il rechercha le soutien politique des femmes, et celles-ci en contrepartie l'utilisèrent pour se protéger des empiétements masculins lorsque, par exemple, en 1964, la direction du parti essaya de supprimer les sections villageoises féminines. L'argument des hommes était que ces groupes de femmes créaient la zizanie dans les familles. Les femmes firent tant et si bien que Sekou Touré imposa l'année suivante le rétablissement, et même le renforcement de leurs prérogatives. Celles-ci pourtant demeuraient bien limitées : il s'agissait tout au plus de divulguer auprès des femmes les mots d'ordre du parti, de pouvoir « donner en assemblée des conseils d'éducation féminine », d'organiser les réceptions du parti, et de mobiliser la population féminine dans les programmes d'« investissement humain ». La mesure la plus concrète consistait sans doute à donner aux femmes le droit de « vérifier l'application effective des décisions du parti concernant les femmes »...

Les femmes se montrèrent actives dans les premières années. Plus que les hommes, elles réagirent aux dures années 1959-1964, osant manifester leur mécontentement devant la disparition de produits alimentaires de première nécessité, ou bien protestant contre certains points de la réforme de l'enseignement en 1964 et puis en 1967. Mais on était loin d'une égalité des droits politiques, malgré le proverbe Basari : « L'homme est l'enclume, l'enfant le fer, la femme le feu », malgré depuis 1965 la Fête des femmes chômée le 9 février en mémoire de l'héroïne nationale Mbaliya supposée tuée par la répression en 1955, en fait sabrée par un chef de canton qu'elle avait osé défier.

D'une façon générale, l'objectif de l'organisation des femmes guinéennes fut de promouvoir par tous les moyens le progrès politique et social de leurs membres, quels que soient leur origine et leur niveau. Le code guinéen devint très favorable aux femmes, et fut le plus novateur d'Afrique francophone en matière de mariage et de divorce[43].

Dans l'effondrement ultérieur du régime, cela n'empêcha pas les femmes d'être les premières à lancer une émeute décisive en 1977.

42. Cité par Claude Rivière, « La promotion de la femme guinéenne », *Cahiers d'Etudes Africaines*, vol. VIII (3), n° 31, 1968, p. 408. Voir aussi, du même auteur : *Mutations sociales en Guinée*, Paris, 1971.

43. Voir chapitre 18.

XVI

FEMMES ET POLITIQUE : LE RETARD ZAÏROIS

Doublement écrasées par leurs fonctions de bêtes de somme dans les sociétés rurales anciennes et par le conformisme étroit du catholicisme belge, les femmes du Congo profond eurent, à la différence de leurs sœurs d'Afrique de l'ouest, bien du mal à sortir de leur réserve ; l'idéologie traditionnelle leur déniait en effet toute possibilité d'intervention dans le domaine politique. Comme partout, les charges trop lourdes qui pesaient sur elles les incitèrent à réagir. Mais les premiers signes n'apparurent parfois que longtemps après l'indépendance.

DES PAYSANNES DÉCOUVRENT L'INSOUMISSION

C'est ce qui finit par se produire chez les Temba du Kivu, province relativement fertile à l'est du pays. Le changement intervint quand les mutations économiques régionales eurent donné aux paysannes l'occasion d'entreprendre des activités marchandes. Tandis que les femmes s'épuisaient aux champs, les hommes en effet étaient entrés en contact avec le marché du travail et de l'argent : dès les temps coloniaux, ils avaient été sollicités pour produire l'arachide et approvisionner les chantiers, puis étaient partis travailler sur les mines ou ailleurs. L'administration belge avait, pour ce faire, restructuré le pays en donnant aux chefs coutumiers (ou *mwami*) un pouvoir colonial qui outrepassait leurs prérogatives de naguère. Sur place, les femmes se mirent à leur tour aux cultures spéculatives destinées aux marchés vivriers régionaux. L'essor du manioc, introduit dans l'entre-deux-guerres pour remplacer la banane plantain, fut déterminant : les femmes le produisaient, le préparaient et se mirent à le transporter à pied vers les marchés, surtout lorsque, après la guerre, une route fut construite pour relier la région au centre principal de Bukavu. La production et le transport du manioc devinrent si intenses qu'on les surnomma *ebutumwa bw'emiogo :* mot à mot, la « tyrannie du manioc ». Les femmes furent exaspérées quand ce petit commerce, aussi peu rémunérateur qu'épuisant, commença d'être l'objet d'un racket abusif de la part des potentats locaux. A partir des années 1970, les prix s'effondrèrent face à la montée du coût des marchandises d'importation. La détérioration s'accentua dans les années 1980 : il fallait désormais dix paniers de manioc pour acheter un pagne contre deux quelques années auparavant. Paradoxalement, ce fut la politique de régionalisation des services, décidée pour décharger l'Etat incapable d'assumer les charges de l'aménagement local, qui favorisa la révolte. Il devenait alors plus facile à ces femmes ignorantes et éloignées de tout de s'adresser à leur exploiteur direct, le « chef » investi de pouvoirs discrétionnaires par l'administration nationale, qu'à un « Etat » lointain dont elles ne savaient rien et qu'elles n'étaient pas en mesure d'approcher.

Comme d'habitude, le détonateur des troubles fut l'instauration d'une taxe sur le commerce du manioc. Cet impôt payé en argent avait déjà existé du temps de la colonisation mais avait été supprimé après 1960. Il fut réintroduit vers le milieu des années 1970 et doubla en avril 1982. Sur la piste d'une dizaine de kilomètres qui conduisait les productrices au marché de Bulambika, un chef de village intermédiaire inaugura à son tour un droit de passage, prélevé en principe pour entretenir le pont ; une dîme enfin était perçue à l'entrée du bourg. Pourtant le pont tombait en ruines, tandis que la femme du chef défiait les paysannes en vendant à son profit, sur le même marché, le manioc qui venait de leur être confisqué...

Les marchandes en colère, étaient illettrées, aussi allèrent-elles demander à leur curé (on se trouve en pays de mission catholique) de rédiger une plainte au chef local. Celui-ci se montra d'abord encourageant, promit de les recevoir puis, après une semaine ou deux de paroles dilatoires, eut recours à la manière forte : depuis quand les femmes se croyaient-elles autorisées à donner des ordres aux hommes ? Qu'était-ce que ce manquement fondamental aux usages ? Au lieu de s'incliner comme d'habitude, les femmes se concertèrent à la paroisse, puis se rendirent en groupe au chef-lieu pour se défendre. C'était peu de chose, elles n'étaient qu'un peu plus d'une centaine, mais le phénomène surprit par sa nouveauté.

De mémoire d'homme, on n'avait jamais vu braver avec une telle insolence, dans cette région à dominante patrilinéaire et patrilocale, les conventions établies et le pouvoir masculin. Les femmes eurent gain de cause et aux élections locales suivantes elles votèrent massivement pour les candidats prêts à les défendre : l'impôt fut suspendu, le péage supprimé, et des recommandations furent faites en haut lieu pour éviter d'autres excès.

L'exemple, bien sûr, est ténu, mais il illustre bien tout à la fois la condition féminine et ses prémisses de changement dans les campagnes profondes d'Afrique centrale. Il donne tout son sel à une proclamation très officielle du président Mobutu sur la condition féminine[1]. Sans scrupule sur le caractère contradictoire de ses propos, le président affirmait, en deux paragraphes juxtaposés, d'une part l'égalité des hommes et des femmes — réduites néanmoins à leur rôle procréateur (les « mamans » zaïroises) —, d'autre part leur soumission naturelle au chef de famille, le seul à « porter le pantalon » :

« Cette intégration de la femme, nous la voulons à tous les niveaux... Nous voulons reconnaître à la maman zaïroise les droits que lui confère sa qualité de partenaire égale à l'homme. Mais il reste bien entendu que, tout bien considéré, il y aura toujours dans chaque ménage un patron. Et jusqu'à preuve du contraire le patron, chez nous, est celui qui porte le pantalon. Nos citoyennes devront aussi le comprendre, l'accepter avec sourire et une soumission révolutionnaire. »

ABO : UNE FEMME RÉVOLUTIONNAIRE, OU UN OUTIL DE LA RÉVOLUTION ?

Il serait injuste de prétendre qu'au Zaïre il n'y eut pas de prise de conscience politique féminine, mais celle-ci fut lente et rare et le cas de Léonie Abo, l'ancienne compagne de Mulélé, n'en est que plus frappant. Il montre à quel point il fut, en son temps, excep-

1. Discours au 3e congrès du parti du Mouvement populaire de la révolution, décembre 1982. Katherine Newbury, « Ebutumwa Bw'Emiogo : the tyranny of cassava. A women's tax revolt in Eastern Zaire », *Revue canadienne des Etudes africaines*, vol. 18, n° 1, 1984, p. 53.

tionnel — et au demeurant limité. Abo, qui devint une militante chef de section, combattit courageusement et soutint Pierre Mulélé dans sa fuite en brousse jusqu'à son exécution. Elle ne prit que tardivement et timidement conscience de son rôle et de sa force.

Abo est née dans le Kwilu, dans une palmeraie appartenant à la Cie du Kasaï; fille d'un coupeur de noix de palme, elle fut adoptée par un chef de village. Elle a fait ses études primaires, dont trois ans de pensionnat chez les sœurs, mais ne parlait guère le français. Appartenant de ce fait à la petite aristocratie du village et vaguement christianisée par son institutrice, Abo n'en était pas moins astreinte à la dure loi des femmes de son pays : la soumission aux volontés de son père et de ses frères. Son mariage avait été prévu par sa famille plus de vingt ans avant sa naissance, en raison d'échanges matrimoniaux antérieurs. Il devait avoir lieu à sa sortie de l'école, à douze ans : elle ne dut d'y échapper qu'au fait que le promis était entré dans la Force publique, c'est-à-dire dans le corps des miliciens honnis dans la région depuis la terrible répression en 1931. Grâce au curé, son père adoptif brisa l'engagement en la faisant admettre à l'école régionale d'aide-accoucheuse, diplôme qu'elle obtint avant ses quatorze ans, en 1959. Elle acquit cette qualification professionnelle un peu par hasard et sans l'avoir recherchée. Dès son retour, sans qu'on l'ait même consultée, on la maria à un autre garçon, jaloux et brutal. A dix-sept ans, elle prend sa vie en main pour la première fois et cherche à divorcer pour épouser un jeune planton. Sur la plainte du mari éconduit, elle écope d'un mois de prison. A cette époque la révolte gronde et un de ses frères l'enlève pour l'amener de force au maquis dirigé par Mulélé. Jusqu'alors, personne ne lui a jamais demandé son avis, pas même Mulélé quand il décide d'en faire sa compagne.

Mulélé, jeune révolutionnaire maoïste, a des idées précises sur l'émancipation des femmes. Il leur donne des cours pour leur apprendre l'égalité ; elles sont les premières à trouver l'idée saugrenue puisqu'aucune n'ose parler à haute voix en présence des hommes. On leur a toujours enseigné que la décence exige de ne jamais s'adresser à un homme en public, tout au plus, pour lui répondre, la femme peut-elle chuchoter son message à l'oreille d'un oncle, qui parlera en son nom. Ce n'est que très progressivement que certaines filles du maquis prennent de l'assurance. Abo n'en faisait pas encore partie et, bien que réputée la « première partisane » on ne lui confia pas la responsabilité du commando des filles. Très exigeant sur la correction des mœurs, Mulélé interdit à ses troupes de courir les femmes, et les filles enceintes sont chassées du groupe. Cette exigence ne l'empêcha pas lui-même de prendre fort officiellement une deuxième, puis une troisième épouse, sans qu'Abo, une fois de plus, ait le moindre mot à dire.

Tout le récit d'Abo, qui a pris de l'assurance dans la seconde partie de sa vie quand, après l'écrasement de la rébellion, elle est revenue à Brazzaville puis passée en Europe, témoigne d'une connaissance limitée, et d'une prise de conscience confuse quoique réelle du combat auquel elle a si directement participé. Malgré les contraintes qui ont pesé sur sa vie et un degré d'éducation relativement exceptionnel pour les filles de sa génération, la « modestie » requise des femmes de son pays lui colle à la peau. Elle est, sur le plan politique, un témoignage émouvant mais un peu désespérant du long chemin qu'ont encore à parcourir les femmes pour affirmer leur personnalité civile et politique[2].

2. Ludo Martens, *Une femme du Congo,* Bruxelles, EPO, 1991.

XVII
FEMMES ET POLITIQUE : LES GUERRES DE LIBÉRATION NATIONALE

Il y aurait beaucoup à dire sur le rôle joué par les femmes de minorité blanche en Afrique australe, « suffragettes » ou ouvrières, mais ce n'est pas le propos de ce livre consacré aux Africaines. Dans les années 1940, celles-ci constituaient près de 70 % des femmes d'Afrique du Sud et vivaient pour la plupart dans ce qu'on appelait encore les « réserves indigènes » — fixées depuis 1913 à 13 % du territoire national. Peu à peu pourtant se sont nouées des alliances sociales complexes, où interféraient les relations de sexe, de classe et de *colour-bar*[1].

L'AFRIQUE DU SUD[2]

Schématiquement, la lutte des blanches prit deux formes : pour les femmes de souche britannique et d'un bon niveau d'éducation, ce qui prima, ce fut le combat pour le droit de vote (blanc) à l'image des suffragettes anglaises et américaines. Leur porte-drapeau fut, dès la fin du XIXe siècle, l'écrivain Olive Schreiner, dont le premier roman, paru en 1883, réclamait l'égalité des sexes. Mais il s'agissait d'une toute petite minorité.

Pour les ouvrières, le combat se présentait différemment. Il s'agissait, au sein même du prolétariat, d'une catégorie particulièrement défavorisée, surexploitée et sous-payée, où dominaient les pauvres blanches, Afrikaners surtout (d'ascendance hollandaise), et

1. Ce que le vocabulaire afrikaner appelle encore « race ».

2. Sur l'historiographie de l'histoire des femmes en Afrique du Sud, se reporter à l'article complet et à jour de Pénélope Hetheringron, « Women in South Africa. The Historiography in English », *The International Journal of African Historical Studies*, 1993.

les «*coloured*», métisses et asiatiques[3]. Elles furent, entre les deux guerres, nombreuses à être enrôlées très jeunes dans l'industrie textile. Leur caractéristique syndicale, en un temps où l'organisation des noirs était pratiquement interdite, fut d'être nettement plus « interraciale » que les autres — peut-être prirent-elles conscience de leur infériorité généralisée de femmes. Toujours est-il que la *Garment Workers' Union*, composée surtout d'ouvrières, blanches en majorité, fut avant 1940 le champion du syndicalisme interracial[4]. Mais, là encore, il s'agissait pour les Africaines d'une infime minorité ; en 1921, 7 % seulement des ouvrières étaient africaines, une poignée donc, et plus l'industrie se développa dans l'entre-deux-guerres, plus ce pourcentage décrût[5].

Au début des années 1920, entre 50 et 60 % des femmes blanches et « coloured » étaient recensées en ville, contre seulement 4 % des femmes africaines[6] ; cela donnait une moyenne de trois hommes africains citadins pour une femme et sur le Rand, près de neuf hommes pour une femme !

La « préhistoire » de la résistance des femmes

Les Africaines travaillaient essentiellement à la ferme comme ouvrières agricoles ou en ville dans les activités les plus dévalorisées, domestiques et surtout « informelles ». Sauf exception, leur enfance et leur jeunesse (à la différence des garçons, tôt migrants)

3. Les deux groupes réunis (« coloured » et asiatique, car la loi les distinguait), concernaient environ 30 % de la population totale

4. Cf. Iris Berger, *Threads of solidarity, op. cit.* ; Betty du Toit, *Ukubamba Amadolo : Women's struggles in the South African textile industry*, Londres, 1978; Dave Kaplan, *Women and squatters in the Western Cape. The vigilence committee of the Garment workers' Union.*, 1986, et *Housing, Hotels and Women garments workers.*, 1984.

5. En 1924-25, on comptait seulement 709 ouvrieres africaines sur un total de 15 000 femmes travailllant dans l'industrie, soit moins de 5 %. Walker, *op. cit.*, p. 58. Avec des chiffres bruts bien sûr beaucoup plus élevés, le pourcentage des ouvrieres africaines demeura extrêmement bas jusque apres... 1970 (1 % de la force de travail ouvriere en 1946, 2 % en 1960, 7 % en 1970). Cherryl Walker, *Women and resistance in South Africa*, Londres, 1982. p. 127 : cet ouvrage est fondamental sur la question.

6. Soit 147 000 femmes environ. Le pourcentage etait monté à un peu plus de 10 % en 1936.

s'étaient déroulées dans des conditions d'isolement proches de celles qu'a contées Dora Tomana, une militante de l'ANC du début des années 1950 à Cape-Town : elle avait grandi dans un hameau situé à trois ou quatre heures de marche du bourg le plus proche ; la première boutique se trouvait à une heure de marche, et la fontaine à près d'un kilomètre ; il n'y avait bien sûr ni route goudronnée ni bus ; l'école de la mission comptait tout juste deux classes, et la famille, bien que très pauvre, s'estimait heureuse de disposer d'un lopin de terre. Même écho en pays Zulu d'où est issue Phyllis Ntantala, pourtant fille du pasteur local, plus tard épouse d'un militant assassiné et aujourd'hui exilée aux Etats-Unis. Ces deux femmes ont certainement bénéficié du fait qu'elles étaient, la première membre d'une famille dont les trois enfants étaient des filles, la seconde orpheline de mère et attentivement éduquée par son père[7]. Mais, même si les vieilles femmes de Phokeng, une petite ville d'un bantoustan vidé par le travail migrant, offrent de leur vie et de leur action une vision située aux antipodes des assertions banales concernant la passivité, le conservatisme ou l'apathie politique supposés des femmes, force est de reconnaître que peu d'entre elles se sont trouvé placées dans des conditions favorables à la résistance active[8]. Beaucoup des premières militantes l'ont été grâce à leur mari, comme Phyllis Ntantala le reconnaît d'ailleurs pour elle-même.

Les trois plus grandes villes du pays : Johannesburg, Durban et Le Cap, étaient celles où, proportionnellement, le nombre d'Africaines était le plus faible, dans les réserves en revanche le rapport s'inversait, surtout pour les actives de 15 à 60 ans. Or c'est en ville que se faisait la politique, c'est en ville que se développa d'abord la lutte des noirs pour leurs droits civiques. On comprend dès lors pourquoi la politisation de ces femmes fut lente à démarrer.

Avant la Seconde Guerre mondiale, leur action fut réduite mais, d'emblée, prit l'allure de ce qui demeura le pivot de leur lutte contre l'*apartheid*: le refus des passes, c'est-à-dire la revendication de leur liberté de mouvement. C'était une exigence de migrantes, c'était aussi la première fois qu'une revendication féminine sortait

7. Sur Dora : interviews conduits par Walker, *op. cit.*, p. 12. Sur Phyllis : *A life's mosaic. The autobiography of Phyllis Ntantala*, Berkeley, 1992.

8. Belinda Bozzoli, *Women of Phokeng*, Londres, 1991.

du cadre coutumier ou tribal. Ce thème demeura un point constant de ralliement La lutte contre les passes fut pour les Sud-Africaines un combat en partie analogue à celui des femmes d'Afrique de l'ouest contre l'impôt de capitation : elles défendaient leur spécificité, leur droit particulier à la survie, à la prise en charge des enfants, leur droit aussi à leurs activités « informelles », celles qui n'étaient pas reconnues par la société mâle dominante. Elles utilisèrent d'ailleurs souvent, de façon hardie voire provocante, des moyens analogues à ceux des révoltées d'Afrique occidentale : pétitions directes aux plus hautes autorités, manifestations massives de rue, chants énergiques. Leur audace était plus grande que ne l'auraient parfois souhaité les organisations politiques masculines en place : ANC, partis ou syndicats.

A sa création en 1912, l'*African national Congress* (ANC) était, à l'image des organismes de lutte européens, conçu comme un mouvement d'hommes. Mais, du fait des femmes, cette attitude ne put tenir longtemps. Celles-ci livrèrent, dès l'année suivante, leur premier combat dans l'Etat d'Orange contre la législation sur les passes. Jusqu'alors ils n'étaient exigés que des hommes, les femmes en effet étaient encore si peu nombreuses qu'on ne les comptait même pas sur le marché du travail. Le seul Etat qui voulut les reconnaître fut l'Etat libre d'Orange. Ce n'était pas un hasard : c'était le seul où le nombre des Africaines en ville avoisinait déjà celui des hommes : à Bloemfontein, la capitale, en 1921, on en comptait 8 588 contre 9 330 Africains.

Dès 1912, les femmes lancèrent une « *Native and Coloured Women's Association* » — mais les « coloured » étaient très peu nombreuses en Orange — chargée de rédiger des pétitions de protestation adressées au gouverneur général. N'obtenant pas de réponse, elles vinrent en délégation à Cape-Town. La crise éclata en juin 1913. A la suite de l'arrestation, à Bloemfontein, de quelques femmes qui avaient apporté une pétition au maire, six cents Africaines marchèrent sur l'hôtel de ville, bousculèrent la police et manifestèrent bruyamment jusqu'à ce que le gouverneur acceptât de se montrer. Elles entamèrent ensuite, à l'exemple de ce que Ghandi avait déjà expérimenté à la tête des Indiens du Natal, une campagne de résistance passive, refusant de payer les amendes et se faisant emprisonner aussi souvent qu'il se pouvait. Pour la première fois, une suffragette blanche, I.J. Cross, écrivit même un article sur cette affaire qui n'avait pourtant rien de commun avec les associations occidentales de l'époque axées sur les droits civiques des femmes.

C'est le thème de la famille qui rallia la majorité blanche. Les Africaines paraissaient sans danger en ville et incarnaient la stabilité du groupe familial, la sécurité des enfants, l'idéal domestique de l'époque en somme. Le gouvernement fédéral céda, l'Etat d'Orange dut en 1920 renoncer à ses prétentions, et les militants africains qui, tout en soutenant l'action, s'étaient trouvés quelque peu dépassés en tirèrent la leçon. L'ANC créa une branche féminine, dite *Bantu Women's League,* constituée de « membres auxiliaires » sans droit de vote.

D'autres campagnes anti-passes intervinrent en 1913-14, puis à nouveau au Transvaal en 1928 mais les choses n'allèrent pas plus loin pendant un moment. Les responsables en effet étaient peu nombreuses ; institutrices ou infirmières, elles faisaient partie d'une petite bourgeoisie peu apte à réagir contre leur sort, étant elles-mêmes des adeptes des valeurs familiales et domestiques qui étaient alors le lot des femmes. On connaît surtout le nom de Charlotte Maxehe, surnommée « la mère de la liberté africaine ». Elle fit partie de la minuscule élite des femmes noires du début du siècle : née en 1874 dans la colonie du Cap, elle eut la chance exceptionnelle d'appartenir à un chœur dont les tournées l'emmenèrent en Angleterre, puis au Canada et aux Etats-Unis où elle étudia dans une université ségréguée de l'Ohio. Elle y découvrit les idées du grand militant des droits civiques Booker T. Washington, puis rejoignit l'Eglise africaine méthodiste épiscopale, l'une des premières et des plus importantes des églises noires séparées. Epouse d'un pasteur militant de l'ANC de la première heure, elle devint présidente de la *Bantu Women's League,* puis du *National Council of African Women* qui lui succéda en 1933. Son action se limita au champ social, à une époque, il faut le dire, où la répression rendait à peu près impossible toute action politique[9].

Après 1930, le parti communiste devint presque exclusivement un parti africain. Dès son origine, il avait affirmé la non discrimination de race ou de sexe, tout en restant par ailleurs accroché aux stéréotypes sexistes habituels. C'est là que se formèrent les pre-

9. Elle parla même en 1921 en public à l'invitation d'un club de suffragettes blanches de Pretoria, le *Women's Reform Club.* Ce fut probablement la seule fois qu'un tel événement se produisit. Walker, *op. cit.,* p. 38.

mières militantes d'avant-garde : Josie Palmer qui resta active jusqu'au début des années 1950 date à laquelle le parti nationaliste finit par la condamner au silence[10], Mary Wolton et Ray Alexander, qui joua un rôle particulièrement actif dans l'organisation syndicale des femmes et fut en 1938 élue au bureau politique du parti (elle fut bannie également en 1953). C'est de cette époque que date l'idée de donner aux femmes africaines l'opportunité de s'organiser politiquement.

L'intervention populaire

La Deuxième Guerre mondiale, créatrice d'emplois industriels, permit de résorber le problème des « pauvres blancs ». En revanche, l'inflation et la crise du logement rendit la condition des noirs de plus en plus précaire. Par ailleurs le chômage s'accentua, bien que la force de travail noire s'accrût rapidement et que les femmes fissent en masse leur entrée sur le marché du travail urbain — mais toujours surtout comme domestiques ou dans l'informel. Les conditions étaient désormais rassemblées pour qu'elles pussent prétendre faire entendre leur voix indépendamment des partis et des syndicats autorisés.

Sans être elles-mêmes des leaders reconnus, les femmes des quartiers populaires exprimaient depuis longtemps, dans les *townships*, un malaise grandissant. Leur action résulta de problèmes pratiques précis. Elles s'organisèrent d'abord pour protéger leurs droits acquis : droits aux logements squattérisés, il n'y en avait pas d'autres pour leur famille, droit au transport, droit de brasser la bière clandestine, un de leurs principaux gagne-pain ; enfin, comme toujours, elles livrèrent une lutte désespérée contre les passes qui finirent par leur être imposés en 1952 sans qu'elles cessent pour autant de faire campagne, cette fois-ci, pour leur suppression.

En 1943 et en 1944, elle furent nombreuses à participer aux grèves de bus pour protester contre les augmentations de tarif, comme dans le *township* d'Alexandra situé à 15 km de Johannesburg. Elles se firent remarquer pour leurs résistances organisées aux destructions de quartiers squattérisés. Un des plus célèbres de ces

10. Josie se disait elle-même « coloured », mais mariée à un noir et vivant dans le quartier africain.

mouvements fut celui de *Shantytown* (mot-à-mot : le « quartier bidonville ») lancé en 1944, près de Johannesburg à l'initiative de James Mpanza tandis que son épouse, Julia, militait directement sur le terrain. Ce droit au logement fut défendu de pied ferme par les femmes qui défilèrent massivement dans la ville en 1947 et à Crossroads dans les faubourgs de Cape-Town, elles organisèrent dans les années 1970 un *Women's Committee* efficace, prêt à agir y compris en s'opposant physiquement aux bulldozers[11].

Il y eut beaucoup d'autres actions, autour de la ville du Cap surtout, qui avait une tradition ancienne de non ségrégation résidentielle. C'est en grande partie à ces femmes, à leur résistance acharnée et jamais découragée, que l'on doit d'avoir vu progressivement la *colour-bar* grignotée dans la plupart des quartiers ouvriers, bien avant sa très récente disparition officielle.

Par ailleurs la pénurie de guerre entraina un peu partout dans les grandes villes le boycott de commerçants abusifs animé par des *Food Committee*, en particulier à Johannesburg, Cape-Town et Durban. Les femmes, responsables en général de la subsistance familiale, en furent les piliers. Elles organisèrent des marches de protestation, et de nombreux « raids » contre des commerçants accusés de stocker abusivement. Elles les mirent en demeure de mettre immédiatement en vente leurs réserves dissimulées. Beaucoup d'entre elles, tout analphabètes qu'elles fussent, prirent alors conscience de leur force.

Après guerre, la fin de la crise de subsistance mit une sourdine à leurs activités mais ce type d'action reprit chaque fois qu'apparaissait un risque de pénurie : ce fut le cas, en août 1953, à Cape-Town quand le gouvernement décida d'augmenter le prix du pain. Le mouvement provoqua, chez les militantes de l'ANC, l'idée de fédérer les femmes sur le plan national. Le tournant fut pris lorsque, à la tête de l'*ANC Women's League (*ANCWL) créée en 1943 fut placée en 1949 une jeune militante radicale, Ida Mtwana. Simultanément l'ANC changeait elle aussi de président et élaborait un « Programme d'action » radical pour lutter contre le parti nationaliste qui venait d'accéder au pouvoir et entamait l'édification de l'*apartheid*[12].

Le relais fut également pris par les jeunes ouvrières malgré leur nombre encore minime. L'idéologie interraciale du *Garment Workers'*

11. Josette Cole, *Crossroads. The politics of reform and repression 1976-1986*, Johannesburg, 1987.

12. La première présidente en avait été une noire américaine, Madie-Hall

Union avait été brisée à partir de 1940 par l'arrivée massive, mal supportée par les blanches, d'ouvrières « coloured ». Mais la tradition fut reprise dans l'industrie alimentaire en plein essor, en particulier celle des conserves et des jus de fruit, en effet ces emplois nouveaux, très mal rémunérés et donc très féminisés, avaient attiré fort peu de blanches. La *Food and Canning Workers' Union,* d'abord créée en 1941 par Ray Alexander dans la province du Cap occidental, donna d'emblée naissance à un syndicat interracial (en fait « coloured » et noir) et radical, foyer de formation politique de nombreuses jeunes militantes, parmi lesquelles on peut citer des noms appelés à devenir célèbres : Liz Abraham, Elizabeth Mafeking, Frances Baard-Rose[13]. Ces jeunes femmes sans éducation ou presque, à l'origine peu politisées et souvent issues de familles fort religieuses, se formèrent sur le tas et devinrent de redoutables leaders. Elles surent, en particulier, utiliser en faveur de leur action la non-existence qui était légalement la leur : par un jugement de 1944 qui eut son heure de gloire, elles se firent reconnaître le droit d'appartenir à des syndicats légaux dûment enregistrés, en effet l'*Industrial Conciliation Act* de 1924, qui en excluait nommément les « porteurs de passes », ne concernait pas le sexe féminin[14]... Ce succès, qui favorisa quelque temps la syndicalisation féminine, fut de courte durée. Six ans plus tard le passe fut légalement imposé aux femmes, et le bannissement des dirigeantes paralysa pour vingt ans l'action syndicale et politique.

Depuis la guerre, les femmes noires avaient compris qu'une grande part de leur faiblesse provenait de leur absence de droits politiques. Le lien commença donc de se faire entre revendications économiques de la base et lutte pour le droit de vote qui avait finit par être accordé aux femmes blanches[15]. L'ANC fut le premier à les accueillir, en 1943 elles furent reconnues membres à part entière

---

Xuma, épouse du président en exercice de l'ANC, imbue du féminisme anglo-saxon à base de morale plus que de politique et, au demeurant, de réflexes sociaux conservateurs.

13. Walker, *op. cit.*, pp 115-122.

14. Les syndicats non enregistrés n'étaient pas nécessairement interdits, mais très vulnérables car ils n'étaient que tolérés.

15. La société sud-africaine est réputée pour être l'une des plus « machistes » du monde. C'est en 1953 seulement, par le « Bertha's Bill » voté du bout des lèvres par les parlementaires (tous masculins sauf trois), que les épouses (blanches) furent délivrées des mesures les plus contraignantes qui en faisaient des mineures face à leur mari.

avec le droit de voter et de participer ès-qualité à toutes les instances dirigeantes. Là encore la grande impulsion à l'union de toutes les femmes fut la lutte contre les passes.

Les passes et la politisation des femmes

Avec les passes, pour la première fois, les Africaines devenaient en tant que femmes la cible du pouvoir blanc. Auparavant considérées comme négligeables, elles étaient désormais rejetées du monde économique urbain « moderne ». Jusqu'alors le gouvernement avait pu feindre sans trop de tracas de les cantonner dans les campagnes à leurs tâches de subsistance et de procréation. La crise rurale mit fin à ce mythe. Il devenait urgent, pour les nationalistes, d'interdire physiquement l'accès des villes aux Africaines dont la poussée migratoire risquait de devenir incontrôlable ; en 1951, déjà le cinquième d'entre elles étaient citadines. A cette action dirigée contre elles, il était normal que les Africaines répondissent en corps constitué. Elles le firent avec une énergie et une ténacité remarquables : il ne fallut pas moins de douze ans au gouvernement pour faire entrer dans les faits une loi annoncée dès 1950, mais dont le vote avait été, devant leurs premières réactions, prudemment retardée de trois ans ; l'application en fut étendue non sans mal tout le long de la décennie. Ce fut le 1er février 1963 seulement que le gouvernement put proclamer l'obligation pour *toutes* les Sud-africaines noires de posséder le livret contre lequel elles avaient si longtemps combattu. Cette lutte contribua largement à les faire entrer dans le combat politique.

Au début, la riposte des femmes fut double : elles furent d'abord les principales animatrices de toutes les campagnes anti-passes qui se succédèrent au fil des ans puis elles se regroupèrent, en 1954, dans une fédération nationale qui sut un moment se situer en dehors de toute allégeance particulière même si, bien entendu, elle était soutenue à la fois par les organisations politiques, clandestines ou non : le parti communiste (interdit en 1950) et l'ANC (bannie en 1960). L'action s'engagea d'abord à Port-Elizabeth, capitale de la province du Cap oriental, sur l'impulsion de Ray Alexander, et gagna les villes principales. Soixante-trois organisations répondirent à l'invitation très ouverte pour une conférence nationale, qui rassembla un an plus tard à Johannesburg un peu plus de cent cinquante femmes, noires pour la plupart et toutes citadines (avril 1964). La charte qui en résulta confirma l'adhésion à la lutte de libération nationale contre le pouvoir blanc. Le fonctionnement en fut difficile, en raison d'une répression de plus en plus féroce qui entravait gravement la direction, la communication à travers le pays et, du même coup, le financement de l'organisation. La FSAW (*Federation of South African Women*) ne s'en montra pas moins active en plusieurs domaines, notamment dans la lutte contre l'application des lois sur l'éducation Bantu, ou pour réclamer le droit à la contraception. La Fédération lança aussi en 1955 la préparation d'un grand rassemblement à Pretoria, destiné à présenter directement les revendications des femmes au gouvernement central.

Ce fut l'occasion d'établir un rapprochement avec les femmes. Les nationalistes au pouvoir, jusqu'alors prudents sur ce sujet brûlant, avaient en effet résolu d'appliquer la loi sur le passe pour les femmes, en leur imposant la distribution d'un livret. Malgré la police, plus d'un millier de femmes réussirent à se retrouver dans la capitale. Ce fut, pour les femmes de tout le pays, le début de mouvements anti-passes sans précédent : dans la première moitié de l'année 1956, on dénombra la participation de quelque 50 000 femmes à 38 manifestations sur 30 lieux différents. Ces manifestations allaient de la présentation pacifique d'une pétition à l'autodafé des livrets honnis. Malgré les arrestations, le mouvement ne fit que s'accroître en 1956 et 1957.

C'est alors que, pour la première fois, des paysannes intervinrent à leur tour, à Zeeruste, en Transvaal occidental : les femmes Bafurutse — pour la plupart épouses de migrants absents ayant été mises en demeure de prendre le livret. Leur résistance d'abord passive finit par la violence : les prisons du district furent saturées, des centaines de réfugiées se pressèrent sur les frontières du protectorat britannique du Bechuanaland (aujourd'hui Botswana). L'influence de l'ANC était loin d'être la seule en cause. Les femmes se révoltaient également au nom du droit de la famille et des autorités traditionnelles bafouées, et de mari, parce que l'administration s'adressait à elles sans leur demander leur avis. Si leur motivation au départ avait été plutôt conservatrice, le cours des événements contribua à les politiser et à radicaliser leur position.

Un demi-million de passes avaient déjà été imposés aux femmes. Le million fut dépassé fin 1958. Les derniers coups furent portés cette année-là, lorsque le livret fut imposé aux infirmières malgré une résistance écrasée à l'hôpital de Pretoria (mars). Il fut imposé également à Johannesburg malgré la vigueur inattendue du soulèvement des femmes de Sophiatown : près de 2 000 furent arrêtées en octobre et beaucoup d'entre elles déportées. L'année suivante, c'est au Natal que se développa la lutte des femmes contre les passes, dans les faubourgs de Durban d'abord, où les autorités en profitèrent pour supprimer, en juin 1959, l'énorme quartier de squatters dit *Cato manor.* Après une manifestation qui rassembla plus de 50 000 femmes, l'expulsion de milliers d'entre elles vers les réserves ne fit qu'y exporter leur esprit de résistance.

Compte tenu de la clandestinité de la plupart des actions, il est très difficile de se faire une idée précise du militantisme féminin après 1960, quand la fusillade de Sharpeville (près de Johannesburg) ouvrit l'ère de la pire répression. Ni la Fédération des femmes (qui réussit à survivre jusqu'en 1963), ni même l'ANC ne recrutaient dans les réserves, et leur action n'était sensible que dans les grandes villes. Ce qui est sûr, c'est qu'avec cette formidable entreprise policière que fut l'imposition du livret aux femmes, celles-ci se trouvèrent, d'un coup, toutes concernées par la lutte *anti-apartheid,* même si le mobile de la plupart n'était, à l'origine, ni politique ni, encore moins, révolutionnaire.

Très influencées par le message missionnaire et modelées par près de deux siècles d'enseignement des valeurs domestiques, les Sud-africaines sont en général des femmes pieuses, toujours prêtes, malgré leur pauvreté, à cotiser pour leur communauté religieuse de quartier ou leurs *manyanos* (associations religieuses féminines). Dans le monde tyrannique où elles vivaient, l'Eglise était un lieu sûr donc sécurisant, contrairement à la politique, dangereuse pour elles et leurs enfants. Mais elles se sont trouvées placées dans une situation où elles n'avaient pas le choix : on comprend le poids que peut avoir, dans ce pays plus qu'ailleurs (sinon en Amérique latine pour des raisons analogues), l'engagement d'un responsable religieux comme l'évêque Desmond Tutu.

Quelles que soient les motivations de ces femmes, qu'il s'agisse de militantisme politique ou, plus souvent, de conservatisme coutumier, elles sont passées à la résistance, passive toujours, ouverte souvent, avec un courage déconcertant qui leur a progressivement valu le respect des hommes, dans une société pourtant peu préparée à admettre le rôle politique des femmes. L'élection de Lilian Ngoyi au bureau exécutif national de l'ANC en 1955 en fut un signe ; un autre fut la décision de faire du 9 août le « Jour des femmes », en l'honneur et en souvenir de la manifestation massive de 1956 à Pretoria. En 1959 enfin, le Président en exercice de l'ANC, Lutuli, en tira les conséquences : il confirma officiellement que chacun des postes de l'organisation étaient ouverts à tous, hommes et femmes, et que toute nomination ou promotion, ne dépendant que du mérite, était fondée sur l'égalité des sexes.

La lutte contre les passes fut un échec cuisant, mais aussi un dur apprentissage politique pour les femmes. Quelques années plus tard, la rébellion de leurs hommes, au moment des grèves sauvages de Durban en 1970, puis celle de leurs enfants lors du soulèvement de Soweto en 1976, ne leur laissa à nouveau pas le choix. Au nom des valeurs de la famille, si ancrées dans la mentalité sud-africaine, en dépit de tout ce qui a été tenté par les Afrikaners pour en briser la cohésion chez leurs adversaires noirs, elles sont massivement et activement entrées dans la résistance à l'oppression, sans doute plus que nulle part ailleurs en Afrique, et sous des formes qui leur sont propres.

LES FEMMES ET LA GUERRE

L'Afrique du Sud n'est pas le seul pays où une conscience politique féminine s'est forgée dans la résistance active. Des femmes ont joué un rôle important dans les guerres de libération, au cours du soulèvement Mau-Mau au Kénya, dans les colonies portugaises, et tout récemment encore au Zimbabwe ou en Namibie. Il s'agit de sociétés où les femmes, le plus souvent attachées à la terre, étaient d'une extrême soumission aux autorités patriarcales. Leur intervention marqua un tournant dans leur histoire, dont pour la première fois il leur était donné de devenir des acteurs à part entière. Même si les militantes proprement dites ne furent pas nombreuses, elles ont laissé pour l'avenir une marque indélébile.

Révolte Mau-Mau et « passive wing »

Des très nombreuses études consacrées aux Mau-Mau, une seule s'est intéressée aux femmes[16]. La littérature coloniale a présenté celles-ci sous deux aspects caricaturaux : soit des paysannes incultes, victimes du fanatisme des « bandits » et obligées sous la menace de prêter le serment qui les engageait à nourrir les combattants du maquis, soit des prostituées urbaines « détribalisées » qui n'avaient plus rien à perdre. La réalité est plus complexe. Les femmes vécurent ce mouvement comme un bouleversement majeur. Elles avaient été touchées comme les hommes par la législation coloniale qui les privait de terre, puisqu'elles assumaient la plus grande part du travail agricole dans des réserves surpeuplées, et étaient largement utilisées comme travailleurs saisonniers sur les plantations de caféiers. L'obligation de participer aux travaux d'intérêt communal et de payer l'impôt les avait, depuis les lois de 1910 et de 1934, fortement irritées. Bien que l'activité politique ne fût pas un domaine traditionnel d'intervention des femmes Kikuyu, les premières militantes étaient apparues dans les années 1930. En 1947 et 1948, elles avaient organisé à plusieurs reprises des grèves sur les plantations, ou contre l'obligation de prévoir dans leurs champs des terrasses de lutte contre l'érosion (incident dit de « la guerre des femmes »). Elles avaient aussi accueilli avec une certaine impatience l'insistance mise par les missionnaires à lutter contre les coutumes qui les touchaient de près : la compensation matrimoniale, les rites d'initiation, l'interdiction pour les veuves de se remarier.

La plus fameuse militante nationaliste, Rebecca Njeri, fut emprisonnée en 1952 en même temps que Kenyatta. Toutes les femmes du pays le savaient. Le pouvoir britannique avait si bien compris le rôle que jouaient les femmes dans ce qu'ils appelèrent la résistance passive (*passive wing*) qu'ils leur préparèrent une stratégie particulière, faite à la fois de propagande et de mesures sociales. Elle fut mise en œuvre par le « Community Development Department », ancêtre lointain du *Women's Bureau* qui sera repris par le gouvernement indépendant

16. Cf. Cora Ann Presley sur les femmes de la révolte au Kénya dans les années 1950 : *Kikuyu women, the Mau Mau rebellion, and social change in Kenya,* 1992.

Les femmes surtout furent visées par la villagisation forcée réalisée de 1954 à 1958 pour mettre le pays sous surveillance militaire, afin d'empêcher les contacts de ravitaillement et de renseignement avec le maquis. Les villages de regroupement étaient entourés de barbelés, les femmes accompagnées aux champs par des gardes armés, et le couvre-feu imposé à 16 h. Plusieurs centaines de milliers de maisonnées furent déplacées et regroupées. Le plan fut accompagné d'un programme social et sanitaire destiné à gagner la confiance des femmes par des garderies d'enfants, et la distribution de lait et de vivres en cas de disette. L'instrument en furent les « clubs de progrès pour les femmes » (*Maendeleo ya Wanawake*) organisés à la fin des années 1940, et qui se démultiplièrent avec l'état d'urgence[17]. Il est intéressant de noter que, dans les années 1980, ces clubs constituaient toujours la plus importante organisation féminine du Kénya, avec plus de 6 000 membres.

Les paysannes en furent-elles pour autant acquises à la politique britannique ? L'obligation de la clandestinité ne leur laissait guère de choix. Le quadrillage militaire du territoire atteignit son but et désorganisa la guérilla. Menacées d'être privées de terre ou condamnées à un couvre-feu permanent, beaucoup de femmes « avouèrent » et furent dès lors considérées comme loyalistes. Leur environnement mental et social n'en fut pas moins bouleversé. Entre 1952 et 1958, 35 000 femmes furent arrêtées et condamnées à la prison, dont plusieurs milliers de récidivistes, et parmi elles un certain nombre de combattantes (10 % du total). Les Britanniques en furent les premiers surpris car, forts de la passivité des femmes, ils n'étaient pas prêts à comprendre leur engagement. Ils l'interprétèrent comme une réaction « inattendue, soudaine et fanatique ». Ils n'avaient jamais non plus prévu de construire des prisons pour elles, ce qui n'alla pas sans poser des problèmes d'intendance. Les conditions d'internement déplorables firent scandale à Londres en 1956 devant la Chambre des Communes.

L'éveil lusophone

Dans les pays lusophones comme en Guinée Conakry, l'initiative féministe vint d'abord des hommes, ou plutôt de quelques-uns

17. En 1956, près de 50 000 femmes relevaient d'environ 600 clubs.

d'entre eux. Après Sekou Touré en Guinée-Conakry, ce fut Amilcar Cabral en Guinée-Bissau. Issu d'une famille d'*assimilados* originaires du Cap-Vert, il attachait une importance toute particulière à l'émancipation des femmes. Dans ce petit pays dépourvu de tout autre richesse, il avait entrepris de faire porter l'effort sur l'agriculture et sur les paysans : c'est-à-dire les paysannes. Le PAIGC[18] avait pour doctrine de donner une toute première priorité à l'éducation, surtout pour les filles restées jusqu'alors analphabètes dans leur quasi totalité. Sur le marché du travail, un *numerus clausus* fixait par ailleurs un nombre minimum d'emplois à réserver aux femmes, jusqu'alors exclues de l'économie de marché ; ainsi, dans un projet de fabrique de tuiles mis en place par la SOCOTRAM en 1976, 40 % des emplois devaient leur être proposés[19].

Mais on ne change pas les mœurs à coup de décrets. Il fallait convaincre les femmes, particulièrement réservées devant toute mesure inconnue comme la visite médicale, et surtout les hommes, pour lesquels il était *a priori* impensable d'être placés sous les ordres d'une femme. Quelques-unes néanmoins acquirent une grande popularité, comme Ernestina (Titina) Silà, militante de la première heure, née en 1943 dans l'intérieur du pays et envoyée par Cabral étudier en URSS d'où elle revint en 1964. Devenue commissaire politique, elle fut tuée dans une embuscade en 1973 quelques jours après l'assassinat de Cabral, et devint une héroïne nationale. Francisca Pereira, elle aussi commissaire politique, fut à Alger la déléguée du PAIGC à l'Organisation panafricaine des Femmes. Il y eut encore Teodora Gomes et Carmen Pereira, fille de l'un des rares avocats guinéens. Elle avait fréquenté l'école primaire puis attendu à la maison, en brodant et cousant, un mari qui adhéra bientôt lui-même au PAIGC. Toutes avaient rejoint le mouvement très jeunes, vers seize ou dix-sept ans, voire dix ou douze ans — l'âge du mariage pour beaucoup d'entre elles. Il s'agissait là d'une minuscule minorité. Les acquis eurent beau être proclamés après l'indépendance, par la création d'une organisation des femmes et par une loi visant à protéger

18. *Parti pour l'indépendance de la Guinée et du Cap Vert.*

19. Stephanie Urdang, *Fighting two colonialisms*, Londres, 1979.

20. La loi reconnaît la légalité du mariage coutumier (ce qui implique, pour un homme, l'obligation de passer par le divorce s'il veut se débarrasser de sa femme), et donne aux enfants nés hors mariage les mêmes droits qu'aux enfants légitimes (ce qui interdit au père de s'en désintéresser).

leurs droits[20], les valeurs reconnues de la société mettent du temps à changer. L'éducation mais surtout l'emploi demeurent très largement masculins.

Ces conclusions n'ont rien d'original ; si l'on ignore quelques femmes d'exception, on peut dire la même chose de la place et du rôle des femmes dans les guerres de libération dans d'autres pays et pire, peut-être, car Cabral eut sur la promotion des femmes une attitude tout-à-fait exceptionnelle. Il a été fait beaucoup moins en Angola ou au Mozambique, malgré la bonne volonté du FRELIMO[21] : en 1966, son comité central décida d'organiser l'entraînement des femmes en matière politique et militaire « afin qu'à tous les niveaux elles puissent prendre une part plus active à la lutte de libération nationale »[22]. Comme le fit Mulélé au Congo vers la même époque, ce petit bataillon féminin combattit en première ligne, et assura l'occupation à l'arrière. On lui confia des missions d'éducation politique et de mobilisation, mais on le chargea aussi de tâches plus traditionnelles (en termes occidentaux), comme d'organiser l'orphelinat du FRELIMO, d'enseigner dans les écoles et d'assurer des cours d'alphabétisation pour combattre les préjugés interdisant aux filles de s'instruire. Le plus difficile restait encore de lutter contre la division coutumière des travaux : on demandait en effet aux militaires, hommes ou femmes, de partager toutes les charges, y compris la cuisine, le soin des enfants, ou les semailles et la moisson. Cette entreprise était quasi désespérée dans des sociétés aussi sexuées.

Les Namibiennes

On constate un retard analogue au Zimbabwe où la plupart des intellectuelles sont issues de l'ancien groupe des « coloured » ; en Namibie en revanche, les femmes, comme en Afrique du Sud, ont évolué très vite, surtout depuis la Deuxième Guerre mondiale. Le mode de vie imposé, fondé sur la migration des hommes, a en effet détruit en profondeur les structures antérieures. Chargées de la quasi totalité de la survie dans les réserves, elles ont été peu nom-

21. *Front de Libération du Mozambique.*

22. Cité par J. Van Allen, « Memsahib, militante, femme libre : political and apolitical style of modern African women », *op. cit.*, p. 315.

breuses à s'engager directement dans la SWAPO[23], mais elles furent plus résolues et plus tenaces que les hommes. Comme en Afrique du Sud, elles s'engagèrent à fond dans la lutte contre le passe pour les femmes. En ville, malgré ou peut-être à cause de leur petit nombre, la syndicalisation des ouvrières et des enseignantes a été radicale. Les militantes en exil ont créé en 1956 un Conseil féminin de la SWAPO :

> « non seulement pour mobiliser les femmes dans la lutte nationale, mais pour les rendre conscientes qu'elles ont les mêmes droits que les hommes et le même devoir de prendre des décisions d'intérêt national ; que la femme doit donc se developper elle-même pour devenir en tout point une camarade et non une « aide a la maison » ; que les hommes et les femmes doivent comprendre le système d'exploitation et le combattre en camarades[24]. »

Il fallut dix ans pour que leur groupe fût officiellement reconnu par la SWAPO comme une branche à part entière. En 1977 l'action commença en Namibie où les femmes, malgré la répression, organisèrent meetings, séminaires et manifestations rassemblant parfois plusieurs milliers d'entre elles. Leur force résida dans un réseau étroit de relations entre militantes et paysannes, dans le nord et l'ouest du pays surtout, malgré d'énormes difficultés de transport. Mais, en 1988, une seule seulement siégeait au comité national du parti. Beaucoup reste à faire et l'école, devenue aujourd'hui presque partout à peu près également partagée entre garçons et filles, change les données pour les générations à venir.

23. *South West African People's Organization.* Au début du siècle, dans la guerre de quasi-extermination contre les Herero conduite par les Allemands, les femmes sont connues pour avoir promu une résistance à la Lysistrata : elles firent par serment la « grève des ventres » pour contraindre leur mari à prendre les armes contre le colonisateur, puis refusèrent durablement de servir comme nounous chez les colons. Tessa Cleaver et Marion Wallace, *Namibia Women in War,* Londres, 1990, pp. 80-82.

24. SWAPO, *To be born a nation,* Londres, Zed Press, 1981, p. 291.

XVIII

SEXUALITÉ ET ÉMANCIPATION

Socialement et politiquement, les femmes sont en train de trouver leurs marques. L'évolution de ces toutes dernières années a parfois été d'une foudroyante rapidité. La vigueur et l'originalité des femmes actuelles est pleine de promesses. Les Africaines s'expriment dans tous les domaines, y compris celui de la création — ce qui était rare autrefois —, en particulier dans les arts récents et dans la littérature écrite ; mais elle renouvellent aussi le chant, la danse, et s'introduisent dans le cinéma. Cet essor même, et la façon dont ces femmes de caractère — femmes chefs de famille à la campagne comme à la ville, responsables de mini-entreprises ou femmes d'affaires prospères, militantes, écrivains, artistes — prennent conscience des enjeux, des combats et des contraintes, révèlent à quel point les difficultés s'accumulent.

SEXE ET RITES SOCIAUX

Le regard des hommes d'Afrique sur les femmes comme la perception que les Africaines ont d'elles-mêmes restent empreints d'une idéologie sociale souvent encore extrêmement conservatrice. Les rites sociaux ont la vie dure. Tout ce qui concerne l'essence du féminin, qu'il s'agisse de la formation de la fillette, de l'initiation de la jeune fille, des conceptions dominantes sur le mariage, sur la maternité, voire sur la mort, bref tout ce qui fait la condition féminine demeure marqué par un héritage complexe, dont le poids s'est encore alourdi récemment. Peut-être aujourd'hui moins encore qu'autrefois peut-on parler de « la » femme africaine : quel dénominateur commun entre la fille des campagnes ou celle des villes, entre celle qui est allée à l'école ou celle qui ne l'a pas connue, celle qui exerce un métier intégré au capitalisme occidental ou celle qui travaille dans l'informel, celle nantie d'enfants ou au contraire restée stérile, celle qui pratique la contraception et la prévention contre le Sida, ou bien celle qui se situe en deçà de toute espérance parce que les moyens lui ont manqué, ne serait-ce que pour envisager ce qu'elle pourrait souhaiter ? La diversité de classe, de culture, de religion ou d'idéologie dominantes rend la question de plus en plus ardue. Nous allons tenter d'en éclairer concrètement quelques aspects, dans des domaines encore très insuffisamment exploré, celui de la sexualité et de l'émancipation. Les regards posés sur cette question sont souvent fuyants pour des raisons elles-mêmes mal élucidées : le regard masculin négligent voire méprisant, le regard occidental pétri de bonne et de mauvaise conscience, ou bien encore le regard qui se veut à tort ou à raison asexué ne facilitent pas l'analyse. Il convient pourtant de poser quelques questions simples sur l'évolution actuelle des pratiques sociales, du droit, du développement et de la création, dans leurs rapports avec les femmes africaines.

De la naissance au mariage. L'initiation

On a suffisamment insisté sur la condition subordonnée des femmes pour ne pas s'y appesantir à nouveau outre mesure. Rappelons néanmoins que le contrôle social sur les filles ne s'exerce pas dès la naissance : leurs premières années sont, comme pour le petit garçon, très libres. L'enfant tête sa mère quand bon lui semble ; tendresse et patience sont de rigueur avec les tout-petits : hommes et femmes, jeunes et vieux, toutes affaires cessantes s'occupaient immédiatement d'un bébé qui pleure[1]. On a même pensé à expliquer par la psychanalyse l'absence parfois soulignée de combativité chez les adultes : le petit enfant libre de vivre exactement à son propre rythme, dormant et tétant quand il lui plaît, et toujours proche de la chaleur de la mère qui le porte sur le dos et dort avec lui, n'aurait pas eu, dans ses premiers mois, à développer contre le monde environnant les qualités d'agressivité qui lui donneraient à l'âge adulte la capacité d'agir à titre individuel...

1. Marguerite Dupire, « Situation de la femme dans une société pastorale : Peul WoDaBe, nomades du Niger », D. Paulme éd., *Femmes d'Afrique noire*, 1960, p. 57.

Cela dit, en règle générale, l'éducation de la fillette commençait nettement plus tôt que celle de ses frères : ceux-ci ne rejoignaient guère les hommes avant la septième année. Ils en étaient donc — et souvent en sont encore — à gambader librement tandis que, collée au pagne de sa mère, la fillette était déjà initiée aux tâches domestiques, aidait à charrier l'eau, à accomplir de menus travaux. Surtout, dès l'âge de cinq ou six ans, elle porte à son tour sur le dos l'avant-dernier né qu'un nouveau nourrisson aura remplacé sur le dos de la mère, tout en veillant à la sécurité des plus jeunes de la famille.

Dans toutes les sociétés, la phase d'initiation qui intervient à la puberté était chez les garçons une cérémonie significative puisqu'ils entraient ainsi dans le monde des hommes c'est-à-dire du pouvoir. L'initiation des fillettes était destinée à les instruire de façon souvent fort précise des jeux sexuels, mais aussi des tabous pesant sur les menstruations et des « secrets » de l'enfantement.

L'initiation, dans la plupart des sociétés, était une affaire de plusieurs mois — trois mois au moins —, généralement au cours de la saison sèche, puisqu'une partie des cérémonies consistait à isoler les fillettes dans une savane ou un bois sacré, loin du village, en compagnie des matrones chargées d'officier. Pour le reste, il s'agissait de rites symboliques faits de chants, de danses, de l'ingestion de certains aliments, voire de l'apparition de masques ou de séances de transes, comme chez les Gouro où opère une société secrète d'initiation. Aujourd'hui, il est fréquent que les parents amènent leur fille de la ville pendant les vacances scolaires, pour procéder à des cérémonies adaptées mais écourtées à trois semaines au plus.

Les modalités de l'initiation féminine étaient très variables. Certaines étaient assez souriantes, mais la plupart constituaient une introduction impitoyable à la vie de labeur qui attendait les paysannes[2]. Une fois encore, il est très difficile de généraliser, puisqu'on en trouve de toutes formes : dans un certain nombre de sociétés, pas nécessairement musulmanes (chez les Wolof, certes, mais aussi chez les Yoruba, ou chez les Toro d'Ouganda), la virginité était de règle jusqu'au mariage en raison de coutumes largement antérieures à l'apparition des monothéismes ; dans d'autres, au contraire, la jeune femme n'était épousable qu'après avoir prouvé sa fécondité. Les cérémonies présidant à l'initiation de la

2. On l'a déjà vu à propos des jeunes Tswana dans le chapitre 1.

jeune fille pubère étaient donc très diverses, voire opposées, même si on trouve parfois un étonnant mélange.

Chez les jeunes Peul, par exemple, dressées pourtant à la pudeur du mariage, l'éducation sexuelle de la fillette, entre dix et douze ou treize ans — âge fréquent du mariage — était en grande partie laissée à la nature : elle fréquentait ouvertement les garçons de son âge, si librement qu'elle n'avait pas toujours la force de se défendre contre les assauts d'un adolescent plus âgé qu'elle, mais ses pleurs dans la nuit n'inquiétaient personne : « Les enfants ont joué, hier soir », se contentaient de commenter les adultes[3]. Ailleurs, l'initiation pouvait être plus régulée : c'était le cas des jeunes filles Coniagui et Basari de Guinée, où la cérémonie de l'excision était suivie d'une retraite de plusieurs semaines au cours duquel la jeune fille était initiée aux secrets sexuels[4].

Sur les modalités de cette initiation, on a encore peu de connaissances, les secrets restent gardés, et la curiosité des enquêtrices a été plus limitée — ou leur discrétion plus grande — que pour les garçons. Mais, sans atteindre nécessairement la dureté de l'initiation Tswana, ce que l'on en sait permet d'imaginer une formation souvent crûe et traumatisante, où tout est fait pour soumettre la jeune fille au plaisir de l'homme.

Une fois encore, il ne faut pas généraliser. La description très détaillée, quasiment heure par heure, de l'initiation de deux jeunes filles Bemba (Zambie septentrionale) permet, à tout le moins, de savoir ce que les femmes des années 1930 avaient conservé des rites ancestraux, dans une grande partie de l'Afrique centrale qui se référait à cette forme d'initiation personnelle dite « Chisungu »[5].

3. Dupire, *op. cit.*, p. 61.

4. Monique Gessain, « Femmes Coniagui (Guinée) », D. Paulme éd., *op. cit.*, pp. 30-35.

5. L'ethnologue qui fut conviée en 1931 à assister à ces cérémonies nous prévient que, d'une part, les rites qui se poursuivirent durant un mois avaient été très écourtés, puisqu'ils s'étalaient auparavant, aux dires des femmes, sur six mois ; d'autre part, le fait qu'une Européenne y assistât avait incité le groupe à « en rajouter », en tous les cas à amplifier des manifestations alors en désuétude en raison de la lutte constante des autorités coloniales et des missionnaires. Enfin, malgré la bonne volonté évidente des femmes, l'analyste n'a pas assisté à tout ; elle est restée extérieure à la réclusion dans les bois qui constituait une partie importante du rituel : que s'y passait-il exactement ? A. Richards, *Chisungu. A girl's initiation ceremony among the Bemba of Zambia*, Londres, 1982 (1ère éd. 1956).

Les fillettes y semblent évidemment très effrayées (mais les garçons ne l'étaient pas moins à l'occasion de leurs propres rites de passage), même si rien de terrible ne leur arrive ; l'excision en particulier n'était guère pratiquée. Certes, au cours de la cérémonie, les fillettes sont de temps en temps brutalisées, attachées ou suspendues de façon plutôt acrobatique. On se moque beaucoup d'elles, on les agresse verbalement, on les fait pleurer. On les oblige à se présenter, devant les autres femmes, parfois entièrement nues mais le plus souvent le buste dénudé, ce qui constituait une grande honte (mais ne serait-ce pas sous l'influence des missionnaires ?). Il n'y avait donc ni rite de défloration, ni même de simulacre, sinon par l'intermédiaire de figurines de terre cuite et par l'interprétation de chants multiples et interminables ; bref : beaucoup de symbolisme, peu d'agression réelle. Ce que l'observatrice ne souligne pas néanmoins à ce moment-là, c'est que ce rituel, s'il prenait place en principe juste avant l'officialisation du mariage, venait souvent à la suite de relations sexuelles antérieures sur lesquelles la fillette n'était guère consultée : elles faisaient partie d'un processus étalé sur plusieurs années. Le garçon avait déjà effectué chez sa belle-mère toute une série de travaux qui relevaient de la compensation matrimoniale. Parallèlement, la fiancée — fillette pas encore nubile — obtenait progressivement le droit de venir nettoyer la case de son promis et de lui apporter l'eau. Et l'ethnologue d'ajouter : « pour avoir progressivement œuvré afin d'obtenir le droit d'utiliser les services domestiques de sa promise, le garçon recevait en paiement le droit de la faire dormir avec lui »[6]. Ce n'est qu'au moment de la puberté, par crainte de voir sa fille faire un enfant avant que la cérémonie du *chisungu* n'ait eu lieu, que la mère la reprenait un moment chez elle. L'initiation proprement dite n'était en somme qu'une étape du long cheminement par lequel une fille était livrée d'un clan à un autre, suivant l'usage que l'homme en faisait.

A ce titre, l'initiation pouvait avoir lieu plutôt après le mariage qu'avant : c'était le cas chez les Haya du nord-ouest de la Tanzanie, où la jeune femme — comme souvent dans d'autres endroits — était mariée sans être consultée ni même avoir le droit de rencontrer son futur époux. Tout au long des préparatifs du mariage qui duraient plusieurs mois, voire plusieurs années, la compensation matrimoniale était versée, et partagée entre les membres de la

6. Richards, *op. cit.*, p. 45.

famille du père et de la mère de la mariée. Il n'y avait eu jusqu'alors ni clitoridectomie ni initiation particulière de la jeune fille. En revanche, dès la fin de la cérémonie, la jeune épouse était cloîtrée pendant de longs mois, parfois jusqu'à un an ou deux. Elle devait se tenir dans un coin sombre et isolé de la maison, ne pas travailler, ne guère bouger, et ne parler à personne. Sa belle-mère était chargée de l'instruire, et elle ne recevait que de rares visiteurs, dont son mari et les frères de celui-ci — qui avaient sur elle des droits sexuels. De cette longue période de claustration où elle devait être bien nourrie, ce qui était supposée l'embellir, et pendant laquelle, à la différence du reste de sa vie, elle n'avait pas à travailler, elle devait sortir enceinte. Les missionnaires ont beaucoup lutté contre cette pratique encore répandue dans les années 1930[7]. Ils en stigmatisaient « l'immoralité », lui reprochant aussi de briser la personnalité de la jeune femme modelée dès lors sur les désirs de son mari et de sa famille[8].

La relation d'initiation pouvait présenter pour la fille des formes plus traumatisantes. Les jeunes filles Luo ou Luyia du Kenya occidental étaient « capturées » par des parents du fiancé, et traînées, tandis qu'elles se débattaient en hurlant, dans leur nouvelle maison où elles devaient continuer de se lamenter bruyamment. La jeune fille Gusii était supposée résister le plus possible durant la première nuit du mariage et pleurer pendant le coït qui prenait ainsi figure de viol[9].

Plusieurs témoignages, issus d'un bout à l'autre du continent, contrediraient la vision bon-enfant du rite évoqué précédemment chez les Bemba. Parmi les pires traitements imposés à la femme figurent ceux des Tswana, dont l'attitude vis-à-vis du mariage n'avait guère évolué dans les années 1930[10]. Mais ce qui changea et finit par avoir son effet, ce fut la réaction de jeunes femmes qui, à la différence de leur mère, eurent l'énergie de résister, après avoir appris qu'un recours existait contre ce qu'elles subissaient. Elles commencèrent, chaque fois qu'elles le purent, par porter plainte

7. Mais la claustration y était réduite à deux ou trois mois au lieu d'un an ou davantage.

8. B. Larsson, *Conversion or greater freedom ?* 1991, pp. 57-60.

9. Robert et Barbara A. LeVine, *Nyansongo : a Gusii community in Kenya*, New York, 1966, p. 54.

10. Voir, dans le chapitre 1, l'initiation des jeunes filles Tswana au XIXe siècle.

pour agression ou viol devant le tribunal colonial (et non devant les tribunaux indigènes qui leur donnaient toujours tort). Certains de leurs témoignages font frissonner. Ainsi Holi Bhembhe, qui fut enlevée par son mari avec l'aide de sa propre mère. Il lui arracha de force ses vêtements et la viola alors qu'elle n'était pas encore pubère, au nom du *lobola* [dot] versé. Le père de la jeune femme témoigna : « la fille était jeune mais j'étais dans le besoin... » D'autres filles déclarèrent avoir été battues, forcées de subir la cérémonie du mariage puis traînées jusqu'à la maison du mari, toujours parce que la dot avait été versée et déjà dépensée par la famille. L'une d'entre elles déclarait, en 1932, avoir été rattrapée dans sa fuite :

> « Une femme prit une corde et ils m'attachèrent à un arbre, et attachèrent mes pieds a un pieu, m'allongeant de tout mon long sur le sol. Les femmes me battirent avec de gros bâtons, puis recommencèrent sur le dos, puis recommencèrent à la nuit tombée. Mes frères m'ont offerte à cinq hommes différents, dont seulement le dernier avait payé en bétail. On m'a affamée... »

Une autre avait été condamnée par le chef à être battue et traînée sur vingt-cinq km. de piste, les bras attachés, jusqu'à la maison du mari. Une autre, déjà battue à coups de trique, fut ensuite brutalisée pour être amenée de force devant le chef. La plupart de ces jeunes victimes obtinrent sinon gain de cause, du moins la condamnation de leur mari à quelques semaines, voire quelques mois de travail forcé.

La réponse des jeunes femmes désespérées pouvait être brutale, on compte ainsi plusieurs suicides. Mais la justice s'inquiéta surtout d'attitudes plus agressives ; plusieurs femmes, convaincues d'avoir empoisonné leur mari, furent condamnées à mort. Il ne s'agissait plus de meurtre à relent de sorcellerie, mais d'assassinat bien moderne utilisant en général l'arsenic, facile à se procurer puisqu'il faisait partie des techniques agricoles alors en usage : une des jeunes condamnées déclara ne pas craindre l'exécution, car rien n'était pire que ce qu'elle avait subi jusqu'alors. Les jeunes femmes croyaient que leur crime passerait inaperçu, ignorant qu'en cas d'autopsie le diagnostic était évident.

En 1932 un arrêt du tribunal fit scandale : il concernait une fille de seize ans, Sitomiya Kumalo, qui portait plainte pour viol. Le *lobolo* ayant été payé à son père dans son enfance, elle avait été contre son gré enfermée pendant un mois avec l'homme à qui elle avait été promise, puis avait subi de force les cérémonies du mariage. Elle s'était échappée et réfugiée au poste de police. La cour la débouta, arguant du fait que, suivant la coutume, le consentement de la fille n'était pas requis, que la dot avait été versée, et que la plaignante ne pouvait fournir la preuve des violence subies.

Le jugement provoqua de nombreuses protestations pendant des mois, de la part des missionnaires et de certains milieux blancs. Le *Times* même s'empara du problème. L'administration conclut à la nécessité d'obtenir de Sobhuza, le *paramount chief* [chef principal] un arrêt condamnant les mariages forcés. Mais son pouvoir était fragile ; il répugnait à imposer à ses subordonnées une mesure aussi impopulaire. Il fit donc traîner les choses, promit d'agir par la négociation et la palabre. La circulaire, dûment paraphée par le Conseil national Swazi, ne sortit que plusieurs mois plus tard et finit par tomber dans l'oubli, à condition qu'il n'y eût plus de vagues[11].

La situation est loin d'avoir toujours atteint ces sommets. Mais, sans que l'on puisse généraliser ces résultats épars, on ne peut s'empêcher d'être impressionné par la docilité et la passivité — quant à leurs propres désirs — imposées aux jeunes impétrantes. On en trouve, beaucoup plus récemment, la confirmation dans une enquête passionnante réalisée sous la direction du proviseur du lycée de Conakry, en Guinée, sur l'attitude sexuelle de ses élèves[12]. On y découvre que 43 % des jeunes filles instruites étaient indifférentes à leur sort conjugal, et que le quart des garçons acceptaient la polygamie. Les filles, reflétant l'idéologie dominante, étaient ignorantes de leur corps et de leur droit à penser et à agir par elles-mêmes. Leur passivité face au désir et leur soumission à l'acte sexuel du garçon se révèlent étonnantes. Elles se voyaient essentiellement comme génitrices et instruments du plaisir de l'homme.

Les mutilations sexuelles

Il reste à traiter le sujet douloureux des mutilations sexuelles féminines, encore très vivantes dans un certain nombre de sociétés.

11. Cf Booth, « European courts protect women... », *op. cit.*

12. Enquête de P. Henry effectuée en 1964 sur 522 élèves des classes terminales mixtes (correspondant aux années de lycée chez nous), publiée aux éditions Berger-Levrault.

Elles relèvent d'un phénomène qui est loin d'être le propre de l'Afrique ; les souffrances naguère imposées aux petites Chinoises pour empêcher leurs pieds de grandir, ou l'utilisation, dans l'Occident médiéval au temps des croisades, de ceintures de chasteté, véritables instruments de supplice relèvent du même ordre : restreindre, voire annuler la mobilité ou l'action de la femme, de façon à garantir au mari le contrôle de sa fécondité confondue jusqu'à une époque récente, ne l'oublions pas, avec l'expression de sa sexualité. En langue luganda par exemple (Afrique centrale), il n'existait pas de mot signifiant « se marier » sinon *okuwasa,* qui veut dire, en propre, « engrosser ». Il serait instructif de poursuivre l'analyse linguistique...

Plusieurs degrés de mutilation sont à distinguer. Les moins traumatisantes sont dites *sunna,* ce qui signifie « tradition » en arabe. La plus bénigne, celle qui correspondit probablement à l'enseignement modérateur du prophète, consiste à n'ôter que le prépuce du clitoris, opération directement assimilée à la circoncision masculine. Mais l'ablation du clitoris tout entier tend à lui être substituée. L'excision ajoute à la clitoridectomie l'ablation des petites lèvres, opération dite populairement *tahara,* ou purification. Une forme particulièrement perverse est celle de l'incision pratiquée sur des fillettes Gishri, en pays Hausa. Il s'agit de rendre ces enfants à peine pubères, achetées à un prix exorbitant, aptes à la pénétration en leur coupant le vagin. On en voit parfois venir à l'association des femmes médecins du Nigéria, lacérées et ensanglantées...

L'infibulation, l'opération la plus mutilante, supprime aussi la partie interne des grandes lèvres, et consiste à coudre ensemble ce qu'il en reste — avec un fil de soie au Soudan ou en Ethiopie, avec des épines d'acacia en Somalie. Cette pratique existe également en Nigeria du nord, dans une partie du Mali, et chez certains groupes Toucouleur. La cautérisation est aidée par une mixture dite *mai-mai,* faite d'un amalgame de gomme et de sucre, de compresses d'herbe, voire, en Afrique occidentale, de cendres et de crottin de brebis ou, chez les Toucouleur, d'une pâte à base de résine et de sang. L'opération ferme presque entièrement la vulve, à l'exception d'un mince orifice maintenu par l'insertion d'une tige de bois ou d'une paille, afin de permettre l'évacuation ultérieure de l'urine et du flot menstruel. Elle est réalisée avant ou parfois juste après le premier mariage, afin de garantir la virginité de la jeune fille. L'époux, en utilisant une lame de rasoir ou son équivalent, devait rouvrir l'orifice afin de permettre la pénétration. Il doit ainsi démontrer sa virilité tout en dramatisant la soumission de la femme à son désir. Cette soumission est d'autant plus évidente que les premiers rapports sont pour elle nécessairement douloureux. La pratique serait renouvelée après l'accouchement afin de « restaurer » la pureté de l'épouse[13]. Elle relève à n'en pas douter du contrôle strict de la sexualité de la femme par son mari. On ne peut éviter le rapprochement avec la ceinture de chasteté.

Plus complexes apparaissent les diverses formes de clitoridectomie. Non seulement les interventions connaissent en Afrique un grand nombre de variantes effectuées à des âges très divers entre la naissance et la puberté, mais elles peuvent inclure des incisions non mutilantes faites autour du clitoris : en ce cas, l'opération vise à forger la féminité de la fille mais laisse intacte la sensibilité de la zone. Ce sont des pratiques qui ne diffèrent guère, en leur esprit, de celles des marques sur le visage. On peut à ce titre de « marquage du corps » les rapprocher de celles qui visent à augmenter le plaisir du mari : l'élongation du clitoris effectuée dans certaines sociétés du Bénin, l'allongement des petites lèvres pratiquée par masturbation dans les sociétés interlacustres, ou l'introcision ou agrandissement du vagin obtenu à l'aide d'un bâton chez les Shona, mais aussi l'enlèvement de la luette pratiqué au Nigéria, le tatouage à l'indigo (réputé très douloureux) des lèvres et des gencives chez les Soninke, l'insertion d'ornements autour de la bouche ou des narines, l'allongement des lèvres ou des lobes des oreilles, voire l'obésité obtenue par gavage des jeunes femmes maures[14].

L'*Organisation mondiale de la Santé* (OMS) estime qu'environ 40 % des femmes d'Afrique subissent ce genre d'opérations, dans plus de trente-six Etats. Il s'agit d'un vaste arc de cercle allant de la Mauritanie à la corne de l'Afrique, en passant par une partie du Sénégal (sauf les Wolof et les Sérères), le Mali (sauf les Songhaï) et le Burkina-Faso, traversant d'ouest en est l'Afrique centro-septentrionale en passant par le Cameroun, le Tchad, la Centrafrique

13. Mais l'usage n'existe que pour le premier mariage et non pour les divorcees remariées. Raqiya Adballa, *Sisters in affliction*, Londres, Zed Press, 1982.

14. Cf., outre les travaux indiqués en bibliographie (Hicks, Hosken), les études de Claire Lamb, graduate student en Histoire à Princeton University, et d'Edvige Biloti, graduate student en sociologie à la State University of New York à Binghamton, 1992 et 1993.

jusqu'à l'Egypte, le Kénya et la Tanzanie. Ni la cuvette congolaise ni le sud de l'Equateur ne sont touchés, sinon en quelques points du Botswana, du Lesotho et du Mozambique. Bien que la zone islamisée ait été particulièrement réceptive, on ne peut identifier ces pratiques au monde arabe : le Maghreb les ignore, de même que l'Arabie saoudite, et que près de 80 % du monde musulman contemporain. En revanche les Coptes chrétiens d'Egypte ou les Falachas juifs d'Ethiopie connaissent l'excision, les Kikuyu du Kenya la font mais leurs voisins les Luo l'ignorent. *A contrario*, on rencontre certaines pratiques analogues dans le Mexique oriental, au Pérou et dans l'ouest du Brésil — où elles ont pu d'ailleurs être exportées au temps de la traite négrière.

L'origine de ces mutilations est aussi floue que leur répartition. Elle est largement antérieure à l'islam. L'infibulation, dite aussi « circoncision pharaonique », est peut-être d'origine égyptienne ancienne, où elle aurait été pratiquée chez les filles de l'aristocratie au cours du premier millénaire avant J.C. Mais l'analyse des momies n'est pas concluante. Le premier témoignage connu, outre de rares papyrus, est celui d'Hérodote au Vᵉ siècle avant J.C. qui attribue l'excision aux Phéniciens, aux Hittites, aux Ethiopiens et aux Egyptiens. Le géographe grec Strabon en parle à son tour à propos des Egyptiens vers 25 avant J.C. Deux médecins, Soramus et Aetius, l'un qui a exercé à Alexandrie et à Rome au IIᵉ siècle et l'autre au VIᵉ siècle après J.C., ont laissé des descriptions assez précises de l'opération et des instruments utilisés pour ce faire. C'est donc en Egypte que les Arabes pré-musulmans, les Juifs et les Chrétiens auraient appris la clitoridectomie et l'infibulation. Celle-ci a été largement pratiquée à Rome, où l'on plaçait une *fibula* sur le prépuce des garçons ou les grandes lèvres des filles esclaves pour les empêcher de copuler[15]. Mais il n'est pas exclu qu'il y ait eu plusieurs foyers de diffusion.

Les explications ne sont pas simples. Certains facteurs furent d'ordre pratique. S'agissant de zones plutôt désertiques, on a

15. Le gladiateur évitait ainsi de disperser ses forces ; la jeune fille vierge valait plus cher ; l'esclave domestique mâle ne risquait pas d'engrosser ses compagnes... et plus probablement de fauter avec la maîtresse de maison. L'infibulation avait aussi la reputation de proteger la voix des comédiens et des chanteurs. Fran P. Hosken, *The Hosken report. Genital and sexual mutilations of females*, Lexington, WIN, 1979. Cet ouvrage, commandite par l'OMS, a été traduit en français (1992).

estimé que la vie pastorale rendait plus grande la promiscuité entre hommes et femmes chargées de la traite des bêtes. Le contrôle des femmes devait être néanmoins assuré, tant était grand le prix de la virginité. On aurait ainsi évité le viol toujours possible des petites bergères.

On a surtout insisté sur la signification symbolique du rite ; l'excision du clitoris viserait à différencier plus clairement chacun des deux sexes. L'origine viendrait là encore des Egyptiens qui croyaient en la bissexualité des dieux. Beaucoup de sociétés attribuent aux enfants ces caractères androgynes. Les Bambara et les Dogon du Mali croient ainsi que les enfants ont deux âmes ; l'âme féminine du garçon se trouverait dans le prépuce, l'âme mâle de la fille dans le clitoris. L'un et l'autre sont pollués par l'élément étranger, siège d'une force mauvaise ou *wanzo* hostile à la fécondité et à l'entrée dans le monde des adultes. La circoncision et l'excision sont doublement nécessaires pour affirmer l'identité sexuelle et détruire les influences maléfiques. En Soninke, c'est le même mot, *salinde*, qui est utilisé pour les deux opérations. Mais chez les Gouro du nord de la Côte d'Ivoire, il s'agirait au contraire, par l'incision effectuée autour du clitoris, de mettre l'accent sur une bissexualité symbolique[16]. Quant aux Mossi du Burkina-Faso, ils croient que le clitoris est un organe dangereux qui peut tuer un bébé à la naissance si sa tête l'effleure, ou rendre un homme impuissant si sa verge le rencontre.

Encore aujourd'hui les croyance populaires sont fantaisistes : un clitoris non éliminé pourrait devenir aussi gros qu'un pénis ; plus le clitoris est grand, plus il est « sale » ou « laid ». En Egypte, la fillette non excisée est appelée *nigsa* (malpropre), et au Soudan, le mot courant pour l'opération est celui de *tahur* (purification). En Mauritanie, le mot utilisé est *tizian*, c'est-à-dire « embellir ». Ces croyances ne sont pas le propre de l'Afrique : un médecin grec du VIIe siècle, Paulus, expliquait déjà que l'opération pouvait avoir le but esthétique de rectifier un clitoris hypertrophié : il ne donne malheureusement pas ses critères de mesure. Plus prosaïquement, on pensait au Moyen-Age que la capacité de la femme à recevoir un grand nombre d'hommes signifiait un insatiable appétit sexuel

16. Ariane Deluz, « Social and symbolic values of feminine Kne initiation among the Guro of the Ivory Coast », Parkin et Nyamwaya eds., 1987, pp. 113-135.

qu'il fallait maîtriser. En Europe, encore au XIXe siècle, on pratiquait l'excision pour prévenir certaines déviations jugées alors dangereuses : la masturbation, les tendances lesbiennes ou certains désordres considérés comme féminins, tels que la nymphomanie, l'hystérie, voire l'épilepsie ou la folie, attribués par beaucoup de médecins de l'époque à l'hypertrophie du clitoris[17].

Les méfaits de l'excision, et surtout de l'infibulation ne sont plus à démontrer. Ils s'exercent à court et à long terme. En Afrique, sauf quand l'opération est effectuée en milieu médical, les opératrices sont des matrones peu familières des techniques modernes d'asepsie. Ce sont, au Mali, des femmes de la caste des forgerons. Elles utilisent des instruments usuels non stérilisés, et les risques principaux sont les hémorragies, les septicémies et le tétanos, sans compter les traumatismes psychiques et douloureux. Bien qu'il soit très difficile de mesurer les conséquence de ces pratiques le plus souvent informelles, surtout quand elles sont interdites par la loi, un rapport estime que un tiers peut-être des petites Soudanaises en meurent[18]. Les suites opératoires peuvent poursuivre la femme toute sa vie : abcès et kystes, vaginite et salpingite, difficultés urinaires, infections à répétition et stérilité peuvent en résulter, sans compter la nécessité fréquente d'une épisiotomie au moment de l'accouchement. Comme, la plupart du temps, celle-ci n'est pas prévue, la non-élasticité des tissus entraîne une déchirure du périnée, voire une fistule recto-vaginale. Le comble est qu'une femme ainsi abimée risque, en outre, d'être répudiée par son mari.

Il est très difficile pourtant de lutter contre ces pratiques, auxquelles les vieilles femmes surtout, les grands-mères et les matrones — dont c'est le gagne-pain — sont très attachées ; leurs belles-filles, quand elles le veulent, n'arrivent pas toujours à les contrer. La croyance est profonde qu'« on n'est pas une vraie femme » si on ne passe pas par là. Dans beaucoup de pays, la jeune fille non excisée, sauf en milieu urbain instruit, demeure « inépousable ». Parfois, comme pour le *Bundu* des femmes Mende au Sierra-Leone, la cérémonie fait partie du rituel d'une société secrète féminine et le secret juré rend difficile toute intervention. C'est aussi

17. Lilian P. Sanderson, *Against the mutilation of women*, Londres, Ithaca Press, 1981, p. 29.

18. Hanny Lightfood-Klein, « Pharaonic circumcision of females in the Sudan », *Medecine and Law*, vol. 2, 1983.

une fête, que la fillette attend avec impatience parce que c'est une occasion de réjouissance et de cadeaux, et qu'en attendant cette initiation ses camarades se moquent d'elle et de son ignorance.

La cérémonie avait ordinairement lieu à la fin de la saison des pluies, période où grâce à la nourriture abondante, l'enfant est supposée en meilleure santé ; mais aujourd'hui elle a souvent été ramenée à la période des congés scolaires, au cœur de l'hivernage (entre juin et octobre). Au Soudan la fillette est parée comme une mariée, ornée de bijoux et traitée au henné ; après l'opération elle est, sur sa couche, décorée de fils rouges, elle porte un collier de perles et un scarabée supposé la protéger. Elle reçoit des bijoux d'or, de l'argent, des pagnes. En Somalie la cérémonie est plus discrète et la fille est ensuite gardée à la maison pendant quarante jours pour la protéger des *jinns* (mauvais esprits). C'est exclusivement une affaire de femmes (on n'en parle pas au mari), la pression sociale est très forte, et la méthode autoritaire s'est montrée inefficace. Le pouvoir colonial a été particulièrement discret en la matière. Le « respect des coutumes », au demeurant très mal connues, l'emportait : bien que Sœur Marie-Andrée du Sacré-Cœur, connue pour son relatif féminisme, ait passé trois mois à Ségou en 1936, les Sœurs Blanches y plaidaient encore pour l'excision afin que les fillettes soient consédérées comme « normales » dans leur milieu. La Grande-Bretagne a interdit en 1946 l'infibulation au Soudan et au Kenya, mais n'a pas touché aux autres rites. Le résultat a été surtout, dans un premier temps, de favoriser les pratiques clandestines considérées comme des actes de résistance.

C'est en Egypte et en Erythrée que l'infibulation a reculé le plus, grâce dans le premier cas aux progrès sociaux et scolaires réalisés au temps de Nasser, et dans le second à la prise de position du *Front de Libération*, qui a enrôlé beaucoup de femmes[19]. Le ministre de la santé éthiopien, une femme, a aussi beaucoup œuvré en ce sens, à travers la REWA (*Association révolutionnaire des femmes éthiopiennes*). Un hôpital privé spécialisé de quarante lits existe depuis 1975 à Addis-Abeba pour opérer les fistules. Mais, malgré l'action de la SWDO (*Organisation démocratique des femmes somaliennes*), le recul est faible dans ce pays, bien qu'il ait été le seul à instituer une commission gouvernementale pour l'abolition de l'infibulation. Les maris y ont

19. Mais, en Egypte, l'« Union féministe égyptienne » fut créée dès 1920 par Hoda Shaarawi.

au contraire remis en pratique la coutume tombée en désuétude de la « ré-infibulation » après accouchement : près de la moitié des femmes mariées y seraient soumises. L'opération, qui consiste à rendre le vagin aussi étroit que celui d'une fillette à peine pubère, est censée accroître le plaisir de l'homme et d'ailleurs éventuellement celui de la femme. Quant au Mali, la pénalisation de la mutilation opérée sur territoire français incite de plus en plus les pères à renvoyer leurs fillettes se faire exciser au pays à l'occasion des vacances scolaires. Malgré l'action de l'UNFM (*Union nationale des Femmes du Mali*), le moindre mal demeure la présence, à l'hôpital de Bamako, d'un exciseur officiel qui opère les nourrissons pour éviter les infections. Mais un centre de planning familial vient aussi d'y être créé.

La maladresse des féministes anglo-saxonnes a longtemps irrité les mouvements africains de femmes, dont l'attitude n'était pas très compréhensible et qui reprochaient aux premières leur ingérence. Les hommes politique en ont profité pour déclarer avoir d'autres priorités. L'attitude de l'OMS a été lente à se définir : sommée dès 1958 par le conseil économique et social des Nations-Unies de prendre position, elle refusa l'année suivante, se déclarant incompétente, « les opérations rituelles en question relevant du contexte social et culturel ». Ce sont des Africaines qui reprirent l'offensive dans un séminaire des Nations-Unies ; mais la première intervention ne date que de 1979, avec l'organisation d'un séminaire à Khartoum sur « les pratiques traditionnelles affectant la santé des femmes et des enfants ». C'est en 1982 seulement que l'OMS s'est prononcée :

> « Les gouvernements doivent adopter une politique nationale claire pour abolir l'excision, et pour intensifier les programmes d'éducation destinés à informer le public de sa nocivité. [Les organisations de femmes sont encouragées à intervenir] puisque si les femmes ne se sentent pas concernées, aucune action ne sera possible. »

Le tabou est désormais levé, et les jeunes femmes se révèlent beaucoup moins consentantes qu'on avait pu le supposer. La sénégalaise Awa Thiam a suscité la création d'une organisation internationale pour l'abolition des mutilations sexuelles qui a donné, pour la première fois, l'occasion d'aborder publiquement le sujet à Dakar, dans un pays où jusqu'à présent l'absence de telles pratiques dans le groupe dominant avait permis d'esquiver le problème.

On pourrait multiplier les descriptions de mariages à l'ancienne, tels qu'ils ont encore souvent lieu, surtout à la campagne, même si beaucoup d'éléments en ont disparu ou se sont transformés depuis ces dernières années — en particulier en faveur du droit de la fille à faire entendre son choix. Le beau roman d'amour de Buchi Emecheta, *The bride price* (1976), qui raconte le combat tragique de deux jeunes gens contre la coutume interdisant l'alliance entre leurs ethnies, se situe dans un passé suffisamment légendaire pour que les mères s'en servent encore pour impressionner leurs filles[20]...

Les ethnologues, société par société, ont porté leur attention sur cet acte éminemment social où se reflète une bonne partie des codes, des croyances et des volontés de la société[21]. D'où la grande variété des cérémonies, long processus d'échange entre deux lignages, où interfèrent les différents éléments de la richesse du groupe : bétail, terre, esclaves... Toujours considérés comme « traditionnels », les mariages ont néanmoins beaucoup évolué. D'abord, au fil de la colonisation, la compensation matrimoniale s'est de plus en plus traduite en argent (pièces sonnantes et trébuchante ou gros billets), au fur et à mesure que progressait vers l'intérieur la monétarisation. Ainsi, en pays Wolof, le versement se faisait originellement en bétail, au temps de l'économie de subsistance ; les familles nobles pouvaient y ajouter des esclaves et, plus tard, des pièces de tissu, des anneaux de cheville, des bracelets en argent massif, de l'or. Aujourd'hui, vestige de la tradition, la compensation est fixée en têtes de bétail, mais le plus souvent versée en argent. Les Wolof disent : « on mentionne le bétail, mais on donne l'argent »[22]. L'anglais différencie les deux étapes par deux mots différents : on est passé de la notion de *valeur* de la fiancée (*bridewealth*) à celle de son *prix* (*brideprice*).

20. La coutume disait que la fille désobéissante mourrait dans ses premières couches : ce fut, hélas, le sort de l'héroïne ; le paradoxe a donc voulu que la lutte d'émancipation de la jeune femme se solde par la récupération de l'histoire en faveur des croyances traditionnelles...

21. Voir, par exemple, Denise Paulme (éd.), *Femmes d'Afrique noire* (1970) ; Marie-José Tubiana (1985) sur les échanges femmes/bétail chez les éleveurs du Soudan, Adam Kuper (1982) sur ceux d'Afrique australe, etc.

22. Abdoulaye-Bara Diop, *La famille Wolof*, 1985, p. 112

Il est de bon ton d'affirmer que le capitalisme occidental a provoqué une inflation telle de la dot qu'il était devenu de plus en plus difficile pour un jeune de se marier. Le garçon passait des années à la mine ou sur les chantiers pour accumuler le pécule nécessaire, tandis qu'à la campagne l'évolution aurait accentué la polygamie des vieux chefs désireux d'utiliser la force de travail de leurs jeunes femmes. C'est probable, voire certain, dans un bon nombre d'endroits comme le sud-Cameroun cacaoyer comme dans le Kasaï cotonnier, même si auparavant la capitalisation en têtes de bétail ne facilitait pas non plus le mariage des jeunes, très contrôlés par leurs aînés. C'est avéré chez les Mina du sud Togo, où la compensation matrimoniale avait surtout valeur rituelle ; son prix n'a cessé d'y monter avec la monétarisation de l'économie, surtout si le conjoint était réputé avoir une position sociale élevée : haut fonctionnaire, salarié, etc.[23] C'est plus discutable ailleurs, comme en pays Wolof où le prix était déjà élevé il y a plusieurs siècles[24], ou encore chez les Mkako du nord-est du Cameroun où la structure majoritairement endogame a bloqué le processus inflationniste. Le mariage implique en effet une réciprocité généralisée, puisque la compensation reçue en échange du départ de la sœur, repart aussitôt pour marier son frère ; comme on va chercher pour celui-ci une femme la plus proche possible de la famille, qui ne lui soit pas interdite par les règles de l'inceste[25], la circulation rapide des dots à l'intérieur d'un groupe rendrait l'inflation dommageable pour tout le monde ; depuis une cinquantaine d'années, il semble bien qu'en valeur constante le prix n'ait guère bougé[26]. En outre, les anciens ne répu-

23. Therèse Locoh, *Fecondité et famille en Afrique de l'ouest. Le Togo meridional contemporain*, 1985, p. 70.

24. Des le milieu du XVIIe siecle, les auteurs nous parlent de quantité de bœufs et de chevres. En 1905 déjà un conseil de notables avait fixe un barême pour combattre la hausse des prix, Abdoulaye-Bara Diop, *op. cit.*, pp. 112-113.

25. Ce qui va assez loin puisque sont interdites au garçon toutes les filles descendant des quatre grands parents, et que l'echange direct des sœurs n'est pas non plus autorisé. Elisabeth Copet-Rougier, « L'antilope accouche toujours de l'elephant : Etude de la transformation du mariage chez les Mkako du Cameroun », Parkin et Nyamwaya eds., *op. cit.*, pp. 75-92.

26. Au Sénégal, le montant demeure éleve : l'ensemble des prestations matrimoniales exigées dépassent souvent deux cent mille francs CFA en milieu rural, alors que le revenu annuel moyen du paysan tournait en 1985 autour de 80 000 francs (100 francs CFA = 2 francs français jusqu'en janvier

gnent pas à payer, au moins pour la première épouse choisie de plus en plus tôt pour éviter le départ des jeunes ; car le départ du jeune homme à la ville lui donne une certaine autonomie qui le détache de la tutelle des parents et de son exploitation par sa future belle-mère : une fois encore, de quelque côté que l'on se tourne, ce sont les femmes, les jeunes comme les vieilles, qui se retrouvent perdantes.

Ce qui a peut-être le plus changé dans les sociétés nombreuses où la virginité des filles était autrefois exigée (chez les Wolof, les Yoruba ou les Ganda...), c'est l'expérience hors mariage, mais celle-ci n'est pas un gage de liberté pour les filles. Elle vise essentiellement, sans doute compte tenu de l'expansion des maladies vénériennes, à démontrer au futur mari que sa promise, en ayant un enfant avant le mariage, ne risque pas d'être stérile. La jeune femme doit se débattre dans une insoluble contradiction : satisfaire son fiancé, et l'assurer d'une « bonne conduite » à laquelle il lui impose de renoncer[27].

Le mariage a évolué différemment selon que l'on se trouve en pays d'islam ou sous l'influence directe de la chrétienté. L'islam a légitimé la polygamie tout en la limitant à quatre épouses pour les gens du commun ; pour les chefs coutumiers la grande polygamie ne connaissait parfois que les limites de leur fortune ! Il a aussi introduit la notion d'une certaine égalité entre les femmes alors qu'auparavant les droits de la première épouse étaient accentués. Mais les effets ont pu être pervers. Ainsi en pays Wolof, le paysan de naguère avait à peine les moyens de s'offrir, au plus, deux femmes, tandis qu'actuellement le petit bourgeois citadin tient à marquer sa réussite sociale en exerçant à la lettre ses droits de musulman.

1994 et 1 franc depuis) ; la loi sur les cérémonies qui, dans le cadre du code de la famille, limite le montant des prestations est, jusqu'à présent, peu suivie. Au Cameroun, la dot chez les Mkako était en 1973 de l'ordre de 15 000 francs, alors que les revenus du tabac pouvaient atteindre 38 000 francs par an, c'est-à-dire un rapport plus avantageux que chez leurs proches voisins, les Maka, où le prix de la fiancée allait jusqu'à 80 ou 100 000 francs. On pourrait ainsi, à travers l'Afrique, trouver toutes les nuances en fonction d'un nombre élevé de variables : système de parenté, niveau de développement, niveau de la femme dans la société, etc.

27. Cf. Wambui Wa Karanja, « Outside wives and inside wives in Nigeria : a study of changing perceptions in marriage », Parkin et Nyamwaya eds., *op. cit.*, pp. 247-262.

Il est vrai aussi que les femmes d'aujourd'hui sont plus hardies que naguère à réclamer leurs « droits » à l'égalité de traitement. Plus question d'obéir à la première épouse, même si celle-ci est deux fois plus âgée. Plus question surtout, en ville, de vivre sous le même toit : le mari offre et entretient une maison par femme, et doit respecter son jour de lit sous peine de susciter de sérieux conflits[28]. Le romancier sénégalais Sembene Ousmane a écrit à ce propos un roman désopilant, *Xhala*, où il décrit les mésaventures d'un petit bourgeois polygame dakarois nanti d'une troisième épouse trop jeune et trop coquette pour lui[29].

De façon plus générale, le mariage polygame en milieu coutumier a lui-même évolué. Il reste bien entendu le sort d'une quantité de femmes pauvres et illettrées qui continuent à le subir. L'étude des femmes Goin du Burkina-Faso montre une fois de plus que le fait, pour les femmes, d'être la courroie de transmission du système de filiation (matrilinéaire) ne leur confère aucun avantage économique, au contraire, puis que l'homme estime qu'il n'a pas à nourrir l'année entière femmes et enfants qui n'appartiennent pas à son groupe lignager. Or le travail de ses épouses constitue l'essentiel des revenus de l'homme : un jeune célibataire dispose d'un surplus monétaire annuel de l'ordre de 20 000 francs CFA, le monogame double la mise, et le polygame à trois épouses atteint 120 000 francs. Autrement dit, une femme rapporte à son époux une trentaine de milliers de francs par an, et se trouve « amortie » en une dizaine d'années. C'est pourquoi le coût du mariage est comparativement très élevé : de 3 à 500 000 francs CFA en 1986. Il est donc très difficile à un célibataire de se payer une femme, et il faut au moins dix ans à un monogame pour se procurer la deuxième épouse. Aussi la première est-elle offerte par le père et la seconde par l'oncle maternel : compensation des années de travail et de soumission du cadet à ses aînés. Mais les filles qui travaillent au moins autant que leurs frères, ne reçoivent qu'un pagne par an, et n'héritent ni les droits fonciers, ni le pouvoir local, ni les savoirs magico-religieux. En somme le mari agit comme un patron qui considère ses épouses comme un investisement à long terme, et n'hésite pas à minimiser les coûts en réclamant à la famille de la femme un com-

28. Abdoulaye-Bara Diop, *op. cit.*

29. Xhala signifie en Wolof « impuissant ». C'est ce qu'il arrive au héros, devenu ainsi la risée du quartier. Le romancier a tiré un excellent film de son livre.

plément alimentaire. Il est vrai qu'il est, de son côté, acculé à assumer les frais de ses fonctions de père et d'oncle maternel de jeunes gens à pourvoir en épouses coûteuses, et de frère de femmes mariées qu'il a en partie à sa charge. Un homme doté de deux épouses doit, à partir du sur-travail extorqué à ses femmes, s'en payer une troisième tout en en procurant aussi à ses fils et ses neveux... Le développement de l'économie de marché a exacerbé la situation en réservant les revenus monétaires aux hommes. Mais les femmes ne sont plus dupes : un reportage éclairant sur les femmes du Mali contemporain montrait des paysannes, au fin fond d'un village vivant encore au rythme de la houe, interrogées par l'une des leurs devenue médecin ; elles jugeaient sévèrement la polygamie, source de litiges quotidiens (« on ne partage pas un homme »), mais se reconnaissaient condamnées à cette pratique pour faciliter leur besogne écrasante[30].

Dans certains cas cependant, la polygamie peut prendre la forme d'une véritable association d'intérêts. L'exemple d'un village de pêcheurs de la côte sierra-léonaise est typique de cette réutilisation récente de la polygamie productrice. Il s'agissait à l'origine d'un petit village proche de Freetown, peuplé d'anciens esclaves libérés christianisés et monogames. La vie y était pauvre et le nombre d'habitants limité. Les choses changèrent après la Seconde Guerre mondiale, avec la nécessité d'approvisionner la ville en poisson. Des techniques de séchage furent introduites par des pêcheurs expérimentés de Gold Coast. Expulsés au début des années 1960, ils furent remplcés par des immigrants Temne. Le village de Tombo qui comptait 2 500 habitants en 1967 au plus fort de la pêche en atteignait 7 000 en 1981, pour la plupart islamisés.

Or la production est exclusivement organisée dans le cadre des maisonnées : le mari pêche et vend la production à la première épouse qui le paie comptant. Celle-ci, qui possède le petit capital et les moyens de production, organise les activités de séchage, de transport et de commercialisation. C'est une industrie intensive, car la marchandise est hautement périssable. Elle exige une forte coordination et la mise au travail de toute la main d'œuvre disponible : co-épouses, enfants, parents. 80 % des ménages sont polygames, le plus souvent à deux ou trois épouses qui divorcent d'autant plus facilement que leur ambition de deuxième ou de troisième épouse

30. « Mali. La part des femmes », *Géopolis*, France 2, 16 octobre 1993.

est de devenir à leur tour chef de maisonnée : 85 % des femmes de quarante ans et plus ont été mariées au moins deux fois. Quelques-unes ont fini par acquérir une place enviable sur le marché du poisson. Autrement dit, dans ce cas particulier, c'est l'évolution économique qui a encouragé la polygamie : la capacité productive et reproductive des institutions coutumières est intégrée et utilisée par le secteur moderne. Mais les femmes en tirent peu de profit sinon social, car elles reçoivent très peu en retour de leur travail[31].

Toutes choses égales d'ailleurs, le processus est analogue chez la marchande Yoruba ou Akan chef d'entreprise qui mène ses affaires à sa guise. Elle n'en considère pas moins le mariage, et surtout les enfants qui en résultent, comme la grande affaire de sa vie. En outre, sa femme a intérêt à ce que son mari l'aide financièrement pour faire démarrer son négoce ; une fois mariée, elle gagne la liberté de mener ses affaires à son idée (y compris éventuellement ses affaires de cœur), sans remettre pour autant en cause son association avec un polygame (bien qu'un nombre de plus en plus élevé de marchandes soient divorcées)[32]. Elles peuvent donc prétendre, dans une telle union, bénéficier d'une plus grande autonomie personnelle.

Les hommes politiques quant à eux peuvent traiter le mariage comme un portefeuille d'investissements : l'épouse (ou les épouses) qui sont restées sur le terrain sans être encore entrées dans l'orbite occidentale vont assurer dans la circonscription locale, au moment des élections, une légitimité et un support essentiels, tandis que la femme « acculturée » va organiser les réceptions en ville. Là encore, certaines citadines peuvent estimer le marché profitable, puisqu'elles vont à leur tour, par l'intermédiaire d'un mari bien en place, profiter d'une partie du « *national cake* », comme disent les Nigérians... Il devient alors évident que le mariage polygame, alliance d'intérêts individuels, n'a plus grand-chose à voir avec les coutumes anciennes, qui soulignaient l'alliance entre groupes de parentèle[33].

31. Filomena Chiama Steady, « Polygamy and the household economy in a fishing village in Sierra Leone », Parkin et Nyamwaya eds., *op. cit.*, pp. 211-232.

32. Même évolution vers le divorce dans le village Temne ci-dessus mentionné, car la fidélité des épouses y est strictement requise, et certaines cherchent à se libérer de cette contrainte.

33. I.M. Lewis, « Avant-propos », Parkin et Nyamwaya eds., *op. cit.*, p. XIV.

Il est important enfin de remarquer, que, dans les cinq premières années du mariage, la fécondité des femmes n'est pas affectée par le régime du mariage : les polygames — ce qui touche 48 % des femmes du Sénégal — ont, dans l'ensemble, le même nombre d'enfants que les monogames, et le divorce dans les premières années n'est fréquent qu'à la suite de la stérilité de l'épouse[34]. Ce qui compte surtout, c'est la forme de cohabitation des époux car les modalités de la vie maritale sont très variables. De l'habitat totalement dissocié (l'époux à la ville, l'épouse au village) à la cohabitation permanente, on trouve toutes les nuances possibles : présence sporadique de l'époux, absences périodiques de l'épouse, habitat séparé mais dans le même village ou, de plus en plus fréquemment, en ville. Au Togo, la proportion des épouses qui ne cohabitent pas avec leur mari est plus élevée chez les jeunes femmes. Elle s'élève à 11 % pour les femmes en première union, et à 15 % pour les femmes en seconde union.

C'est en pays chrétien que les différences sont les plus marquées ; la couche supérieure de la bourgeoisie citadine est devenue monogame, surtout sous la pression victorienne qui a incité fort tôt, dans les colonies anglaises, à rendre la polygamie illégale en principe. Mais le respect de la monogamie restait fragile. Un épisode de 1929 à Lagos montre que, déjà, certaines femmes n'hésitaient pas à guerroyer pour l'imposer, sans grand succès d'ailleurs.

> Ce fut le cas de Bernardina, une marchande de gâteaux faits à la maison, épouse de Facundo Paraiso, un Saro de la moyenne bourgeoisie de l'époque, employé des postes. Tous deux étaient catholiques, et s'étaient mariés à l'église. Mais Bernardina n'avait pas eu d'enfant et quand elle eut 49 ans, son mari prétendit lui imposer une nouvelle épouse. Durant six mois Facundo la battit et lui coupa les vivres, la contraignant à quitter la maison. Pourtant, pas plus que ses contemporaines, Bernardina n'eut l'idée ou le désir de porter le différent devant la justice [35]. Selon la coutume, ce fut la famille qui, de part et d'autre s'occupa de l'affaire. De nombreuses visites eurent lieu, beaucoup de lettres furent échangées entre parents, oncles, cousins et belles-sœurs, de Lagos à Porto-Novo, mais per-

34. Yves Charbit, Lamine Gueye *et al.*, *Nuptialité et fécondité au Sénégal*, 1985, pp. 59-72.

35. Sur les 380 procès civils répertoriés à Lagos, à titre de sondage, pour les années 1885, 1895 et 1905, seulement quatre concernaient des troubles domestiques du même ordre. Kristin Mann, « Women's rights in law and practice : marriage and dispute settlement in colonial Lagos », M.J. Hay and M. Wright eds, *op. cit.*, pp. 151-171.

sonne ne reprocha jamais à Facundo d'avoir une maîtresse. En revanche il fut blâmé pour son manque de respect envers les aînés, et parce qu'il voulait imposer sa nouvelle femme à la maison. Finalement, Bernardina accepta de rejoindre le domicile conjugal où elle vécut jusqu'à sa mort en 1939. L'histoire ne dit pas quelles furent les relations ultérieures de Facundo avec sa maîtresse, mais il n'en fut plus question entre les époux.

En Afrique française, le décret Mandel de 1939 imposa le « consentement des époux », c'est-à-dire l'interdiction du mariage forcé pour la fille, mais sans se donner les moyens de son application : des peines furent prévues seulement en 1946. Le décret Jacquinot de 1951 autorisa l'engagement monogamique — mais non obligatoire — et prévit pour la femme majeure ou divorcée la possibilité de se marier sans compensation matrimoniale[36]. La Côte d'Ivoire fut paradoxalement, avec la Guinée de Sekou Touré, l'Etat francophone à la législation « moderne » la plus précoce. Elle interdit officiellement la polygamie en 1964. Mais le code adopté alors fut beaucoup moins favorable à la femme qu'il n'y paraissait ; c'était une transposition maladroite du code français : le mariage sans contrat, de loin le plus fréquent, y fut assimilé à un régime de communauté. Comme le mari était le chef de famille, cela revint à ôter à l'épouse le droit de disposer de ses biens. C'est en 1983 seulement que fut introduite la possibilité d'un contrat de séparation de biens, qui correspondait bien davantage aux usages coutumiers antérieurs[37].

L'exemple de la Guinée montre bien la difficulté d'imposer autoritairement une réforme profonde des mœurs concernant les femmes. De par la volonté de Sekou Touré, la polygamie fut abolie en 1968, malgré un manque évident de soutien politique, sauf de la part d'un carré de féministes dites « militantes émancipées ». Le mariage civil est obligatoire, le mariage des filles n'est autorisé qu'à partir de 17 ans malgré l'insistance des hommes à vouloir l'abaisser à quinze ans ; le montant de la dot est fixé officiellement à une somme minime, et la femme peut obtenir le divorce sans la restituer ; en cas de répudiation, le mari doit verser à son ex-épouse une

36. Marc Dumetz, *Le droit du mariage en Côte d'Ivoire*, Paris, Librairie générale de Droit et de Jurisprudence, Paris, 1975. Mamadou Niang, « L'évolution du statut juridique, politique et social de la femme en Afrique traditionnelle et moderne », Bulletin de l'IFAN-B, Tome 38, n°1,1976,pp. 32-66

37. Chantal Vléï, « L'évolution du travail des femmes en Côte d'Ivoire 1946-1986 », Thèse de l'Université Paris-VII, 1994.

compensation financière ; enfin les veuves ont le droit d'hériter, et les pères sont devenus responsables de leurs enfants illégitimes.

Mais, dès le début, la loi a été tournée par consensus : le comité de village ou de quartier chargé des affaires municipales s'est ingénié à tricher sur l'âge ou bien les parents ont vieilli leur fille, ou bien encore une naissance préalable, dans une union « à l'essai » parfois encouragée par la tradition, autorisait une dispense. Le montant de la dot, officiellement fixé à 5 000 francs guinéens au plus, avoisinait couramment, en pratique, les 100 000 francs, sans compter les fastes requis pour la cérémonie. Le consentement de la fille au mariage était obtenu par pression sociale ou par lassitude, voire par l'action du notable du régime désireux d'épouser ; ce fut néanmoins la mesure la mieux respectée à la longue, de même que les modalités du mariage civil obligatoire fixées depuis 1958. Quant à la polygamie, elle est loin d'avoir disparu dans les faits même si les jeunes en sont exclus, le plus souvent davantage en raison de difficultés économiques que par conviction des garçons[38].

Un cas de transition original est celui du Sénégal (où domine l'islam) : le code adopté depuis l'indépendance autorise le choix — par contrat avant mariage — entre une union monogame, ou polygame précisant jusqu'à quatre le nombre d'épouses. L'anecdote favorite des magistrats de Dakar est de conter comment, au moment de l'enregistrement du contrat, quand le juge en impose la lecture à haute voix en présence des futurs époux, la femme, souvent encore quasi analphabète, apprend que son mari a prévu à son insu la polygamie ; elle entre alors dans une telle colère qu'il est obligé de faire marche arrière, sous peine de voir avorter le projet de mariage et de risquer de perdre une partie au moins de la compensation déjà versée.

La plupart des Etats se sont plus ou moins récemment dotés d'un code de la famille (Sénégal, 1974)[39] ou au moins d'un code du mariage qui s'efforce d'établir ou de protéger les droits de la femme. Protection difficile, car les parlementaires, presque tous de sexe masculin, ne sont guère convaincus. En Tanzanie, où le code fut voté en 1971 (sauf pour Zanzibar), on entendit des députés refuser aux veuves le droit d'hériter puisqu'elles n'avaient pas eu dans le passé le droit de propriété, ou bien encore s'opposer à ce que le consentement de la première épouse fût exigé pour en

38. C. Rivière, « La promotion de la femme guinéenne », *op. cit.*

39. Le code sénégalais supprime la répudiation et n'autorise la séparation des conjoints que par divorce prononcé par les tribunaux.

admettre une deuxième, car « cela affaiblirait la coutume selon laquelle l'homme est supérieur à la femme »[40].

Un cas extrême est celui des femmes de la bourgeoisie créole de Freetown au Sierra-Leone, ville créée dès la fin du XVIIIe siècle par des humanitaristes anglais, et dès l'origine prise en main par les missionnaires. Au fil du XIXe siècle, à travers bien des avatars, s'est forgée une langue — le krio — et une culture considérée par ses membres comme un modèle d'occidentalisation. Beaucoup d'entre eux, hommes et femmes, ont d'ailleurs fait en Grande-Bretagne des études supérieures ou y ont acquis une partie de leurs diplômes. Et pourtant... Une enquête effectuée d'une part auprès d'étudiants encore célibataires de l'université locale, et d'autre part auprès de couples d'un niveau professionnel élevé, aussi bien chez les hommes (avocats, médecins, hauts fonctionnaires...) que chez leurs épouses parfois également diplômées et exerçant un métier qualifié montre qu'une étonnante alliance s'est effectuée entre la prégnance des croyances et des usages anciens, et les conventions sociales occidentales. Les jeunes revendiquent le choix du partenaire et rejettent la compensation matrimoniale ; les maris ont généralement courtisé celle qui est devenue leur conjointe, les couples ont conclu des fiançailles (dites chez les Krio « engagement ») et ont connu une cérémonie de mariage traditionnellement coûteuse et socialement importante.

Une différence absolue est faite, par les hommes, entre, d'une part la femme à épouser, de tenue décente et de fidélité garantie, même si la virginité n'est plus nécessairement exigée au mariage (comme elle l'était en principe dans la société ancienne) et d'autre part la femme émancipée — cette femme « indépendante » que nous avons déjà rencontrée ailleurs — intéressante mais non épousable[41]. L'infidélité de l'épouse est le crime absolu, auquel il ne peut

40. Cité par M. Mbilinyi, « The new woman and traditional norms in Tanzania », *The Journal of modern African Studies*, vol. 10, n° 1, 1972, p. 67.

41. Comme dans les sociétés occidentales, l'exigence de virginité a pratiquement disparu de toutes les sociétés, soit discrètement (comme chez les Wolof ou les Hausa), soit de façon tout-à-fait ouverte, comme chez les Yoruba ou les Buganda. La liberté des filles s'est surtout précisée dans les années 1950, à partir du moment où elles ont massivement fréquenté l'école, et aussi découvert qu'elles pouvaient, comme les hommes, recourir aux tribunaux pour se défendre. Cf. Nicole Echard et al., « De la prohibition à la prescription : sens et non-sens de la virginité des filles (Afrique de l'Ouest) », *La première fois. Le roman de la virginité à travers les siècles et les continents*, Paris, Ramsay, 1981, pp. 337-395.

être répondu que par le divorce ; en revanche les relations extra-conjugales de l'époux sont quasi normales, voire encouragées. L'un d'ailleurs apparaît comme le corollaire de l'autre. Ces clichés pourraient être la reproduction du modèle victorien triomphant du siècle dernier, celui du « charme discret de la bourgeoisie » évoqué par Buñuel, mais l'affaire est plus complexe. Certes, l'image de la bonne épouse sort tout droit d'un siècle d'éducation missionnaire puritaine, et du discours moral qui en est issu[42]. Les choses se corsent au fur et à mesure que le couple pénètre plus avant dans la « modernité », car les croyances demeurent très fortes du pouvoir de la femme sur la virilité des garçons. Toute une série d'interdits, sur le comportement au moment des règles, pendant la grossesse puis l'allaitement, continuent d'empêcher les rapports entre le mari et sa femme pendant des périodes relativement longues et fréquentes. Ils seraient, croit-on, au moins aussi dangereux pour l'homme que pour la mère ou l'enfant. A cela s'ajoutent les réticences du mari devant l'utilisation de moyens contraceptifs susceptibles de laisser s'épanouir les « mauvais instincts » de son épouse. Comme, dans la société moderne, le couple ne désire guère avoir plus de trois ou quatre enfants, cela entraîne, au début du mariage, de longues interruptions des rapports — même si la femme abrège la phase d'allaitement — ; plus tard, l'interruption totale devient le moyen le plus sûr d'éviter les conceptions si l'on ne veut pas multiplier les avortements, procédé banni des sociétés anciennes mais pratiqué dans les milieux aisés.

Par ailleurs, la confusion entre la puissance de l'homme et sa fécondité reste grande. Limité dans sa descendance par sa condition bourgeoise, l'homme est soumis de la part de ses amis, voire de sa famille à une très forte pression sociale pour manifester autrement sa virilité : par exemple la présence de la petite amie, avec laquelle on sort et qu'on ne cache en définitive qu'à la femme légitime, en devient une des preuves ; cela se traduit souvent par des naissances hors mariage, même si ces jeunes femmes, elles, ont droit à la contraception[43]. Les hommes les plus évolués, au Sierra-

42. Cf. Diana Jeater, *Marriage, Perversion and Power, op. cit.*

43. L'enquête remonte à une quinzaine d'années. Barbara E. Harrell-Bond, *Modern marriage in Sierra-Leone*, 1975. Le grand nombre de naissances illégitimes avait été l'occasion, en 1965, d'une tentative avortée pour faire reconnaître l'égalité du droit de ces enfants avec ceux des enfants légitimes. A noter que cette égalité des droits a été imposée par Sekou Touré en

Leone comme dans le reste de l'Afrique de l'ouest, ignorent quasiment tout de la contraception masculine, et surtout ne la pratiquent pas, ne serait-ce que par le « coïtus interruptus » ; celui-ci se trouve en contradiction culturelle avec la puissance de l'homme assimilée à sa capacité d'engendrer. Cette réticence a certainement joué son rôle dans la non-prévention du Sida[44].

Emancipation de la femme moderne ? La femme, sur le plan sexuel, aurait le choix entre l'insatisfaction de l'épouse délaissée, ou le tour de lit du mariage polygame. Comme le dit un vieux chef encore nanti de vingt épouses : « l'obligation de démontrer sa virilité devient un ennui plus qu'autre chose » ! Quant aux enfants, les conseillères scolaires dakaroises constatent aujourd'hui la difficulté qu'ils peuvent avoir à se situer dans un ménage polygame urbain (officiel ou non) où la délocalisation de la résidence patriarcale de naguère fait de chaque épouse et de sa progéniture une unité familiale éclatée : le père est largement absent, puisqu'il est le chef alternatif de deux ou trois familles. D'où la tentation, en particulier chez les adolescents, de jouer sur les vides du pouvoir paternel face à l'autorité de la mère.

Rien d'étonnant, dans ces conditions, à voir poindre, dans des sociétés moins « victoriennes » que celle des Krio de Freetown, comme au Nigéria ou en Ouganda, une conduite originale de la part de jeunes femmes éduquées. Elles revendiquent paradoxalement la liberté de devenir l'« épouse du dehors », face au sort désolant de l'« épouse du dedans » ; c'est, sous une forme nouvelle, la reconnaissance d'une conduite polygame dans un milieu officiellement monogame : de là l'expression de « femme de l'anneau » (*ring wife*) pour désigner la première épouse, celle qui a cru à l'union monogame en la contractant à l'église, au temple ou à la mairie[45].

Guinée au début des années 1960, et votée en 1979 au Nigéria au grand dam des associations de femmes (essentiellement composées d'épouses légitimes). La crainte des querelles d'héritage a incité les hommes à accepter, voire à encourager les pratiques contraceptives de leurs amies.

44. En revanche la pratique serait ancienne chez les Ganda et dans le bas Zaïre, où 30 % des hommes seraient susceptibles de la pratiquer. Dominique Tabutin, ed., *Population et sociétés en Afrique au Sud du Sahara*, Paris, L'Harmattan, 1988, pp. 156-160.

45. Wambui Wa Karanja et Melvin L. Perlman, *op. cit.* On trouvera aussi une description éprouvante de la polygamie de fait in S. Fainzang et O. Journet, *La femme de mon mari*. Paris, 1988.

Sa situation est de moins en moins enviée par les jeunes femmes d'aujourd'hui. En Ouganda, malgré l'introduction précoce de la monogamie en raison de la conversion du roi (*kabaka*) Ganda au catholicisme à la fin du XIXe siècle, l'union libre ou concubinage est de loin la plus pratiquée en ville aujourd'hui, face au mariage coutumier ou chrétien. Ni l'homme — qui n'admet pas que la femme ait un droit de regard sur ses gains —, ni la femme — qui ne veut pas que son mari utilise les siens à boire ou à entretenir ses amies — n'admettent l'idée de faire bourse commune[46]. L'union correspond souvent à une polygamie de fait.

Les raisons invoquées par ces nouvelles polygames sont diverses. L'aspect romantique n'est pas exclu ; l'homme n'a pas su résister aux pressions de sa famille qui voulait lui voir épouser un parti plus conforme à ses vues, ou qui rejetait son propre choix, la jeune femme n'étant pas de la même ethnie, voire de la même caste...[47] C'est le cas de Kiki, diplômée de l'université d'Ibadan, soutenue par sa mère qui a connu le sort malheureux de l'épouse du dedans, tandis que le père, hostile à l'« inconduite » de sa fille, l'incite en fait à se conduire en femme entretenue. A ses yeux en effet, la reconnaissance de la relation implique que l'homme couvre les besoins financiers de sa fille, lui paie son loyer et lui fasse des cadeaux. Il ne s'agit, après tout, que de la version locale de la « pension alimentaire » occidentale : la femme ayant la charge des enfants issus d'une telle union, il est normal que l'homme apporte sa quote-part ; et puisque ce mariage « du dehors » n'est protégé par aucune loi, il est légitime que la femme obtienne des compensations pour l'aider à tenir son foyer.

C'est aussi le cas d'Onome, chercheuse scientifique amoureuse de son « mari » depuis l'enfance ; elle s'était pourtant promis de ne jamais le revoir quand il a cédé aux injonctions de sa famille, et accepté d'épouser la jeune fille choisie pour lui... C'est encore le sort de la femme, elle-même socialement « arrivée », qui a divorcé pour avoir connu antérieurement le sort de l'épouse délaissée ; elle ne voit alors pas d'autre solution que l'union libre pour continuer

46. C. Obbo, « The old and the new in East African elite marriage », Parkin et Nyamwaya, *op. cit.*, pp. 263-282.

47. Le poids social des anciennes structures, et la mémoire des différenciations entre « libres », « castés » (ordinairement des artisans) et « esclaves », en particulier dans les sociétés du sahel (Sénégal inclus) peut encore être vive, et réprouver socialement des alliances « mixtes ».

d'assurer sa propre indépendance dans un monde où la femme seule est encore difficilement acceptée : ainsi Temi, âgée de 38 ans, médecin formée en Angleterre (« mais je ne suis plus à Londres, aujourd'hui, n'est-ce pas ? »), divorcée d'un mariage chrétien et déjà mère de deux enfants, qui est maintenant la « femme » d'un riche homme d'affaires de Lagos dont elle a un enfant[48]. Paradoxalement, ce choix exprime la volonté d'indépendance de la femme qui, d'une part, brave les interdits sociaux et, d'autre part, adopte une « conduite d'homme », puisque l'absence de cérémonie religieuse ou civile lui permet de briser sa relation à volonté.

D'autres fois, en revanche, un mariage à tonalité coutumière va réintroduire plus formellement la polygamie de naguère, notamment, mais pas seulement, en cas de mariage musulman. En définitive, dans les milieux les plus cultivés, la femme seule qui affirme résolument son indépendance demeure aujourd'hui l'exception — davantage sans doute que chez les femmes du peuple dès lors que celles-ci ont conquis leur indépendance financière.

Quant à la notion de couple égalitaire, elle n'a commencé que depuis peu à faire son chemin. Elle a, bien sûr, progressé chez les jeunes, en particulier les jeunes femmes informées par les médias modernes d'Occident : presse du cœur, séries télévisées, romans « d'aéroport »... Mais ces idées paraissent encore étrangères à la plupart. Les jeunes citadines exigent surtout d'un bon mari qu'il leur parle : entendez qu'il les tienne au courant de ses intentions et de ses plans, ce qui est encore rarement le cas. Pour beaucoup, on ressent un étonnement comparable à celui des jeunes intellectuelles chinoises devant l'attitude des femmes de la campagne, où l'homme reste le personnage muet et supérieur que l'on sert et qui vous rencontre essentiellement pour procréer. Il existe néanmoins quelques associations de militantes féministes, surtout des intellectuelles, comme *Yewwu Yewwi* au Sénégal (« femmes debout ») qui militent pour l'émancipation féminine et cherchent à aider les femmes en butte aux contraintes de la tradition.

Le divorce : un accident moderne ou une constante africaine ?

Dans beaucoup de sociétés africaines le divorce était, institutionnel. Le mariage concluant une alliance entre deux groupes, un

48. Wambui Wa Karanja, *op. cit.*

accord politique à proprement parler, dont le but était de constituer une association d'intérêts, il pouvait être sujet à rupture de contrat. Le mariage n'étant pas sanctifié par un sacrement d'inspiration monothéiste, cette rupture n'était pas entachée du moralisme individuel typiquement occidental. Cela ne signifie pas que les partenaires étaient libres : c'était le groupe qui prenait la décision et non, en principe, l'un des deux intéressés, en particulier la femme, soumise à la décision de sa famille et de sa belle-famille. Dans certaines sociétés, surtout à patrilinéarité forte comme chez les Luo du Kénya ou les Zulu du Natal[49], le mariage était fait pour durer et la pression sur la femme était ferme pour l'inciter, quoi qu'il arrivât, à rester avec son mari, surtout si la compensation matrimoniale était élevée. Mais dans d'autres sociétés, comme chez les Wolof, la rotation des femmes était plus forte et le mariage susceptible d'être remis en cause, même si la famille s'interposait pour calmer le jeu et prêcher à la femme obéissance et patience. Non que cette société fût matrilinéaire : les enfants relèvent du père, et la compensation matrimoniale y est devenue de plus en plus chère avec l'essor de l'économie de marché. Mais le rôle social et de refuge de la lignée maternelle est demeuré solide.

Plus on observe les sociétés anciennes, plus on s'aperçoit sinon de l'instabilité, du moins de la grande fluidité du mariage, ne serait-ce qu'en raison de la fragilité démographique et de la grande différence d'âge fréquente entre les époux, ce qui multipliait les veuvages et donc le remariage des femmes. Si l'on était en pays musulman ou dans une région de régime matrilinéaire, la veuve était rendue à sa famille (dans le premier cas sans ses enfants, et dans le second avec) ; si l'on se trouvait en régime patrilinéaire, le lévirat faisait quasi automatiquement revenir la veuve à un jeune frère ou à un parent de son mari défunt. L'islam n'a pas réduit les divorces, bien au contraire, puisque la répudiation par l'homme est extrêmement facile là où il est généralisé.

C'est ainsi que chez les Peul, où le mariage est explicitement un accord individuel et non une alliance de clans, mais où le conjoint reste choisi par la famille, l'instabilité du mariage est élevée : chez les Fulbé du Cameroun où le premier mariage est imposé aux

49. Max Gluckman, « Parenté et mariage chez les Lozi de la Rhodésie septentrionale et les Zoulous du Natal », Radcliffe-Browne et Forde, *Systèmes familiaux et matrimoniaux en Afrique*, Paris, 1953, pp. 252-254.

jeunes filles (de quatorze ans en moyenne, contre vingt ans pour les garçons) le taux de polygamie est faible (77 % de monogames), mais le nombre de remariages successifs est élevé (près de trois par femme). C'est le mari qui répudie, mais il le fait en général parce que son épouse a fugué[50].

C'est ainsi qu'à Lamu (Kenya), de culture Swahili, le divorce atteint un niveau record : le taux, entre 1969 et 1978, en a été de 73 % par an ; plus de la moitié des femmes qui se sont mariées durant cette période en étaient à une deuxième, voire une quatrième union. Tout se passe comme si le premier mariage était une sorte de rite de passage obligé, une initiation à la vie adulte grâce à un mariage arrangé par les familles. La femme est alors très jeune, de façon à éviter à tout prix qu'elle ait auparavant perdu sa virginité.

Dans les familles les plus anciennes, où le rang social est élevé et la polygamie importante puisque les hommes en ont les moyens, les divorces sont moins nombreux car ils remettraient en cause trop d'alliances d'intérêts et de convenances. Mais dans les milieux populaires, les femmes vivent dans la plus grande insécurité : « un mari est seulement un ami, il n'est qu'une porte de natte », disent deux proverbes Swahili : autrement dit, il est une assurance des plus précaires. Le moindre manquement de la femme, sa stérilité bien sûr, un enfant anormal ou un soupçon d'infidélité suffisent pour que l'homme prononce la formule sacramentelle, devant témoin ou non. La femme, en revanche, doit se fonder sur des motifs graves et l'initiative de la rupture ne leur revient que dans 5 % des cas. La plupart n'ont pas d'autre choix pour obtenir le divorce que de se mettre dans une situation qui incite leur mari à la répudiation : mauvais caractère, refus de le nourrir, fugue et, bien sûr, adultère.

La mobilité est encouragée par le déséquilibre des sexes : depuis la suppression de l'esclavage, en 1897, la situation de l'archipel de Lamu n'a cessé de se dégrader, entraînant une migration importante des hommes. L'écart ancien ne cesse d'augmenter en raison de l'arrivée, depuis quelques décennies, de nombreux réfugiés des îles voisines, des femmes en majorité. Dans un contexte de crise économique et de déséquilibre démographique, hommes et

50. Martine Quéchon, « L'instabilité matrimoniale chez les Foulbé du Diamaré », Barbier éd., Femmes du Cameroun, op. cit. pp. 299-312.

femmes sont passés à une polygamie successive : les premiers n'ont plus les moyens de s'offrir plusieurs femmes à la fois ; mais comme les secondes ne travaillent pas, elles doivent retrouver au plus vite la protection d'un nouvel époux. Leur mobilité entraîne de profonds changements du mode de vie ; les femmes s'entraident. Lorsque l'une d'elle acquiert une maison, elle y accueille ses filles divorcées, voire le mari de celles-ci si elles ne le sont pas et le privilège patrilocal disparaît. Celles qui sont chargées d'enfants se mettent à les assumer, elles commencent à apparaître dans les manifestations politiques ou religieuses. Elles apprennent surtout qu'une nombreuse progéniture ne suffit pas à retenir un mari. Elles ralentissent le rythme de leurs grossesses sans l'informer des moyens contraceptifs à leur disposition. Elles se mettent, en somme, à échapper au contrôle masculin[51].

Dans les sociétés matrilinéaires surtout, où la femme continuait à dépendre, dans son propre lignage, de sa mère puis de ses frères (et d'ailleurs tenue de leur verser la plus grande partie de sa récolte ou de ses gains), elle avait une forte propension à être récupérée ou à se faire reprendre par sa famille, quitte à ce que celle-ci conclût, dans la foulée, une autre union rémunératrice. Les observateurs d'aujourd'hui, sensibles à la montée des divorces, souvent réprimés par un siècle de colonisation chrétienne, crient à leur accroissement exponentiel ; il faudrait toutefois y regarder de plus près, ce qui est bien difficile, faute évidemment de données chiffrées anciennes.

Aujourd'hui le premier mariage — celui pour lequel on ne discute pas la décision des parents — est souvent instable, sauf s'il s'agit d'une première épouse ; dans ce cas, la rupture remettrait en cause une alliance intra — ou inter-familiale trop délicate. Mais au Sénégal, dans les campagnes, plus d'un tiers des femmes Wolof ont divorcé une fois au moins, le plus souvent dans les cinq premières années du mariage, c'est-à-dire toujours avant trente ans, pour se remarier d'ailleurs rapidement puisque le nombre de femmes seules est très faible (5 %).

Là s'arrêtent les similitudes avec le pays Swahili. Car les trois-quarts des divorces Wolof sont demandés par les femmes que leur statut inférieur rend souvent victimes de leur mari : la femme veut

51. Françoise Le Guennec-Coppens, « L'instabilité conjugale et ses conséquences dans la société Swahili de Lamu », Parkin et Nyamwaya, *op. cit.*, pp. 233-245.

s'émanciper en choisissant son conjoint et en refusant les sévices, mais elle tient à rester dans la dépendance économique de son époux qui doit subvenir à ses besoins. Cela signifie, concrètement, que le jour de son « tour », le mari est tenu de donner à son épouse la « dépense », c'est-à-dire la somme nécessaire à l'achat des produits alimentaires du ou des quelques jours à venir[52]. Dans les demandes de divorces, les motifs économiques, incluant l'abandon du domicile conjugal par le mari, sont largement majoritaires (plus de 60 % des cas). Ce qui est nouveau, c'est que la femme réclame aussi le droit au plaisir, et peut arguer devant le tribunal de l'impuissance de son mari ; ce cas n'est pas exceptionnel puisqu'il n'est pas si rare, en cas de polygamie, de trouver un écart de cinquante ans entre les conjoints. Quant à l'homme, il divorce le plus souvent pour adultère mais le contraire n'est pas recevable de la part de la femme, l'infidélité du mari étant considérée comme normale[53].

En Côte d'Ivoire méridionale, la fragilité des unions est une évidence. Les disputes conjugales donnent assez souvent lieu à des violences physiques de la part du mari, surtout en cas d'adultère de la femme, naguère jugé avec sévérité par la coutume. Pour se libérer d'une tutelle qu'elles acceptent de moins en moins, les femmes choisissent plutôt la fuite que le divorce qui les obligerait à restituer une dot souvent très élevée. Les abandons de domicile conjugal restent encore un phénomène surtout urbain, et les recherches des maris donnent lieu à de nombreux entrefilets de presse qui ne manquent pas de sel : « La femme envolée » (1954), « Si tu la vois, ramène-la moi », « Encore une femme qui disparait » (1955), « Le soldat et la sorcière » (1956), « 5000 F [CFA] d'amende pour avoir abandonné la maison, c'est trop peu, avait estimé le mari d'Hélène » (1957), « A jeune femme il faut jeune mari » (1958)[54]...

Au sud du Togo, le pourcentage des femmes de 40 à 44 ans qui ont rompu leur première union atteint presque le tiers. Il faut dire que, dans cette tranche d'âge, 11 % seulement des femmes vivent une première union monogame : l'image du « couple » à l'occiden-

52. Le mari est aussi supposé assurer l'essentiel des vêtements de la femme et des enfants.

53. Abdoulaye-Bara Diop, *op. cit.*, chap. VIII.

54. Laurence Joffre, *La condition féminine en Côte d'Ivoire à travers les médias, 1951-1970* [*Fraternite Matin*], Memoire de DEA, Université Paris XII, 1992.

tale demeure donc marginale. Comme, dans cette région, les enfants de plus de trois ans reviennent en général au mari, la décision de divorcer est grave pour les femmes. Ce sont pourtant elles qui prennent presque toujours l'initiative, et leur mobilité est élevée. Serait-ce une réponse à la polygamie du mari ? Une affirmation d'autonomie de l'épouse[55] ? Le cas n'est pas encore fréquent de cette femme Akan (de coutume matrilinéaire), qui demande le divorce parce que son mari veut lui imposer une co-épouse. Elle a eu de lui trois enfants dont le dernier est un nouveau-né de cinq mois seulement. Contre la volonté du juge interloqué, elle en refuse la garde, y compris celle du nourrisson sevré :

> « Il m'a menacée de prendre mes enfants : qu'il les prennent, mais tous. Il ne va pas me laisser un bébé qui fera que personne ne voudra m'épouser. [Et d'ajouter :] Juge, je vous le répète ; je veux qu'il prenne tous les enfants[56]. »

Le plus souvent, la séparation est progressive : la femme s'absente d'abord de plus en plus pour son commerce, ses affaires de famille et s'installe finalement ailleurs, laissant la place à une autre. A noter que la tolérance est moindre chez les Wolof que chez les Ewé ou les Akan : la première séparation est bien acceptée, mais une femme qui a des enfants d'un grand nombre de maris — trois ou davantage —, est considérée comme volage et encourt la réprobation de son entourage.

La contraception

Force est de constater que les groupes sociaux, encore généralement majoritaires, dont l'économie est caractérisée par une agriculture de subsistance dépourvue de moyens techniques puissants, maintiennent une fécondité forte, et en affirment le choix. Les changements éventuels de mode de vie portent sur d'autres secteurs de la structure sociale — notamment la migration —, et non sur la descendance souhaitée. C'est pourquoi les progrès sanitaires, dans la mesure où ils subsistent, jouent surtout sur la diminution de la mortalité et le recul de la stérilité — c'est-à-dire entraînant

55. 47 % des hommes de 50 à 59 ans sont polygames. Locoh, *op. cit.*, p. 77.

56. G. Mikell, « Using the courts... », *op. cit.*

une hausse démographique, encore que le recul de la mortalité infantile ait également pour effet d'allonger l'intervalle moyen entre les naissances.

Dans les villes et dans certaines zones de plantation, de profondes transformations structurelles sont néanmoins à l'œuvre ; mais elles ne conduisent pas nécessairement à une baisse de la fécondité, bien au contraire : ainsi, l'abandon progressif du modèle antérieur de vie sociale entraîne une désaffection des règles et des pratiques d'abstinence et de l'allaitement de longue durée, tous facteurs de contraception « naturelle ». Quant à l'aspiration à limiter le nombre des enfants, elle n'est encore réalisée que par une minorité de femmes, dans les villes essentiellement. Il existe peu de données sur la contraception au Sénégal, sauf pour la péninsule du Cap-Vert, où 60 % des 3 500 femmes interrogées ont déclaré connaître au moins un moyen de contraception. Mais les deux-tiers d'entre elles pratiquent des moyens traditionnels (abstention ou amulettes), un tiers seulement, la plupart de la jeune génération, connaissent les méthodes modernes. Les différences sont imputables, comme on peut s'y attendre, au degré d'urbanisation et d'alphabétisation, l'âge ou le nombre d'enfants n'affectant que très modérément la connaissance de la contraception[57]. Celles qui l'utilisent ont à la fois abandonné le modèle ancien des rapports parents-enfants, et savent — et peuvent — utiliser des techniques efficaces. Mais ce sont aussi celles qui, exerçant une profession formelle ou informelle, ont plus que les autres la faculté de se faire aider à la maison ; elles cumulent le service domestique de salariés dont le coût est modique à celui, très bon marché, de nombreuses petites parentes venues de la campagne pour aller à l'école. De ce fait les femmes de la bourgeoisie ressentent peu la nécessité de limiter des grossesses qui n'affectent guère leur aspiration à l'indépendance, et ne posent pas dans l'immédiat le problème du coût de l'éducation à venir.

Le bilan, dans les zones les plus « ouvertes », s'est soldé jusqu'à ces toutes dernières années par une stabilité ou même une légère hausse de la fécondité des femmes. Mais on perçoit une contradiction croissante entre leurs aspirations, souvent nettement exprimées, à une certaine limitation des naissances, et ce qu'elles font

57. La prise en compte de l'urbanisation réduit de moitié le facteur alphabétisation. Yves Charbit, *op. cit.*, pp. 137-140.

réellement[58]. Au Togo, par exemple, l'équilibre n'existe que pour une très petite minorité de citadines très instruites. Les responsables, notamment au Burkina-Faso où le ministère concerné a multiplié des actions explicatives, reconnaissent que le problème repose sur... les hommes. Tant que leurs épouses ne parviennent pas à les entraîner aux réunions, il y a peu d'espoir que l'attitude change dans les chambres à coucher.

Cette phase typique de transition paraît presque dépassée dans certaines zones : ainsi les chiffres les plus récents du Sierra-Leone, où la « créolisation » est ancienne, indiquent clairement un début de régression du taux de fécondité. Mais, dans la plupart des Etats, le nombre de naissances *moyen* par femme demeure très élevé : de 5 à 7 suivant les cas.

L'évolution ne semble pas résulter des campagnes contraceptives ; au Kénya, où des efforts réels ont été engagés, la fécondité demeure l'une des plus élevées du continent. Les facteurs sociologiques, l'environnement économique, les blocages idéologiques et mentaux demeurent déterminants.

Enfin, on ne sait pas encore ce que seront, surtout en Afrique centrale apparemment la plus atteinte, les effets sur la fécondité de la diffusion rapide du Sida chez les jeunes femmes et leurs enfants à naître : dans la capitale du Rwanda, fin 1987, à peu près 40 % des jeunes femmes enceintes examinées étaient déjà séro-positives...

CULTURE ET BEAUTÉ

De l'artisanat à l'art populaire

Comme dans les autres sociétés et pour les mêmes raisons, les Africaines ne se sont pas fait connaître dans le passé par leur pouvoir créatif. Confinées au domaine domestique, elles ont été les artisanes du quotidien : poterie, vannerie, filage furent leur lot, tissage parfois (activité néanmoins surtout masculine en Afrique de l'Ouest). Cet artisanat populaire n'a guère donné lieu à une création d'envergure, sauf dans l'art de la teinture à l'indigo et à la noix de kola, technique délicate qui a fourni de beaux pagnes. La quasi

58. Thérèse Locoh, *op. cit.*, pp. 20-24.

totalité des artisans « de luxe », serviteurs des grands chefs, parfois de grand talent, qu'ils aient été sculpteurs sur bois ou sur métal, fabricants de masques et de statues à finalité religieuse, ou même, comme dans l'ancienne Méroé, artistes-potiers, furent des hommes. Les femmes se sont aussi adonnées parfois à la confection de colliers de cauris[59] ou de perles de verre teinté : encore fallait-il avoir les moyens de se procurer ces fameuses perles de Venise importées depuis le XIIe siècle au moins dans l'ensemble de la zone soudanienne, puis par les Portugais en Afrique australe. Ce fut, là encore, plutôt une affaire d'hommes. S'il y eut des femmes, ce fut exceptionnel, et le souvenir n'en est guère resté.

Pourtant, il est au moins un cas où l'on discerne l'histoire d'un art populaire féminin : celui de la peinture des maisons autour de Pretoria, chez les Ndebelé du Transvaal méridional (400 000 environ aujourd'hui). Pendant plusieurs siècles — un missionnaire en a témoigné dans les années 1820[60] —, des femmes de cette zone ont peint leur maison, l'intérieur surtout et en particulier la pièce qui leur était réservée. Elles ont peint avec les doigts ou des plumes et des pigments naturels — rouge, noir, brun et ocre —, à base de chaux, de charbon, d'alluvions de rivière et d'argile mêlés à de la bouse de vache. Les teintes étaient sobres et élégantes. Les fillettes, au moment de l'initiation, étaient isolées plusieurs semaines et instruites dans l'art de la fresque et du tissage des perles, source d'innombrables parures : colliers, tabliers, coiffures[61]... La polygamie a sans doute excité la concurrence des co-épouses pour faire de leur case privée et de leurs ornements les plus beaux de l'enclos. Elles continuent d'élaborer ces compositions compliquées dans les grandes occasions : au moment de leur mariage ou quand leur fils part dans le *veld* pour son initiation (*wela*). Cet art, de façon plus

59. Petits coquillages utilisés autrefois comme monnaie, précisément, entre autres, pour les menues transactions des femmes sur les marchés.

60. John Campbell décrit, non loin de là, la ville de Zurrichane, dont il a laissé une série de croquis pris sur le vif. Les maisons y étaient peintes de couleurs vives, jaunes, ou rouges et jaunes, et décorées de piliers d'argile sculptés, avec des personnages peints de diverses couleurs, surtout sur la face du mur tournée vers l'intérieur de l'enclos. La disposition des bâtiments entourés d'un mur bas correspond à l'habitat encore visible aujourd'hui. John Campbell, *Travels in South Africa (second journey)*, Londres, London Missionary Society, 1822, vol. 1, pp. 220-227.

61. Mais, dépression aidant, les broderies sur peau de bête ont fait place, depuis les années 1950, à des perles de plastique sur cotonnades...

ostentatoire, s'est mis à s'exprimer sur la façade des maisons. Le dessin est exécuté à main levée, directement sur la paroi, sans esquisse préparatoire ; le style « traditionnel », transmis de mère à fille dans une douzaine de familles, se distingue par l'audace linéaire et abstraite du trait, inspiré des formes graphiques et géométriques de la vie quotidienne, des modèles des parures de perles ou d'objets rituels comme les boucliers anciens : losanges, carrés, chevrons ou cercles.

Cet art est l'expression d'une volonté : ne pas perdre le souvenir du passé. Car ce groupe de Ndebelé, insoumis jusqu'en 1882 puis devenu encombrant au XXe siècle dans la zone urbanisée, a été déporté en 1955, avec toute une série d'autres populations, dans des camps dit *Kwandebele* (ou foyer national) au nord-est de la capitale. Dans ces vastes quartiers de bidonvilles, contre vents et marées le groupe a conservé sa langue et une partie de ses coutumes.

Depuis quelques années, ces femmes, comme les teinturières d'Afrique de l'Ouest, ont découvert les peintures chimiques et les pinceaux du commerce. Elles ont aussi commencé à transposer leurs compositions sur des toiles exportables. La vogue touristique et les encouragements d'un programme gouvernemental leur a donné de l'audace : elles ont adopté des couleurs éclatantes et un style plus figuratif ; le dessin énergique et bariolé, qui s'enrichit de nouveaux motifs à chaque génération, symbolise les cours, les portes, les fenêtres à carreaux ou les escaliers qu'elles ont vus dans les villas modernes. Des bandes diagonales, horizontales et verticales évoquent l'ossature de la construction noyée dans le torchis. Les peintres décomposent aussi parfois des arbres et des fleurs pour en tirer des motifs décoratifs. Elles s'aventurent à orner leurs fresques d'ampoules électriques et d'abats-jours, figurés par des triangles ou des demi-cercles, de réverbères et d'antennes de télévision perchées sur le toit de chaume. Tout ce qu'elles ne possédaient pas mais dont elles ont rêvé est traduit en formes stylisées et avec un sens inventif des couleurs : une lame de rasoir devient un gigantesque motif étalé sur le mur entier, dans un délire de bleu électrique, de rose vif et de noir. Chaque fresque est unique, même si toutes ont un air de famille. Cet art populaire, largement reproduit, n'en témoigne pas moins d'une culture où les femmes avaient, et surtout ont leur mot à dire[62].

62. M. Courtney-Clarke, *Ndebelé : l'art d'une tribu d'Afrique du Sud*, Paris, 1992. [Nombreuses photographies].

Les chanteuses

Les chants de femmes existent partout. Ils ont été parfois recueillis, comme chez les Bamiléké du Cameroun où le mot *nshi* signifie à peu près « danser le chant ». Cette poésie rythmée est à rapprocher de celle des aèdes de la Grèce antique ou des troubadours du Moyen-Age. Les chants des femmes sont nourris de sentences, de maximes et proverbes, mais aussi de sentiments personnels exprimant le plus souvent souffrance et désespoir, car il est dur d'être femme : chansons de veuve, chansons de deuil ou bien soulignant la tristesse de la femme sans enfant, ou l'horreur de l'adultère ou de la maladie, signe de souillure. Parfois, on trouve néanmoins des chants plus joyeux, chansons de noces, ou bien de circonstance[63].

Les femmes sont de nouvelles venues sur la scène publique. Certains tempéraments hors du commun sont devenus des solistes célèbres. C'est le cas, au début des années 1960, de la grande chanteuse militante sud-africaine Miriam Makeba qui se détacha du groupe des *Bark City Sisters* puis partit vivre dans la Guinée de Sekou Touré.

La « griote » n'était pas inconnue des temps anciens, même si l'on en sait très peu. En pays Hausa (Nigéria du nord), sa reconnaissance fut cautionnée par la fille même d'Ousmane dan Fodio (le chef de la *jihad* de 1804), Nana Asma, qui a écrit en Arabe, en pular et en hausa. Le plus étonnant est qu'une des sociétés africaines les plus hostiles à la vie publique des femmes a suscité dans le passé et continue de produire aujourd'hui des « diseuses ». La récitante, d'ordinaire, à la différence de ses homologues masculins, est peu cultivée et non arabisée, et n'est pas considérée comme « convenable » puisqu'elle peut n'être pas mariée, et surtout ose se produire en public.

Fort traditionnellement, à la cour de l'émir de Kano, c'est Maïzargadi, veuve d'un ancien musicien de la cour, qui depuis vingt ans a été sa *zabiya* officielle, c'est-à-dire sa griote. Plus courante est la chanteuse qui allait de maison en maison distraire les épouses recluses. Les médias modernes ont permis à leur art de s'épanouir, puisque les femmes peuvent désormais les écouter chez elles sans même les fréquenter.

63 L. M Ongoum, *in* Barbier éd., *Femmes du Cameroun*, 1985, pp. 284-297. Citons aussi les chants très anciens des femmes Bushmen ou Pygmées.

Aujourd'hui les choses évoluent : une chanteuse fort connue, Maimuna Coge, est mariée à un fermier. Il garde les enfants tandis qu'elle circule à travers le Nord pour enregistrer des spectacles télévisés ou radiodiffusés et se produire devant des publics variés, comme les étudiants de l'université de Kano. Elle est accompagnée d'un chœur de femmes qui rythment ses chants en frappant sur des calebasses. Une autre chanteuse, plus âgée, fréquente surtout les meetings politiques pour chanter les louanges de ses candidats ; elle jouit d'une certaine autonomie vis-à-vis d'un mari plus jeune. Quant à Binta Katsina, elle s'est fait connaître par une chanson adjurant les femmes de participer à la construction du pays :

« Vous pouvez faire toutes sortes de travaux,
Vous pouvez écrire,
Vous pouvez utiliser la machine à écrire,
Vous pouvez prendre l'avion,
Vous pouvez travailler pour le gouvernement,
Vous pouvez entrer dans la police,
Vous pouvez être douanière,
Prenez votre chance, femmes du Nigeria,
Vous pouvez tout faire[64]... »

Cette littérature orale est surtout de veine populaire. Ce qui est nouveau c'est l'acceptation, par les hommes, de publier des poèmes écrits par des femmes. Le genre en est relativement figé car, modulé en Hausa sur le modèle coranique, il obéit à des règles strictes de rythme et de métrique et vise davantage à instruire qu'à distraire. La presse Hausa a pris l'habitude, depuis les années 1930, de publier de ces *waka*, et plus récemment d'en faire réciter à la radio. Contrairement à la chanteuse, l'auteur en est respecté, car réputé bon connaisseur de l'islam. Deux femmes, Hauwa Gwaram et Hajiya`Yar Shelo, toutes deux proches de la cinquantaine, ont en 1983 accédé à l'impression[65]. Ce cas n'est pas exceptionnel en pays musulman : toutes les anthologies de poésie Swahili citent le poème écrit en 1858 par une femme, Mwana Kupona, qui illustre à merveille la conduite à suivre par une épouse respectueuse de ses devoirs. Les poètesses Hausa restent dans cette veine ; elles prônent pour la femme le devoir de décence et le rôle de gardienne

64. Cité par Beverly M. Mack, « Songs from silence : Hausa women's poetry », Boyce et Graves, eds., *Ngambika*, 1985, pp. 181-190.

65. *Alkalami A Hannun Matu* (une plume dans la main de femmes), Zaria, 1983.

du foyer, d'épouse et de mère ; mais elles abordent aussi des thèmes inédits comme des conseils d'hygiène, de nutrition ou de soin aux nouveau-nés. En Nigéria du nord, le seul fait d'être publié est en soi révolutionnaire. On y pressent la fierté d'une conquête féminine :

> « Que Dieu nous permette d'atteindre nos buts
> Les femmes de Kano ont travaillé dur pour ce faire
>
> Que Dieu nous permette d'obtenir ce que notre cœur desire
> Les femmes de Kano perseverent dans leur effort
>
> Je vais arrêter ici, de peur que vous me reprochiez d'en avoir trop fait,
> Le chant sur les femmes qui feront le succès de notre pays »

Les chanteuses maliennes exploitent aussi cette veine traditionnelle, comme Oumou Sangare, chanteuse de musique mandingue, et quelques autres. Mais de plus en plus le chant est devenu un art contemporain ; la chanteuse Djeneba Diakité a remplacé la musique des griots par le *wassoulo*, plus moderne et mélodique, et un groupe de trois femmes douées et dynamiques, les « Trois Go » sorties de la troupe de Koteba (Abidjan), a triomphé au concours *Découverte* de Bamako (décembre 1993).

Un art nouveau : la littérature

Compte tenu des contraintes et des réticences du milieu, il n'est pas surprenant de voir les femmes privilégier cet art à la fois neuf et discret : l'écriture. Par définition, les femmes écrivains sont des « modernes », puisque elles sont instruites. Du fait du retard pris dans l'éducation des filles, elles sont apparues plus tard que les écrivains hommes, et restent moins nombreuses. Mais quel talent !

Sensibles aux problèmes de leurs sœurs, les femmes écrivent surtout sur ce qu'elles connaissent le mieux, ce qui leur tient à cœur et demeure pour elles un combat : la condition féminine. A vrai dire, elles avaient été précédées sur ce terrain par quelques hommes, féministes avant la lettre, de langue française surtout, qui ont énergiquement dénoncé leur statut déplorable. Ces œuvres ont marqué en raison de leur qualité : ainsi en fut-il de Sembene Ousmane, toujours prêt à chanter le courage des femmes du peuple (*Les bouts de bois de Dieu*) et à se moquer de la conduite des hommes envers leurs épouses (*Xhala*). Le plus féministe et le plus brûlant de ces auteurs fut l'écrivain malien Ibrahima Ly (1936-1991), qui dépeint surtout l'humiliation des femmes. Il a dénoncé avec une violence passionnée leur sort misérable aussi bien au temps de l'esclavage de la fin du XIXe siècle (*Les noctuelles vivent de larmes)* qu'à l'époque actuelle : dans *Toiles d'araignées* (1982), son héroïne, déchirante, est une jeune paysanne mariée de force à un vieillard par les notables de son village, emprisonnée par eux parce qu'elle avait osé dire non à la mairie, et qui, « piétinée par la vie comme toutes les femmes de chez nous », lutte jusqu'à la mort pour conquérir une liberté que des conventions sociales d'un autre âge lui refusent obstinément. L'intrigue est construite sur une histoire authentique dont l'auteur fut témoin, entre 1974 et 1978, quand il fut lui-même emprisonné pour raison politique dans les geôles de Moussa Traoré. Il faudrait également citer Henri Lopes, grand écrivain congolais qui a toujours mis en scène des personnages féminins complexes et attachants, et bien d'autres encore. Du côté anglophone, le précurseur fut le Nigérian Chinua Achebe, qui dans *Things fall apart* (1958) développe la nécessité de reconnaître au poids douloureux de la maternité un rôle au moins égal à celui du père.

Il n'est pas étonnant que l'écriture féminine en Afrique tropicale se soit épanouie dans deux zones où la pénétration intellectuelle des métropoles fut relativement précoce : le pays Ibo au Nigéria et le Sénégal côtier. Les pionnières furent en anglais Flora Nwapa qui donna pour titre à ses romans le nom de leur héroïne (*Efuru* 1956, *Idu* 1970) et surtout Buchi Emecheta : *The brideprice* (1976), *The slave girl* (1977), *The joys of motherhood* (1979) et *Double yoke* (1982)[66] ; en français Mariama Ba : *Une si longue lettre* (1979) et *Un chant écarlate* (1981). Mariama (1929-1981) était issue de l'élite sociale sénégalaise ; son père fut ministre de la santé en 1958. Elle fit partie des rares filles diplômées de l'Ecole normale de Dakar et son mari était journaliste. A n'en pas douter, son roman épistolaire reflète des expériences vécues.

Contrairement aux hommes et à l'exception de Flora Nwapa, les femmes écrivains s'intéressent peu à la maternité ; elles ont aban-

66. *La compensation matrimoniale ; la fille esclave ; les joies de la maternité ; Double joug*. Le titre *The joys of motherhood* est probablement une allusion à l'héroïne de la première romancière Ibo, *Efuru*, « *who had never experienced the joy of motherhood* » (p. 281).

donné l'archétype de la « mère »[67], sinon pour en montrer le vide : à la différence d'Achebe pour qui « mother is supreme » (traduction de *Nneka*: c'est le nom que l'on donne couramment au nouveau-né), Emecheta fait de son héroïne, Nnu Ego, une victime de la stérilité, puis de la mort de son nouveau-né, enfin du départ de ses enfants :

> « Je ne sais qu'être mère. Comment parlerai-je à une femme qui n'a pas d'enfant ? Me prendre mes enfants est comme me prendre une vie que je n'ai jamais eue[68]. »

Ce n'est pas que les femmes rejettent la maternité, mais elles la trouvent naturelle et refusent de la sanctifier. Ce qu'elles écrivent tourne autour du mariage forcé et de la polygamie ; ce sont de beaux romans d'amour déçu. Plus amplement, leur propos, très moderne, est celui de la quête du bonheur. Milieu social, éducation, personnalités et événements se mêlent pour composer le vécu de chacune des femmes du roman, prises entre leur héritage culturel et leur volonté de changement, mais de façon ni linéaire ni homogène. Mariama Ba raconte ainsi l'histoire de deux couples et de deux générations : l'une des deux amies, Ramatoulaye, a choisi de rester lorsqu'est arrivée la deuxième épouse, et se trouve en fin de compte flouée sur tous les plans. L'autre, qui a transgressé le tabou d'un mariage « mixte » entre une castée et un noble Toucouleur, a préféré la voie difficile du divorce. Dans les deux cas, le mari n'a pas su ou pas voulu résister aux avantages de la pression sociale. Mais un nouvel avenir s'ouvre : le gendre de Ramatoulaye n'affirme-t-il pas : « Daba est ma femme. Elle n'est pas mon esclave, ni ma servante » :

> « Je sens mûrir la tendresse de ce jeune couple qui est l'image du couple telle que je la rêvais (p. 107). »

A la génération suivante, le champ d'exploration féminin se diversifie. Sans parler des écrits politiques des romancières blanches sud-africaines on peut se régaler de satires sociales qui rejoignent un des thèmes favoris des écrivains africains, telle *La*

67. Quasi toujours présente chez les hommes, sauf chez I. Ly qui évoque les mères que « leurs enfants [...] rivent au domicile conjugal comme la chaîne cloue le criminel au pilon » (*Toiles d'araignées*).
68. *The joys of motherhood*, p. 222.

grève des Bàttu (Aminata Saw Fall, 1979), évocation truculente des mendiants de la « grande ville » qu'un notable benêt avait cru pouvoir manipuler.

La parure et la beauté

Il est un domaine où les Africaines rejoignent toutes les femmes du monde : celui de la beauté. Ici le regard de l'homme joue à plein. On rencontrait encore récemment quelques jeunes filles ravissantes et minces qui, à Niamey ou en Mauritanie, suppliaient le médecin de les faire grossir pour suivre le canon traditionnel de la beauté plantureuse du désert. Mais le modèle occidental s'impose de plus en plus, surtout depuis les années 1950, grâce à la presse urbaine, qui commença dès cette époque à multiplier les pages, voire les périodiques dits « féminins ». Citons, entre autres exemples, « Lisette », jeune étudiante esthéticienne du Dahomey, la première francophone à avoir bénéficié d'une bourse d'études en France en ce domaine, qui en 1957 vante dans *l'Afrique en marche* (n° 3) le décrêpage des cheveux. Une mode catastrophique et désolante fut, il y a quelques années, celle du blanchiment de la peau : les procédés mal maîtrisés donnèrent des visages parfois irrémédiablement brûlés, dont les taches défigurèrent un certain nombre de coquettes.

En Afrique équatoriale, c'est dans l'après-guerre que commencèrent à se multiplier, à Brazzaville d'abord, les sociétés féminines d'élégance. Ce fut ce que le parler populaire a désigné du nom lingala de *musiki,* où l'on devine le rôle joué par la musique : il s'agissait de groupes relativement restreints et exclusivement féminins, de l'ordre d'une vingtaine de personnes apparentées par l'âge et le voisinage, qui se réunissaient à tour de rôle dans des bars à l'invitation de chacune d'entre elles. L'organisation d'une tontine, l'audition de nouveautés musicales et les conversations sur des innovations vestimentaires constituaient les éléments clés de rapprochement. Les premiers *musiki* seraient apparus à Léopoldville vers 1954. Le coût relativement élevé des séances en restreignit d'abord la fréquentation à des femmes aisées : commerçantes, maîtresses d'Européens, courtisanes. C'était le début des associations récréatives qui se multiplièrent plus tard, avec la modernisation des bars-dancing. Aux motivations de festivité, de solidarité et d'entraide s'ajoutaient souvent des activités de prostitution, ou du moins d'animation par des groupes de jeunes filles « pour attirer la clientèle ». On dénombrait en 1950 à Poto-Poto huit associations de ce genre, au nom évocateur : « Violette », « Elégance », « la Rose », « Dollar », « Diamant », « Lolita ».[69] A Léopolville se développaient au même moment « Diamant », « Rosette », « la Lumière », « la Beauté », « Reconnaissance ». Une quarantaine d'associations du même genre étaient relevées à Coquilhatville parmi lesquelles « la Beauté actuelle », « la Fille gentille », « Rosette », « la plus belle Toilette », « au Chic »[70]. L'association faisait périodiquement l'acquisition d'une tenue complète, pagne, mouchoir de tête et sandales qui permettait aux membres du groupe de se faire reconnaître, et de participer aux concours de danse, de beauté et d'élégance. Le lancement d'une nouvelle mode se faisait à l'occasion d'une fête ; du bon déroulement de l'exhibition dépendait la fortune du pagne et son adoption par l'ensemble des citadines, les épouses légitimes ayant tendance à imiter le style lancé par les *mwana* (ou maîtresses). Le costume se distinguait par le refus des formes européennes ; on se taillait un pagne et un corsage dans une « pièce de wax » et l'on donnait à la nouvelle coupe un nom évocateur : « King George », « Messo ya Putain », Massa ya la Mer », « Inzo ya Nzambi », « Marie simba velo »[71].

La mode féminine des vêtements les plus élégants est désormais largement métissée. Dans les pays christianisés d'Afrique centrale et australe, sous l'influence des missionnaires qui luttèrent âprement contre la nudité des femmes ou le port de vêtements « traditionnels », la robe occidentale l'a généralement emporté[72]. Mais dans d'autres, comme au Sénégal, le maintien ou le renouvellement des vêtements locaux fut considéré, surtout en ville, comme un signe de reconquête d'identité. Seule l'élite « acculturée » de la société, et encore dans les grandes occasions, pouvait y renoncer : ainsi, dans les années 1960 à Dakar, à l'occasion d'une soirée de

69. Georges Balandier, *Sociologie des Brazzavilles noires,* Paris, 1960, p. 146.

70. Didier Gondola, *op. cit.*, p. 362.

71. « Les yeux de putain », « L'eau de la mer », « La maison de Dieu », « Marie fait du vélo ».

72. Les premières Sénégalaises admises à Dakar au cours secondaire réputé des Sœurs se souviennent encore de leur lutte pour leur imposer, à la fin des années 1950, le port du pagne, considéré comme un signe de sauvagerie... et de révolte.

gala au théâtre de la ville, les femmes de la bourgeoisie sénégalaise s'attachaient à se vêtir à l'européenne tandis qu'un certain nombre de Françaises portaient un élégant boubou. Ce vêtement, aussi simple que seyant, qui a particulièrement bien résisté dans les milieux populaires urbains, ne se différenciait jusqu'à il y a peu que par la qualité du tissu et le choix des coloris et des broderies[73]. Il a fait, de plus en plus, place à des coupes fantaisie, et avait en 1993 presque disparu des rues de la capitale sous sa forme originelle. En revanche la haute couture africaine est en train d'exploser sur le plan international, notamment à partir du Mali.

C'est paradoxalement en Afrique du Sud que les canons de la beauté occidentale se sont imposés avec le plus de force. La quintessence en fut récemment exprimée à l'occasion de l'élection de la « miss » nationale de beauté. Cet événement revêt dans ce pays une importance toute particulière. Les tribulations de la miss 1974, élue miss Monde, font encore la une des journaux ; d'aucuns attribuent cette obsession à l'hypocrisie sexuelle d'une société très puritaine, d'autres à l'idée prégnante en Afrique du Sud de la place et du rôle traditionnels de la femme ou, plus simplement, à l'absence d'un culte royal ou au manque de divas et de stars... En 1993 l'élection a pris une dimension politique. En 1992, pour la première fois une métisse avait été élue. L'année suivante, ce fut une noire. Le symbole est fort. Non seulement la jeune femme est belle, mais elle est intelligente et militante :

> « Si ma victoire pouvait aider à mettre fin aux violence dans les *townships* [a-t-elle declaré au jury], je serais très heureuse. Je crois qu'avec ce qui se passe actuellement dans notre pays, nous avons besoin de quelqu'un qui connaisse différentes cultures. Je viens des *townships* en proie à la violence. J'y ai vécu[74]. »

L'ANC s'est officiellement réjouie de cette victoire à cause du racisme ambiant, bien sûr. Mais, plus prosaïquement, l'élection est aussi le signe d'un changement d'idéal de beauté : jusqu'à présent, les créateurs de mode jugeaient le marché africain insuffisamment porteur, obstacle de taille puisque la lauréate est généralement invi-

73. Il consiste très simplement en un ample rectangle, plus ou moins large, qui ne laisse place qu'à un arrondi pour passer la tête et le cou. Le pagne noué autour de la taille en guise de jupe est encore largement porté dans les campagnes... ou à la maison.

74. Cité par *Afrique Magazine*, n° 106, septembre 1993.

tée, dans l'année qui suit, à assurer la promotion d'une ligne de vêtements. Il faut donc que le phénomène d'identification fonctionne pour que les ventes augmentent. Les esprits chagrins diront qu'aujourd'hui le noir se vend bien : espérons plutôt, comme Jacqui Mofokeng, que l'heure a sonné d'une mixité universelle, des sexes comme des couleurs.

CONCLUSION : L'AVENIR

Deux thèmes sous-tendent la réflexion contemporaine sur les femmes en Afrique : l'émancipation, et le développement.

Les femmes sont-elles sur la voie de l'émancipation ? Il faut pour tenter de répondre mesurer le sens du terme. Après les suffragettes qui ont lutté pour les droits politiques, et les marxistes qui ont revendiqué l'égalité économique, les féministes surtout anglo-saxonnes ont donné à ce terme, dans le droit fil de la tradition occidentale des « droits de l'homme », une signification surtout individuelle : le droit, pour la femme, c'est-à-dire pour chaque femme en particulier, de revendiquer son autonomie voire son indépendance, de décider pour elle-même en son âme et conscience et en qualité d'individu à part entière, d'exercer le droit de disposer à son choix de son corps, de ses désirs et de ses aspirations.

Il y a eu incompréhension entre les femmes occidentales et celles des pays sous-développés, et en particulier les Africaines. Sans doute parce que celles-ci, pour la plupart, n'en sont pas encore là. Mais surtout parce que les présupposés existentiels n'étaient pas toujours les mêmes. Il est difficile, en particulier, d'exprimer la lutte en termes de revendication individuelle dans des sociétés dont beaucoup de traits culturels consistaient précisément à nier l'individu au profit de la collectivité, à préférer la recherche du *consensus* à la liberté de choix personnel.

Tout dépend du plan sur lequel on se place. Sur le plan juridique, dans la tradition ou dans les codes contemporains, sauf exception sur le papier (surtout dans les pays naguère dits « socialistes », et encore) la femme demeure inférieure à l'homme, même si elle a acquis à peu près partout le droit de vote (en 1977 seulement dans le nord du Nigéria, en 1970 au Zaïre) ; cela est patent dans les codes du mariage qui conservent en général la notion de « chef de famille », dans l'exercice du droit de propriété et d'héritage et même, on l'a constaté récemment, dans le droit de choisir un lieu de sépulture pour son mari.

La veuve d'un juriste réputé kénian, Otieno, se vit, en 1987, refuser par la cour d'appel le droit de faire inhumer son mari à Nairobi au profit de la famille « tribale » Luo de celui-ci, avec laquelle il avait culturellement rompu. L'arrêt résulte de l'héritage juridique britannique, qui pratiquait un savant dosage entre le droit dit « coutumier » — qui ici l'emporta — et le droit importé d'Europe[1]. En revanche, en 1991 au Ghana, le droit moderne et la patrilinéarité l'ont emporté avec l'appui du chef de l'Etat, grâce à l'opiniâtreté du fils d'un grand avocat militant de la décolonisation. Kwame Anthony Appiah fut chargé par son père de diriger ses funérailles aux dépens de la lignée maternelle du défunt, revendiquée par la sœur de celui-ci : « Le matriclan aime le cadavre » dit un proverbe Akan. Il fallut toute l'énergie du fils — lui-même philosophe de talent et multiculturel puisque sa mère est anglaise et qu'il enseigne aux Etats-Unis — pour résister au poids « traditionnel » de sa tante, qui n'est autre que l'épouse de l'*asantehene* régnant (souverain des Ashanti). Dans ce contexte matrilinéaire, c'est le fils qui conduisit la totalité du combat, même si c'était au nom de ses sœurs et de sa mère[2].

Il est des cas où la superposition du droit romain sur les coutumes matrilinéaires ont amoindri plutôt que confirmé le droit des femmes.

Que dire de l'émancipation économique ? Le degré d'autonomie des femmes fut et demeure variable à travers le continent. Beaucoup ont l'avantage, sur les Européennes, d'avoir depuis longtemps fait bourse séparée, et surtout la caractéristique d'avoir ignoré pendant des siècles ne serait-ce que l'éventualité de l'oisiveté. Sauf chez les Hausa et les Swahili islamisées, la notion de « femme au foyer » n'existait pas. On peut donc avoir, sur l'émancipation économique récente des femmes, des avis partagés, qu'il s'agisse du secteur informel ou du monde des salariées, de l'évolution du travail à la campagne ou à la ville.

Il n'en reste pas moins qu'il est d'usage — sauf dans le secteur public, et encore — que le salaire des femmes, à travail et qualification égales, soit inférieur parfois de la moitié à celui de leurs homologues masculins. La loi leur rend souvent difficile l'accession au

1. Patricia Stamp, « Burying Otieno : the politics of gender and ethnicity in Kenya », *Signs*, vol. 16, n° 4, 1991, pp. 808-845.

2. Appiah raconte cet épisode in *In my Father's house*, Oxford University Press, 1992, pp. 181-195.

capital, et si les femmes sont en train d'acquérir partout une autonomie économique réelle dans l'« informel », qu'il faudrait mieux appeler « économie populaire urbaine », c'est aussi parce qu'elles y ont été rejetées faute d'avoir accès au monde des hommes. On cite aujourd'hui comme encore exceptionnelle la réussite d'une remarquable « entrepreneuse » malienne, aussi vigoureuse que moderne : Aminata Traoré, sociologue et ancienne responsable politique, a réussi à monter à Bamako deux beaux restaurants devenus le rendez-vous culturel et intellectuel des créateurs de la ville et d'ailleurs ; elle a aussi organisé un atelier d'art qui exploite et diffuse les talents des artisans de son pays. Quant à Mme Fatou Sylla, aussi séduisante que son idée, elle a fait la « une » d'*Ivoire-Dimanche :* ex-planton au tribunal d'Abidjan en 1956, elle est devenue en 1970 chef d'une entreprise de fabrication de cahiers inaugurée par le ministre du Plan[3] : c'est un beau début, mais ce n'est qu'un début...

Dans le monde politique, à l'exception de quelques échappées au moment des luttes nationales ou de quelques individualités flamboyantes, l'action des femmes apparaît encore relativement exceptionnelle. Cela dit, qu'est-ce que la politique, et quelle est sa portée ? Il est sans doute plus utile, aujourd'hui, que des femmes déterminées se consacrent à obtenir l'amélioration du statut de leurs sœurs, le respect d'un âge minimum au mariage et la suppression des manifestations les plus insupportables de leur infériorité sociale, que de jouer comme les hommes à la comédie du pouvoir officiel... Leur participation en ce domaine apparaît souvent encore comme un prolongement marginal et dépendant du monde masculin. De ce point de vue, il n'est pas sûr que l'indépendance politique ait constitué, pour la plupart des femmes d'Afrique, une étape privilégiée. Plus importante apparaît leur insertion dans l'économie de marché, qui sous la forme privilégiée de l'« informel » a commencé bien auparavant, et s'est accélérée nettement après, reflétant davantage les aléas de la crise que les péripéties de l'indépendance politique.

Sur le plan social surtout, les contraintes culturelles pèsent encore lourdement. Les récits que les femmes font de leur vie contrastent tellement avec l'image que la mémoire des hommes en donne qu'on a l'impression de se trouver face à deux catégories dif-

3. Cité par C. Vidal, *Sociologie des passions,* Paris, 1991, p. 147.

férentes d'êtres féminins. Pour l'imaginaire masculin, la vie de la femme est supposée se dérouler tout entière au sein du mariage, ou plutôt de ses mariages et de ses maternités. Le phénomène de la femme seule est à peine accepté dans les milieux les plus occidentalisés. Celles dont les hommes se souviennent sont avant tout des mères, enfouies dans la famille coutumière qui impose aux femmes et aux enfants une circulation sociale au gré des stratégies masculines, et où le village demeure la référence culturelle et sociale obligée. Or l'essentiel de la vie d'une femme est aujourd'hui centré sur une famille réduite à sa forme nucléaire qui ne masque plus, en ville, la dure réalité de l'inégalité sociale. C'est la femme qui constitue le noyau social élémentaire en regroupant les enfants de plusieurs pères, voire d'autres femmes ayant été l'épouse du même homme. Une violence insidieuse, que le discours de la « tradition » déguise en « affaires de sorcellerie », constitue le principal moyen d'action social, dans une vie qui est devenue l'art d'éviter le pire pour survivre dans l'espoir de pouvoir un jour abuser d'un autre et surtout d'une autre[4]. Le résultat est hybride : la femme indépendante ne le reste que si, en même temps, elle trouve, d'une façon ou d'une autre, l'accueil auprès d'un homme, épousé sur le tard ou compagnon de concubinage. Etre stérile demeure le mal absolu, sauf dans quelques cas exceptionnels comme celui d'Aoua Keita qui a su transcender son état à travers l'action politique, un peu comme l'avaient fait avant elle quelques rares femmes de pouvoir des temps anciens.

C'est pourquoi les taux de natalité demeurent en Afrique les plus élevés du monde. Non que les femmes, y compris les plus pauvres et les moins éduquées, n'aient pas évolué en ce domaine. La plupart du temps, s'il ne tenait qu'à elles, le nombre de leurs enfants tomberait rapidement de moitié. Mais les hommes refusent encore tout compromis ou presque en ce domaine culturellement si vulnérable, puisqu'il touche aux bases conceptuelles de la virilité.

Alors, émancipation ? Oui, pour les femmes, de plus en plus nombreuses, qui ont pris conscience de ces limites, et ont commencé de lutter contre ces contraintes. Femmes des villes « embourgeoisées », et surtout culturellement occidentalisées, mais aussi, de plus en plus, femmes du peuple, y compris dans les campagnes, qui ont témoigné d'une réelle capacité d'initiative. Elles y

4. B. Jewsiewicki, *Naître et mourir au Zaïre*, Paris 1991, pp. 52-54.

sont encouragées par une vie associative beaucoup plus large et active qu'en Occident, où elles ont su, de toute ancienneté, s'organiser entre elles et pour elles, dans une conception de la vie quotidienne, de la répartition des tâches, des préoccupations et des loisirs beaucoup plus autonome que chez nous. C'est à la fois leur force et leur faiblesse ; car il n'en devient pour le pouvoir en place que plus facile de cantonner collectivement les femmes dans des activités subsidiaires et contrôlées par les autorités : cas patent des filiales politiques.

Cas aussi des entreprises de développement : le thème des « femmes et du développement » est désormais à l'ordre du jour. On ne compte plus les ouvrages, les opuscules et les rapports qui portent ce titre. C'est d'ailleurs pourquoi nous n'en citons presque aucun[5]. Car ils sont souvent encore désespérants. Certes, ils révèlent une prise de conscience : celle que le travail productif non industriel — celui-ci faiblement représenté en Afrique sauf dans les zones minières — repose entre les mains des femmes. Il s'agit donc de les connaître ; mais aussi de les « sensibiliser », de les « conscientiser », de les « éduquer », de les « mobiliser » — bref, de les utiliser...

On oublie souvent deux faits : d'une part, qu'il faudrait d'abord les aider, surtout dans les campagnes, à faire accepter par les hommes leur droit à participer au pouvoir de décision. Il ne suffit pas de les faire entrer dans les instances communales, encore faut-il qu'elles y soient entendues, et cela ne dépend d'elles qu'en partie : il faut être dotée d'une réelle dose d'originalité et de volonté pour s'inscrire aussi publiquement contre les usages établis de la pression sociale et politique. D'autre part et peut-être surtout, les femmes continuent, sans doute plus encore qu'auparavant, compte tenu de l'aggravation du contexte économique, de *n'avoir pas le temps.* Ecrasées de tâches multiples de l'aube à la nuit, les paysannes rwandaises, parmi bien d'autres, n'ont le loisir ni de s'intéresser, ni encore moins de s'exercer à des techniques inédites qui pourraient, à terme, faciliter leur travail. Or l'histoire passée démontre qu'on ne peut compter sur les hommes pour financer

5. Consulter néanmoins : J.I. Parpart ed., *Women and development in Africa : comparative perspectives,* 1989 ; le n° spécial sur le theme in *Review of African Political Economy,* n° 27-28, 1984 ; et le bulletin de liaison du réseau « Femmes et developpent » lancé par l'ORSTOM et le Ministère de la Coopération dans les années 1985.

(car c'est souvent en ces termes que se pose la question) ou promouvoir une amélioration dont ils ne sont pas les premiers bénéficiaires. On n'en est plus, heureusement (encore faudrait-il le vérifier), à convoquer les hommes pour des conférences sur l'agriculture, comme le firent naguère des agronomes dans les villages camerounais, alors que ce sont les femmes qui vont aux champs. Mais la nécessité du développement *par* les femmes se pose d'abord *pour* les femmes. La seule voie est l'éducation, ne serait-ce que parce que nombreuses sont encore les femmes dans les campagnes et les quartiers pauvres des villes qui ne comprennent pas la langue européenne de communication.

L'élément le plus prometteur est qu'aujourd'hui, à peu près partout, la parité du droit à l'école est en voie d'être acquise aussi bien pour les filles que pour les garçons.

POSTFACE À L'ÉDITION DE 2013

Près de vingt ans après le constat en demi-teinte de la situation des femmes africaines dressé dans la conclusion de ce livre, dans quel sens celle-ci a-t-elle évolué depuis lors ? Des espoirs et des inquiétudes que je formulais alors, lesquels ont été confirmés ou infirmés ? A-t-on progressé dans la connaissance du rôle des Africaines dans l'histoire contemporaine de leurs sociétés, indispensable pour éclairer le présent ? C'est évident pour la recherche historienne française qui a pris son essor depuis lors. Pour tenter de répondre à ces questions, je propose dans cette postface une évocation synthétique des nouveaux travaux de recherche – nombreux et foisonnants – qui leur ont été consacrés[1].

LA PRISE DE CONSCIENCE DE LA PLACE DES FEMMES AFRICAINES COMME ACTEURS SOCIAUX ESSENTIELS

Depuis les années 1990, concernant le genre en Afrique, ont surtout progressé les études consacrées au domaine juridique (mariage, divorce, héritage...), qui montrent à quel point, même théoriquement soumises, les femmes ont su depuis longtemps tenir un rôle actif. À travers l'évolution du mariage et la genèse de la femme indépendante a continué d'être analysée, sur une quantité d'études de cas, l'émancipation progressive des femmes : « She thinks she's like a man » (Margot Lovett, 1996), « Rounding up spinsters. Gender chaos and unmarried women in colonial Asante » (Jean Allman, 1996), « Women, marriage, divorce, and the emerging colonial state in Abeokuta (Nigeria) 1892-1904 » (Judith Byfeld, 1996), *Marriage in Maradi 1900-1989* (Barbara

1. Et dont la plupart des références sont données dans la « bibliographie complémentaire » associée à cette postface.

Cooper, 1997), « Dangerous liaisons. Colonial concubinage in Eritrea, 1890-1940 » (Giulia Barrera, 1998), *Wicked Women* (Dorothy Hodgson et Sheryl McCurdy, 2001). Un numéro spécial des *Cahiers d'Études africaines* a fait le point de ces acquis de la recherche anglophone et francophone sur l'évolution du statut et du droit des femmes, notamment au sein de la famille, à partir des archives juridiques de la période coloniale (Catherine Coquery-Vidrovitch, 2007b). A été aussi abordé le rôle spécifique des femmes dans les relations entre générations (Muriel Gomez-Perez et Marie-Nathalie Leblanc, 2012).

Avec le démarrage des études africaines sur l'esclavage interne, une attention toute particulière a été donnée aux femmes esclaves (Gwyn Campbell *et alii*, 2007). Pour la période coloniale, le thème est apparu des migrations féminines internes, dans ou hors le territoire colonial (Maxime Compaoré et Ardjouma Ouattara, 2003 ; Christiana Okojie, 2003 ; Marie Rodet, 2010). On y perçoit à nouveau que, contrairement à l'idée reçue selon laquelle les femmes suivaient leur mari, elles ont eu des conduites migratoires très diversifiées. Sont aussi abordées les questions de la formation des femmes et de leurs activités professionnelles (Pascale Barthélémy, 2010). On a commencé aussi à examiner le poids spécifique du vote féminin dans les élections politiques (Lucile Rabearimanana, 2005 ; Catherine Coquery-Vidrovitch, 2010).

Plus récemment, de nouveaux aspects de l'histoire des femmes sont apparus : histoire de la sexualité, de l'amour, voire de l'homosexualité. Les études attaquent ces sujets jusqu'alors restés tabous en Afrique. La question sexuelle, ignorée et même niée à l'époque coloniale sous le double carcan de la pudeur africaine et de la bienséance coloniale, est devenue de nos jours, comme partout ailleurs, l'une des préoccupations clés exprimées par la jeunesse scolarisée des villes, garçons et filles. En témoignent, entre autres, un ouvrage alors novateur sur le vécu colonial de la fécondité (Nancy Hunt, 1999) et les recherches d'une jeune historienne botswanéenne, Harriett Nkomazana, sur l'histoire d'une coutume sexuelle féminine Khoi-San (celle qui a fait fantasmer les savants européens du XIXe siècle sur le « tablier » de Saartje Batman, dite la « Vénus hottentote ») : l'allongement des lèvres de l'appareil génital pour préparer les filles au mariage (Harriett Nkomazana, 2003). À noter que les jeunes filles ont parfois, dans un premier temps, publiquement revendiqué le maintien de la clitoridectomie comme une arme de résistance anticoloniale, puisque les colonisateurs entendaient l'interdire (Lynn Thomas, 1996). La revendication de sexualité féminine reste souvent regardée par les « anciens », hommes et femmes, comme l'une des causes de la « dépravation des mœurs », stigmatisée entre autres par l'expansion galopante du sida : la revue *Africa Today* a fait de cette représentation décalée de la sexualité le thème d'un numéro spécial (Gracia Clark *et alii*, 2000).

Le rôle doublement oppressif des règles coutumières conjuguées au message colonial (et missionnaire) « victorien » de sujétion de la femme en Occident est désormais établi. Le thème fut initié en 1993 avec le livre novateur de Diana Jeater (*Marriage, Perversion and Power*, 1993), qui était déjà cité dans le présent ouvrage. Ce fut une véritable introduction au champ d'histoire culturelle postcoloniale qui a concerné à son tour l'étude des femmes africaines. L'étude *Women, Work, and Domestic Virtue in Uganda* s'inscrit dans le même courant (Grace Bantebya Kyomuhendo et Marjorie Keniston Mcintosh, 2007).

Bref, s'est dorénavant affirmée la nécessité de considérer les Africaines non plus comme des objets d'étude, mais en tant que sujets. Il s'agit de mesurer l'intériorisation progressive de comportements, d'interprétations, de représentations qui ont modelé les évolutions identitaires, de façon non nécessairement analogue à celles des hommes. L'attitude des femmes devant la sexualité (et non plus seulement la maternité) (Glen Elder, 2003), l'école ou le travail – qu'il s'agisse de la campagne ou de la ville, du travail domestique (Janet Bujra, 2000) ou du travail salarié (Jean-Pierre Lachaud, 1997) – est désormais perçue comme indissociable de processus complexes de mémoire et de subjectivité donnant naissance à une « modernité » féminine repérable et spécifique selon les histoires et les espaces.

De ce point de vue, la synthèse sur les Africaines face à la colonisation publiée en 2002 par Jean Allman, Susan Geiger et Nakanyike Musisi est exemplaire. L'ouvrage étudie d'abord les *rencontres* entre Africaines et Européens : stratégies éventuelles de mariages mixtes, appropriations et rejets culturels, qu'il s'agisse de femmes éduquées ou de femmes du peuple en contact avec les missions. Il interroge la façon dont les *perceptions et représentations européennes* ont pu influer sur le comportement des Africaines : par exemple, comment la fécondité des femmes Ganda ou bien l'identité sociale des femmes du Ghana du Nord ont été interprétées et traitées par les observateurs coloniaux ; ou encore, comment les migrantes ont perçu, voire intégré, l'image dépréciée qui était donnée d'elles, ou ont réagi aux examens médicaux forcés. Enfin, jusqu'à quel point les « évoluées » ont-elles ou non adhéré au modèle qui leur était proposé ? Sont analysés différents cas de *réactions des femmes* contre un pouvoir colonial qui cherchait à restreindre leur rôle économique, voire politique, dans des pays aussi différents que l'Ouganda, le Ghana, le Nigéria, la Guinée, le Zimbabwé ou le Mozambique. L'ouvrage d'Iris Berger et France White (1999) aux États-Unis et celui dirigé par Anne Hugon (2004) en France constituent d'utiles synthèses de ces apports divers. Ils sont à compléter par l'ouvrage collectif dirigé par Odile Goerg faisant connaître des travaux plus récents (2007).

UN NOUVEAU REGARD APPORTÉ PAR LES « ÉTUDES DE GENRE »

Ce qui est donc différent du moment où est parue la première édition de ce livre, c'est que l'analyse française (mais guère encore francophone, à la différence des historiennes africaines de langue anglaise) s'est désormais bien développée sur ce que l'on appelle désormais chez nous les études de genre[2] – à juste raison, bien que le terme, directement issu de l'anglais, continue de heurter quelques oreilles. Ce fut précisément ce qu'entendait faire ce livre, sans que le mot y ait été utilisé. C'est pourquoi il conserve une actualité certaine. Il ne s'agissait pas, en effet, d'y parler des femmes « en soi », mais de chercher à comprendre leur place dans une société « genrée » et dans l'ensemble dominé par le genre masculin : leur action et leur rôle social, économique, politique, culturel, différenciés de ceux des hommes, dans les sociétés d'avant la colonisation ; et, surtout, les transformations de ces relations mutuelles tout au long de la colonisation, en raison même de celle-ci.

Un exemple des progrès effectués depuis la parution de cet ouvrage est l'intérêt porté au rôle économique désormais tenu par des

2. À paraître : *Femmes et Genre dans le contexte colonial, XIXe et XXe siècles* (actes du colloque international qui s'est tenu à Paris en janvier 2012). De même, est en préparation la publication des actes du colloque international tenu à l'Université Laval (Québec) en mai 2012 sur « Femmes, genre et générations en Afrique subsaharienne : de nouveaux défis ». La bibliographie de langue française va s'en trouver largement renouvelée.

femmes chefs d'entreprise, et plus seulement les femmes de l'informel des marchés populaires, les *marketwomen* surtout évoquées dans la première édition. Ce n'est qu'en 1995 qu'apparaît une vision comparatiste du phénomène à travers le continent, grâce au travail de Bessie House-Midamba et Felix Ekechi, *African Market Women and Economic Power*. Il fut aussitôt suivi de deux autres ouvrages de la même veine, qui « découvrent » des *businesswomen* ailleurs qu'en Afrique de l'Ouest : celui de Kathleen Sheldon sur *Courtyards, Markets, City Streets* (1996) ; puis celui de Claire Robertson (qui avait travaillé sur le Ghana), cette fois-ci sur Nairobi (1997).

La tonalité de la vision de la condition féminine africaine a ainsi évolué, en même temps qu'elle s'est étendue à l'époque postcoloniale. Certes, le courant « afro-pessimiste » demeure (voir notamment le livre de Teresa Barnes, *We Women Worked so Hard*, 1999), mais la tendance est devenue plutôt « afro-optimiste » en ce qui concerne la place des femmes. Les observateurs, tout en soulignant les handicaps des femmes entrepreneuses, mettent désormais en lumière leurs capacités d'invention et d'innovation. Ils confirment la position généralement partagée par les experts en développement des instances internationales : le contraste entre l'ancienneté d'une activité de commerce enracinée dans la culture féminine dans l'Afrique de l'Ouest côtière, et le retard de cette activité dans le reste de l'Afrique, où les femmes ne seraient devenues des marchandes qu'après l'indépendance, à cause du manque de terres à cultiver et du sous-emploi devenu chronique des hommes. Elles échappent ainsi globalement à ce à quoi entendait les réduire le pouvoir colonial et la concurrence masculine, qui ne leur abandonnaient que les activités les moins rémunératrices, surtout lorsque des politiques légales de ségrégation les confinaient au travail agricole de subsistance à l'intérieur des réserves. En somme, l'hostilité du genre masculin se serait conjuguée à la répression coloniale pour entraver leur capacité d'entreprise, mais la riposte féminine est devenue partout de plus en plus convaincante, même si encore minoritaire.

Les publications récentes rendent compte de l'importance qu'ont prise, un peu partout en Afrique, surtout depuis l'indépendance, les entrepreneuses dans les économies urbaines et nationales. Le constat a abouti en 1999 au premier colloque d'histoire consacré à ce thème, comparant femmes africaines et *African Americans*, restitué en 2002 par Alusine Jalloh et Toyin Falola dans leur livre collectif *Black Business and Economic Power*. Il est certain qu'existent aujourd'hui, et de plus en plus, des femmes responsables d'entreprises dans le secteur moderne, mais on en sait encore trop peu. Ainsi, à Bamako (Mali), Aminata Traoré, sociologue de formation et ministre de la Culture de 1997 à 2000, a fondé une entreprise de luxe destinée à mettre en valeur le très bel artisanat de son pays (tissage, poteries, vannerie, etc.). Un personnage féminin de cette envergure apparaissait encore récemment comme exceptionnel, en particulier dans les pays à dominante musulmane, mais pour combien de temps ? Modélistes et artistes féminines sont devenues nombreuses, mais pas seulement elles : en 1999, l'Association panafricaine des femmes d'affaires a tenu son premier congrès à Accra, ville où les commerçantes sont reines depuis longtemps ; le deuxième a eu lieu à Addis-Abeba et le troisième... à Orlando en Floride (États-Unis). Ces femmes chefs d'entreprise se situent souvent au cœur de la société. Leur formation et leur milieu les inscrivent au sein des ressources vives de leur pays. Elles savent à merveille utiliser les ressorts du capitalisme contemporain – Internet inclus –, pour assurer la rentabilité de leurs affaires.

Enfin, l'ouvrage d'Emily Lynn Osborn, *Our New Husbands Are Here* (2011), innove dans le domaine politique, en remettant en cause le postulat européocentrique de l'autonomie des secteurs public et privé, grâce à une analyse de cas en longue durée, de l'époque précoloniale à nos jours, autour de Kankan en Guinée. L'auteure vise à démontrer l'interaction incessante entre deux secteurs jusqu'alors souvent étudiés séparément car réputés indépendants l'un de l'autre : la sphère publique (supposée dominée par les hommes) et la sphère domestique (supposée régie par les femmes). En réalité, ils sont en constante résonance, l'évolution de l'un étant solidaire de l'évolution de l'autre, avant comme après la colonisation.

À la différence des chercheurs anglophones, la distorsion entre la réalité et la recherche est sensible chez leurs homologues de la sphère francophone, où l'intérêt des historiens – et en particulier des historiennes – pour les questions de genre reste encore rare, malgré l'importance des travaux animés par la sociologue sénégalaise Fatou Sow[3]. Cela devrait toutefois changer pour les

3. Voir Ayesha M. Iman, Amina Mama et Fatou Sow (dir.), *Sexe, genre et société. Engendrer les sciences sociales africaines*, Dakar/Paris, Codesria/Karthala, 2004 ; Fatou Sow (dir.), *La Recherche féministe francophone. Langue, identités et enjeux*, Paris, Karthala, 2009.

générations à venir. Car, dans la plupart des pays africains, il y a désormais quasi-égalité entre filles et garçons au niveau de l'enseignement primaire – et souvent désormais (surtout, mais pas nécessairement, en pays non musulman) au niveau secondaire. Il en résulte que de plus en plus de filles entrent à l'université, voire sont envoyées par leurs parents de la bourgeoisie locale, comme les garçons, poursuivre leurs études supérieures aux États-Unis, au Canada ou ailleurs. Comme partout dans le monde, les filles travaillent davantage que les garçons à l'université, car elles ont tant à prouver. Elles en sortent donc mieux diplômées, ce qui a commencé à provoquer, de la part du genre masculin, des réactions ultraconservatrices visant à limiter le pouvoir montant du genre féminin (notamment par le biais des codes de la famille). Il est important de préciser que ce machisme parfois virulent déborde largement le seul monde musulman.

Ces évolutions récentes invitent assurément à revoir et compléter la connaissance de la situation coloniale des femmes africaines dont j'ai tenté de rendre compte dans ce livre. Par exemple, l'analyse déjà citée de la professionnalisation des femmes dès l'époque coloniale, proposée par Pascale Barthélémy en 2010, démontre à quel point l'influence modernisante d'un groupe pourtant très minoritaire – celui des infirmières, sages-femmes et institutrices ouest-africaines – a exercé, de par son action sur une population féminine très nombreuse, analphabète ou non, une influence sans commune mesure avec son effectif réduit.

En définitive, les Africaines ont toujours constitué un groupe genré, à la fois solidaire et extrêmement varié. Par leurs héritages socioculturels divers, leurs statuts sociaux différenciés et leurs environnements contrastés, l'évolution des femmes n'a jamais été univoque. Leurs vécus sont toujours extraordinairement divers, mais, tout au long de leur histoire, avec une spécificité plus facilement repérable que pour les hommes : celle de la dialectique incessante entre deux éléments contradictoires exacerbés, pesanteurs sociales *versus* émancipation individuelle.

Septembre 2012

BIBLIOGRAPHIE*

Abyssiniennes (les) et les femmes du Soudan oriental d'après les relations de Bruce, Browne, Caillaud, Gobat, Dr Cuny, Lejean, Baker, etc. Turin : Jean Gay ; 1976.

Aduayom, Messam. Un prelude au nationalisme togolais : la revolte de Lomé, 24-25 janvier 1933. *Cahiers d'Etudes Africaines* ; 1984 ; XXIV-1(93) : 39-50.

Afshar, Haleh. *Women, Work and Ideology in the third world.* Londres : Tavistock Publications ; 1985.

Afshar, Haleh ; Dennis, Caroline, eds. *Women and adjustment policies in the third world.* New York : St Martin's Press ; 1992.

Albert, Irène. *Des femmes, une terre. Une nouvelle dynamique sociale au Bénin.* Paris : L'Harmattan ; 1993.

Almeida-Topor (d'), Hélène. Amazones (les). Une armée de femmes dans l'Afrique précoloniale. Paris : Rochevignes ; 1984.

Amadiume, Ifi. *Male Daughters, Female Husbands : Gender and Sex in an African Society.* Londres : Zed Books ; 1987.

Antoine, P. ; Nanitelanio, J. *La montée du célibat féminin dans les villes africaines. Trois cas : Pikine, Abidjan et Brazzaville.* Paris : CEPED ; 1990.

Appleton, Simon ; Collier, et Horsnell, Paul. *Gender, Education and Employment in Côte d'Ivoire.* Washington D. C. : The World Bank ; 1990.

Ba, Ginette. Women and feminine experience in Lessing's *The four-gated city* (1969). *Annales de la Faculté des Lettres et Sciences humaines (Dakar)* ; 1989 ; (19) : 83-94.

Baba de Karo. *Autobiographie d'une musulmane Haoussa du Niger.* Paris : Plon (Terres humaines) ; 1977. Traduit de l'anglais.

Barber, Karin. *I could speak until tomorrow. Oriki, women, and the past in a Yoruba town.* Washington D.C. : International African Library ; 1991.

Barbier (sous la dir. de). *Femmes du Cameroun. Mères pacifiques, femmes rebelles.* Paris : ORSTOM/Karthala ; 1985.

Bardouille, Raj. *Research on Zambian Women in retrospect and prospect : an annotated bibliography.* Lusaka : SIDA (Swedish International Development Agency) ; 1992.

Bardouille, Raj. The sexual division of labour in the urban informal sector : the case of some townships in Lusaka. *African Social Research* ; 1981 ; (32) : 29-53.

* En France, le meilleur centre de documentation sur la question féminine africaine est le CEDID à l'ORSTOM (Paris) Il rassemble essentiellement des travaux d'ethnographie et de sociologie La présente bibliographie met l'accent sur la dimension historique, ou dominent les travaux de langue anglaise.

Barrett, H.R. ; Browne, A.W. Time for Development ? The case of women's horticultural schemes in rural Gambia. *Scottish Geographical Magazine* ; 1989 ; 106(1) : 4-11.

Barrett, Jane ; Dawber, Aneene, et al. *South African women on the move.* Toronto : Between the Lines ; 1985.

Barthel, Diane L. The rise of a female professional elite : the case of Senegal. *African Studies Review* ; 1975; XVIII(3) : 1-15.

Bay, Edna G., ed. *Women and Work* in Africa. Boulder, Col. : Westview Press ; 1982.

Bay, Edna ; Hapkin, Nancy, eds. Women in Africa. *African Studies Review* ; 1975; XVIII (3, Special issue) : 1-132.

Bazin-Tardieu, Danielle. *Femmes du Mali. Statut, image, réaction au changement.* Ottawa : Lemeac ; 1975.

Beavon, K.S.O. ; Rogerson, C. Changing (the) Role of Women in the Urban Informal Sector of Johannesburg. In : Drakakis-Smith, David, ed. *Urbanisation in the Developing World.* London : Croom Helm ; 1986 : 205-225.

Belloncle, G. *Femmes et développement en Afrique sahelienne.* Paris : Editions ouvrières ; 1980.

Beneria, Lourdes. Conceptualizing the labor force : the underestimation of women's economic activities. *The Journal of Development Studies* ; 1981 ; 17(3) : 10-28.

Berger, Iris. *Threads of Solidarity. Women in South African Industry, 1900-1980.* Bloomington/Londres : Indiana University Press/James Currey ; 1992.

Biesele, Megan. *Women like meat. The folklore and foraging ideology of the Kalahari Ju/'hoan.* Bloomington et Indianapolis : Witwatersrand et Indiana University Press ; 1993.

Biondi, Jean-Pierre. *Saint-Louis du Sénégal. Mémoires d'un métissage.* Paris : Denoël ; 1987.

Bonnardel, Régine. Afrique : les femmes quittent la brousse. *Le Journal de la Paix* ; 1986; (340) : 16-21.

Bonnardel, Regine. *Saint-Louis du Sénégal, mort ou naissance ?* Paris : L'Harmattan ; 1992.

Boserup, Ester. *La femme face au développement économique.* Paris : PUF ; 1983.

Bozzoli, Belinda. *Women of Phokeng. Consciousness, Life Strategy, and Migrancy in South Africa, 1900-1983.* Londres/Portsmouth : James Currey/ Heinemann ; 1991. Note : With the assistance of Mmantho Nkotsoe.

Bryceson, Deborah Fahy. The proletarianization of women in Tanzania. *Review of African Political Economy* ; 1980 ; (17) : 4-27.

Bryson, Judy C. Women and Agriculture in sub-Saharan Africa : implications for development (an exploratory study). *The Journal of Development Studies* ; 1981 ; 17(3) : 30-45.

Bujra, Janet. Women « Entrepreneurs » of early Nairobi. *Revue Canadienne des Etudes Africaines* ; 1975 ; IX(2) : 213-234.

Bukh, J. *The village women in Ghana.* Uppsala : Scandinavian Institute of African Studies ; 1978.

Buvinic, Marya ; Lycette, Margaret et McGreewey, Paul W., eds. *Women and Poverty in the Third World.* Baltimore : John Hopkins University Press ; 1983.

Callaway, H. *Gender, Culture and Empire. European Women in Colonial Nigeria.* Londres : Macmillan ; 1987.

Callaway, Barbara J *Muslim Hausa Women in Nigeria. Tradition and Change.* Syracuse : Syracuse University Press , 1987.

Callaway, Barbara ; Creevy, Lucy *The heritage of Islam. Women, religion and politics in West Africa* Boulder et Londres : Lynne Rienner ; 1994.

Caplan, Pat Development policies in Tanzania — Some implications for women. *The Journal of Development Studies* , 1981 ; 17(3) : 98-107.

Castilhon, J L. *Zinga, reine d'Angola. Histoire africaine* Bourges : Ed. G ; 1769 (1ère éd.) Edition etablie et presentée par Patrick Graille et Laurent Quillerie.

Centre for Social Development and Humanitarian Affairs (ONU). *Women in politics, and decision-making in the late 20th century.* Dordrecht/Boston : M Nighoff , 1992.

Charbit, Yves ; Gueye, Lamine et Ndiaye, Salif, eds. *Nuptialité et fécondité au Senegal* Paris PUF ; 1985.

Charlton, Sue Ellen M. *Women in third world Development.* Boulder Col. : Westview Press ; 1984

Chauduri, Nupur ; Strobel, Margaret, eds *Western Women and Imperialism. Complicity and Resistance.* Bloomington et Indianapolis : Indiana University Press ; 1992.

Chauncey Jr , George The locus of reproduction : Women's labour in the Zambian Copperbelt, 1927-1953. *Journal of Southern African Studies* ; 1981 ; 7(2).

Chemain-Degrange, Arlette. *Emancipation feminine et roman africain.* Dakar : Nouvelles Editions Africaines ; 1980.

Civilisation (la) de la femme dans la tradition africaine. Paris : Présence Africaine ; 1975. Note : colloque d'Abidjan juillet 1975

Clark, Caroline. Land and Food, Women and Power in 19th century Kikuyu. *Africa* , 1980.

Cleaver, Tessa ; Wallace, Marion. *Namibia women in War.* Londres : Zed Books ; 1990.

Cock, Jacklyn. *Maids and Madams. A study in the politics of exploitation.* Johannesburg Ravan Press ; 1980 Note : (2e éd. 1984).

Cole, Josette. « When your life is bitter you do something ». Women and Squatters in the Western Cape, tracing the origins of Crossroads and the role of women in its struggle. in : Kaplan Dave ed. *South African Research Papers.* Cape Town : University of Cape Town ; 1986. 4-63.

Coles, Catherine ; Mack Beverley, eds. *Hausa Women in the 20th century.* Madison : The University of Wisconsin Press ; 1991.

Comhaire-Sylvain, Suzanne. *Femmes de Kinshasa, hier et aujourd'hui.* Paris, La Haye : Mouton ; 1968.

Comhaire-Sylvain, Suzanne. *Femmes de Lomé.* Bandundu : CEEBA ; 1982.

Comhaire-Sylvain, Suzanne. Le travail des femmes à Lagos, Nigéria. *Zaïre* ; 1951 ; (5) : 169-187 and 475-502.

Cooper, Frederick, ed. Struggle for the City : Migrant Labor, Capital and the State in Urban Africa. Beverley Hills : Sage ; 1983.

Coquery-Vidrovitch, Catherine. *Histoire des villes africaines des origines à la veille de la colonisation.* Paris : Albin Michel ; 1993.

Coquery-Vidrovitch, Catherine. The Urbanization Process in Africa from the Origins to the Beginning of Independence. *African Studies Review* ; 1991 ; 34(1) : 1-98.

Cordonnier, Rita. *Femmes africaines et commerce. Les revendeuses de tissu de la ville de Lomé (Togo)*. Paris : L'Harmattan ; 1987.

Courtney-Clarke, Margaret. *Ndebele : l'art d'une tribu d'Afrique du Sud [Femmes Ndebele]*. Paris : Arthaud ; 1992.

Couturier, Lucie. *Mes inconnus chez eux Mon amie Fatou, citadine*. Paris : Rieder ; 1925.

Creevey, Lucy E. *Women Farmers in Africa. Rural Development in Mali and the Sahel*. Syracuse : Syracuse University Press ; 1986.

Cromwell, Adelaide M. *An African Victorian Feminist. The life and times of Adelaide Smith Casely Hayford 1868-1960*. Londres : Frank Cass ; 1986.

Current Research on African Women. *Revue Canadienne des Etudes Africaines ; 1988* ; 22(3) : 409-682.

Dacher, Michèle ; Lallemand, Suzanne. *Prix des épouses, valeur des sœurs. Le statut des femmes goin du Burkina-Faso*. Paris :
L'Harmattan, 1992.

Davies, Carole Boyce ; Graves, Anne Adams, eds. *Ngambika. Studies of Women in African Literature*. Trenton, N.J. : Africa World Press ; 1986.

Davison, Jean. « Without land we are nothing » : the effect of land tenure policies and practices upon rural women in Kenya. *Rural Africana* ; 1987; (27) : 19-33.

Davison, Jean ; with the Women of Mutira. *Voices from Mutira. Lives of rural Kikuyu women*. Boulder et Londres : Lynne Rienner Publ. ; 1989.

Deere, Carmen Diana. Rural Women's Subsistence Production in the capitalist Periphery. *The Review of Radical Political Economy* ; 1976, 8(1) : 9-17.

Deluz, A. ; Lecour-Grandmaison, C. et Retel-Laurentin, A. *La natte et le manguier.* Paris : Mercure de France ; 1978.

Deniel, Raymond. *Femmes des villes africaines*. Abidjan : Inades ; 1985.

Dennis, Carolyn. Capitalist development and women's work : a Nigerian case study. *Review of African Political Economy* ; 1984 ; (27/28) : 109-119.

Dennis, Carole. Women and the State in Nigeria : the case of the Federal Military Government 1984-1985. In : Haleh, Afshar, ed. *Women and the State* : Tavistok ; 1987.

Dennis, Carolyn. Women in African labour history. *Journal of Asian and African Studies* ; 1988; XXIII(1-2) : 125-140

Denzer, LaRay. Women in Freetown Politics, 1914-1961 : a preliminary study. *Africa* ; 1987; 57 : 438-456.

Des femmes sur l'Afrique des femmes *Cahiers d'Etudes Africaines* ; 1977; (65) : 5-194. Note : 3 articles sur la prostitution (Kenya, Kigali et Accra) ; Femmes Baule et tissus ; Cl Vidal sur Abidjan ; Femmes Ibo 1929 et « femmes invisibles » ou « muettes » ; Sanga 1935, excision.

Désalmand, Paul l'emancipation de la femme en Afrique et dans le monde : textes et documents. Abidjan Nouvelles Editons Africaines , 1977.

Diabate, Henriette. *La marche des femmes sur Grand-Bassam*. Dakar : Nouvelles Editions Africaines ; 1975.

Diarra, Fatoumata-A. *Femmes africaines en devenir. Les femmes Zarma du Niger.* Paris : Anthropos ; 1971.
Diawara, Mamadou. Femmes, servitude et histoire : les traditions orales des femmes de condition servile dans le royaume de Jaara (Mali) du XIVe au milieu du XIXe siècle. *History in Africa* ; 1989 ; 16 : 71-96.
Diop, Abdoulaye Bara. *La famille wolof.* Paris : 1985.
Drakakis-Smith, D.W. The changing economic role of women in the urbanization process : a preliminary report from Zimbabwe. *International Migration Review* ; 1984 ; 18(4) : 1278-1290.
Drewal, Henry John ; Drewal, Margaret Thompson. *Gelede. Art and Female Power among the Yoruba.* Bloomington : Indiana University Press ; 1983.
Droy, Isabelle. *Femmes et developpement rural.* Paris : Karthala ; 1990.
Druce, Nell ; Hammond, Jenny. *Sweeter than Honey. Ethiopian women and revolution. Testimonies of Tigrayan women.* Trenton, N.J. : The Red sea Press ; 1990.
Dumar, Ernest. Commodity Queens and the distributive trade in Ghana : a socio-historical analysis. *African Urban Studies* ; 1982 ; (12) : 27-41.
Eastman, Carol M. Women, Slaves and Foreigners : African Cultural Influences and Group Processes in the Formation of Northern Swahili Coastal Society. *International Journal of African Historical Studies* ; 1988; 21(1) : 1-20.
Emecheta, Buchi. *The Bride Price.* New York : George Braziller ; 1976.
Epprechts, Marc. Domesticity and piety in colonial Lesotho : the private politics of basotho women's pious associations *The International Journal of African Historical Studies* ; 1993 ; 19(2) : 202-224.
Etats Generaux du Feminisme. Exposition coloniale internationale de Paris. Paris : Conseil national des Femmes Françaises ; 1931.
Etienne, Mona. Gender relations and conjugality among the Baule (Ivory Coast). *Culture* ; 1981 ; I(1) : 21-30.
Etienne, Mona ; Leacock, Eleanor. *Women and Colonization : Anthropological perspectives.* New York : Praeger ; 1983.
Fainzang, S. ; Journet, O. *La femme de mon mari. Anthropologie du mariage polygamique en Afrique et en France.* Paris : L'Harmattan ; 1988.
Family, State and Economy in Africa. *Signs. Journal of Women in Culture and Society* ; 1991 ; 16(4) : special issue.
Feldman, Rayah. Women's groups and women's subordination : an analysis of policies towards rural women in Kenya. *Review of African Political Economy* ; 1984 ; (22/23) : 67-77.
Femme (la) dans la societé francophone traditionnelle. Rennes : Université de Rennes-2 ; 1978.
Femme (la) noire dans la vie moderne. Images et réalités. *Présence Africaine* ; 1987; (142-143) : Special issue.
Femmes dakaroises, rôles traditionnels féminins et urbanisation. *Annales de l'Université d'Abidjan* ; 1972 ; Serie F(4).
Femmes et Politiques alimentaires Paris : ORSTOM ; 1985.
Fields, Karen *Revival and Rebellion in Colonial Central Africa.* Princeton : Princeton University Press , 1985
Frank, Odile. *The childbearing family in Sub-Saharan Africa. Structure, fertility, and the future* : The World Bank. Working paper 509 ; 1990.

Gaitskell, Deborah ; Kimble, Judy et al. Class, race and gender : Domestic workers in South Africa *Review of African Political Economy* ; 1984 ; (27/28) : 86-105.

Geiger, Susan N. Women in nationalist struggle : TANU activists in Dar es Salaam *International Journal of African Historical Studies* ; 1987; 20(1) : 1-26.

Goli, Kouassi. *La prostitution en Afrique. Un cas : Abidjan.* Abidjan : Les nouvelles éditions africaines ; 1986.

Goodwin, June. *Cry Amandla. South African Women and the question of power.* New York · Africana Publishing C° ; 1984

Gordon, Elizabeth. An analysis of the impact of labour migration on the lives of women in Lesotho. *The Journal of Development Studies*, 1981 ; 17(3) : 59-76.

Goutalier, Regine. Les Etats Generaux du Feminisme à l'Exposition coloniale 30-31 mai 1931. *Revue d'Histoire Moderne et Contemporaine* , 1989 : 266-284.

Gugler, Josef , Ludwar-Ene, Gudrun Plusieurs chemins menent les femmes en ville en Afrique subsaharienne. in d'Almeida-Topor, Helene ; Riesz, Janos, eds. *Etudes franco-allemandes sur l'Afrique subsaharienne.* Cahiers Afrique noire, Laboratoire « Tiers-Monde, Afrique », n° 13 ed. Paris : L'Harmattan ; 1992 15 p.

Guillou, Anne. Corps utile. *Les Cahiers du LERSCO, Nantes* ; 1985 Note : Sur les femmes de Mitro, Benin.

Guyer, Jane I. Female farming and the evolution of food production patterns amongst the Beti of south-central Cameroon *Africa* ; 1980 ; 50(4) : 341-356.

Guyer, Jane I. Food, cocoa, and the division of labour by sex in two West African Societies. *Comparative Studies in Society and History* ; 1970 , 22(3) : 355-373.

Guyer, Jane I. Household and Community in African Studies. *African Studies Review* ; 1981 ; 24(2/3) . 87-137.

Guyer, Jane I. ; Peters Pauline E , eds *Conceptualizing the Household · Issues for Theory and Policy in Africa.* London : Sage ; 1987. Note : special Issue of Development and Change, 18 (2), April 1987.

Hafkin, N.J. *Women and Development in Africa : an annotated bibliography.* Addis Ababa : UNECA ; 1977.

Hafkin, N ; Bay, E., eds. *Women in Africa : Studies in social and economic change.* Stanford : Stanford University Press ; 1976.

Hansen, Karen Tranberg. *Distant companions. Servants and employers in Zambia,* 1900-1985. Ithaqua : Cornell University Press ; 1989.

Harrell-Bond, Barbara E. *Modern marriage in Sierra-Leone. A study of a professional group.* Paris/La Haye : Mouton ; 1975.

Hay, Margaret Jean ; Stichter, Sharon, eds. African Women South of the Sahara. *Londres* ; Longman ; 1984.

Hay, Margaret Jean ; Wright, Marcia, eds. *African Women and the Law : Historical Perspectives.* Boston : Boston University ; 1982.

Hetherington, Penelope. Women in South Africa : the historiography in English. *The International Journal of African Historical Studies* ; 1993 ; 26(2) : 241-269.

Hicks, Esther K. *Infibulation. Female mutilation in Islamic Northeastern Africa.* Londres : Transaction Publishers ; 1993.

Hishongwa, Ndentale Selma. *Women of Namibia. The changing role of Namibian women from traditional precolonial times to the present&*: Vimmerby ; 1983.

Histoire des femmes en Afrique, Groupe « Afrique noire », Labo Tiers-Mondes, Université Paris-7, cahier n° 11 Paris : L'Harmattan ; 1987.
Hollos, Marida. Migration, Education and the status of women in southern Nigeria. *American Anthropologist* ; 1991 ; 93(4) : 852-870.
Hoppe, Kirk. Whose life is it, anyway ? : Issues of representation in life narrative texts of African women. *International Journal of African Historical Studies* ; 1993 ; 26(3) : 623-636.
Hosken, Fran. *Les mutilations sexuelles feminines.* Paris : Denoël ; 1992 (traduit de l'anglais).
Housing, Hotels, Women garments workers in the Western Cape and the South African Peace Council 1951-56. Rondebosh, South Africa : University of Cape Town ; 1984.
Ismail, Ellen ; Makki, Maureen. Femmes du Soudan. Paris : L'Harmattan ; 1990.
Jackson, Sam. Hausa Women on Strike. *Review of African Political Economy* ; 1978; (13) : 21-36.
Jacobs, Susie. Women and Land Resettlement in Zimbabwe. *The Review of Radical Political Economy* ; 1984 ; (27/28) : 33-49
Jeater, Diana. *Marriage, Perversion and Power. The construction of moral discourse in Southern Rhodesia 1894-1930.* Oxford · Clarendon Press ; 1993. Note . 273 p.
John, C.B ; Webster, Ellen Low, eds *The Church and Women in the Third World.* Philadelphie · The Westminster Press , 1985.
Johnson, Cheryl. Grass roots organizing · Women in anticolonial activity in Southwestern Nigeria. *African Studies Review* ; XXV ; 2-3(1982) · 137-155.
Jules-Rosette, Bennetta. Privilege without power : Women in African cults and churches. In : Terborg-Penn, Rosalynn [and others]. *Women in Africa and the African diaspora.* Washington D C. Howard university Press , 1987 . 99-119.
Kane, Mohamadou. Le feminisme dans le roman africain de langue française. *Annales de la Faculté des Lettres et Sciences humaines (Dakar)* , 1980 ; (10) : 141-200.
Kaplan, Dave, ed. *Women and Squatters in the Western Cape. The Vigilence* Committee of the Garment Workers' Union, Cape Province, 1940-1943. Randebosch, South Africa · University of Cape Town ; 1986.
Keita, Aoua. Femme d'Afrique : *la vie d'Aoua Keita racontee par elle-même.* Paris : Présence Africaine ; 1975
Kenyon, Susan M. *Five women of Sennar. Culture and change in central Sudan.* Oxford : Clarendon Press ; 1991.
Kesteren, Jose van. Female Workers in Addis Abeba. *Social Science Research Review* ; 1988, IV(1) : 17-32.
Kinsman, Margaret « Beasts of Burden » · the subordination of Southern Tswana women, ca. 1800-1840. *Journal of Southern African Studies* ; 1983 ; 10(1) : 39-53.
Knibiehler, Yvonne ; Goutalier Régine. *La femme au temps des colonies.* Paris : Stock ; 1985.
Koso-Thomas, Olayinka. *Circumcision (the) of Women : a Strategy for Eradication.* Londres : Zed Books ; 1987.
Krige, E.J. ; Comaroff, J.L., eds. *Essays on African Marriage in Southern Africa.* Cape Town : Juta ; 1885.

Kuper, Adam. *Wives for cattle. Bridewealth and marriage in Southern Africa.* Londres : Routledge and Kegan Paul ; 1982.

Kurwijila, Rosebud ; Due, Jean M. Credit for Women's Income Generation : a Tanzanian Case Study. *Revue Canadienne des Etudes Africianes* ; 1991 ; 25(1) : 90-103.

La femme dans les sociétés coloniales. Aix-en Provence, Groningen, Amsterdam : IHPOM ; 1984.

La Fontaine, Jean. The free women of Kinshasa. in : Davis, John, ed. *Choice and Change : Essays in honour of Lucy Mair.* Londres : London School of Economics ; 1974 : 89-113.

LaDey, Jennie. Gambian women : unequal partners in rice development projects ? *The Journal of Development Studies* ; 1981 ; 17(3) : 110-122.

Ladipo, Patricia. Developing women's cooperatives : an experiment in rural Nigeria. *The Journal of Development Studies* ; 1981 ; 17(3) : 124-135.

Larsom, Brigitte. *Conversion to greater freedom ? Women, church and social change in North-Western Tanzania under colonial rule.* Stockholm/Uppsala : Almqvist and Wiksell International ; 1991.

Lawson, Lesley. *Working Women in South Africa.* Johannesburg, Oxford : Rana Press/Pluto Press ; 1985, 1986.

Lecour-Grandmaison, Colette. Activités économiques des femmes dakaroises. *Africa* ; (39) : 138-151.

Lecour-Grandmaison, Colette. *Femmes dakaroises.* Abidjan : Annales de l'Université ; 1972.

Lemaire, Charles-François Alexandre. *Africaines. Contribution à l'histoire de la femme en Afrique.* Bruxelles : Imprimerie scientifique ; 1897.

L'emploi et les conditions de travail des femmes africaines. Deuxieme conférence régionale africaine, Addis-Abebä. Genève : BIT ; 1964.

Little, Kenneth L. *African Women in Town. An aspect of Africa's social revolution.* Cambridge : Cambridge University Press ; 1973.

Little, Kenneth L., ed. *The sociology of urban women's image in African literature.* Londres : Macmillan ; 1980.

Little, Kenneth. Some methodological considerations in the study of African women's urban roles. *Urban Anthropology* ; 1975; 4(2) : 107-121.

Locoh, Thérèse. *Fécondité et famille en Afrique de l'ouest. Le Togo méridional contemporain.* Paris : PUF ; 1984.

Ly, Madina ; Achola, D. Pala. *La femme africaine dans la société précoloniale.* Paris : UNESCO ; 1979.

Malira, Kubuya Namulemba. Regard sur la situation sociale de la citoyenne Lushoise d'avant 1950. *Likundoli* ; 1974 ; 2(1) : 63-71.

Manceaux, Michèle. *Femmes (les) du Mozambique.* Paris : Mercure de France ; 1975.

Mandala, E. Capitalism, Kinship and Gender in the lower Tehiri valley of Malawi 1860-1960. *African Economic History* ; 1984 ; (13) : 137-170.

Manicom, Linzi. Ruling relations : rethinking State and Gender in South African history. *Journal of African History* ; 13 ; 3(1992) : 441-465.

Mann, Kristin. *Marriage, Status and Social Change among the Educated Elite in Colonial Lagos.* Cambridge : Cambridge University Press ; 1985.

Marks, Shula, ed. *Not either an experimental Doll. The Separate Worlds of Three South African Women.* Bloomington et Indianapolis : Indiana University Press ; 1987.

Martens, Ludo. *Une femme du Congo [Abo, compagne de Pierre Mulélé].* Bruxelles : Epo ; 1991.

Martin, Susan. Gender and innovation : farming, cooking and palm processing in the Ngwa region, south-eastern Nigeria, 1900-1930. *Journal of African History* ; 1984 ; XXV.

Mascarenhas, Ophelia ; Mbilinyi, Marjorie. *Women in Tanzania. An Analytical Bibliography* : Africana Publishing C°; 1983.

Massoz, Michel. *Les femmes bantoues du XXe siecle.* Liege : M. Massoz ; 1991.

Matsepe, Ivy F. *African Women's Labour in the Political Economy of South Africa 1880-1970.* Rutgers : The State University of New Jersey ; 1984. Ph.D.

May, Joan. *African Women in Urban Employment. Factors influencing their employment in Zimbabwe.* Gwelo : Mambo Press ; 1979.

May, Joan. *Zimbabwean Women in colonial and customary law.* Harare : Mambo Press/Holmes McDougall ; 1983.

Mba, Nina. *Nigerian Women Mobilized: Women's political activity in Southern Nigeria 1900-1965.* Berkeley : California University Press ; 1982.

Mbilinyi, J. Marjorie. The « new woman » and traditional norms in Tanzania. *The Journal of Modern African Studies* ; 1972 ; 10(1) : 57-72.

Mbilinyi, J. Marjorie. *Tanzania after Nyerere. Changing Employment Patterns in the 1970s : casualisation and feminisation of labour.* London : SOAS [xerox]; 1986.

McCaffrey, Kathleen M. Images of Women in West African Literature and Film : a struggle against dual colonization. *International Journal of Women's Studies* ; 1980 ; 3(1) : 76-88.

McCall, D. Trade and the role of wife in a modern West African town [Akan society]. in : Southall, A., ed *Social change in modern Africa.* Londres : Oxford University Press ; 1981 : 286-299.

McGaffey, Janet. Gender and class formation : businesswomen in Kisangani. in : *The struggle for indigenous capitalism in Zaïre.* Cambridge University Press ; 1989 : 165-183.

Meillassoux, Claude. *Femmes, greniers et capitaux.* Paris : Maspero ; 1975.

Michel, A. ; Agbessi-Dos Santos, H. et Fatoumata Diarra, eds. *Femmes et multinationales.* Paris : Karthala ; 1981.

Mickelwait, Donald R. *Women in rural development : a survey of the role of women in Ghana, Lesotho, Kenya, Nigeria... [and other continents]&:*
Westview Press ; 1976.

Mignot-Lefébure, Yvonne, éd. La sortie du travail invisible : les femmes dans l'économie. *Revue Tiers-Monde* ; 1985; XXVI(102)

Mikell, Gwendolyn, ed. *African Women : States of Crisis.* sous presse ; 1994.

Mikell, Gwendolyn. Culture, Law and Social Policy : changing the economic status of women in Ghana. *Yale Journal of International Law&*; 1991 ; 17(1).

Mikell, Gwendolyn. Filiation, economic crisis, and the status of women in rural Ghana. *Revue Canadienne des Etudes Africaines&*; 1984 ; 18(1) : 195-217.

Miller, J.C. Nzinga of Matamba in a new perspective. *Journal of African History&*; 1975; XVI(2) : 201-216.

Mirabel, Rogus *The black sash · the story of the South African women's defence of the constitutional league.* Johannesburg Rotonews ; 1956.

Miracle, M. ; Miracle D S., and Cohen, L. Informal savings mobilization in Africa. *Economic Development and Cultural Change&*; 1980 ; 28(4) 701-724.

Mirza, Sarah ; Strobel Margaret, eds *Three Swahili Women. Life Histories from Mombasa, Kenya.* Bloomington . Indiana University Press , 1989.

Mitullah, Winnie Hawking as a survival strategy for the urban poor in Nairobi : the case of women. *Environment and Urbanization&*, 1991 ; 3(2) · 13-22.

Momsen, Janet Henshall *Women and Development in the third world.* Londres/New York Routledge ; 1991 Note Etudes de cas sur Lesotho et Kenya

Montgomery, Barbara. *The Economic Role of the Ivorian Woman.* An Arbor : Center or Research on Economic Development, The University of Michigan [xerox], 1977.

Morokvasic, Mirjana. Birds of Passage are also Women *International Migration Review* ; 1984 ; 18(4) · 886-901

Muller, Jean-Claude. *Du bon usage du sexe et du mariage Structures matrimoniales du haut plateau nigerian* Paris-Montreal L'Harmattan/Serge Fleury ; 1982.

Muller, Jean-Claude. *Les deux fois circoncis et les presque excisees.* Cahiers d'Etudes Africaines ; 1993 ; XXXIII-4(132) 531-544.

Murro, Assury. Women commodity producers and proletariats ; the case of African women. In · Kiros, Fassil G , ed *Challenging rural poverty.* Trenton, N.J. : Africa World Press ; 1985

Musisi, Nakanyike B.,. Women elite polygyny and Buganda state formation. *Signs. Journal of Women in Culture and Society&*; 1991 ; 16(4) : 757-785.

Nath, Kamla. *Women and technological change in the Gambia : a case study of the salt industry* Boston Boston University Papers n° 107, 1985.

Nelson, Nici. How women and men get by : the sexual division of labour in the informal sector of a Nairobi squatter settlement In · Bromley, R ; Gerry, C., eds. *Casual Work and Poverty in Third World Cities.* London : Wiley ; 1979.

Nelson, Nici. Mobilising village women . some organisational and management considerations. *The Journal of Development Studies* , 17, 3(1981) :46-57.

Newbury, Catharine Ebutumwa Bw'Emiogo : the tyranny of cassava. A women's tax revolt in eastern Zaire. *Revue Canadienne des Etudes Africaines* ; 1984 ; 18(1) : 35-54.

Ntantala, Phyllis. *A life's mosaic. The autobiography of Phyllis Ntantala.* Berkeley/Oxford : University of California Press ; 1992.

Nyiranda, A. African market vendors in Lusaka, with a note on a recent boycott. *Rhodes-Livingstone Journal* , 1957; (22)

O'Barr Jean F., ed. *Perspectives on Power: Women in Africa, Asia, and Latin America.* Durham : Duke University ; 1982.

Obbo, Christine S. *African Women. Their struggle for economic independence.* London : Zed Press ; 1980.

Obbo, Christine S Town Migration is not for Women [Xerox]. Madison : Ph.D., University of Wisconsin ; 1977.

Oboler, Regina Smith *Women, Power and economic Change : the Nandi of Kenya.* Stanford : Stanford University Press ; 1985.

Ogunsheye, F.A. Formal education and the status of women in Nigeria. In :

Ogunsheye, F.A. ; et al , eds. *Nigerian Women and Development.* Ibadan Ford Foundation , 1982.

Oppong, Christine *Female and Male in West Africa.* Londres : Allen and Unwin ; 1983

Oppong, Christine. *Middle class African marriage. A family study of Ghanaian senior civil servants.* Londres . Allen and Unwin ; 1981 (1° ed. 1974)

Oppong, Christine ; Abu, Katharine *Seven roles of women : impact of education, migration and employment on Ghanaian mothers.* Genève · ILO ; 1987.

Oppong, Christine ; Okali, Christine et Houghton, Beverley Woman Power : retrograde steps in Ghana. *African Studies Review* ; 1975; XVIII(3) : 71-84

Pankhurst, Helen. *Gender, development and identity. An Ethiopian study.* Londres : Zed Press ; 1992. Note . Etude de cas a Minz (Shewa nord).

Park, Clara Cahill. *Native women in Africa their hard lot in the march of progress.* Boston : 1904.

Parkin, David ; Nyamwaya, D , eds *Transformations in African marriage.* Manchester : Manchester University Press , 1987.

Parpart, Jane L. *Working Class Wives and Collective Labor Action in the Northern Rhodesian Copperbelt, 1926-1964.* Boston : African Studies Center, Boston University ; 1985.

Parpart, Jane L. ; Staudt, Kathleen A , eds *Women and the State in Africa.* Boulder and London : Lynne Rienner Publishers ; 1989.

Paulme, Denise, ed *Femmes d'Afrique noire.* Paris-La Haye : Mouton ; 1970.

Peil, Margaret. Female Roles in West African Towns [Ghana and Nigeria]. In : Goody, J., ed. *Changing social structure in Ghana.* London : IAT ; 1975.

Pellow, Deborah. *Women in Accra : Options for Autonomy.* Algonac, Mich. : Reference Publications ; 1977.

Penvenne, Jeanne. *Making our own way : women working in Lourenço Marques, 1900-1933.* Boston · Boston University ; 1986.

Perlman, Melvin L. The changing status and role of women in Ttoro (Western Uganda). *Cahiers d'Etudes africaines* ; 1966, 6-4(24) : 564-591.

Person, Yves. La femme dans l'histoire africaine. *Godo-Godo (Abidjan)* ; 1975; (1) : 33-66.

Phiri Kings, M Some Changes in the Matrilineal Family System among the Chewa of Malawi since the 19th century. *Journal of African History* ; 1983 ; 24(2) : 257-274.

Pittin, Renee. Gender and class in a Nigerian industrial setting. *Review of African Political Economy* ; 1984 ; (31) : 71-81.

Pittin, Renée. Migration of women in Nigeria : the Hausa case. *International Migration Review* ; 1984 ;18(4) 1293-1313.

Presley, Cora Ann. *Kikuyu women, the Mau Mau rebellion, and social change in Kenya.* Boulder, Col. : Westview Press ; 1992.

Prinz, Manfred. « Maimouna » d'Abdoulaye Sadji, roman initiatique et féministe. Annales de la Faculté des Lettres et Sciences humaines (Dakar) , 1987; (17) : 55-69.

Qunta, Christine. Women in Southern Africa. London · Allison and Busby ; 1987.

Radcliffe-Browne, A.-R. ; Forde, Daryll, eds. *Systèmes familiaux et matrimoniaux en Afrique.* Paris : PUF ; 1953.

Ravololomanga, Bodo. *Etre femme et mère à Madagascar (Tañala d'Ifanadiana).* Paris : L'Harmattan ; 1992.

Riss, Marie-Denise. *Femmes africaines en milieu rural.* Paris : L'Harmattan ; 1989.

Riviere, Claude. La promotion de la femme guinéenne. *Cahiers d'Etudes Africaines* ; 1968, 8-3(31) : 406-427.

Riviere, Claude. *Union et procréation en Afrique. Rites de la vie chez les Evé du Togo.* Paris : L'Harmattan ; 1990.

Robertson, Claire. Invisible workers : African women and the problem of the self-employed in labour History. *Journal of Asian and African Studies* ; 1988; XXIII(1-2) : 180-195.

Robertson, Claire. *Sharing the same Bowl. A Socio-economic History of Women and Class in Accra.* Bloomington : Indiana University Press ; 1984.

Robertson, Claire ; Berger Iris, eds. *Women and Class in Africa.* Londres et New York : Africana Publishing C°; 1986.

Robertson, Claire ; Klein, Martin, eds *Women and Slavery in Africa.* Madison : The University of Wisconsin Press ; 1984.

Roberts, Richard (Women's work, household social relations, and the Maraka textile industry : a social history). *Conference on African Women in History* ; May 1981 ; University of Santa Clara, Cal. 51 p.

Rogers, B. *The domestication of Women.* New York : St Martin's Press ; 1980.

Role (the) of African Women : Past, present, future. *Revue Canadienne des Etudes Africaines* ; 1972 ; 5[2 (numéro special)]: 143-377.

Romero, Patricia. *Life Histories of African Women.* London : Ashfield Press ; 1987.

Romero Curtin, Patricia. Wedding in Lamu, Kenya : an Example of Social and Economic Change. *Cahiers d'Etudes Africaines ;* 1984 ; XXIV-2(94) : 131-155.

Rosaldo, Michelle Zimbalist ; Lamphere, Louise, eds. *Woman, Culture and Society.* Stanford : Stanford University Press , 1974.

Rouch, Jean ; Bernus, E. Note sur les prostituées « Toutou » de Treichville et d'Adjame. *Etudes Eburneennes ;* 1959 ; (6) : 231-242.

Rural Africa. *Sage. A scholarly Journal on black Women ;* 1990 ; VII(special issue) : 1-80.

Rybalkina, I. G. Women in African History. *African Quarterly* ; 1990 ; 29(3-4) : 83-91.

Sacre Cœur(du), Sœur Marie-André. *La femme noire en Afrique occidentale.* Paris : Payot ; 1939.

Salvaing, Bernard. La femme dahoméenne vue par les missionnaires : arrogance culturelle, ou antiféminisme clerical ? *Cahiers d'Etudes Africaines ;* 1981 ; XXI (4)(84) : 507-522.

Samb, Babacar. L'évolution du statut social de la femme dans l'islam. *Annales de la Faculté des Lettres et Sciences humaines (Dakar) ;* 1991 ; (21) : 155-168.

Savané, Marie-Angélique (ed.). *Femmes et developpement en Afrique de l'Ouest. Incidences des transformations socio-économiques sur le rôle et le statut des femmes.* Genève : UNRISD ; 1986.

Schipper, Mineke, ed. *Unheard Words : Women and literature in Africa, the Arab world, Asia, the Caribbean and latin America.* Londres : Allison and Busby ; 1985.

Schlyter, Ann. Women in Harare : Gender aspects of urban-rural interaction. In :

Baker, Jonathan. *Small town Africa. Studies in rural-urban interaction.* Uppsala : The Scandinavian Institute of African Studies ; 1990 : 182-191.

Schmidt, Elizabeth. *Peasants, Traders and Wives. Shona women in the history of Zimbabwe, 1870-1939.* James Currey/Heinemann : Londres /Portsmouth, NH ; 1992.

Schuster, Ilsa. Perspectives in development : the problem of nurses and nursing in Zambia. *The Journal of Development Studies* ; 1981 ; 17(3) : 78-97.

Scobie, Alaster. *Women of Africa.* London : Cassel ; 1960.

Seager, Joni ; Olson, Ann. *Women in the World. An International Atlas.* Londres/ Sidney : Pan Books ; 1986. Note : Nombreuses cartes.

Seibert, Jutta. Changement des structures familiales et leurs conséquences sur les stratégies de vie des femmes : le cas de Lomé. in : d'Almeida-Topor, Hélène ; Riesz, Janos, eds. *Etudes franco-allemandes sur l'Afrique subsaharienne.* Cahiers Afrique noire, Laboratoire « Tiers-Monde, Afrique », n°13 ed. Paris : L'Harmattan ; 1992. 8 p.

Sembene, Ousmane. *Les bouts de bois de Dieu.* Paris ; 1960.

Shildkrout, Enid. Age and Gender in Hausa society : socio-economic roles of children in urban Kano. in : La Fontaine, Jean S., ed. *Sex and Age as Principles of social Differentiation.* Londres/New York : Academic Press ; 1978 : pp. 109-137.

Shostak, Marjorie. *Nisa. The life and words of a !Kung woman.* New York : Vintage Books ; 1983.

Simon, David. Responding to Third World urban poverty : Women and men in the « informal sector » in Windhoek, Namibia. *Women's Role* ; 194-123.

Smith, Joan ; Wallerstein, Immanuel, et al. *Households and the World-Economy.* Londres : Sage, 1984.

Smith, Regina Oboler. *Women, Power and economic change, the Nami of Kenya.* Stanford : Stanford University Press ; 1985.

Songue, Paulette. *Prostitution en Afrique. L'exemple de Yaoundé.* Paris : L'Harmattan ; 1986.

Sonolet, Louis. *Le parfum de la dame noire. Physiologie humoristique de l'amour africain.* Paris : Librairie F. Juven ; c. 1911.

Southall, A.W. The pattern of migration in Madagascar and its theoretical implications. *African Urban Notes* ; 1968; III(l).

Sow, Fatou. *La femme dans l'économie et la culture au Sénégal (Emploi ; nuptialité, fécondité ; pêche et division sexuee du travail ; projets d'énergie et travail féminin ; bilan de la décennie 1975-85).* Dakar : IFAN ; 1991.

Staudt, K.A. Rural Women Leaders : late colonial and contemporary contexts. *Rural Africana* ; 1978-79 ; (3) : 5-22.

Staunton, Irene, ed. *Mothers of the revolution. The War experiences of thirty Zimbabwean Women.* Indiana University Press ; 1991.

Steady, Filomena Chioma, ed. *The Black Woman Cross-culturally.* Cambridge, Mass. : Schenkman Publ. C°; 1981.

Steady, Filomena Chioma. *Female power in African politics : the National Congress of Sierra Leone.* Pasadena, Cal ; 1975.

Stichter, Sharon B. ; Parpart, Jane L., eds. *Patriarchy and Class : African Women in the Home and the Workforce.* Boulder, Colo. : Westview P. ; 1988.

Stichter, Sharon B. ; Parpart, Jane L., eds. *Women, employment and the family in the international division of labour.* Philadelphia : Temple University Press ; 1990.

Strang, Jessica. *Working Women. An Appealing Look at the apalling Uses and Abuses of the Feminine Form.* Londres : Johnson Editions Ltd ; 1984 Note : Livre d'art.

Strobel, Margaret. African Women : A Review. *Signs* ; 1982 ; 8(1) :109-131

Strobel, Margaret. *European Women and the second British Empire*. Indiana University Press ; 1991.

Strobel, Margaret. *Muslim Women in Mombasa 1890-1975.* London . Yale University Press ; 1979.

Strobel, Margaret, ed. et trad. *Three Swahili Women. Life Histories from Mombasa, Kenya.* Bloomington : Indiana University Press ; 1989 ; ISBN : Cloth : 25

Sue, Ellen M. Charlton. *Women in third World Development.* Boulder et Londres : Westview P. ; 1984.

Swantz, Marja-Liisa. *Women in Development,: a Creative Role Denied ? The Case of Tanzania.* Londres et New York Hurst et St. Martin's Press ; 1985

Sweetman, David. *Women leaders in African history.* Londres : Heinemann , 1984

Tadani, Veena. Women in Nairobi The paradoxe of urban « progress » *African Urban Studies* ; 1978/79 ; (3) : 67-83

Tall, S.P. *L'effet de la modernisation sur le travail des femmes exerçant une activite independante au Mali, en Côte d'Ivoire et au Senegal.* Addis-Abeba : BIT , 116 p.

Tardits, Claude. Reflexions sur le probleme de la scolarisation des filles, au Dahomey *Cahiers d'Etudes Africaines* , 1962 , III(10) : 266-281

Tarrab, Gilbert ; Coène, Chris. *Femmes et pouvoirs au Burkina-Faso.* Paris et Québec : L'Harmattan et G. Vermette ; 1989.

Terborg-Penn, Rosalyn ; Harley, Sharon et Rushing, Andrea Benton, eds *Women in Africa and the African Diaspora.* Washington D.C. : Howard University Press ; 1989.

Thadani, Veena. Women in Nairobi : the paradox of urban « progress ». *African Urban Studies* ; 1978-79 ; (3) : 67-83.

Thiam, Awa *Continents noirs.* Paris : Tierce ; 1987. Note : « La femme, continent noir », pp. 59-110.

Thiam, Awa. *La parole aux negresses.* Paris : Gonthier Denoël ; 1978.

Thomas-Emeagwali, Gloria. Class formation in pre-colonial Nigeria. In : Falola, Toyin ; Ihonvbere, J , eds. *Class, state and society in Nigeria* ; v. 1985

Tranberg Hansen, Karen, ed *African encounters with domesticity.* New Brunswick, N.J. : Rutgers University Press ; 1992.

Tubiana, Marie-José. *Des troupeaux et des femmes. Mariage et transferts de biens chez les Beri (Zaghawa et Bideyat) du Tchad et du Soudant.* Paris : L'Harmattan ; 1985.

Turrittin, Jane. Aoua Keita and the nascent women's movement in the French Sudan. *African Studies Review* ; 1993 , 36(1) ; ISSN : 39-99.

Turshen, Meredith, ed. *Women and Health in Africa.* Trenton N.J. : Africa World P. ; 1991.

Urdang, Stephanie. *Fighting Two Colonialisms. Women in Guinea-Bissau.* New York et Londres : Monthly Review Press ; 1979.

Van Allen, Judith. Memsahid, Militante, Femme libre : Political and apolitical style of modern African women. in : Jaquette, Jane S., ed. *Women in Politics.* Londres : John Wiley and Sons ; 1974 : 304-321

Vaughan, Megan. *The Story of an African Famine. Gender and Famine in Twentieth-Century Malawi.* Cambridge : Cambridge University Press ; 1987.

Vaughan, Megan ; *Whitehead, Rachel, eds. Marriage, sexuality and colonial discourse : the crisis over marriage in colonial Africa.* Londres ; sous presse.

Verhaegen, Benoît. *Femmes zaïroises de Kisangani. Combats pour la survie.* Paris : L'Harmattan ; 1990.

Verhaegen, Benoît. La famille urbaine face à la polygamie et à la prostitution. Le cas de Kisangani au Zaire. in : Coquery-Vidrovitch, Catherine, ed. *Processus d'urbanisation en Afrique* Paris · L'Harmattan ; 1988 : II.

Vidal, Claudine, L'intérêt des passions. Côte d'Ivoire. In : *Sociologie des passions.* Paris : Karthala ; 1991 ·131-178.

Ville (la) africaine et ses urgences vitales. Kinshasa : Faculté catholique ; 1991.

Vincent, Jeanne-Françoise. *Influence du milieu urbain sur la vie traditionnelle des femmes Bacongos de Brazzaville.* Paris : ORSTOM ; 1962.

Vincent, Jeanne-Françoise. *Traditions et transitions. Entretiens avec des femmes Beti du Sud-Cameroun.* Paris : ORSTOM/Berger-Levrault ; 1976.

Visages des conditions de travail des femmes au Mali. in : *Le Mali. Les défis du developpement à la base.* Montréal : SUCO ; 1990 : 72-76.

Vléi, Chantal. *Le travail des femmes à Abidjan, 1946-1983* : These de l'Université Paris-VII ; 1994.

Vuorella, Ulla. *Women (the) Question and the Modes of Human Reproduction : an Analysis of a Tanzanian Village.* Helsinki : Lamakepenatus and the Scandinavian Institute of African Studies. Monographs of the Finnish Society for Development Studies n°1 ; Transactions of the Finnish Anthropologival Studies n°20 ; 1987.

Walker, Cherryl. *Women and Resistance in South Africa.* Cambridge Mass. : Onyx Press ; 1982.

Walker, Cherryl, ed. *Women and Gender in Southern Africa to 1945.* Londres : James Currey ; 1990.

Ware, Helen. *Women, education and modernization of the family in West Africa.* Canberra : Department of Demography, the Australian National University ; 1981.

Weis, Lois. Women and education in Ghana : some problems of assessing change. *International Journal of Women Studies* ; *3(5) : 431-453.*

Weiss, Ruth. *The Women of Zimbabwe.* Londres : Aldgate Press ; 1986.

White, E. France. *Sierra Leone's Settler Women Trader: Women on the Afro-European Frontier.* Ann Arbor : The University of Michigan Press ; 1987.

White, Luise. *Comforts (the) of Home. Prostitution in colonial Nairobi.* Chicago : the University of Chicago Press ; 1990.

White, Luise. Separating the men from the boys : constructions of gender, sexuality, and terrorism in central Kenya, 1939-1959. *International Journal of African Historical Studies* ; 1990 ; 23(1) : 1-25.

Women and Development. *Review of African Political Economy (RAPE)* ; 1984 ; special issue (27/28).

Women's History. *Journal of Southern African Studies* ; 1983 ;10(1) : special issue.

Wright, Marcia. Autobiographies, histoires de vie et biographies de femmes africaines en tant que textes militants. *Cahiers d'Etudes Africaines* ; 1988; XXVIII-1(109) : 45-58.

Wright, Marcia. *Strategies of slaves and women. Life-stories from East Central Africa.* Londres : James Currey ; 1993.

Wright, Marcia. Technology, Marriage and women's work in the history of maizegrowers in Mazabuka, Zambia : a reconnaissance. *Journal of Southern African Studies;* 1983; 10(1) : 55-69.

Young, Kate; Wolkowitz, Carol et McCullagh, Roslyn. *Of marriage and the market : Women's subordination in international perspective.* Londres : CSE Books; 1981.

Zeleza, Tiyambe. Gendering African History. *Afrique et Développement/ Africa Development;* 1993; XVIII(1) : 99-117.

Zunon-Gnobo, J. Le rôle des femmes dans le commerce pré-colonial [femmes Bété]. *Godo-Godo;* 1976; (2). 79-105.

Signalons enfin les toutes récentes parutions des ouvrages suivants :

Aimeida-Ekoué (d'), S. *La révolte des Loméennes, 24-25 janvier 1933.* Lomé : Les nouvelles éditions africaines du Togo; 1992.

Booth, Alan R. Europeans Courts Protect Women and Witches. *Journal of Southern African Studies;* 18; 2(1992); 253-275.

Chatelier, Armelle. Burkina-Faso : les années Sankara. *Autrement;* série Monde, hors série 72, 1994.

Denzer, LaRay, Yoruba Women : a Historiographical Essay. *International Journal of African Historical Studies;* 1994; 27.

Gondola, Didier, *Migrations et villes congolaises au XXe siècle. Léopoldville et Brazzaville c. 1930-1970.* Paris : L'Harmattan; 1995 (sous presse).

Hansen, Karen Tranberg, ed. *African Encounters with Domesticity.* New Brunswick, New Jersey : Rutgers University Press; 1992.

Jewsiewicki, Bogumil; et al. *Naître et mourir au Zaïre. Un demi-siècle d'histoire au quotidien.* Paris : Karthala; 1993.

Konaré, Adam Ba. *Dictionnaire des femmes célèbres du Mali.* Bamako, éd. Jamana; 1993.

Leach, Melissa, *Rainforest Relations. Gender and Resource among the Mende of Gola, Sierra Leone,* Edinburgh-I.A.I.; 1994; Londres.

Mazire, Dominique. Une organisation de femmes au Kenya : *Maendeleó ya wanawake* [MYW]. *Politique africaine;* 53 (1994); 139-142.

Moore, Henriette L.; Vaughan, Megan. *Cutting down trees. Gender, nutrition and agricultural change in the Northern province of Zambia, 1890-1990.* Londres : Heineman et James Currey; 1993.

Ormerod, Beverley; Volet, Jean-Marie. *Romancières africaines d'expression française. Le sud du Sahara.* Paris : L'Harmattan; 1994.

Simonis, Francis. *Les Français à Ségou.* Paris : L'Harmattan; 1995 (sous presse).

Tumbo-Masabo, Zubeida; Liljeström, Rita. *Chelewa-Chelewa. The Dilemma of Teenage Girls.* Uppsala : Nordiska Afrikainstitutet; 1994.

Werner, Jean-François. *Marges, sexe et drogue à Dakar. Enquête ethnographique,* Paris : Karthala-ORSTOM; 1994.

White, Luise. Anthologies about Women in Africa. *Revue canadienne des Etudes africaines,* 1994; 28 (1); 127-133.

Women and African Cinema. *Matatu;* Spring 1996; Special Issue.

BIBLIOGRAPHIE COMPLÉMENTAIRE

Cette bibliographie, qui actualise celle de 1994 figurant à la fin de cet ouvrage, n'est pas exhaustive, loin de là. Elle ne mentionne guère de nombreux articles sur le genre, comme ceux qui paraissent désormais sur l'Afrique dans nombre de revues spécialisées (comme le *Journal canadien des Études africaines* ou *Gender and History*). Elle se contente, sauf exception, de donner la référence des auteurs cités dans cette postface. Pour plus de précisions, on se reportera au livre d'Iris Berger et France White (1999), et à ceux qui font désormais le point en français, notamment celui de Anne Hugon (2004) et celui de Catherine Coquery-Vidrovitch (2007a), qui vise une relative exhaustivité à cette date.

Allman Jean, « Rounding up spinsters. Gender chaos and unmarried women in colonial Asante », *The Journal of African History*, n° 37, 1996, p. 195-214.

Allman Jean, Geiger Susan et Musisi Nakanyike (dir.), *Women in African Colonial Histories*, Bloomington, Indiana University Press, 2002.

Bantebya Kyomuhendo Grace et Keniston Mcintosh Marjorie, *Women, Work, and Domestic Virtue in Uganda, 1900-2003*, Ohio University Press, 2007.

Barnes Teresa A., « Am I a man ? Gender and the pass laws in urban colonial Zimbabwe, 1930-1980 », *African Studies Review*, vol. 40, n° 1, 1997, p. 59-82.

—, *We Women Worked so Hard. Gender, Urbanization and Social Reproduction in Colonial Harare, Zimbabwe, 1930-1956*, Oxford, James Currey, 1999.

Barrera Giulia, « Dangerous liaisons. Colonial concubinage in Eritrea, 1890-1940 », Northwestern University's Program for African Studies, Working Papers Series, 1998.

Barthélémy Pascale, *Femmes africaines et diplômées. Une élite auxiliaire à l'époque coloniale*, Rennes, Presses universitaires de Rennes, 2010.

Barthélémy Pascale, Capdevila Luc et Zancarini-Fournel Michelle (dir.), « Genre et colonisation », *Clio. Histoire, femmes et sociétés*, n° 33, 2011.

Berger Iris et White E. France, *Women in Sub-Saharan Africa. Restoring Women to History*, Bloomington, Indiana University Press, 1999.

Bujra Janet, *Serving Class. Masculinity and the Feminization of Domestic Service in Tanzania*, Édimbourg, Edinburgh University Press, 2000.

Byfeld Judith, « Women, marriage, divorce, and the emerging colonial state in Abeokuta (Nigeria) 1892-1904 », *Canadian Journal of African Studies*, vol. 30, n° 1, 1996.

Campbell Gwyn, Miers Suzanne et Miller Joseph C. (dir.), *Women and Slavery. I. Africa, the Indian Ocean World, and the Medieval North Atlantic*, Athens, Ohio University Press, 2007.

Clark Gracia G., Clark H. J. et Stone R. (dir.), « Sexuality and generational identities in Subsaharan Africa », *Africa Today*, vol. 47, n° 3-4, 2000.

Compaoré Maxime et Ouattara Ardjouma, « Mobilité féminine et insertion urbaine des migrantes à Ouagadougou, Burkina Faso », *in* Catherine Coquery-Vidrovitch, Odile Goerg, Issiaka Mande et Faranirina Rajaonah (dir.), *Être étranger et migrant en Afrique au XXe siècle, II. Dynamiques migratoires, modalités d'insertion urbaine et jeux d'acteurs*, Paris, L'Harmattan, 2003, p. 353-379.

Cooper Barbara M., *Marriage in Maradi. Gender and Culture in a Hausa Society in Niger, 1900-1989*, Londres, James Currey/Heinemann, 1997.

Coquery-Vidrovitch Catherine (dir.), « Femmes d'Afrique », *Clio. Histoire, femmes et sociétés*, n° 6, 1996.

—, « Des femmes colonisées aux femmes de l'indépendance », *in* Thérèse Locoh (dir.) *De la condition des femmes à l'emprise du genre en Afrique*, Paris, Éditions de l'INED, 2007a, p. 69-99.

— (dir.), « Les femmes, la justice et le droit », *Cahiers d'Études africaines*, vol. 47, n° 3-4, 2007b.

—, « Le vote des femmes en AOF, de la Seconde Guerre mondiale à 1958 », *in* Laurent Jalabert, Bertrand Joly et Jacques Weber (dir.), *Les Élections législatives et sénatoriales outre-mer (1848-1981)*, Paris, Les Indes savantes, 2010.

Elder Glen S., *Hostels, Sexuality and the Apartheid Legacy. Malevolent Geographies*, Athens, Ohio University Press, 2003.

Geiger Susan N., *TANU Women. Gender, Culture, and Politics in Tanganyikan Nationalism*, Londres, James Currey/Heinemann, 1997.

Goerg Odile (dir.), *Perspectives historiques sur le genre en Afrique*, Groupe « Afrique » SEDET, Cahiers n° 23, Paris, L'Harmattan, 2007.

Gomez-Perez Muriel et Leblanc Marie-Nathalie (dir.), *L'Afrique des générations. Entre tensions et négociations*, Paris, Karthala, 2012.

Hodgson Dorothy L. et McCurdy Sheryl A. (dir.), *Wicked Women and the Reconfiguration of Gender*, Londres, James Currey, 2001.

House-Midamba Bessie et Ekechi Felix K. (dir.), *African Market Women and Economic Power. The Role of Women in African Economic Development*, Westport/Londres, Greenwood Press, 1995.

Hugon Anne (dir.), *Histoire des femmes en situation coloniale. Afrique et Asie, XXe siècle*, Paris, Karthala, 2004.

Hunt Nancy R., *A Colonial Lexicon. Of Birth Ritual, Medicalization, and Mobility in the Congo*, Durham, Duke University Press, 1999.

Jalloh Alusine et Falola Toyin (dir.), *Black Business and Economic Power*, Rochester, Rochester University Press, 2002.

Lachaud Jean-Pierre, *Les Femmes et le marché du travail urbain en Afrique subsaharienne*, Paris, L'Harmattan, 1997.

Lovett Margot, « She thinks she's like a man. Marriage and (de)constructing gender identity in colonial Buha, Western Tanzania, 1943-1960 », *Canadian Journal of African Studies*, vol. 30, n° 1, 1996, p. 52-67.

Mafela Lili, « Batswana women and law. Society, education and migration (c. 1840-c. 1980) », *Cahiers d'Études africaines*, vol. 47, n° 187-188, 2007, p. 523-566.

Nkomazana Harriett, « Stretching the female genital flaps for sexual pleasure », Atelier « Women and family in modern Botswana, women, family, private life and sexuality », Conference of the International Federation of Research in Women's History, Queens's University, Belfast, 11-14 août 2003.

Okojie Christiana E. E., « Migration and women's economic activities in urban Nigeria », *in* Catherine Coquery-Vidrovitch, Odile Goerg, Issiaka Mande et Faranirina Rajaonah (dir.), *Être étranger et migrant en Afrique au XXe siècle*, *op. cit.*, 2003, p. 367-388.

Osborn Emily Lynn, *Our New Husbands Are Here. Households, Gender, and Politics in a West African State, from the Slave Trade to Colonial Rule*, Athens, Ohio University Press, 2011.

Rabearimanana Lucile, « Femmes Merina et vie politique à Madagascar durant la décolonisation (1945-1960) », *in* Chantal Chanson-Jabeur et Odile Goerg (dir.), *« Mama Africa ». Hommage à Catherine Coquery-Vidrovitch*, Paris, L'Harmattan, 2005, p. 316-334.

Ranger Terence O., *Are we not also Men. The Samkange Family and African Politics in Zimbabwe, 1920-1964*, Portsmouth, Heinemann, 1995.

Robertson Claire, *Trouble Showed the Way. Women, Men, and Trade in the Nairobi area, 1890-1990*, Bloomington, Indiana University Press, 1997.

Rodet Marie, *Les Migrantes ignorées du Haut-Sénégal (1900-1946)*, Paris, Karthala, 2007.

Savineau Denise, « La famille en AOF et la condition de la femme. Rapport présenté au gouverneur général de l'AOF en 1938 », avec une introduction de Pascale Barthélémy, *Dossiers et recherches INED*, n° 102, mai 2001.

Shapiro David, *Kinshasa in Transition. Women's Education, Employment and Fertility*, Chicago, Chicago University Press, 2003.

Sheldon Kathleen (dir.), *Courtyards, Markets, City Streets. Urban Women in Africa*, Boulder, Westview Press, 1996.

Staunton Irene (dir.), *Mothers of the Revolution. The War Experiences of Thirty Zimbabwean Women*, Harare/Bloomington, Baobab Books/Indiana University Press, 1990.

Thomas Lynn M., « Ngaitana (I will circumcise myself) : the gender and generational politics of the 1956 ban on clitoridectomy in Meru, Kenya », *Gender and History*, vol. 8, n° 33, 1996, p. 338-363.

Revue en ligne : *Genre et colonisation*, bi-annuelle.

INDEX

Pour faciliter la lecture de l'index, nous avons choisi d'imprimer les noms
— de personnages en gras
— de ville en petites capitales
— de peuples en italiques
Les autres noms cités sont imprimés en caractères romains avec leurs caractéristiques mentionnées entre parenthèses.

TABLE DES CARTES

TABLE

Dans la même collection

Sciences humaines et sociales

Norbert Alter, *Donner et prendre.*

Louis Althusser, *Pour Marx.*

Jean-Loup Amselle et Elikia M'Bokolo, *Au cœur de l'ethnie.*

Benedict Anderson, *L'imaginaire national.*

Paul Bairoch, *Mythes et paradoxes de l'histoire économique.*

Étienne Balibar, *L'Europe, l'Amérique, la guerre.*

Étienne Balibar et Immanuel Wallerstein, *Race, nation, classe.*

Stéphane Beaud, *80 % au bac... et après ?*

Stéphane Beaud et Michel Pialoux, *Retour sur la condition ouvrière.*

Jean-Jacques Becker et Gilles Candar, *Histoire des gauches en France* (2 volumes).

Miguel Benasayag, *La fragilité.*
— *Le mythe de l'individu.*

Miguel Benasayag et Gérard Schmit, *Les passions tristes.*

Miguel Benasayag et Angélique del Rey, *Éloge du conflit*

Yves Benot, *La démence coloniale sous Napoléon.*
— *Massacres coloniaux, 1944-1950.*
— *La Révolution française et la fin des colonies.*

Bernadette Bensaude-Vincent et Isabelle Stengers, *Histoire de la chimie.*

Pascal Blanchard *et al.*, *Zoos humains.*

Laurent Bonelli, *La France a peur. Une histoire sociale de l'« insécurité ».*

François Burgat, *L'islamisme à l'heure d'Al-Qaida.*

Judith Butler, *Trouble dans le genre.*

Alain Caillé, *Anthropologie du don.*

François Chast, *Histoire contemporaine des médicaments.*

Jean-Michel Chaumont, *La concurrence des victimes.*

Yves Clot, *Le travail sans l'homme ?*

Catherine Coquery-Vidrovitch, *Les Africaines.*

Serge Cordellier (dir.), *La mondialisation au-delà des mythes.*

Georges Corm, *L'Europe et l'Orient.*

François Cusset, *French Theory.*

Pierre Dardot et Christian Laval, *La nouvelle raison du monde.*

Muriel Darmon, *Devenir anorexique.*

Mike Davis, *City of Quartz. Los Angeles, capitale du futur.*
— *Génocides tropicaux.*
— *Le pire des mondes possibles.*

Alain Desrosières, *La politique des grands nombres. Histoire de la raison statistique.*

Elsa Dorlin, *La matrice de la race.*

François Dosse, *L'histoire en miettes.*
— *Michel de Certeau.*
— *L'empire du sens.*
— *Paul Ricœur.*
— Gilles Deleuze et Félix Guattari, *biographie croisée.*
— Le pari *biographique.*
— *Histoire du structuralisme*, tome I
— *Histoire du structuralisme*, tome II

Mary Douglas, *Comment pensent les institutions.*
— *De la souillure.*

William E. B. Du Bois, *Les âmes du peuple noir.*

Florence Dupont, *L'invention de la littérature.*

Jean-Pierre Dupuy, *Aux origines des sciences cognitives.*

Didier Fassin et Eric Fassin (dir.), *De la question sociale à la question raciale ?*

Abdou Filali-Ansary, *Réformer l'islam ?*

Moses I. Finley, *Économie et société en Grèce ancienne.*

Patrice Flichy, *Une histoire de la communication moderne.*

François Frontisi-Ducroux, *Dédale.*

Yvon Garlan, *Guerre et économie en Grèce ancienne.*

Peter Garnsey et Richard Saller, *L'Empire romain.*

Jacques T. Godbout, *L'esprit du don.*

Olivier Godechot, *Les traders.*

Nilüfer Göle, *Musulmanes et modernes.*

Jack Goody, *L'islam en Europe.*
— *La peur des représentations.*

Maurizio Gribaudi et Michèle Riot-Sarcey, *1848, la révolution oubliée.*

Anne Grynberg, *Les camps de la honte.*

Ian Hacking, *Entre science et réalité.*

Françoise Hatchuel, *Savoir, apprendre, transmettre.*

Axel Honneth, *La société du mépris.*

Pascale Jamoulle, *Des hommes sur le fil.*

Nicolas Jounin, *Chantier interdit au public.*

Jacques Kergoat, *La France du Front populaire.*

Will Kymlicka, *Les théories de la justice. Une introduction.*

Camille Lacoste-Dujardin, *Des mères contre les femmes.*

Yves Lacoste, *Ibn Khaldoun.*

Bernard Lahire (dir.), *À quoi sert la sociologie ?*
— (dir.), *Le travail sociologique de Pierre Bourdieu.*

Bernard Lahire, *La culture des individus.*
— *L'esprit sociologique.*
— *L'invention de l'« illettrisme ».*

Bruno Latour, *Changer de société, refaire de la sociologie.*
— *L'espoir de Pandore.*
— *La fabrique du droit.*
— *La science en action.*
— *Nous n'avons jamais été modernes.*
— *Pasteur : guerre et paix des microbes.*
— *Petites leçons de sociologie des sciences.*
— *Politiques de la nature.*

Bruno Latour et Steve Woolgar, *La vie de laboratoire.*

Christian Laval, Francis Vergne, Pierre Clément, Guy Dreux, *La nouvelle école capitaliste.*

Jacques Le Goff, *Une vie pour l'histoire. Entretiens avec Marc Heurgon.*

Bernard Lehmann, *L'orchestre dans tous ses éclats.*

Prosper-Olivier Lissagaray, *Histoire de la Commune de 1871.*

Geoffrey E.R. Lloyd, *Pour en finir avec les mentalités.*

Frédéric Lordon, *L'intérêt souverain.*

Georg Lukacs, *Balzac et le réalisme français.*

Lamence Madzou et Marie-Hélène Bacqué, *J'étais un chef de gang.*

Armand Mattelart, *La communication-monde : histoire des idées et des stratégies.*
— *Histoire de l'utopie planétaire.*
— *L'invention de la communication.*

Arno Mayer, *La « solution finale » dans l'histoire.*

Gérard Mendel, *La psychanalyse revisitée.*

Gilbert Meynier, *L'Algérie des origines.*

John Stuart Mill, *La nature.*

Henri Minczeles, *Une histoire des juifs de Pologne.*

Michel Morange, *Histoire de la biologie moléculaire.*
— *Les secrets du vivant.*

Mouvements, *Pensées critiques.*

Albert Ogien et Sandra Laugier, *Pourquoi désobéir en démocratie ?*

Annick Ohayon, *Psychologie et psychanalyse en France.*

François Ost, *La nature hors la loi.*

Blaise Pascal, *Pensées sur la justice.*

Dominique Poulot, *Une histoire des musées de France, XVIIIe-XXe siècles.*

John Rawls, *La justice comme équité.*
— *Leçons sur l'histoire de la philosophie morale.*

Élisée Reclus, *L'homme et la Terre.*

Nicolas Renahy, *Les gars du coin.*

Roselyne Rey, *Histoire de la douleur.*

Annie Rey-Goldzeiguer, *Aux origines de la guerre d'Algérie.*

Maxime Rodinson, *La fascination de l'islam.*
— *Peuple juif ou problème juif ?*

Richard E. Rubenstein, *Le jour où Jésus devint Dieu.*

Fernand Rude, *Les révoltes des canuts (1831-1834).*

André Sellier, *Histoire du camp de Dora.*

Pierre-Emmanuel Sorignet, *Danser.*

Jean-Charles Sournia, *Histoire de la médecine.*

Isabelle Stengers, *Cosmopolitiques* (2 tomes).

Timothy Tackett, *Le roi s'enfuit.*

Michel Terestchenko, *Un si fragile vernis d'humanité.*

Enzo Traverso, *L'histoire comme champ de bataille.*

Sylvie Thénault, *Une drôle de justice.*

Francisco Varela, *Quel savoir pour l'éthique ?*

Francisco Vergara, *Les fondements philosophiques du libéralisme.*

Jean-Pierre Vernant, *Mythe et pensée chez les Grecs.*
— *Mythe et société en Grèce ancienne.*

Jean-Pierre Vernant, Pierre Vidal-Naquet, *Mythe et tragédie en Grèce ancienne* (2 tomes).

Pierre Vidal-Naquet, *Le chasseur noir.*

Michel Vovelle, *Les Jacobins.*

Loïc Wacquant, *Parias urbains.*

Immanuel Wallerstein, *Comprendre le monde.*
— *Le Capitalisme historique.*

Max Weber, *Économie et société dans l'Antiquité.*
— *Le savant et le politique.*

William Foote Whyte, *Street Corner Society.*

John Womack, *Emiliano Zapata.*

Charles Wright Mills, *L'imagination sociologique.*

CPI
BUSSIÈRE

Impression réalisée par CPI Bussière
à Saint-Amand-Montrond (Cher)
en décembre 2012.
Dépôt légal : janvier 2013.
N° d'impression : 124648/4.
Imprimé en France